立信实验实训教材系列

ERP项目实训教程

主　编　陈乃激

副主编　王一平

立信会计出版社

LIXIN ACCOUNTING PUBLISHING HOUSE

图书在版编目(CIP)数据

ERP 项目实训教程/陈乃激主编. —上海:立信会
计出版社,2015.9
ISBN 978 - 7 - 5429 - 4820 - 5

Ⅰ.①E…　Ⅱ.①陈…　Ⅲ.①企业管理—计算机
管理系统—教材　Ⅳ.①F270.7

中国版本图书馆 CIP 数据核字(2015)第 266391 号

策划编辑　陈　旻
责任编辑　陈　旻
封面设计　周崇文

ERP 项目实训教程

出版发行	立信会计出版社	
地　　址	上海市中山西路 2230 号	邮政编码　200235
电　　话	(021)64411389	传　　真　(021)64411325
网　　址	www.lixinaph.com	电子邮箱　lxaph@sh163.net
网上书店	www.shlx.net	电　　话　(021)64411071
经　　销	各地新华书店	

印　　刷	常熟市梅李印刷有限公司
开　　本	787 毫米×1092 毫米　　　1/16
印　　张	19
字　　数	423 千字
版　　次	2015 年 9 月第 1 版
印　　次	2015 年 9 月第 1 次
印　　数	1—3 100
书　　号	ISBN 978 - 7 - 5429 - 4820 - 5/F
定　　价	36.00 元

前　言

在现代信息技术迅猛发展,企业信息化建设全面推进的大背景下,高等教育作为培养专业化人才的基地,需要不断优化课程体系,更新教学内容,以适应社会对各种管理人才的需求。用友 ERP-U872 管理系统,作为企业综合性管理平台,在各行各业得到了广泛的应用。

本教材从企业应用的实际出发,以工业企业生产、经营、管理为主要内容,通过模拟企业在一个会计期间各项管理业务为线索,将企业的 ERP 管理系统建设项目搬进课堂,通过精心设计的 13 个项目,由浅入深、循序渐进地展开,使学生掌握 ERP 管理系统从系统管理到日常核算的整个过程。

本教材以用友 ERP-U872 作为实训平台,分别介绍 ERP 系统管理以及总账核算、固定资产管理、薪资管理、应收款与应付款管理、库存管理与存货核算、销售管理、采购管理、报表处理等主要子系统的基本功能和核算方法。教材以项目实训为主线,除第一个项目为系统管理外,其他每个实训项目都围绕一个子系统展开,使学生在掌握各系统业务处理流程的同时,了解企业管理的一般方法,对学生理解其专业功能具有积极的作用。

为了能让学生充分知晓每个实训项目的意义,在项目之前均概述该项目所涉及系统的功能,并且对该系统核算流程进行说明,从而为完成项目打下理论基础。每个项目按照项目任务、项目资料、项目指导为内容展开,特别是项目指导详细地将实训项目的操作步骤,通过丰富的操作截图给出具体的核算方法,并通过对核算中需要注意的问题进行阐述,从而使学生既能掌握 ERP 系统的核算方法,又能理解企业管理的概念,提高专业认知的层次。

本教材特色鲜明,以实践为主题,结合理论阐述,将理论与实践紧密结合,具有很强的可操作性,适合不同层次、不同教学条件会计信息系统实训的需求。通过学习可以有效地培养学生独立思考问题、分析问题、处理问题和解决问题的能力,促进学生知识、能力、素质的全方位提高。本教材可作为高等院校本科和高职会计、审计、物流、经济信息管理、电子商务等专业 ERP 课程的专用教材,也可作为会计、财务人员、业务人员、经营人员会计信息系统应用培训和有关业务培训的学习资料。本教材语言简洁、通俗,操作步骤详细,还可作为学生自学教程使用。

本教材由上海立信会计学院陈乃激老师任主编,王一平老师任副主编。参加编写和资料整理工作的还有陈琦、鲁璐、徐仁俊、钱鹃鹃等老师。在本教材编写过程中,得到了用友软件股份有限公司的帮助和支持,在此深表感谢。

本教材在网站提供配套教学资料供使用者下载,包括四部分主要内容:用友 ERP-U872

安装程序、实训项目、账套备份、教学课件。

　　由于现代信息技术发展日新月异,会计信息系统的理论框架和方法体系也处于不断变化完善之中,因此在本教材的编写过程中,我们虽然做了很多努力,但由于作者本身知识的局限,加上时间仓促,缺点、错误、疏漏在所难免。我们诚挚地希望广大读者对本教材的不足之处给予批评和指正。

编　　者

2015 年 11 月

目　　录

项目一　系统管理

功能概述

用友 ERP-U8 是企业级管理软件,用于满足企业日常运营、管理、事务处理等全方位企业管理解决方案。系统管理是用友 ERP-U8 管理软件中一个特殊的组成部分,其功能主要对系统的账套和用户进行管理。

一、账套管理

账套管理包括普通账套和年度账两个部分。系统管理员负责对普通账套的建立、引入和输出等内容的管理。账套主管负责对普通账套进行修改,并对年度账进行管理(包括年度账备份、年度账建立、结转上年数据等)。

二、用户管理

用户管理包括操作员管理和操作员权限管理两个部分。系统管理员负责操作员的建立、修改、权限以及角色设置等内容的管理。账套主管也可以对操作员权限进行设置。

说明　角色是指企业管理中某个组织或岗位,通过对角色设置权限,并将操作员归属为某个角色,就可以使该操作员拥有该角色所具有的权限,这样可以方便为操作员授权。

项目实训

【项目要求】

1. 以系统管理员(admin)身份,管理账套,增加操作员,设置操作员权限,备份账套,引入账套。

2. 以账套主管的身份,进行系统启用、基础档案设置、修改账套数据。

【项目资料】

上海立信教学仪器厂是一家专业生产、销售跟读机等教学仪器的企业,成立于 2009 年 8

月,于 2013 年 11 月开始使用"用友 ERP－U8"软件进行管理核算。

以系统管理员注册系统管理,并创建核算账套。

1. 账套信息。

(1) 基础信息。

账套号:001;账套名称:上海立信教学仪器厂(简称:立信仪器);采用默认账套路径。

企业类型:工业企业。

行业性质:2007 年新会计制度科目;按行业性质预置科目。

启用会计期:2013 年 11 月。

该企业有外币核算,进行业务处理时,需对客户、供应商和存货进行分类。

(2) 编码分类方案。

科目编码级次:4-2-2-2-2。

存分类编码级次:1-2。

部门编码级次:1。

结算方式编码级次:1-1。

收发类别编码级次:1。

(3) 数据精度。该企业对换算率小数位定为 3,其他小数位定为 2。

(4) 系统启用(启用日期均为 2013 年 11 月 1 日)。总账、固定资产、薪资管理、应收款管理、应付款管理。

2. 输出账套:将输出的备份保存到 D:\下。

3. 操作员管理。

(1) 增加操作员并设置权限。

操作员姓名及权限,如表 1-1 所示。

表 1-1　　　　　　　　　　　　　操作员姓名及权限

编码	姓名	密码	权　限
101	李　平		账套主管
102	张　浩		出纳,具有总账出纳、出纳签字全部权限
103	王　力		总账会计,拥有总账中的所有权限
104	陈　明		账套主管

(2) 注销操作员 demo。

(3) 删除操作员 UFSOFT。

(4) 设置操作员 SYSTEM 角色为财务总监(CFO)。

4. 2013 年 11 月 1 日,以 101 身份注册登录 001 账套的系统管理,修改账套参数:

(1) 取消 001 账套的客户分类和供应商分类设置。

(2) 修改收发类别编码级次:1-1。

5. 由 admin 将输出的账套备份引入。

项 目 指 导

【操作步骤】

由系统管理员注册系统管理,并创建核算账套。

1. 账套信息。

(1) 基础信息。

- 启动"系统管理";
- 执行"系统"|"注册"命令,如图1-1所示。

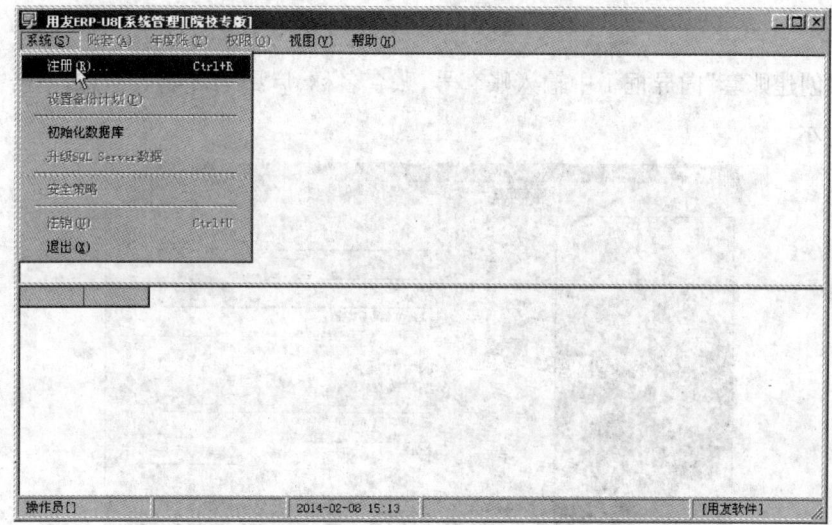

图1-1　系统管理注册

- 在登录界面的操作员框输入"admin",并选择账套"default",单击"确定",如图1-2所示。

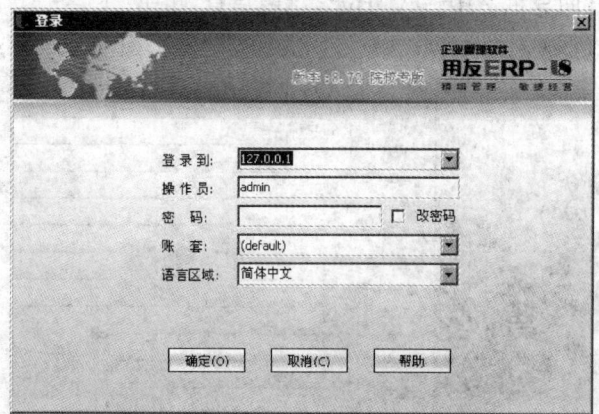

图1-2　注册登录

- 执行"账套"|"建立"命令,如图1-3所示。

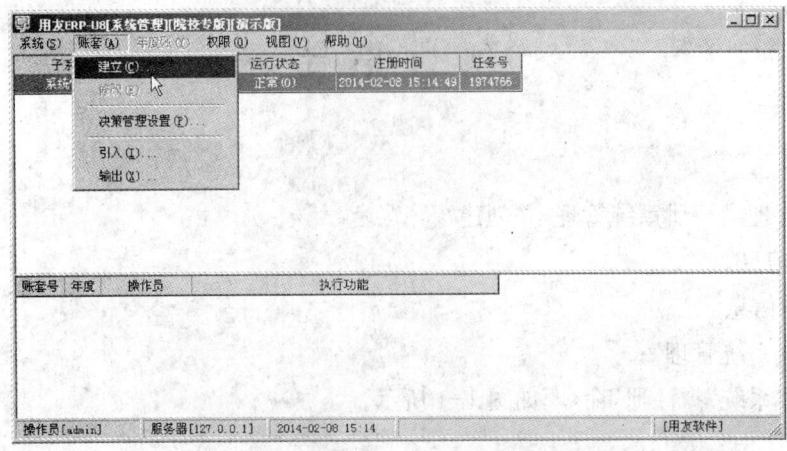

图 1-3 账套建立

- 在"创建账套"向导框 1 中输入账套号、账套名称、启用会计期等信息,单击"下一步",如图 1-4 所示。

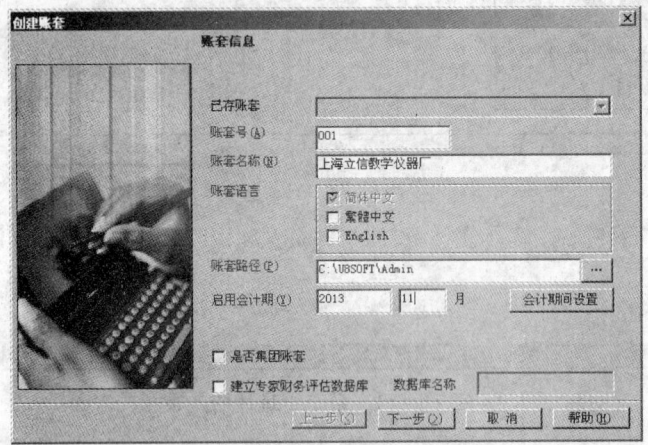

图 1-4 "创建账套"向导 1

- 在"创建账套"向导框 2 中输入单位名称等信息,单击"下一步",如图 1-5 所示。

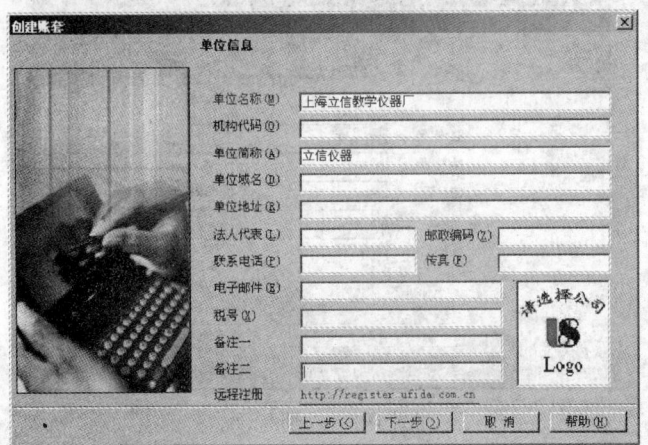

图 1-5 "创建账套"向导 2

- 在"创建账套"向导框 3 中确定企业类型、行业性质等信息,如图 1-6 所示。

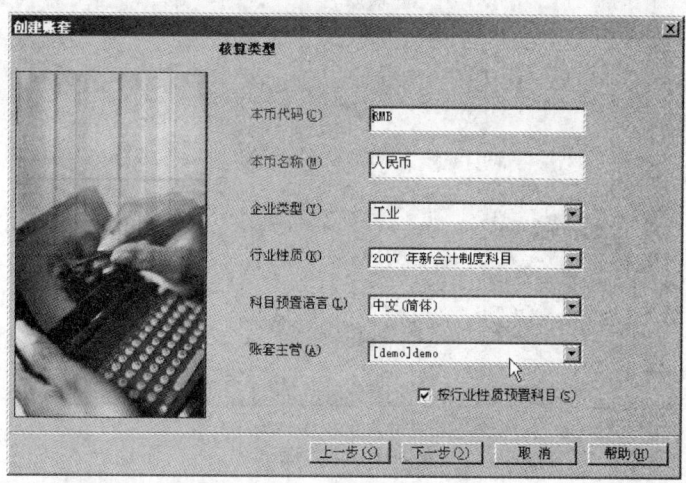

图 1-6 "创建账套"向导 3

- 在"创建账套"向导框 4 中选择账套基本信息,单击"完成",如图 1-7 所示。

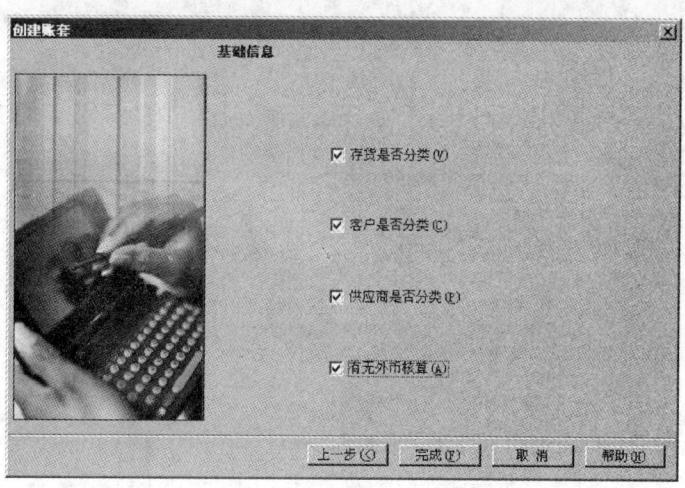

图 1-7 "创建账套"向导 4

- 系统提示"可以创建账套了么?"单击"是(Y)",如图 1-8 所示。

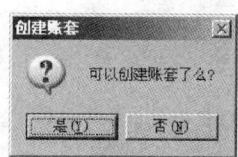

图 1-8 创建账套确认框

- 系统开始创建账套数据库,如图 1-9 所示。

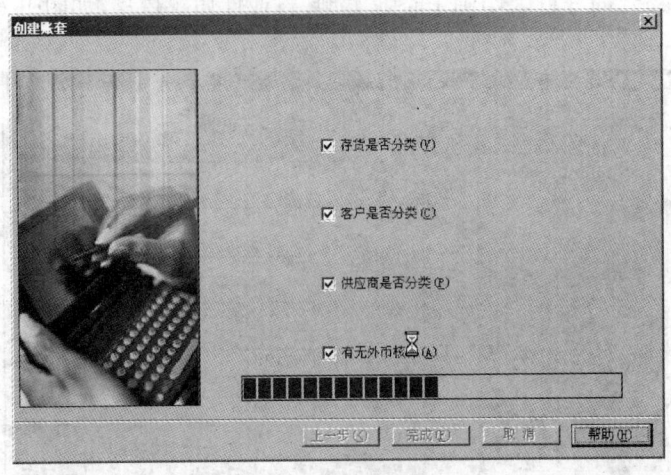

图 1-9　创建账套

（2）编码分类方案。

编码分类方案用于定义所创建的账套各核算项目的编码级数,各级编码的长度等信息。例如:科目编码级次 4-2-2-2-2,表示会计科目允许 5 级编码,第 1 级编码长度 4 位数(此部分为预设的,显示为灰色,不能定义),第 2 级、第 3 级、第 4 级、第 5 级科目编码长度为 2 位数。

- 建立账套后,系统弹出"编码方案"框,按需要确定各项目的编码方案,如图 1-10 所示。

项目	最大级数	最大长度	单级最大长度	第1级	第2级	第3级	第4级	第5级	第6级	第7级	第8级	第9级
科目编码级次	9	15	9		2	2	2	2				
客户分类编码级次	5	12	9	2	3	4						
供应商分类编码级次	5	12	9	2	3	4						
存货分类编码级次	8	12	9	1	2							
部门编码级次	5	12	9	1								
地区分类编码级次	5	12	9	2	3	4						
费用项目分类	5	12	9	1	2							
结算方式编码级次	2	3	3	1	1							
货位编码级次	8	20	9	2	3	4						
收发类别编码级次	3	5	5	1								
项目设备	8	30	9	2	2							
责任中心分类档案	5	30	9	2	2							
项目要素分类档案	6	30	9	2	2							
客户权限级次	5	12	9	2	3	4						
意向客户权限组级次	5	12	9	2	3	4						

图 1-10　"编码方案"框

（3）数据精度。

数据精度用来定义各类数据的小数位数,对于需要进行数量核算的项目,小数位数会影响核算的准确度,所以需要按照账套核算的需求进行设置。

- 在"数据精度"框中输入各种数据的小数位,单击"确定",如图 1-11 所示。

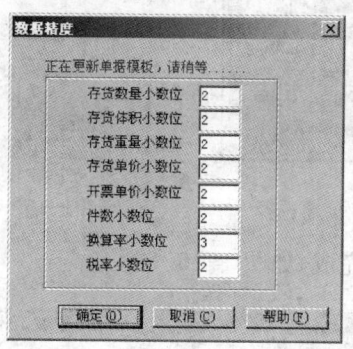

图 1-11 "数据精度"框

- 在"数据精度"框中,单击"取消"。

(4) 系统启用(启用日期均为 2013 年 11 月 1 日)。

- 系统提示是否进行"系统启用设置",单击"是(Y)",如图 1-12 所示。

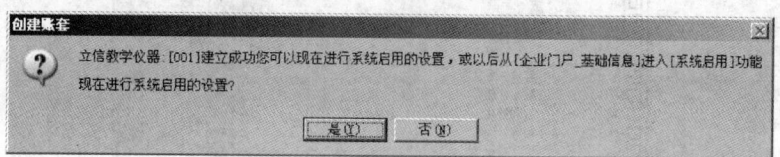

图 1-12 "系统启用"提示框

- 系统进入系统启用界面,勾选需要启用的模块,如图 1-13 所示。

图 1-13 "系统启用"框

- 在弹出的日期框中选择启用日期,单击"确定",如图 1-14 所示。
- 系统提示"确实要启用当前系统吗?"单击"是(Y)",如图 1-15 所示。

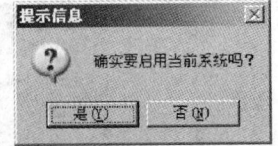

图 1-14　日历选择　　　　　　　　图 1-15　系统启用确认

- 选择的系统模块启用完成,如图 1-16 所示。

图 1-16　总账系统启用

- 用同样方法启用其他系统模块,如图 1-17 所示。

图 1-17　其他系统启用

2. 输出账套:将输出的备份保存到 D:\下。

- 在系统管理中执行"账套"|"输出"命令,如图 1-18 所示。

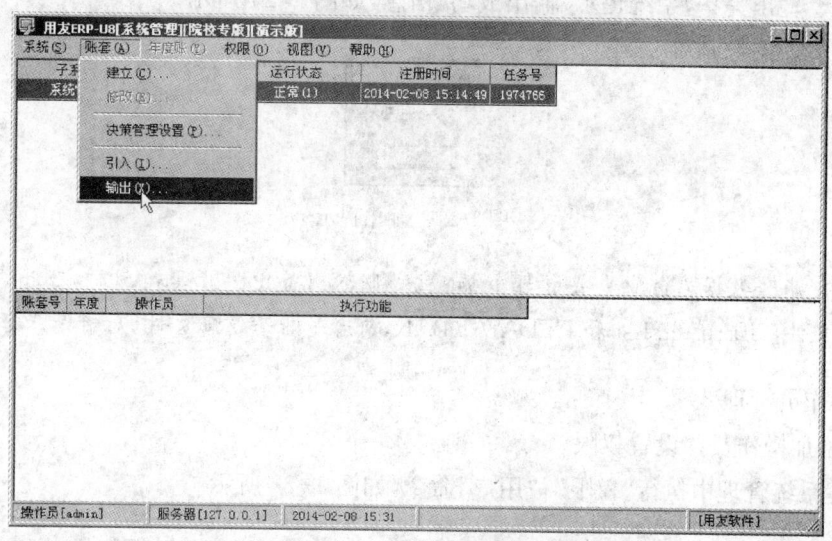

图 1-18 执行"输出"命令

- 在"账套输出"框中，选择要输出的账套，单击"确定"，如图 1-19 所示。

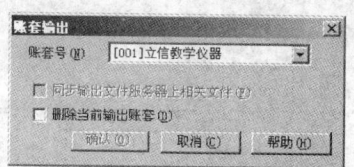

图 1-19 "账套输出"框

- 选择账套输出的路径，单击"确定"，如图 1-20 所示。

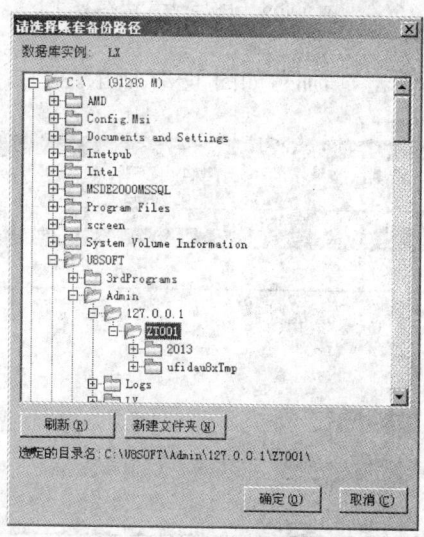

图 1-20 输出路径选择

• 账套输出完毕，系统提示"输出成功"信息，如图 1-21 所示。

图 1-21　输出提示

说明　账套数据是企业重要管理数据，应定期输出备份。账套输出时，在指定的路径下产生两个文件：UfErpAct. Lst 和 UFDATA . BAK，前者是账套信息文件，后者是账套数据文件。

3. 操作员管理。

(1) 增加操作员并设置权限。

• 在系统管理中执行"权限"|"用户"命令，如图 1-22 所示。

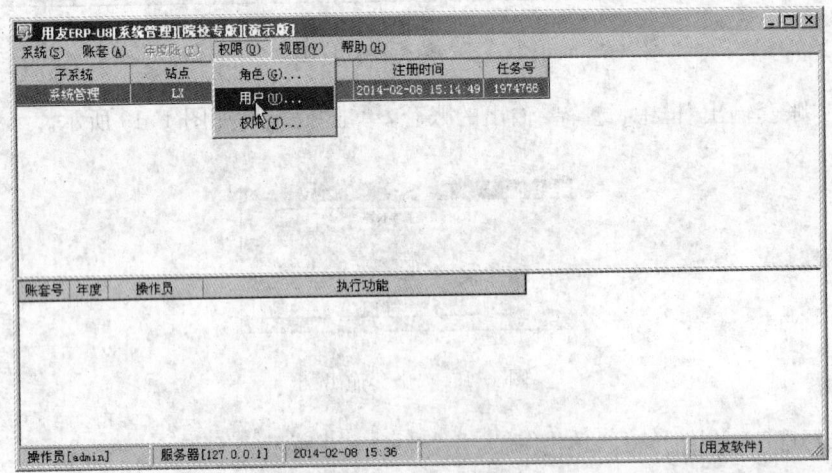

图 1-22　执行"用户"命令

• 在"用户管理"界面，单击"增加"，如图 1-23 所示。

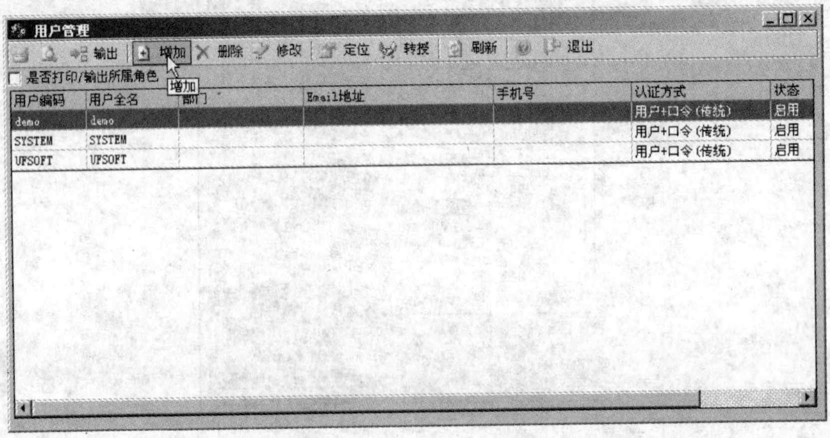

图 1-23　"增加"用户

- 在"操作员详细情况"框中输入操作员的编号、姓名等信息，单击"增加"，如图 1-24 所示。

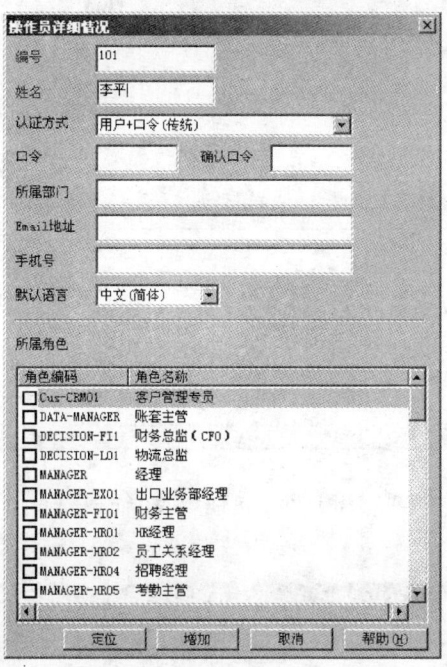

图 1-24　操作员情况设置

- 用同样方法增加其他操作员，如图 1-25 所示。

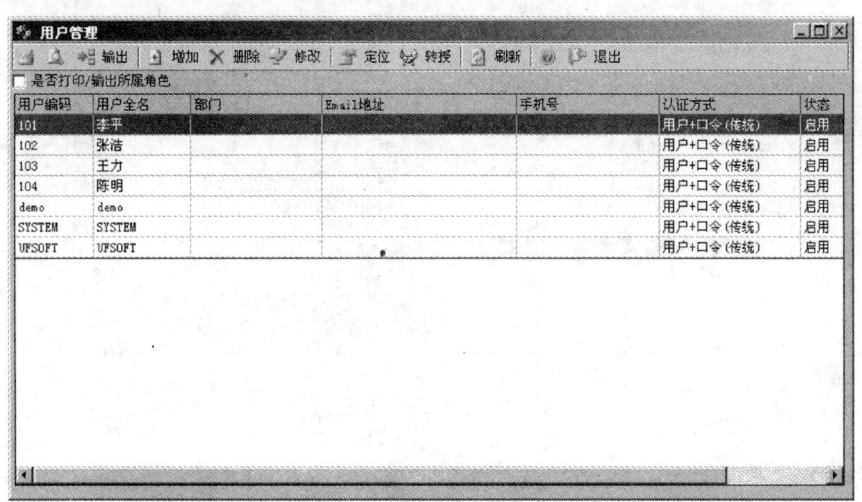

图 1-25　"用户管理"框

- 在系统管理中执行"权限"|"权限"命令，如图 1-26 所示。
- 在"操作员权限"框中选择用户和账套，如果是账套主管，则勾选账套主管复选框，如图 1-27 所示。

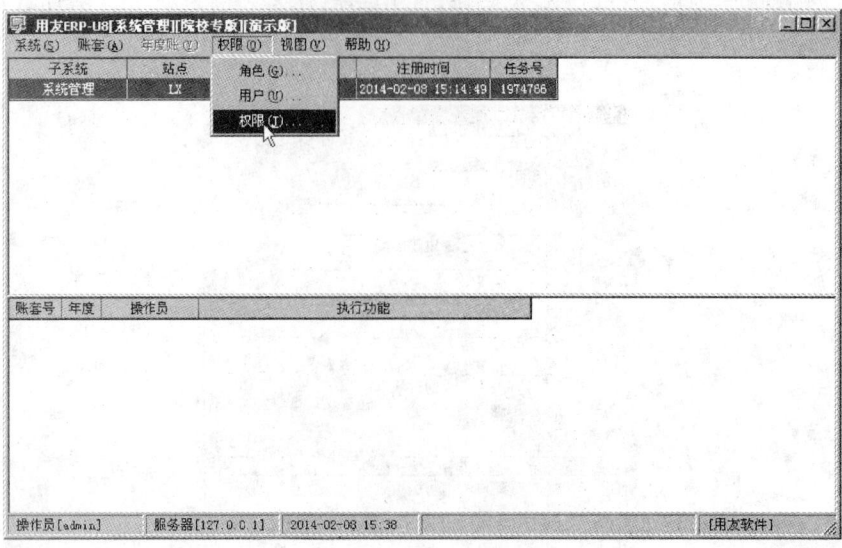

图 1-26　执行"权限"命令

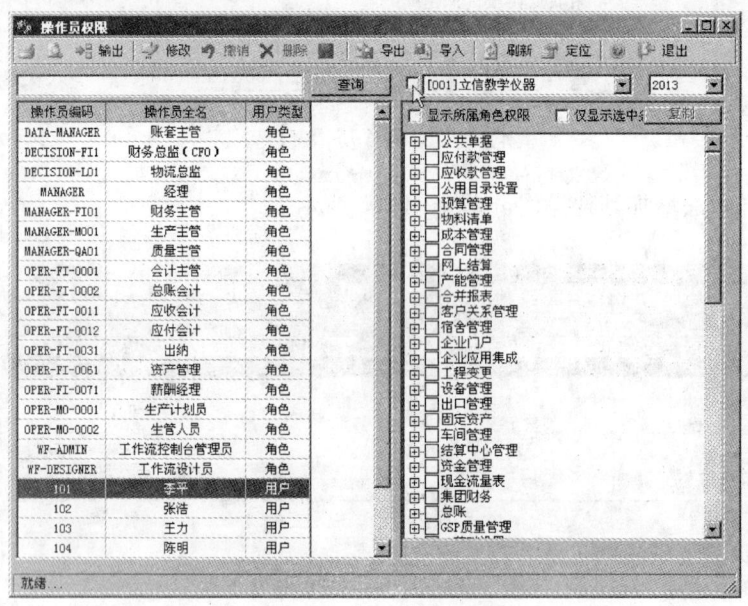

图 1-27　"账套主管"设置

- 系统提示确认信息，单击"是(Y)"，如图 1-28 所示。

图 1-28　确认提示

• 若操作员不是账套主管,在"操作员权限"框中选择用户和账套,单击"修改",如图1-29所示。

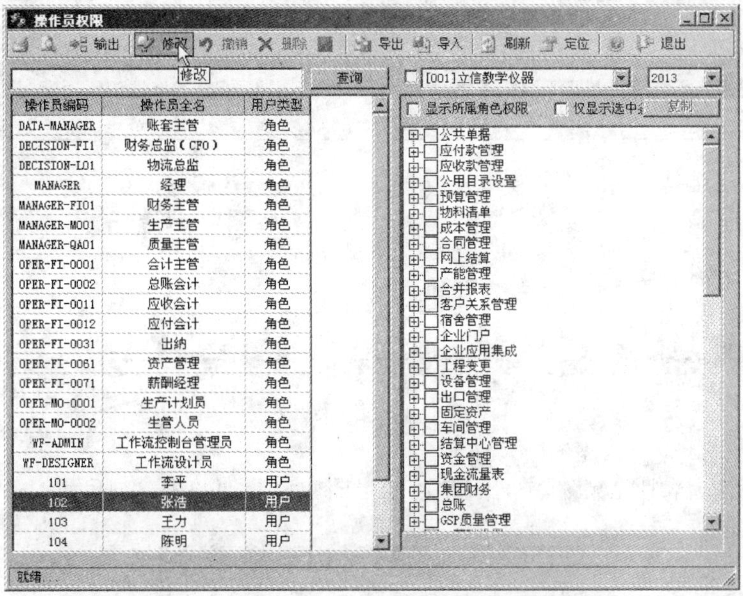

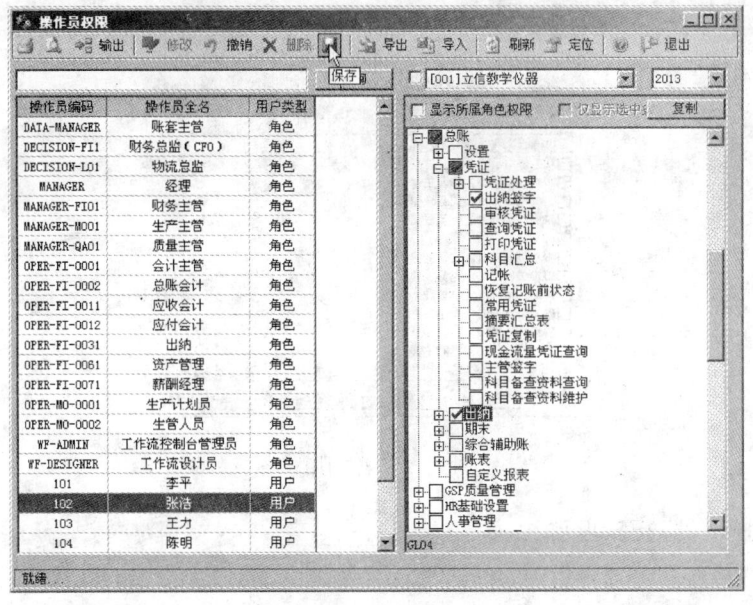

图1-29 其他权限设置

• 在权限列表中选择授予的权限,单击"保存",如图1-30所示。

图1-30 "操作员权限"框

(2) 注销操作员(demo)。

• 在"用户管理"中选择用户,单击"修改",如图1-31所示。

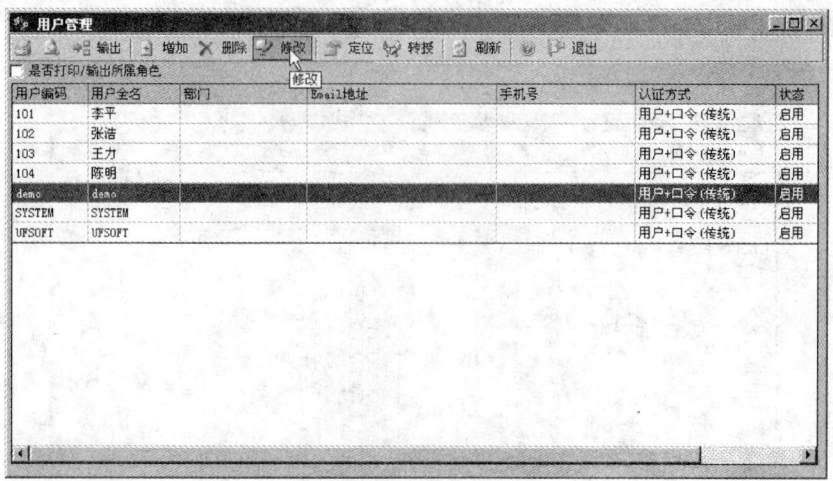

图 1-31　用户修改

- 在"操作员详细情况"框中，单击"注销当前用户"，如图 1-32 所示。

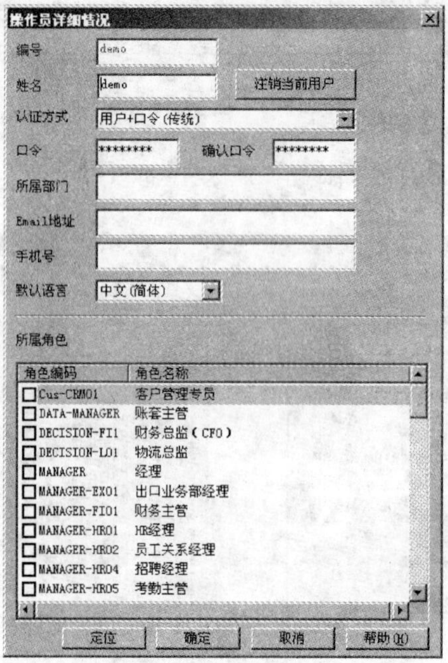

图 1-32　注销用户

（3）删除操作员 UFSOFT。

- 在"用户管理"中选择用户，单击"删除"，如图 1-33 所示。

4. 2013 年 11 月 1 日，以 101 身份注册登录 001 账套的系统管理，修改账套参数：取消 001 账套的客户分类和供应商分类设置。

- 在"系统管理"界面执行"系统"|"注销"命令，注销当前系统管理用户，如图 1-34 所示。

- 以账套主管身份注册登录账套的系统管理，如图 1-35 所示。

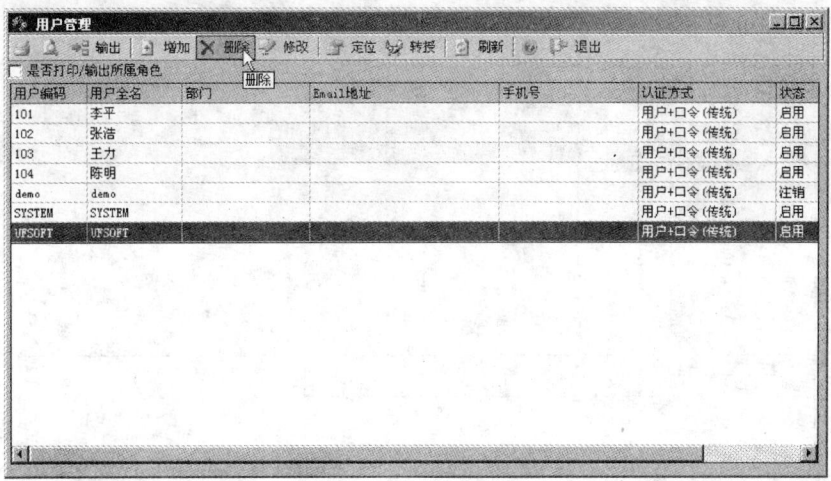

图 1-33 删除用户

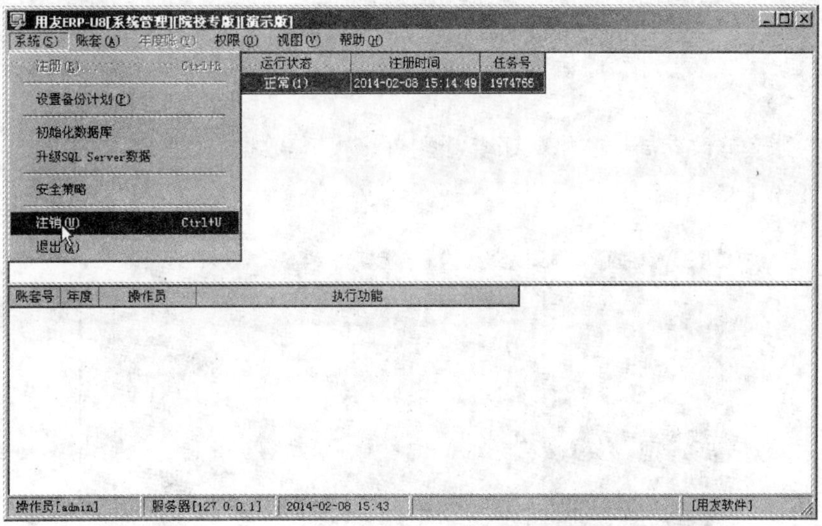

图 1-34 系统注销

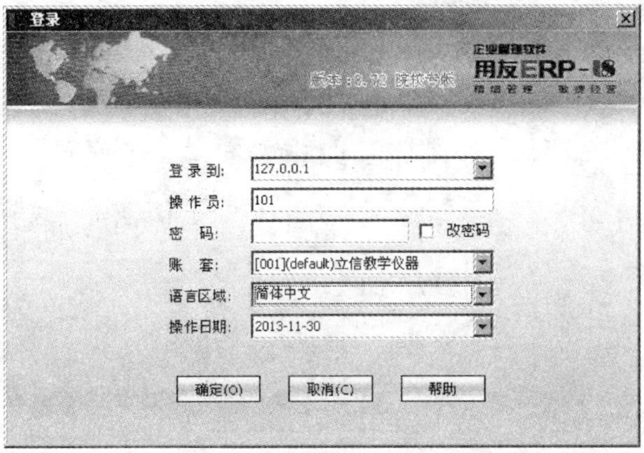

图 1-35 账套主管注册登录

• 在"系统管理"中,执行"账套"|"修改"命令,如图 1-36 所示。

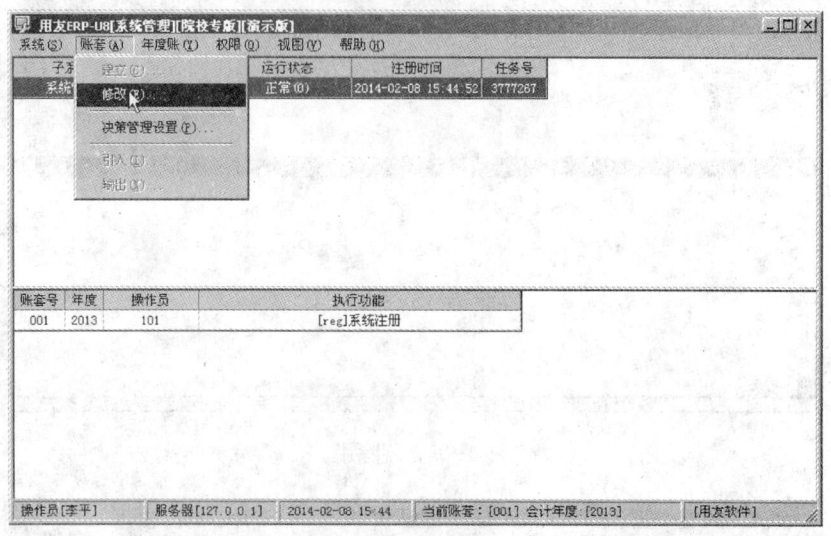

图 1-36　账套修改

• 进入账套修改向导,在"修改账套"框中修改账套数据,取消"客户和供应商分类",单击"完成",如图 1-37 所示。

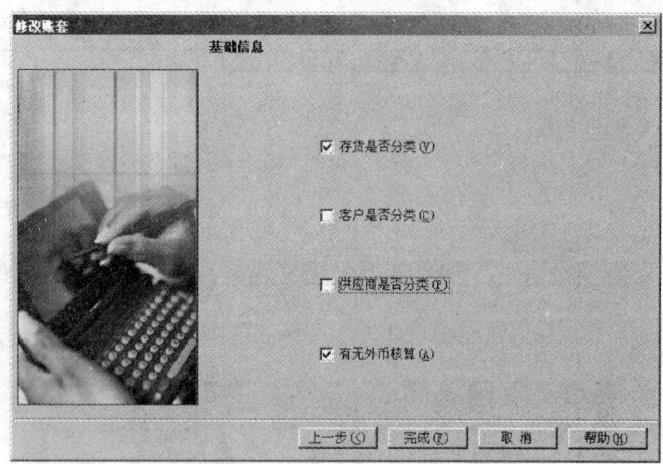

图 1-37　"修改账套"框

• 系统弹出"确认修改账套了么?"提示信息,单击"是(Y)",如图 1-38 所示。

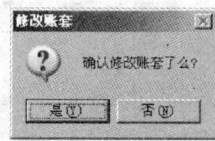

图 1-38　确认提示

5. 由 admin 将输出的账套备份引入。

· 在"系统管理"中,执行"账套"|"引入"命令,如图 1-39 所示。

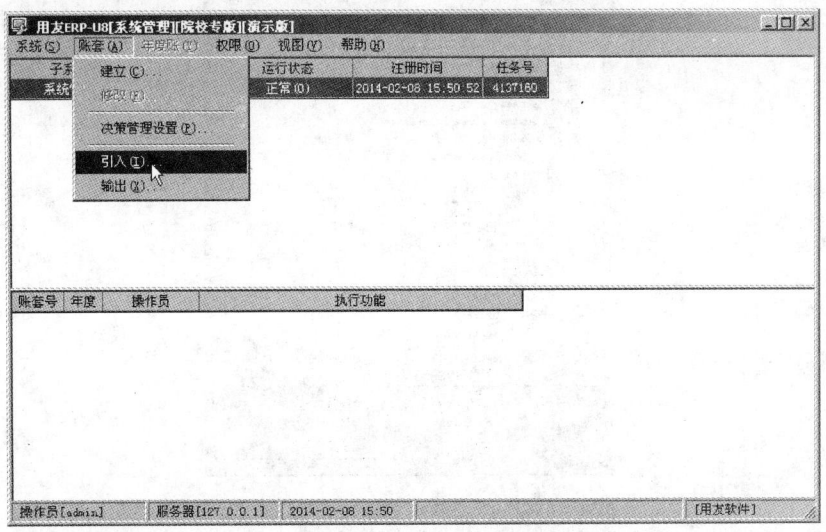

图 1-39 账套引入

· 在路径框中选择要引入的账套备份,如图 1-40 所示。

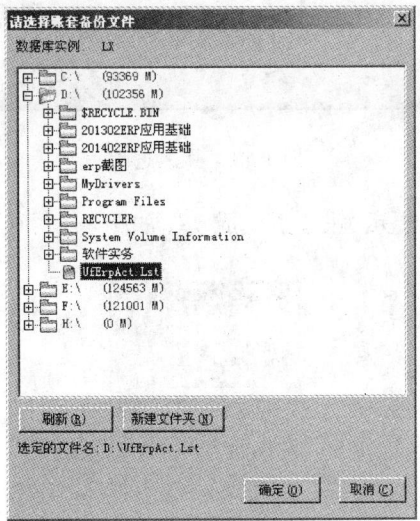

图 1-40 选择引入账套文件

· 在系统提示信息框中单击"确定",如图 1-41 所示。

图 1-41 引入确认

• 选择引入账套保存的目录,如图 1-42 所示。

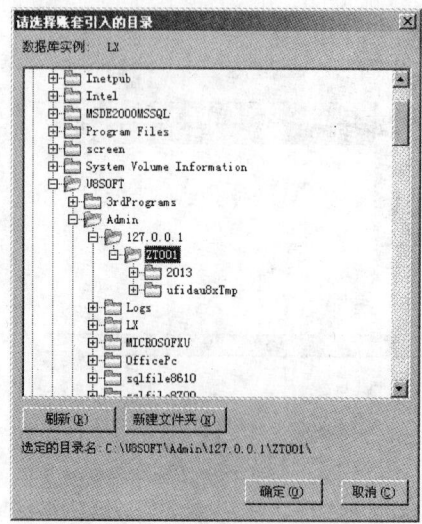

图 1-42　选择引入目录

• 系统开始引入账套,如图 1-43 所示。

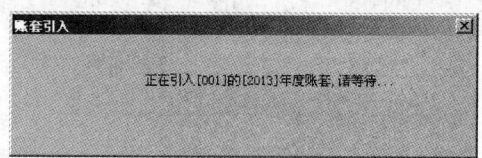

图 1-43　引入过程

• 引入账套成功,系统提示"账套引入成功",如图 1-44 所示。

图 1-44　引入成功

项目二　基础档案和财务链初始设置

功能概述

建立账套后,为了能对账套进行核算管理,需要对账套进行各项初始设置,其中,基础设置尤为重要,它为系统日常运行做数据准备。初始设置包括系统级初始设置和模块级初始设置。系统级初始设置指系统各模块公用的基础信息设置,模块级初始设置指各模块运行过程中所需要的参数、数据设置。

系统级初始设置包括基础档案设置、财务链基础信息设置、供应链基础信息设置。其中,基础档案数据是整个 ERP 系统中各子系统的共享数据,是系统必须的基础资料,也是系统正常管理运行的基石,需要根据企业管理核算的实际情况进行设置。

财务链以总账管理系统为核心,为企业财务管理提供一体化管理方式。财务链初始化工作就是针对企业财务核算环境进行的初始化数据定义,以满足日常财务核算的需求。

项目实训

【项目要求】

由 admin 将项目二的账套备份引入。

以账套主管(101)的身份,进行基础档案和财务链初始设置。

【项目资料】

1. 2013 年 11 月 1 日,由账套主管李平(代码 101)登录 U872 企业应用平台,并启用系统:存货核算、库存管理、销售管理、采购管理(启用日期均为 2013 年 11 月 1 日)。

2. 由账套主管李平根据以下档案资料输入基础档案:

(1) 部门档案。企业各部门编码及名称,如表 2-1 所示。

表 2-1　　　　　　　　　　部门编码及名称

部门编码	部门名称
1	厂部
5	销售部

（2）人员类别。企业人员类别编码及名称，如表 2-2 所示。

表 2-2　　　　　　　　　　　　　　企业人员类别

档案编码	档案名称
105	外聘人员

（3）人员档案。企业人员档案信息，如表 2-3 所示。

表 2-3　　　　　　　　　　　　　　企业人员档案

人员编码	姓名	部门	人员类别	性别	是否操作员
001	华　明	厂部	企业管理人员	男	是
002	华小英	厂部	企业管理人员	女	
010	王　芳	销售部	经营人员	女	
011	史　文	销售部	经营人员	女	

（4）供应商档案。企业供应商档案信息，如表 2-4 所示。

表 2-4　　　　　　　　　　　　　　供应商档案

供应商编码	供应商名称	供应商简称	税号	银行账号
01	上海五金总厂	上海五金	3101020006	6222423875610008

（5）客户档案信息。企业客户档案信息，如表 2-5 所示。

表 2-5　　　　　　　　　　　　　　客户档案信息

客户编码	客户名称	客户简称	备注
02	西安经济管理干部学院	西安经济	国内
03	泰国曼谷华夏教育技术装备有限公司	曼谷华夏	国外

3. 财务链初始设置：

（1）结算方式。企业结算方式，如表 2-6 所示。

表 2-6　　　　　　　　　　　　　　结　算　方　式

结算方式编码	结算方式名称	是否票据管理	对应票据类型
1	支票结算	是	
11	现金支票	是	现金支票
12	转账支票	是	转账支票
2	汇票结算	否	
21	商业承兑汇票	否	
22	银行承兑汇票	否	

（2）设置企业付款条件。

付款条件编码：1

企业付款条件："2/10，1/20，n/30"

（3）本单位开户银行。单位开户银行，如表2-7所示。

表2-7　　　　　　　　　　　单位开户银行表

编码	银行账号	开户银行	所属银行名称
1	6222454789854516	工商银行上海分行普陀支行	中国工商银行

（4）凭证类别，设置信息，如表2-8所示。

表2-8　　　　　　　　　　　凭证类别设置

凭证类别	限制类型	限制科目
收款凭证	借方必有	1001，1002
付款凭证	贷方必有	1001，1002
转账凭证	凭证必无	1001，1002

（5）外币设置。企业外币种类信息，如表2-9所示。

表2-9　　　　　　　　　　　外币种类信息

币符	币名	11月份固定记账汇率
USD	美元	6.5

（6）会计科目。企业会计科目信息，如表2-10所示。

表2-10　　　　　　　　　　　会计科目表

科目编码	科目名称	外币币种	计量单位	辅助账类型	余额方向
1001	库存现金			日记账	借
1002	银行存款			日记账 银行账	借
100202	浦发银行普陀支行			日记账 银行账	借
10020201	美元户	美元		日记账 银行账	借
1122	应收账款				借
112201	人民币户			客户往来	借
112202	外币户	美元		客户往来	借
1123	预付账款				借
112303	预付采购费			供应商往来	借
1221	其他应收款				借
122101	应收个人款			个人往来	借

（续表）

科目编码	科目名称	外币币种	计量单位	辅助账类型	余额方向
122102	应收单位款			客户往来	借
1405	库存商品				借
140501	跟读机		台		借
2202	应付账款				贷
220201	应付采购款			供应商往来	贷
220202	应付暂估				贷
2203	预收账款				贷
220302	外币户	美元		客户往来	
5001	生产成本				借
500101	基本生产成本				借
50010101	直接材料			项目核算	借
50010102	直接人工			项目核算	借
50010103	制造费用			项目核算	借

（7）设置出纳指定科目。出纳指定科目，如表2-11所示。

表2-11　　　　　　　　　　　出纳指定科目

现金总账科目	银行存款总账科目	现金流量科目
库存现金	银行存款	库存现金、基本存款账户、社保基金账户、一般存款账户、浦发银行普陀支行——美元户、银行本票存款、银行汇票存款

（8）设置项目目录。项目目录内容，如表2-12所示。

表2-12　　　　　　　　　　　项 目 目 录

项目设置步骤	设置内容
项 目 大 类	生产成本（其余参数默认）
核算科目	直接材料（50010101） 直接人工（50010102） 制造费用（50010103）
项目分类定义	1. 半成品 2. 产成品
项目目录	1.跟读机（所属分类码2） 2.电路板（所属分类码1）

项 目 指 导

【操作步骤】

1. 2013年11月1日，由账套主管李平(代码101)登录U872企业应用平台，并启用系

统:存货核算、库存管理、销售管理、采购管理(启用日期均为 2013 年 11 月 1 日)。

- 启动"企业应用平台",以操作员 101 登录系统,如图 2-1 所示。

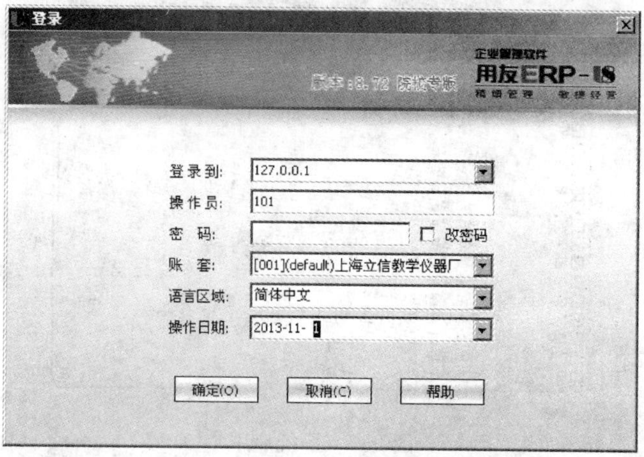

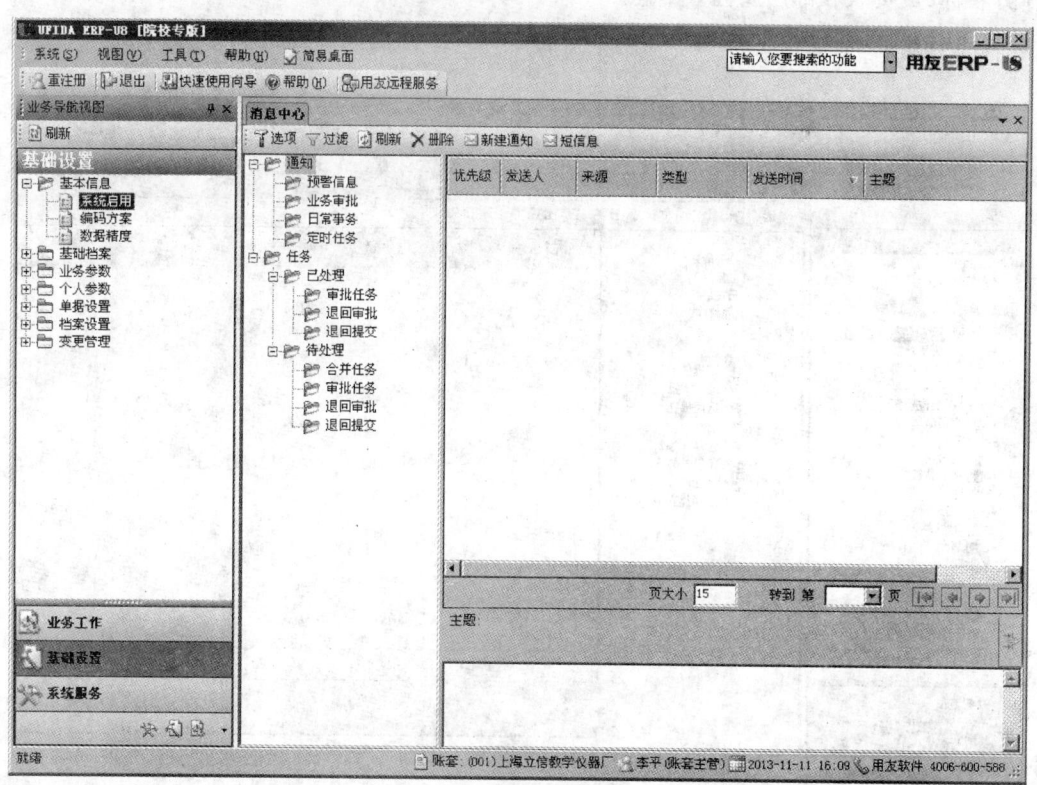

图 2-1　登录"企业应用平台"

- 执行"基础设置"|"基础信息"|"系统启用",如图 2-2 所示。

图 2-2　系统界面

- 勾选需要启用的系统模块,如图 2-3 所示。

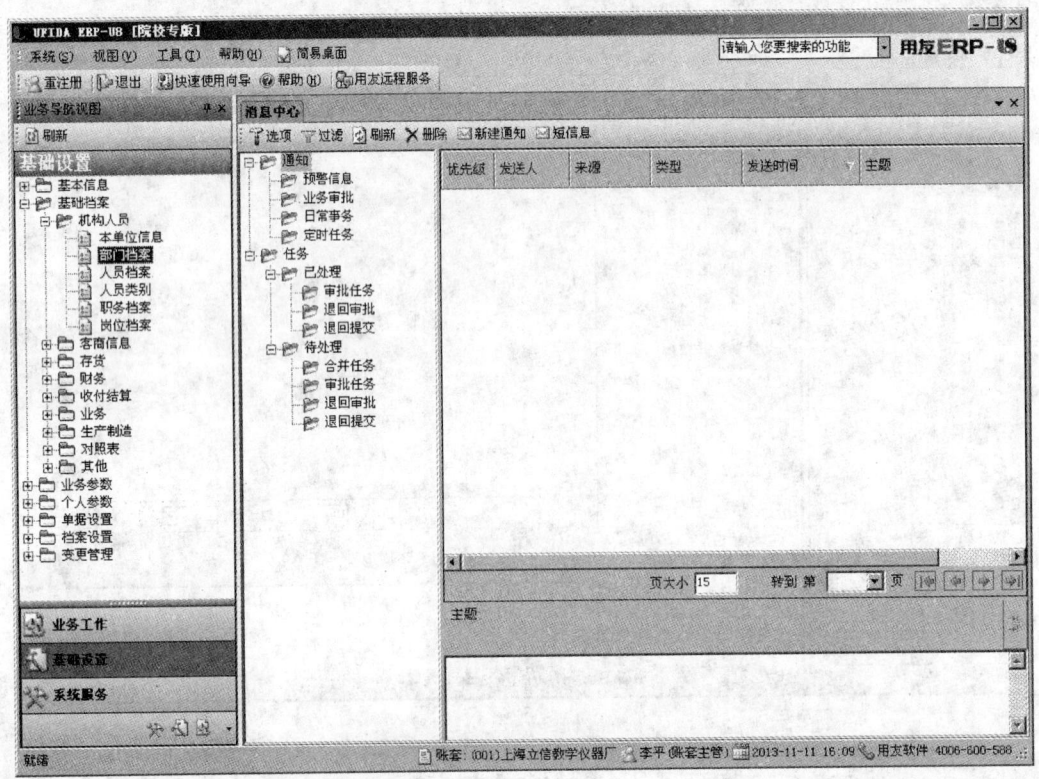

图 2-3　系统启用

2. 由账套主管李平根据以下档案资料输入基础档案：

(1) 部门档案。部门是指核算单位下具有财务核算或业务管理要求的单元体，包括部门编码、名称、负责人和部门属性等信息。

● 执行"基础设置"|"基础档案"|"机构人员"|"部门档案"，如图 2-4 所示。

图 2-4　执行"部门档案"

• 单击"增加",如图 2-5 所示。

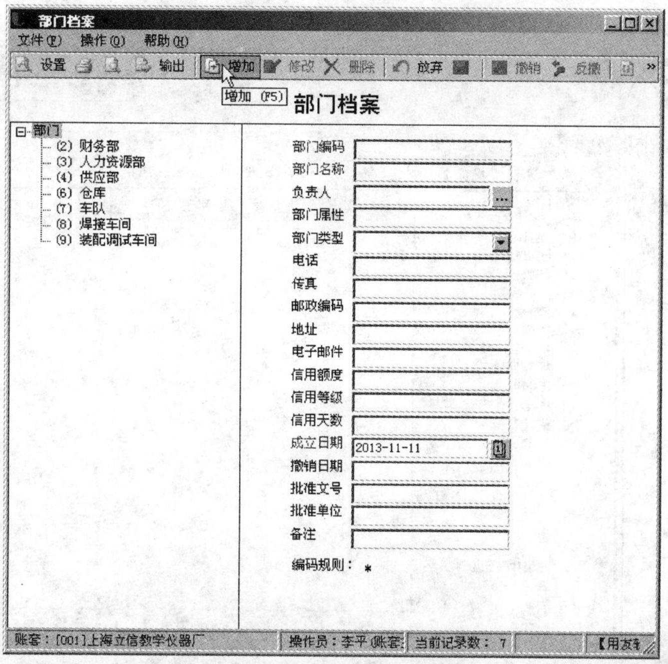

图 2-5 "部门档案"界面

• 输入部门编号、部门名称等部门档案数据,单击"保存",如图 2-6 所示。

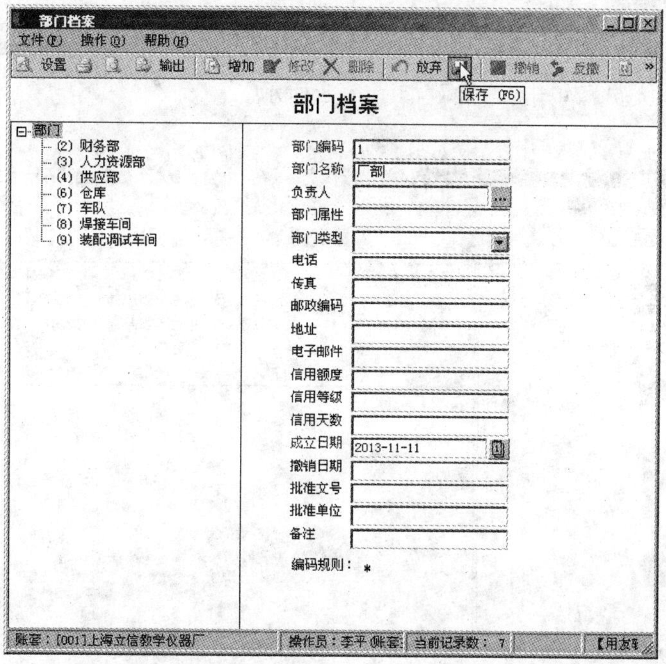

图 2-6 输入部门档案

(2) 人员类别。

- 执行"基础设置"|"基础档案"|"机构人员"|"人员类别",如图 2-7 所示。

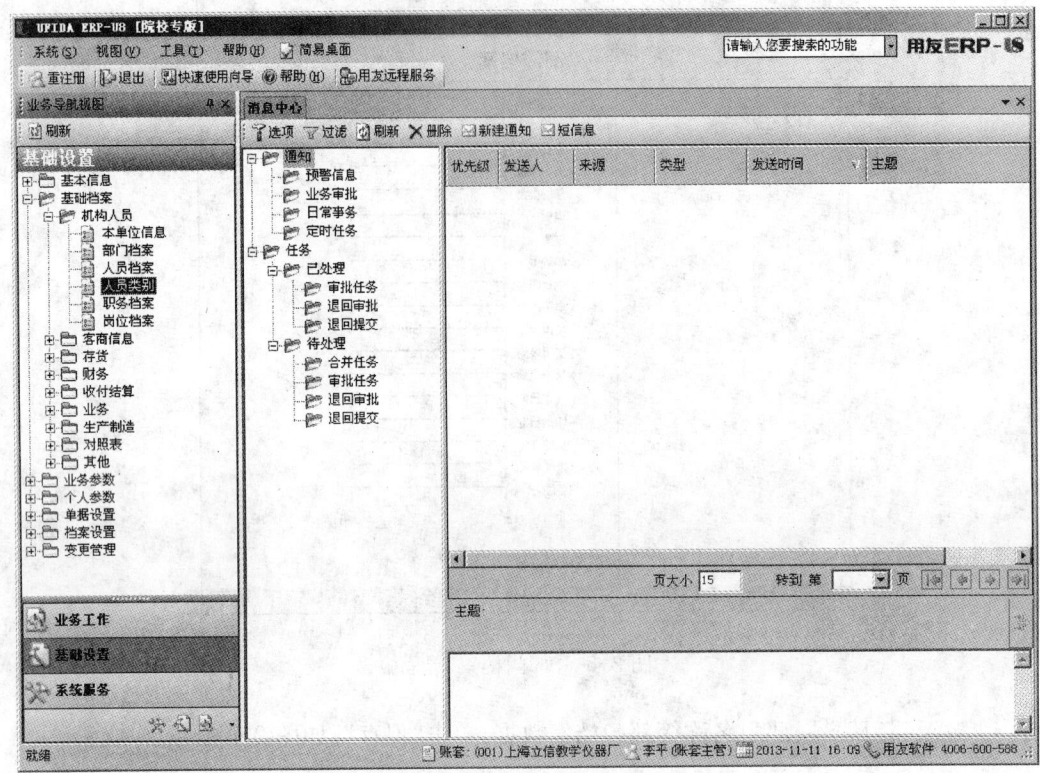

图 2-7　执行"人员类别"

- 选择"在职人员",单击"增加",如图 2-8 所示。

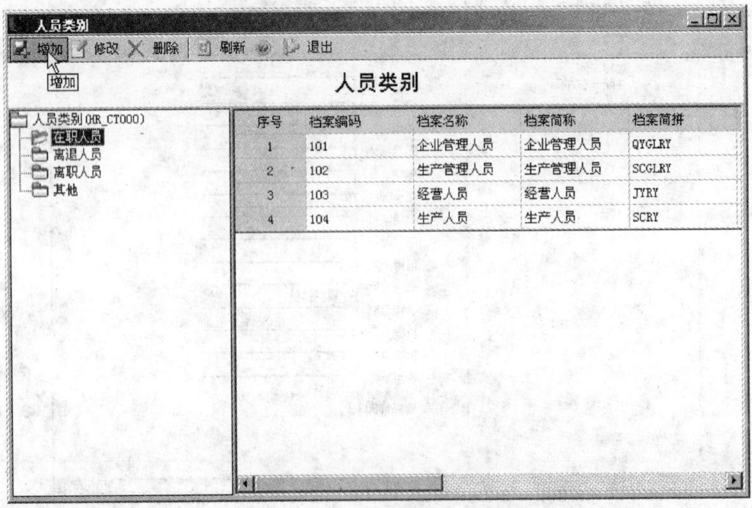

图 2-8　增加"人员类别"

• 在"增加档案项"框中输入档案编号、档案名称等数据,单击"确定",如图2-9所示。

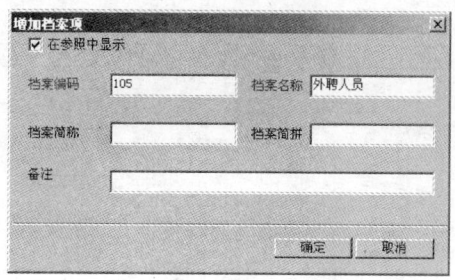

图2-9　输入"人员类别"

（3）人员档案。职员档案是指企业各职能部门中需要进行核算和业务管理的职员信息。不需要将公司所有职员都设置进来。设置职员档案前必须先设置部门档案和人员类别。

• 执行"基础设置"|"基础档案"|"机构人员"|"人员档案",如图2-10所示。

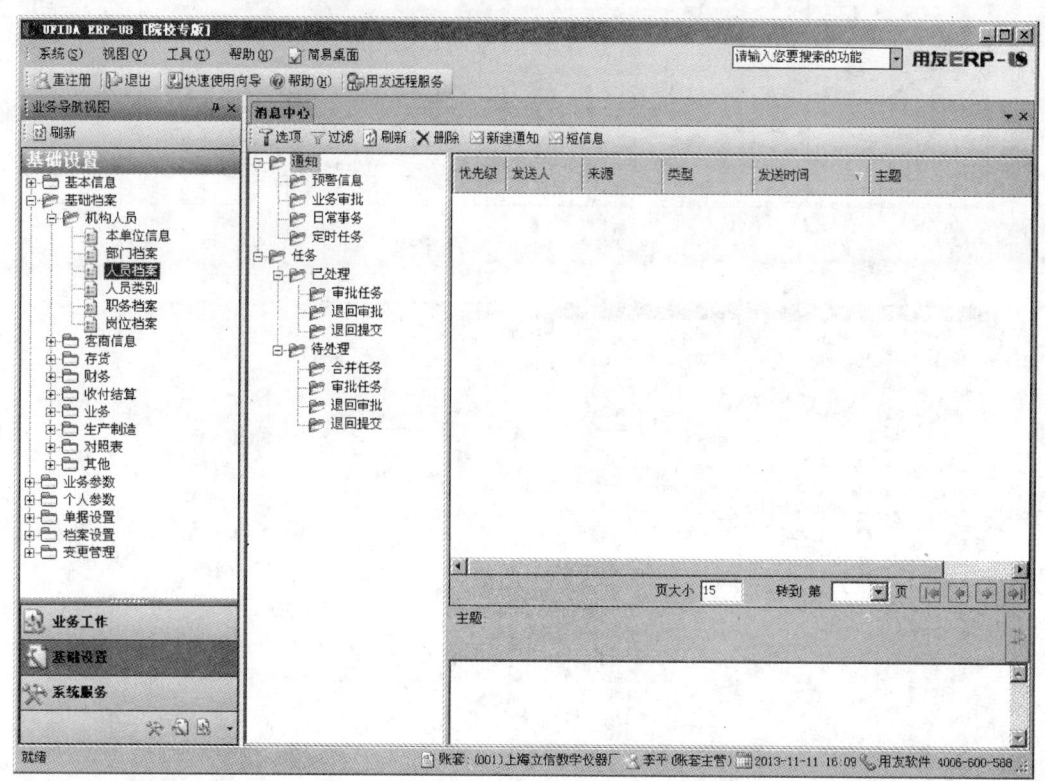

图2-10　执行"人员档案"

• 在"人员列表"框中,单击"增加",如图2-11所示。
• 在"人员档案"框中,输入人员编码、人员姓名,并选择性别、人员类别、行政部门等数据,单击"保存",如图2-12所示。

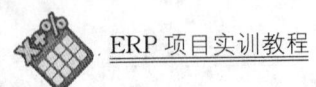

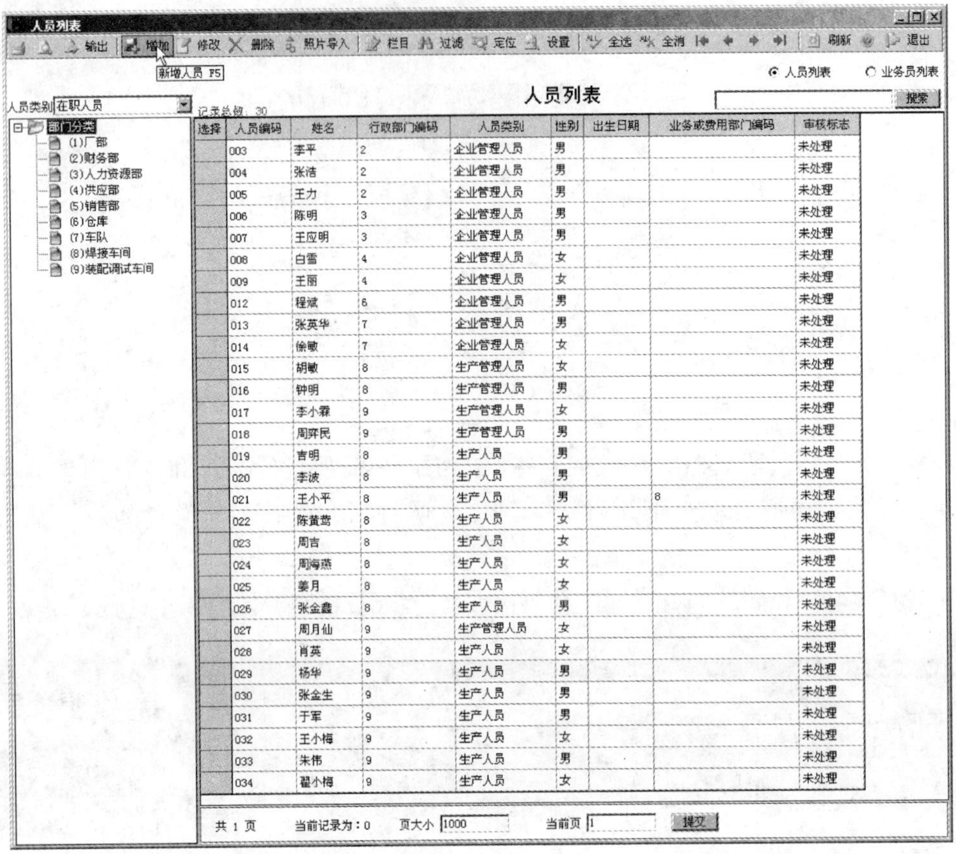
人员列表
输出 增加 修改 删除 照片导入 栏目 过滤 定位 设置 全选 全消 刷新 退出
新增人员 F5
人员列表 业务员列表
搜索
人员类别 在职人员
记录总数：30
人员列表
部门分类
(1)厂部
(2)财务部
(3)人力资源部
(4)供应部
(5)销售部
(6)仓库
(7)车队
(8)焊接车间
(9)装配调试车间
选择 | 人员编码 | 姓名 | 行政部门编码 | 人员类别 | 性别 | 出生日期 | 业务或费用部门编码 | 审核标志
003 李平 2 企业管理人员 男 未处理
004 张洁 2 企业管理人员 男 未处理
005 王力 2 企业管理人员 男 未处理
006 陈明 3 企业管理人员 男 未处理
007 王应明 3 企业管理人员 男 未处理
008 白雪 4 企业管理人员 女 未处理
009 王丽 4 企业管理人员 女 未处理
012 程斌 6 企业管理人员 男 未处理
013 张英华 7 企业管理人员 男 未处理
014 徐敏 7 企业管理人员 女 未处理
015 胡敏 8 生产管理人员 女 未处理
016 钟明 8 生产管理人员 男 未处理
017 李小霖 9 生产管理人员 女 未处理
018 周辞民 9 生产管理人员 男 未处理
019 吉明 8 生产人员 男 未处理
020 李波 8 生产人员 男 未处理
021 王小平 8 生产人员 男 8 未处理
022 陈黄莺 8 生产人员 女 未处理
023 周吉 8 生产人员 女 未处理
024 周海燕 8 生产人员 女 未处理
025 姜月 8 生产人员 女 未处理
026 张金鑫 8 生产人员 男 未处理
027 周月仙 9 生产管理人员 女 未处理
028 肖英 9 生产人员 女 未处理
029 杨华 9 生产人员 男 未处理
030 张金生 9 生产人员 男 未处理
031 于军 9 生产人员 男 未处理
032 王小梅 9 生产人员 女 未处理
033 朱伟 9 生产人员 男 未处理
034 翟小梅 9 生产人员 女 未处理
共 1 页 当前记录为：0 页大小 1000 当前页 1 提交

图 2-11　增加“人员档案”

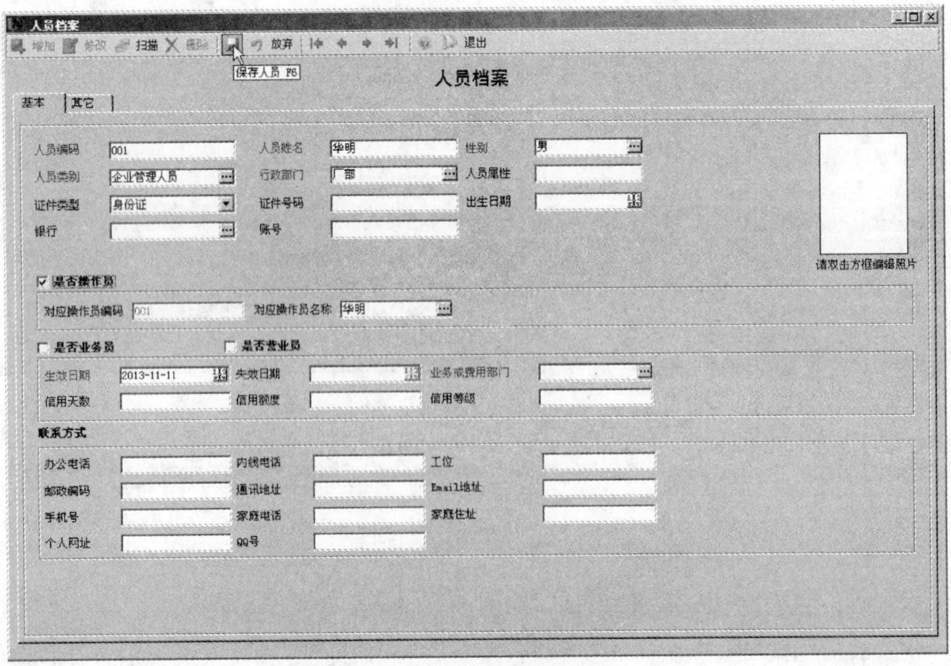
人员档案
增加 修改 扫描 删除 放弃 退出
保存人员 F6
人员档案
基本 其它
人员编码 001 人员姓名 华明 性别 男
人员类别 企业管理人员 行政部门 厂部 人员属性
证件类型 身份证 证件号码 出生日期
银行 账号
请双击方框编辑照片
是否操作员
对应操作员编码 001 对应操作员名称 华明
是否业务员 是否营业员
生效日期 2013-11-11 失效日期 业务或费用部门
信用天数 信用额度 信用等级
联系方式
办公电话 内线电话 工位
邮政编码 通讯地址 Email地址
手机号 家庭电话 家庭住址
个人网址 QQ号

图 2-12　输入“人员档案”

（4）供应商档案。供应商档案用于设置供应商的档案信息，以便于管理供应商资料以及录入、统计和分析业务数据。如果在建账时选择了供应商分类，则必须先设置供应商分类，再编辑客户档案。供应商档案为企业的采购管理、库存管理和应付账管理服务。

- 执行"基础设置"|"基础档案"|"客商信息"|"供应商档案"，如图 2-13 所示。

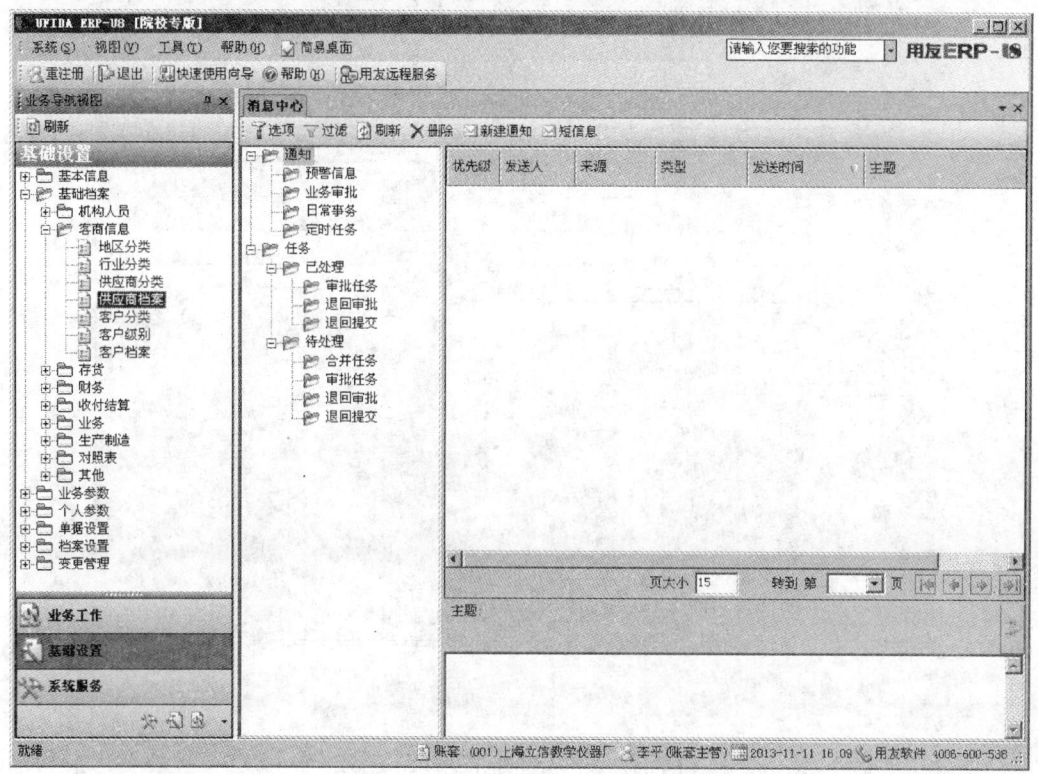

图 2-13　执行"供应商档案"

- 在"供应商档案"框中，单击"增加"，如图 2-14 所示。

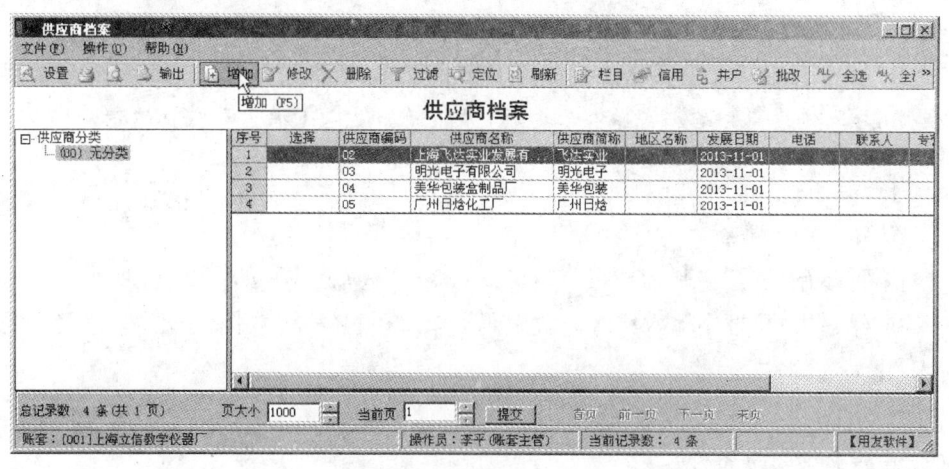

图 2-14　增加"供应商档案"

• 在"增加供应商档案"框中输入供应商编号、供应商名称等数据,单击"保存",如图 2-15 所示。

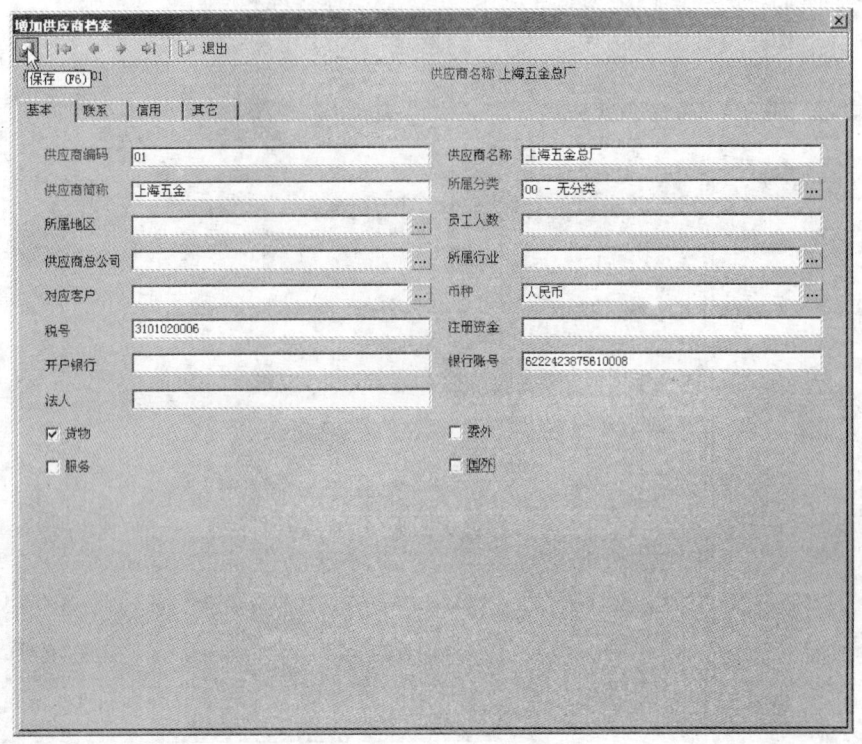

图 2-15　输入"供应商档案"

(5) 客户档案信息。客户档案用于设置往来客户的档案信息,以便于管理客户资料以及录入、统计分析。如果在建账时选择了客户分类,则必须先设置客户分类,再编辑客户档案。客户档案为企业的销售管理、库存管理和应收账管理服务。

• 执行"基础设置"|"基础档案"|"客商信息"|"客户档案",增加客户档案的方法与增加供应商档案的方法一致。

> **说明** 如果账套设置需要供应商分类和客户分类,则在增加供应商档案和客户档案之前,必须先增加供应商分类和客户分类,然后才能增加供应商档案和客户档案。

3. 财务链初始设置:

(1) 结算方式。

• 执行"基础设置"|"基础档案"|"收付结算"|"结算方式",如图 2-16 所示。

• 在"结算方式"框中输入结算方式编码、结算方式名称等数据,单击"保存",如图 2-17 所示。

• 按同样的方法输入其他结算方式,如图 2-18 所示。

(2) 设置企业付款条件。

• 执行"基础设置"|"基础档案"|"收付结算"|"付款条件",如图 2-19 所示。

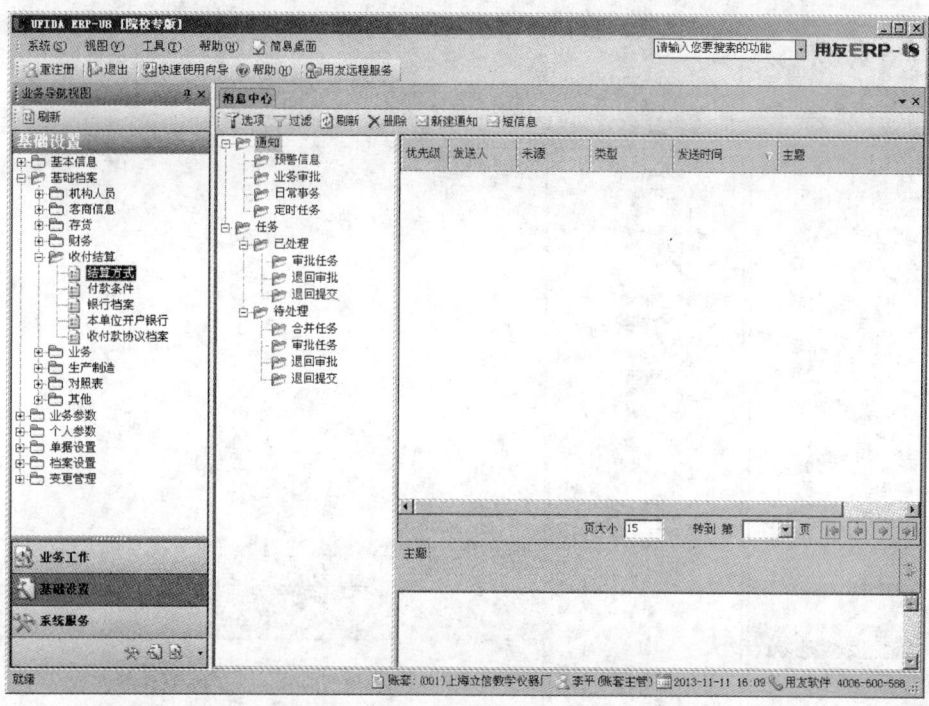

图 2-16 执行"结算方式"

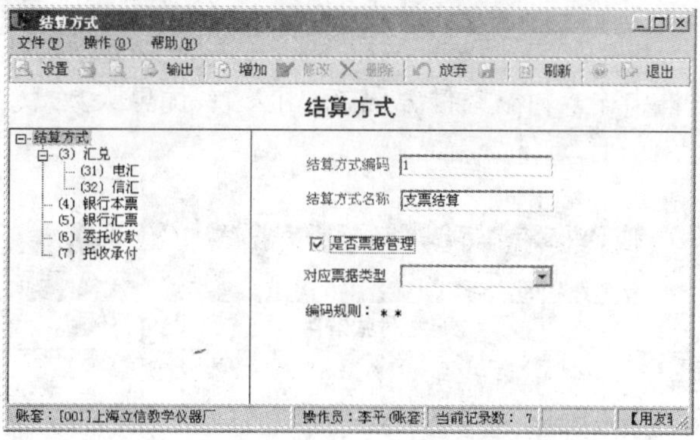

图 2-17 输入"结算方式"

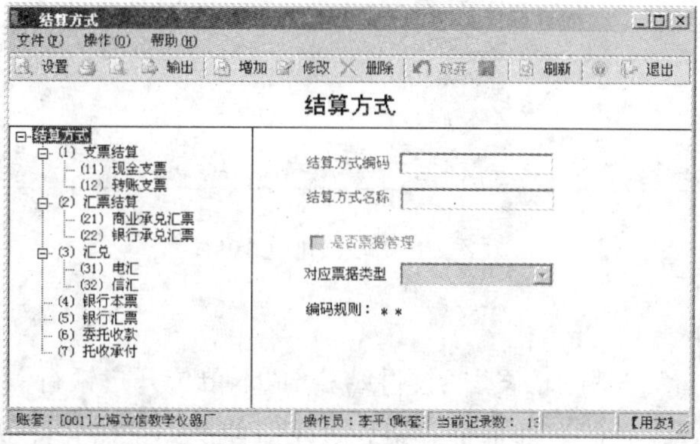

图 2-18 "结算方式"框

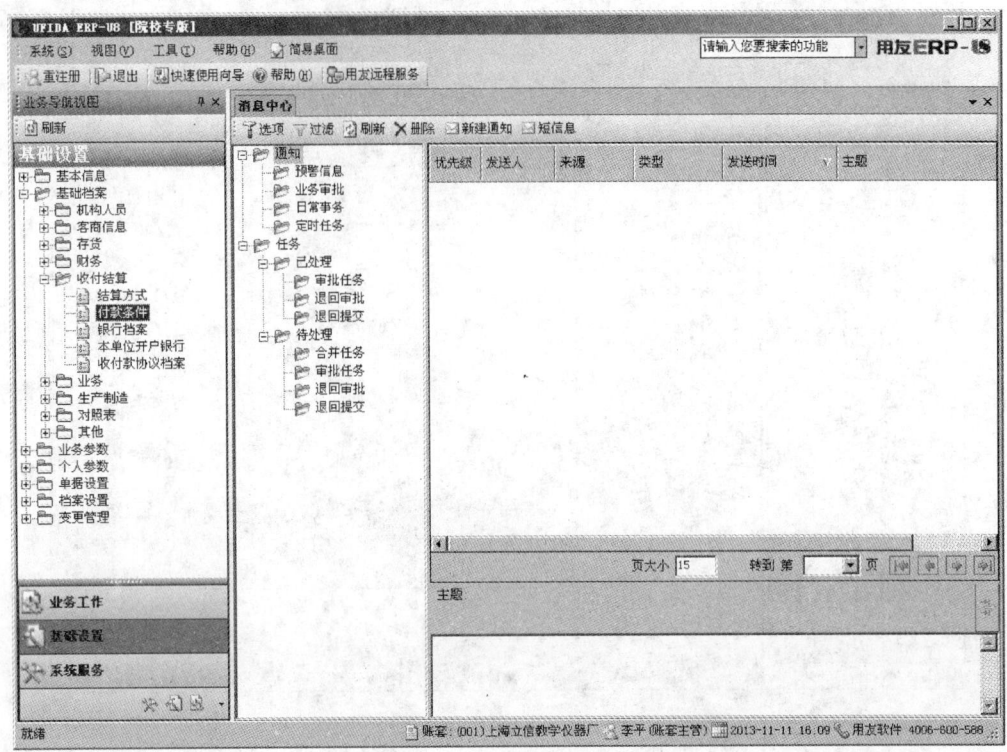

图 2-19　执行"付款条件"

• 在"付款条件"框中输入付款条件编码、信用天数、优惠天数、优惠率等数据,并保存,如图 2-20 所示。

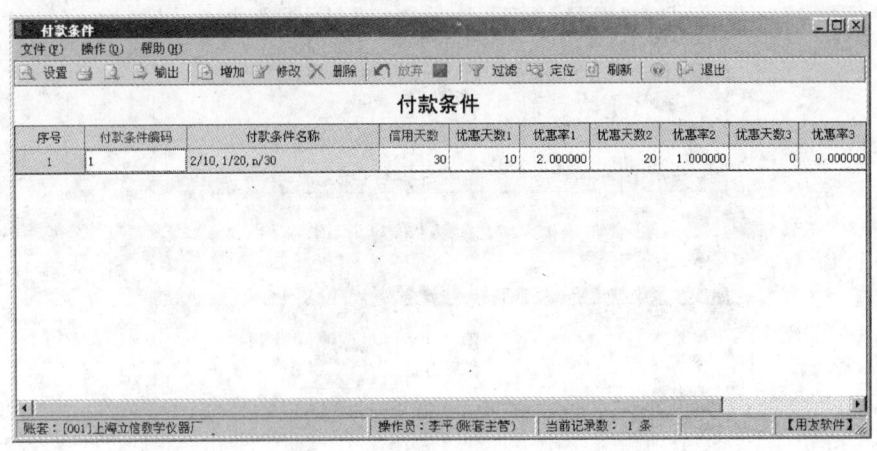

图 2-20　输入"付款条件"

(3) 本单位开户银行。

• 执行"基础设置"|"基础档案"|"收付结算"|"本单位开户银行",输入数据并保存。

(4) 凭证类别设置。凭证类别是企业会计核算所使用的记账凭证的类型,为会计核算做准备。

- 执行"基础设置"|"基础档案"|"财务"|"凭证类别",如图 2-21 所示。

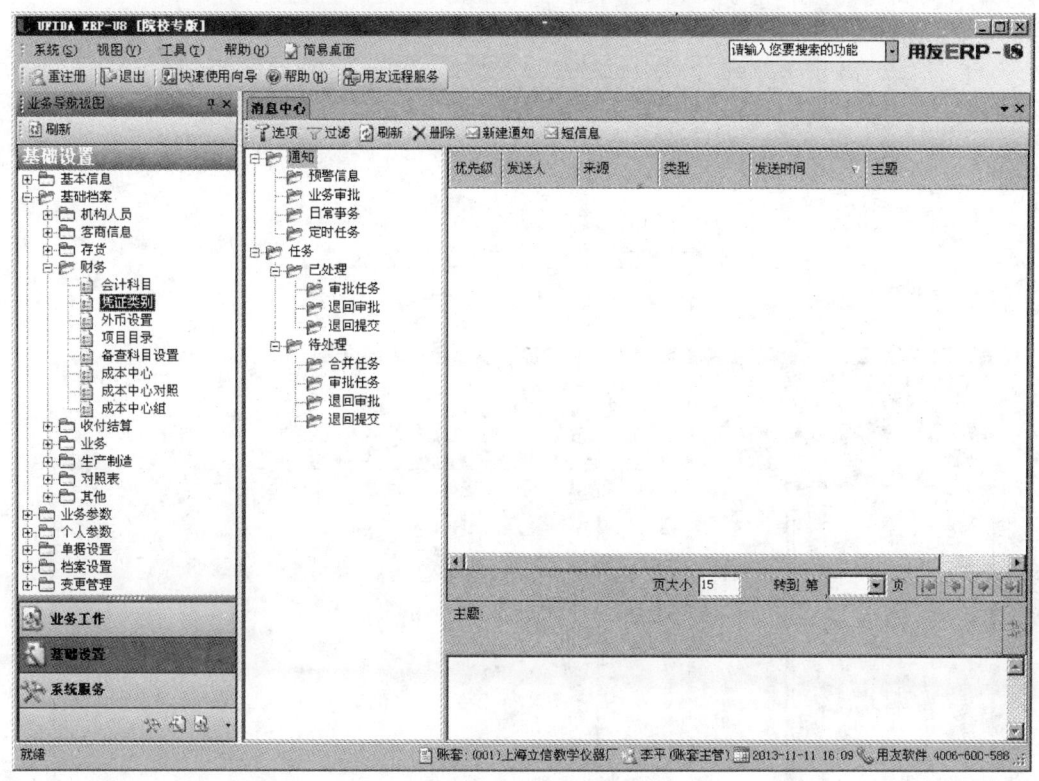

图 2-21 执行"凭证类别"

- 在"凭证类别预置"框中选择凭证分类方式,单击"确定",如图 2-22 所示。

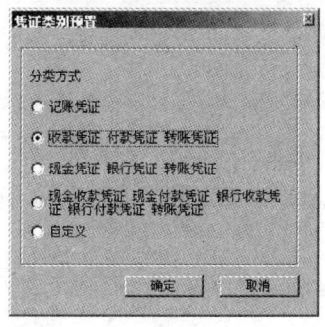

图 2-22 选择"凭证类别"

- 在"凭证类别"框中设置不同类别凭证的限制类型和限制科目,如图 2-23 所示。

(5) 外币设置。

- 执行"基础设置"|"基础档案"|"财务"|"外币设置",如图 2-24 所示。

- 在"外币设置"框中输入币符、币名,选择本位币折算方式和记账汇率方式,单击"确认",如图 2-25 所示。

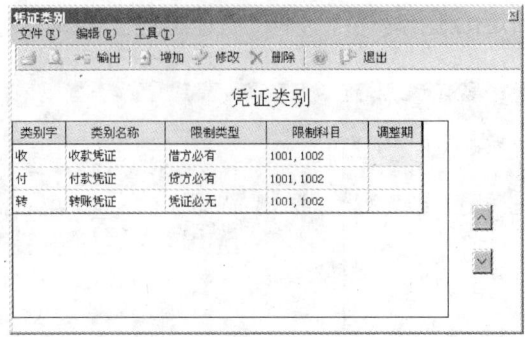

图 2-23　设置凭证类别限制项目

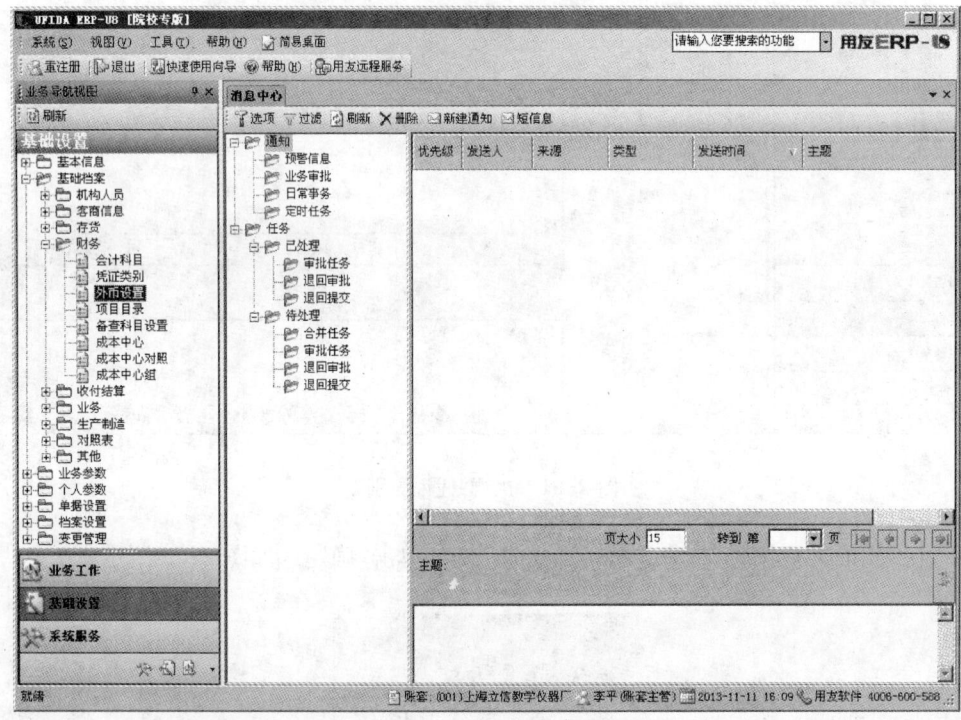

图 2-24　执行"外币设置"

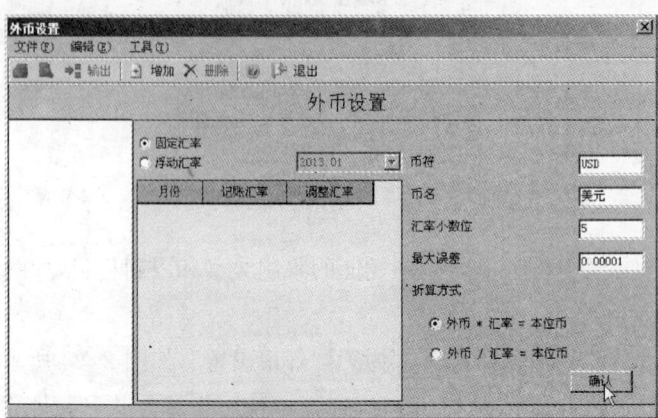

图 2-25　增加外币

• 若上一步选择固定记账汇率,则再输入当月的记账汇率数据,单击"退出",如图 2-26 所示。

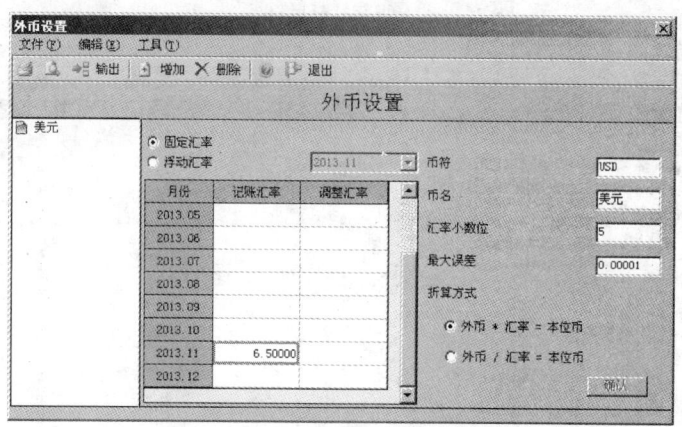

图 2-26　输入外币记账汇率

(6) 会计科目。会计科目是企业会计核算的基础,为企业各项业务指定了记账科目,是系统初始化的重要环节。

• 执行"基础设置"|"基础档案"|"财务"|"会计科目",如图 2-27 所示。

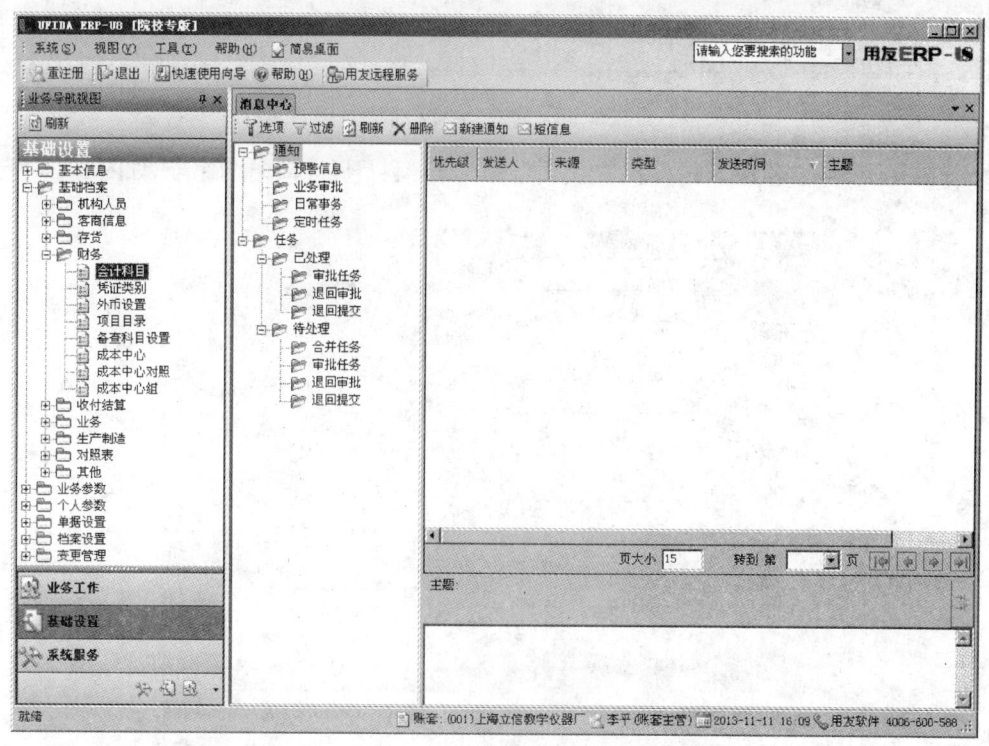

图 2-27　执行"会计科目"

• 如要修改会计科目属性,则在"会计科目"框中选择要修改的会计科目,单击"修改",如图 2-28 所示。

图 2-28　修改"会计科目"

• 在"会计科目_修改"框中，单击"编辑"，修改会计科目属性，单击"确定"，如图 2-29 所示。

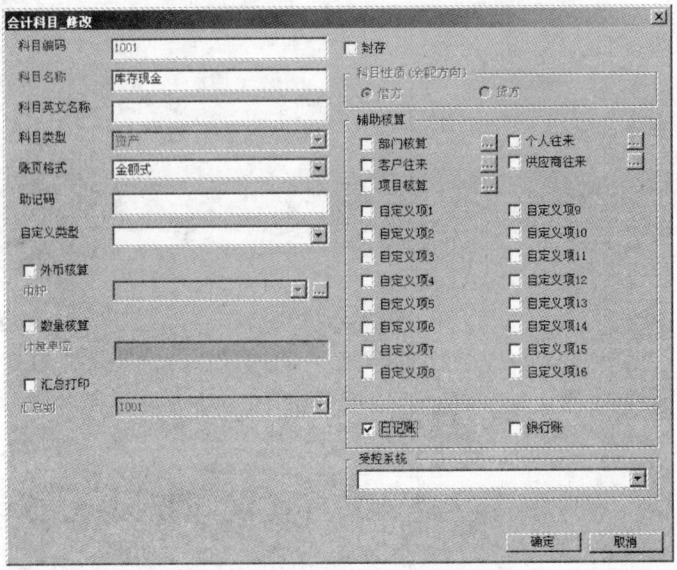

图 2-29　"会计科目_修改"框

• 如要增加新的会计科目，则在"会计科目"框中选择要修改的会计科目的类别，单击

"增加",如图 2-30 所示。

图 2-30 增加"会计科目"

- 在"新增会计科目"框中输入科目编码、科目名称,并选择科目属性,单击"确定",如图 2-31 和图 2-32 所示。

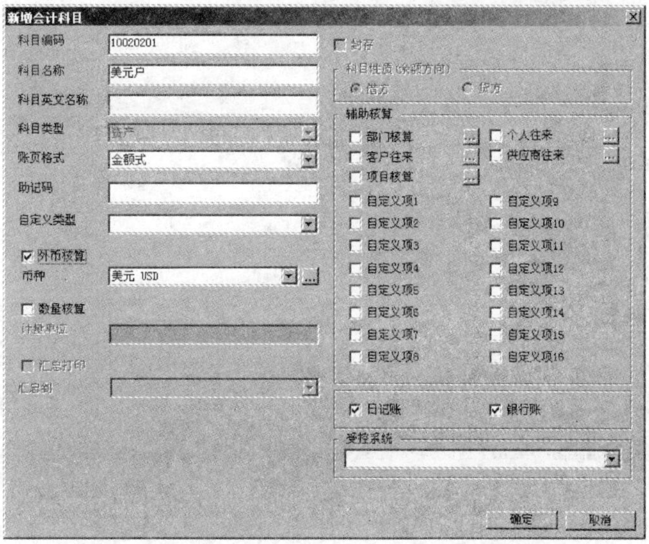

图 2-31 输入科目信息

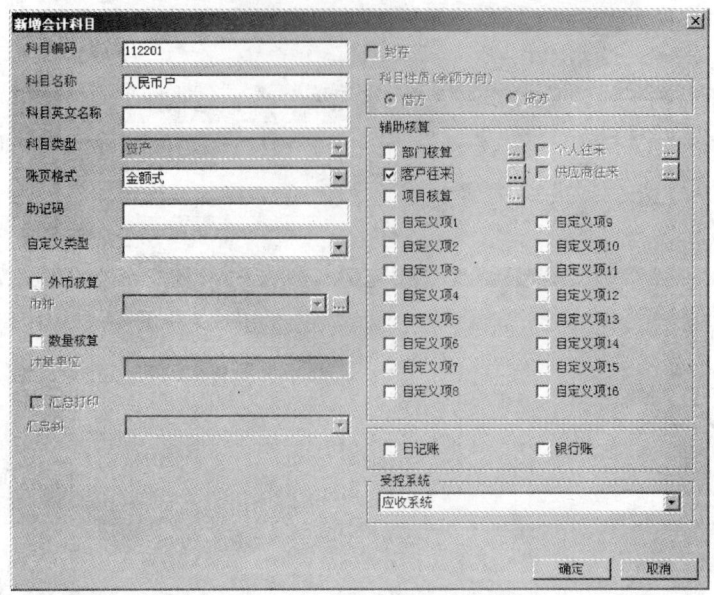

图 2-32　选择辅助核算内容

(7) 设置出纳指定科目。

- 在"会计科目"框中,执行"编辑"|"指定科目"命令,如图 2-33 所示。

图 2-33　执行"指定科目"

- 分别指定现金科目、银行科目和现金流量科目,如图 2-34 至图 2-36 所示。

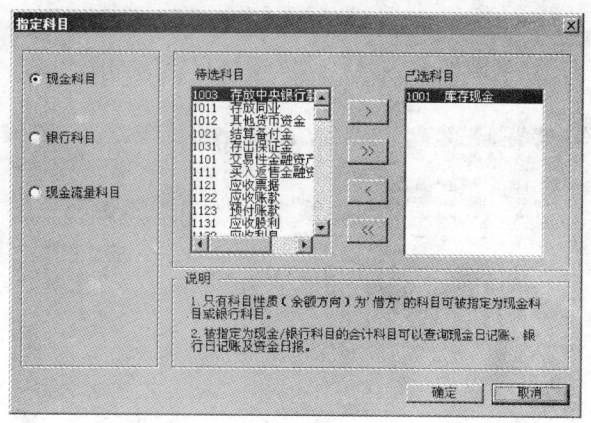

图 2-34　指定"现金科目"

图 2-35　指定"银行科目"

图 2-36　指定"现金流量科目"

说明　指定科目就是指定出纳专管科目,用于对这些科目进行现金流管理。只有指定科目后,才能执行出纳签字,从而实现现金、银行存款管理的保密性,才能查看现金、银行存款日记账。在指定会计科目之前,应在"现金"、"银行存款"会计科目中选中"日记账"。

(8) 项目目录。

- 执行"基础设置"|"基础档案"|"财务"|"项目目录",如图 2-37 所示。

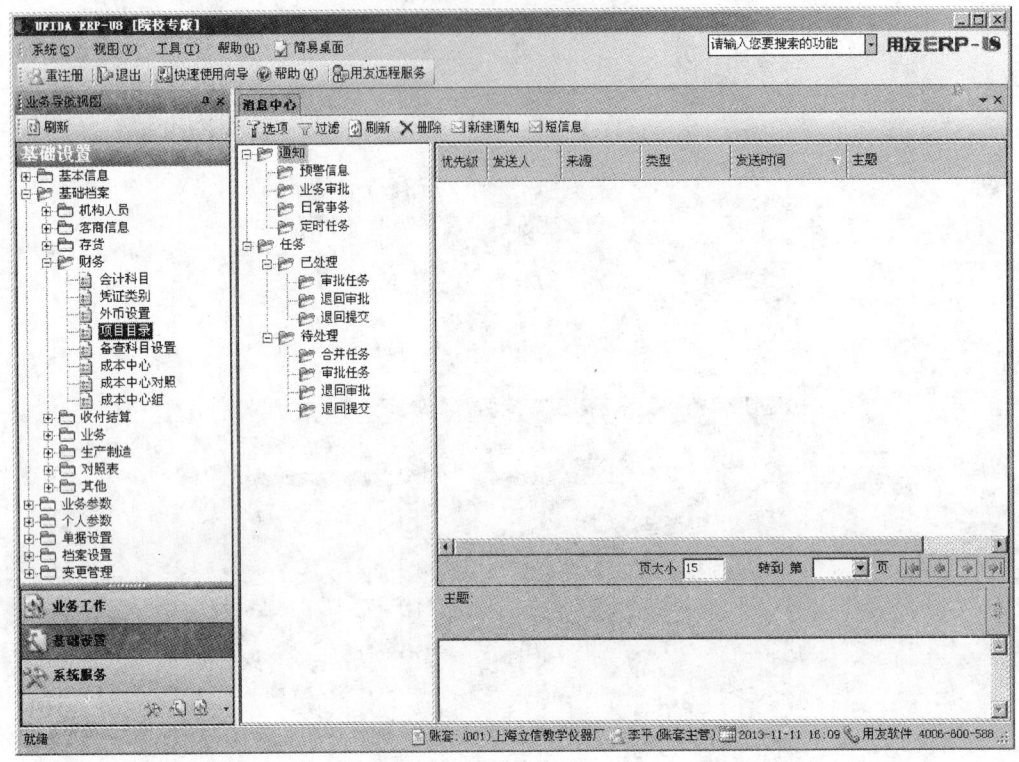

图 2-37 执行"项目目录"

- 在"项目档案"框中,单击"增加",如图 2-38 所示。

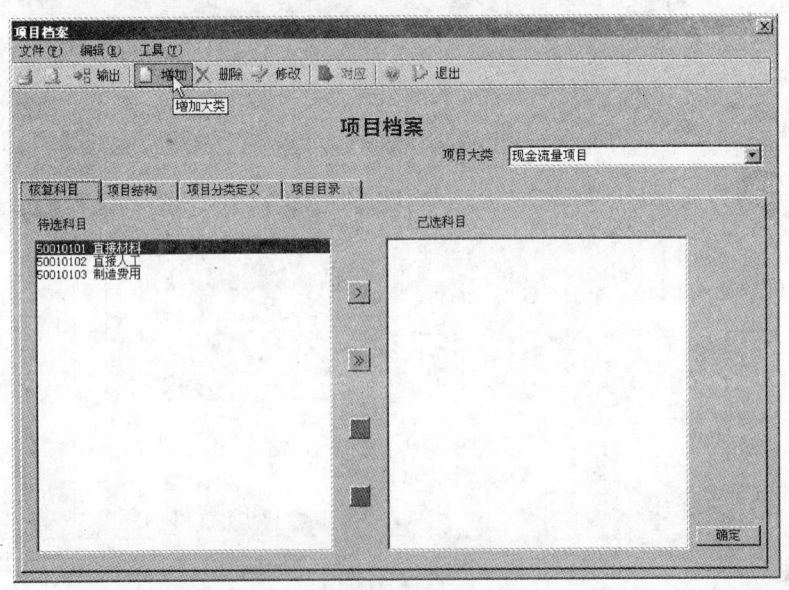

图 2-38 增加"项目大类"

- 在"项目大类定义_增加1"框中输入新项目大类名称,单击"下一步",如图2-39所示。

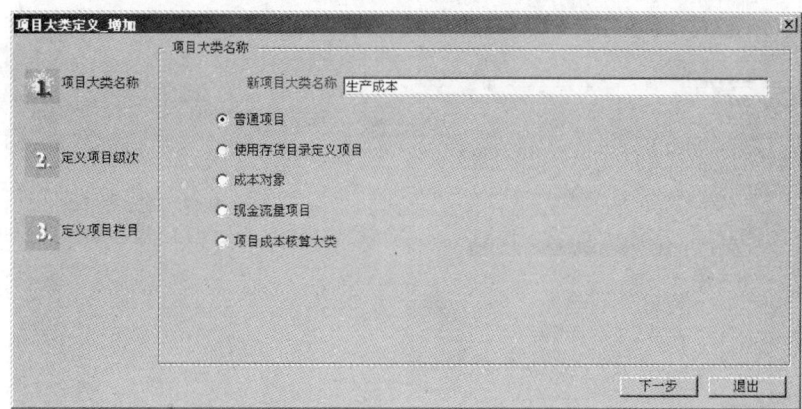

图2-39 定义项目大类名称

- 在"项目大类定义_增加2"框中定义项目级次,单击"下一步",如图2-40所示。

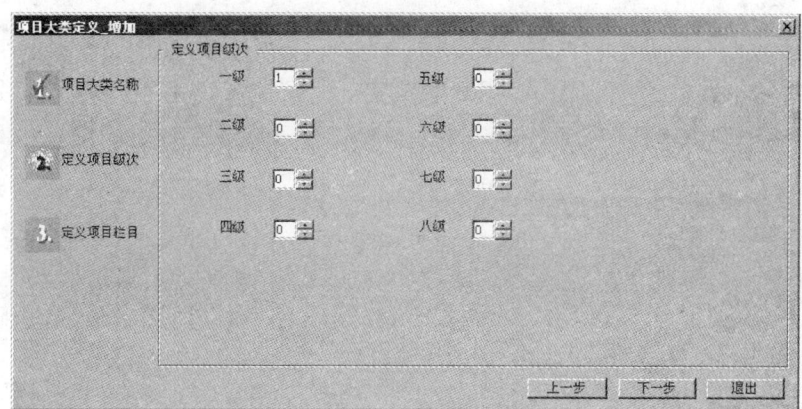

图2-40 定义项目大类级次

- 在"项目大类定义_增加3"框中定义项目栏目,单击"完成",如图2-41所示。

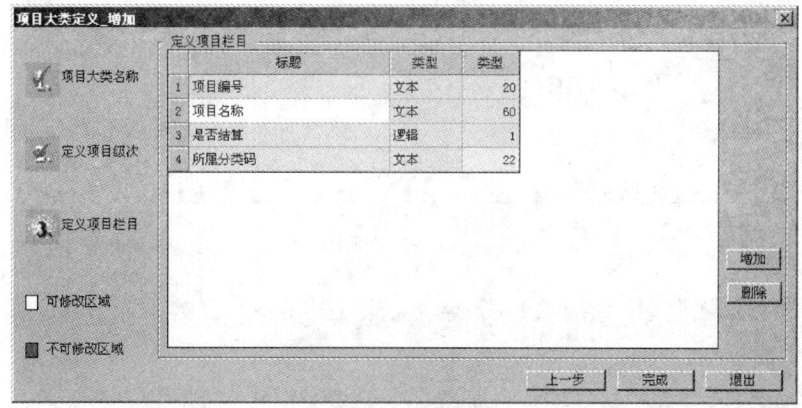

图2-41 定义项目大类栏目

- 在"项目档案"列表中选择项目大类,如图2-42所示。

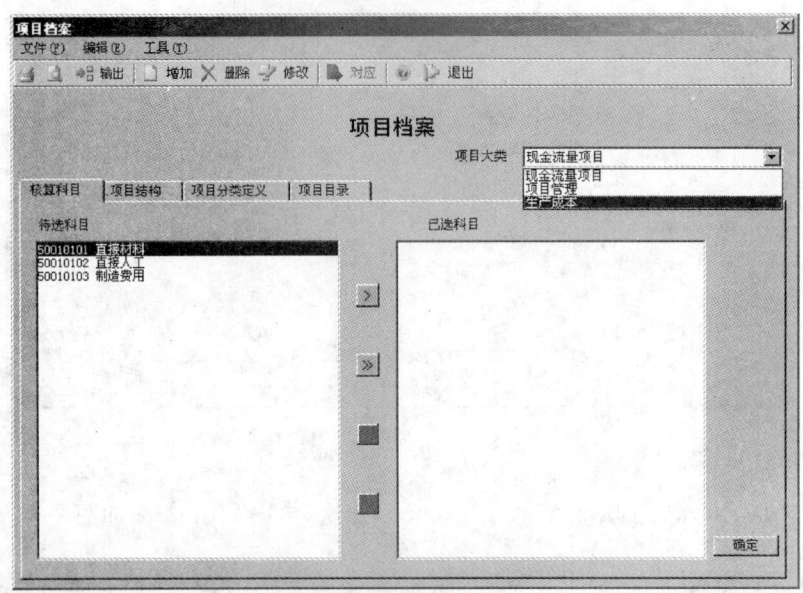

图2-42 选择项目大类

- 在"待选科目"中选择对应项目大类的核算科目,单击"确定",如图2-43所示。

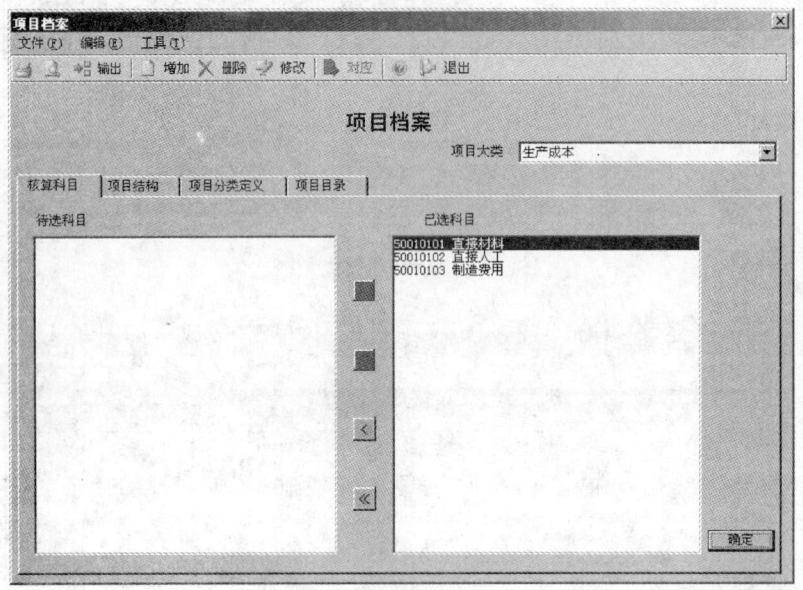

图2-43 指定核算科目

- 在"项目档案"框中选择项目分类定义选项卡,输入分类编码、分类名称,单击"确定",如图2-44所示。
- 在"项目档案"框中选择项目目录选项卡,单击"维护",如图2-45所示。
- 在"项目目录维护"框中单击"增加",如图2-46所示。

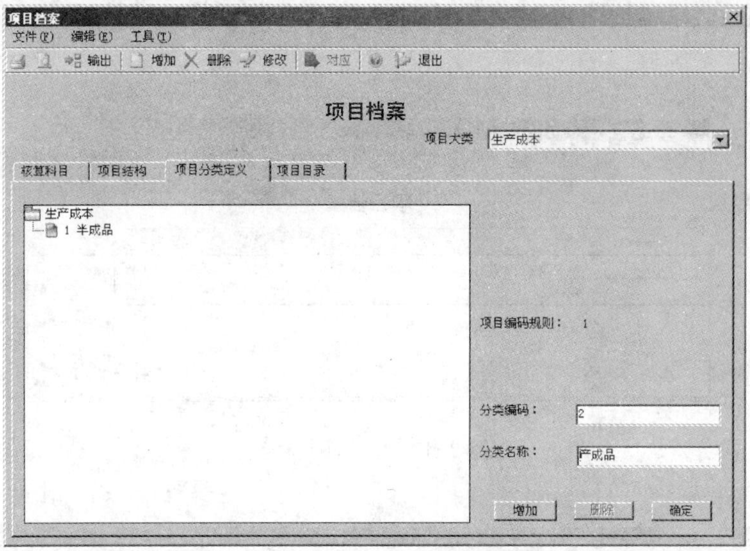

图 2-44 增加项目分类

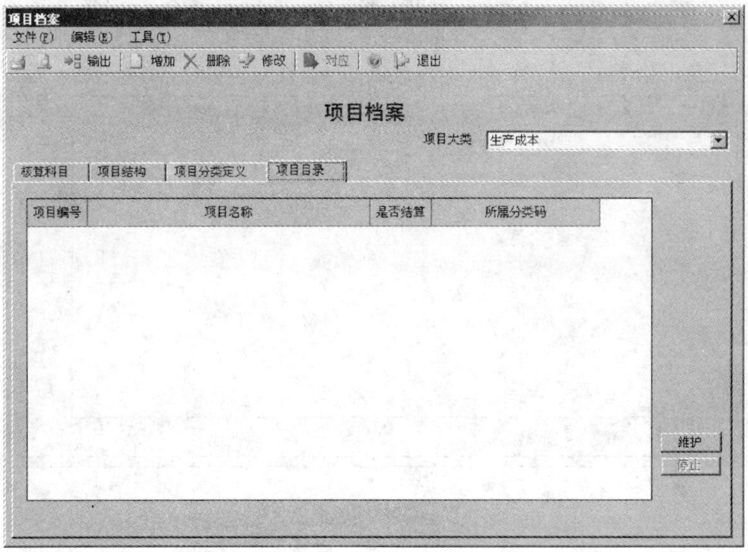

图 2-45 维护项目目录

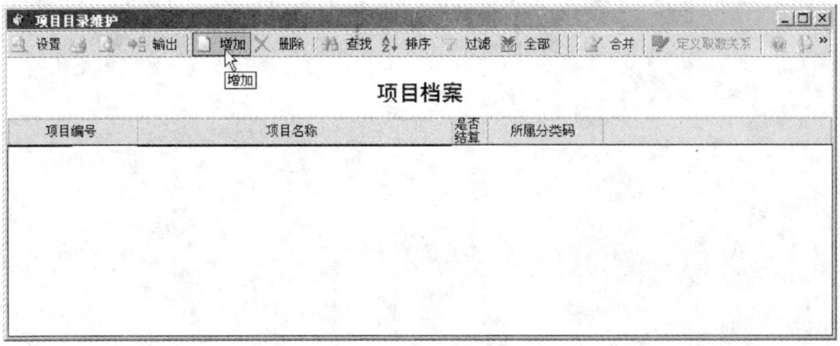

图 2-46 增加项目目录

• 在"项目目录维护"框中输入项目编号、项目名称,并选择所属分类,如图 2-47 和图 2-48所示。

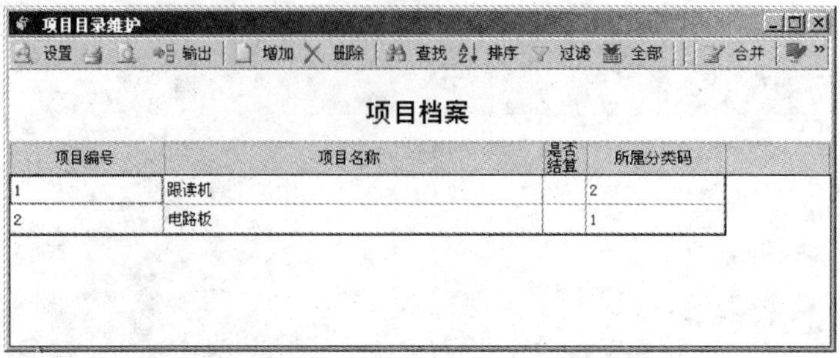

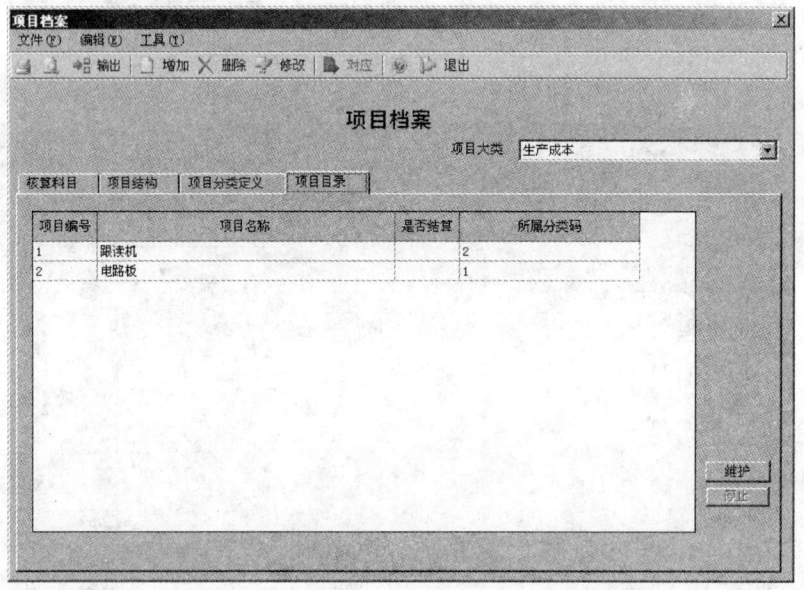

图 2-47 输入项目档案

图 2-48 "项目档案"框

说明 项目目录用于管理需要按具体对象核算费用、收入、成本等信息时,建立的具体对象档案。例如:生产成本的核算需要具体到相应的产品时,我们可以将具体的产品作为项目目录来处理。另外,现金流量项目也属于项目目录的范畴。

项目三 供应链初始设置

功 能 概 述

供应链管理系统是用友 ERP U8 系统的一个重要管理系统,主要包括采购管理、销售管理、库存管理、存货核算,实现了物流、资金流管理的统一。供应链管理系统与财务链管理系统密切相关,在企业日常工作中,采购部、销售部、仓库是企业购销存业务的主要管理部门,其业务的核算离不开财务部相关业务的核算,例如:采购过程除了涉及采购部、仓库的核算,还涉及应付款的管理以及总账的核算,整个业务数据在不同的子系统中流转,各部门相互配合完成核算,提高了管理效率。对于供应链系统,其初始化工作对于该系统的管理核算就显得非常重要,是日常核算的基础工作。

项 目 实 训

【项目要求】

以账套主管(101)的身份,进行供应链初始设置。

【项目资料】

2013 年 11 月 1 日,由账套主管李平(代码 101)根据以下信息进行初始化设置。

1. 存货分类。

企业存货分类编码、名称如表 3-1 所示。

表 3-1　　　　　　　　　　　　存 货 分 类

分类编码	分类名称
1	原材料
101	主料
102	辅料

2. 计量单位组。

企业计量单位组编号、名称、类别,如表 3-2 所示。

表 3-2   计量单位组

计量单位组编号	计量单位组名称	计量单位组类别
2	长度换算关系	固定换算率

3. 计量单位。

企业计量单位编码、名称及所属计量单位组编码、名称，如表 3-3 所示。

表 3-3   计 量 单 位

计量单位编码	计量单位名称	计量单位组编码	计量单位组名称	换算率
1	个	1	无换算关系	
7	千米	2	长度换算关系	主计量单位
8	米	2	长度换算关系	1 000

4. 存货档案。

企业存货编码、名称、计量单位编码及存货属性，如表 3-4 所示。

表 3-4   存 货 档 案

存货编码	存货名称	存货分类	主计量单位名称	存货属性
01	机壳	主料	个	外购、生产耗用
02	电源	主料	套	外购、生产耗用
03	印刷板	主料	块	外购、生产耗用
04	话筒	主料	个	外购、生产耗用
05	耳机	主料	个	外购、生产耗用
06	电容	主料	个	外购、生产耗用
07	集成电路块	主料	块	外购、生产耗用
08	焊锡	辅料	千克	外购、生产耗用

5. 仓库档案。

企业仓库编号、名称、计价方式，如表 3-5 所示。

表 3-5   仓 库 档 案

仓库编号	仓库名称	计价方式
1	原料库	先进先出
2	成品库	先进先出

6. 收发类别。

企业收发类别编号、名称、收发标志，如表 3-6 所示。

表 3-6   收 发 类 别

收发类别编码	收发类别名称	收发标志	收发类别编码	收发类别名称	收发标志
1	正常入库	收	3	正常出库	发
11	采购入库	收	31	销售出库	发
12	产成品入库	收	32	领料出库	发

7. 采购类型。

企业采购类型编码、名称、入库类别，如表 3-7 所示。

表 3-7 采 购 类 型

采购类型编码	采购类型名称	入库类别	是否默认值	是否列入 MPS/MRP 计划
1	普通采购	采购入库	是	否

8. 销售类型。

企业销售类型编码、名称、出库类别,如表 3-8 所示。

表 3-8 销 售 类 型

销售类型编码	销售类型名称	出库类别	是否默认值	是否列入 MPS/MRP 计划
1	经销	销售出库	是	否
2	代销	销售出库	否	否

9. 产品结构。

企业产品结构,如图 3-1 和表 3-9 所示。

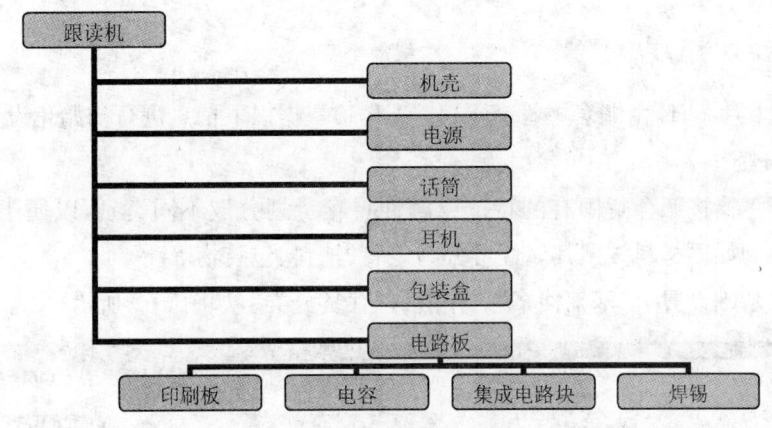

图 3-1 产品结构图

表 3-9 产 品 结 构 表

母件编码	母件名称	子件编码	子件名称	基本用量	领用部门	仓库编码
10	电路板	03	印刷板	1	6	1
10	电路板	08	焊锡	0.1	6	1
10	电路板	06	电容	1	6	1
10	电路板	07	集成电路块	1	6	1
11	跟读机	01	机壳	1	6	1
11	跟读机	02	电源	1	6	1
11	跟读机	04	话筒	1	6	1
11	跟读机	05	耳机	1	6	1
11	跟读机	09	包装盒	1	6	1
11	跟读机	10	电路板	1	6	3

注:如产品结构不能保存,可在 CMD 下运行 net start msdtc。

10. 设置费用项目。

费用项目分类,如表 3-10 所示。

表 3-10　　　　　　　　　　　　费用项目分类

分类编码	分类名称
1	销售支出费用
2	其他

费用项目,如表 3-11 所示。

表 3-11　　　　　　　　　　　　费 用 项 目

费用项目编码	费用项目名称	费用项目分类名称
1	运费	销售支出费用
2	安装调试费	销售支出费用

项 目 指 导

【操作步骤】

2013 年 11 月 1 日,由账套主管李平(代码 101)根据以下信息进行初始化设置。

1. 存货分类。

存货分类是指按照存货固有的特征或属性将存货划分成不同类别,以便于对存货进行管理和核算。例如原材料按照其属性可分为主料、辅料、包装物等。

- 执行"基础设置"|"基础档案"|"存货"|"存货分类",如图 3-2 所示。

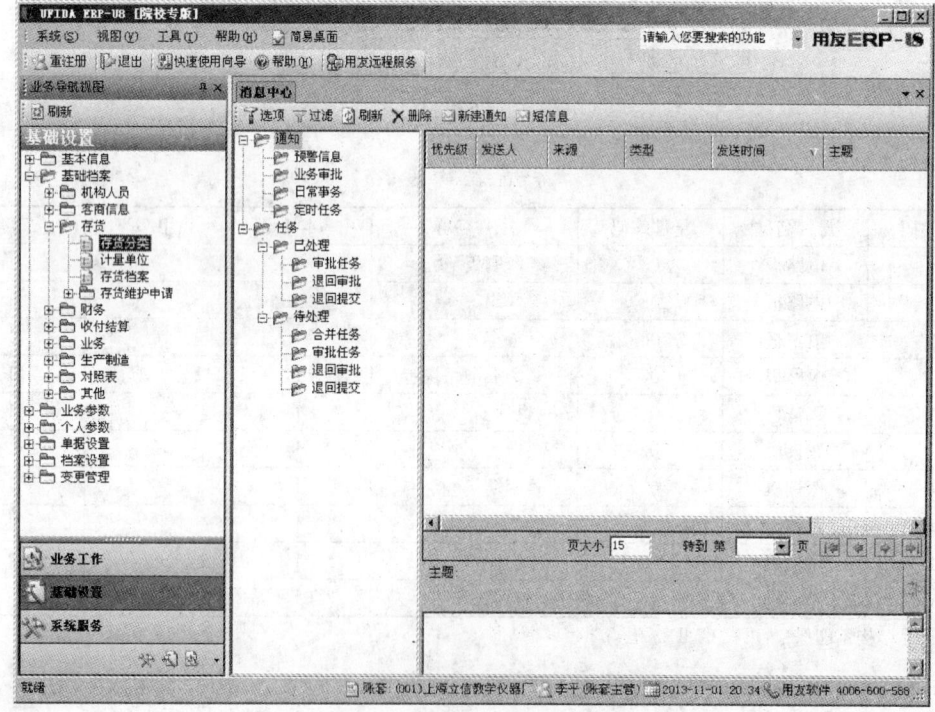

图 3-2　执行"存货分类"

• 在"存货分类"框中单击"增加",输入分类编码、分类名称,单击"保存",如图 3-3 所示。

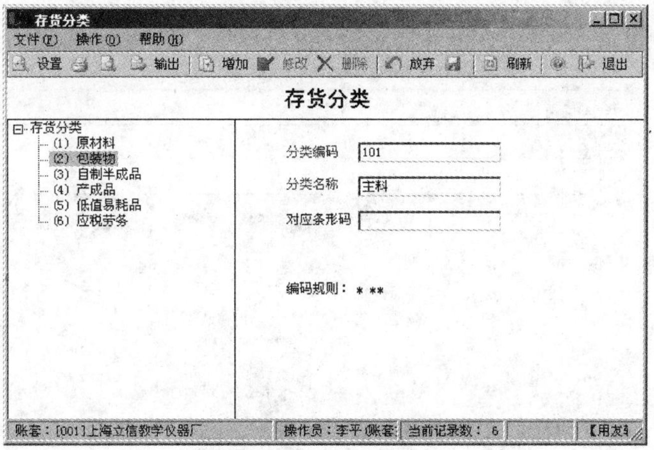

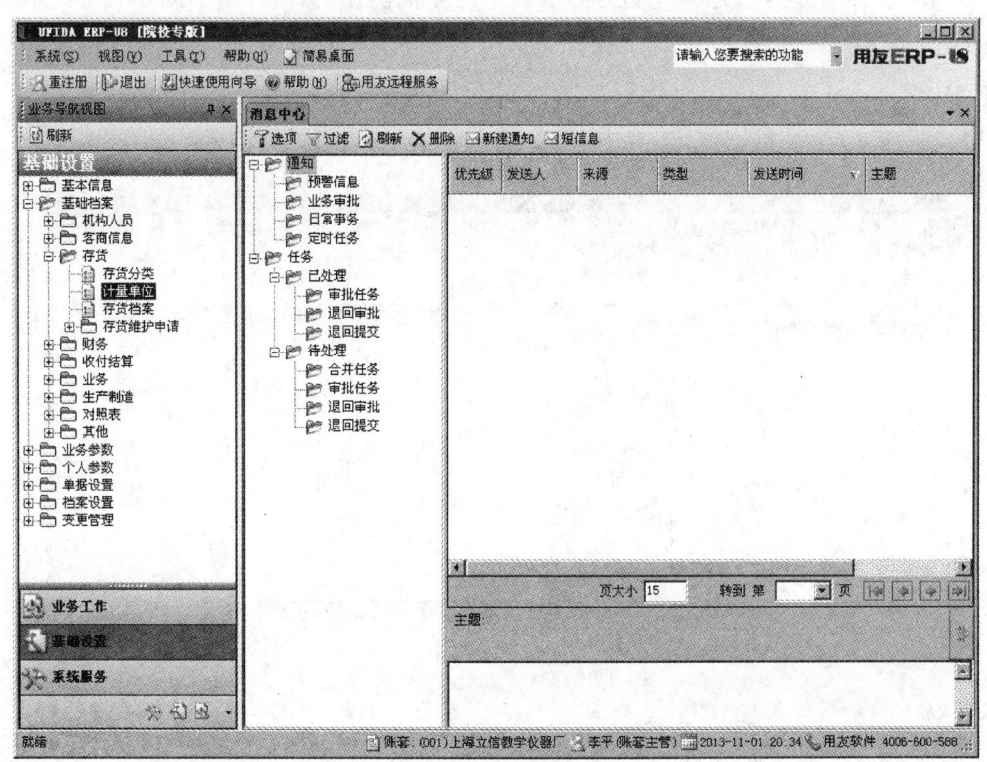

图 3-3 输入存货分类

2. 计量单位组。

企业对存货的核算往往包含数量核算,因此,对于存货需要有相应计量单位,为了能有效管理存货的计量单位,需要按计量单位进行分组,即计量单位组。

• 执行"基础设置"|"基础档案"|"存货"|"计量单位",如图 3-4 所示。

图 3-4 执行"计量单位"

• 在"计量单位"框中单击"分组",在"计量单位组"中单击"增加",输入计量单位组编码、计量单位组名称,选择计量单位组类别,单击"保存",如图 3-5 所示。

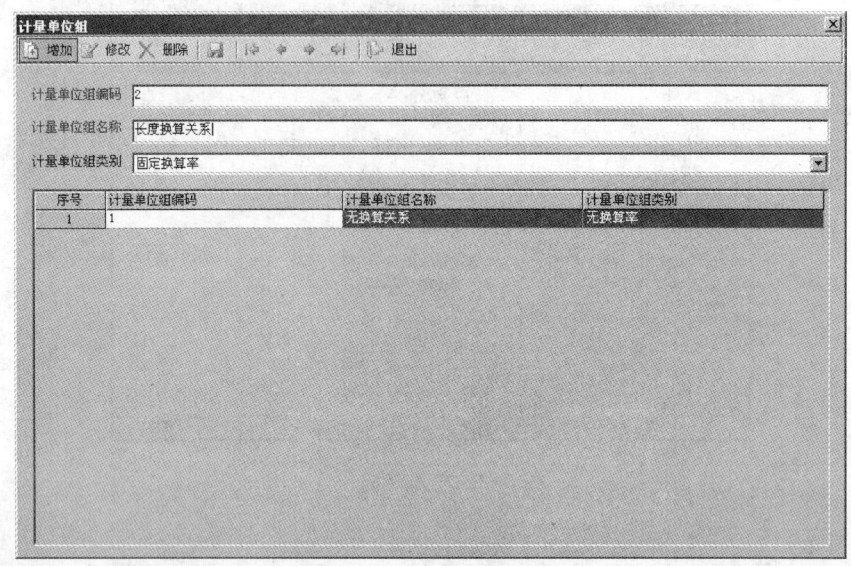

图 3-5　增加计量单位组

3. 计量单位。

计量单位分为无换算关系、有固定换算关系等不同类型的计量单位,对于相互之间独立没有关系的计量单位,可以归类于无换算关系组。对于有固定换算率的计量单位,可以归类于有固定换算关系组。

• 在"计量单位"框中选择计量单位组,单击"单位",如图 3-6 所示。

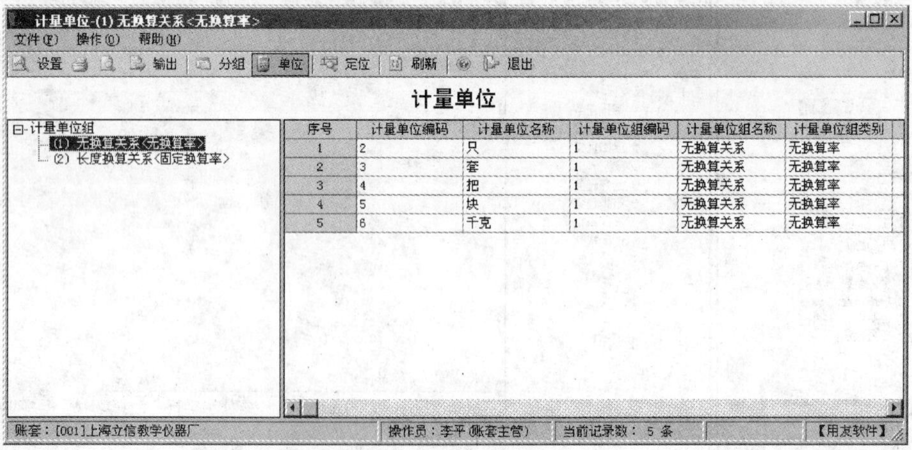

图 3-6　增加计量单位

• 在"计量单位"框中输入计量单位编码、计量单位名称,单击"保存",如图 3-7 所示。

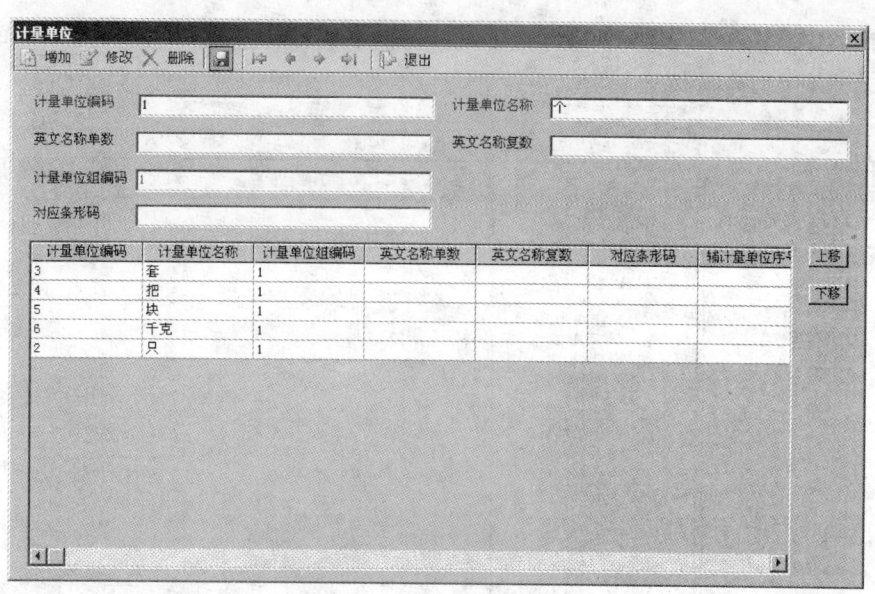

图 3-7　"计量单位"框

- 对于固定换算关系的计量单位,还要定义主计量单位;对于非主计量单位还要设置其与主计量单位之间的换算率,如图 3-8 所示。

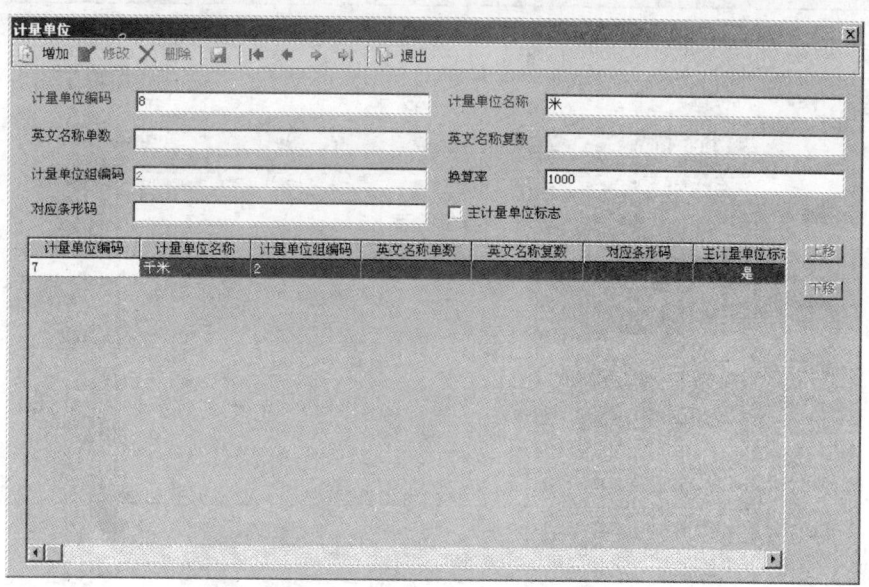

图 3-8　设置有换算关系计量单位

4. 存货档案。

存货档案是指具体的存货内容,如存货有分类,则必须指定每一个存货的具体存货类别。

- 执行"基础设置"|"基础档案"|"存货"|"存货档案",如图 3-9 所示。
- 在"存货档案"框中选择存货分类,单击"增加",如图 3-10 所示。

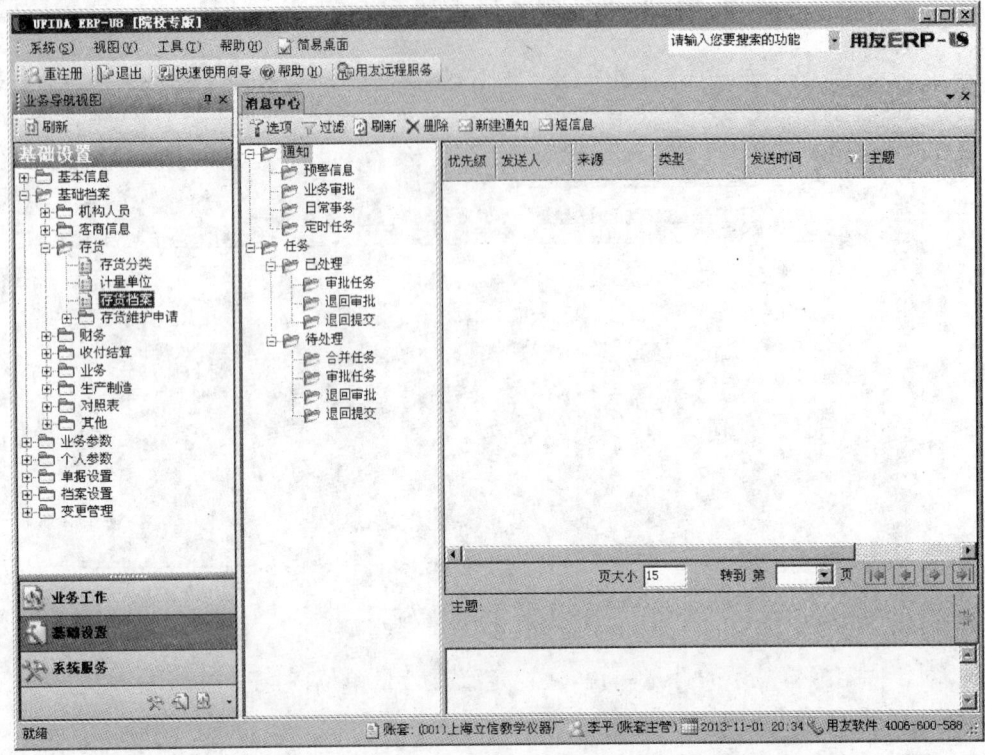

图 3-9 执行"存货档案"

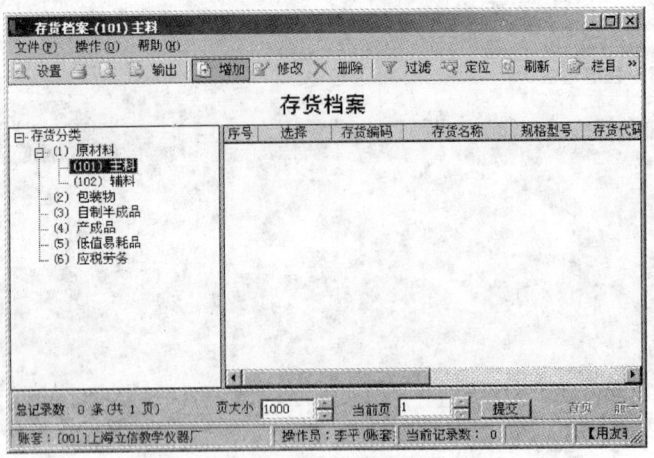

图 3-10 增加存货档案

• 在"增加存货档案"框中输入存货编码、存货名称,选择存货分类、计量单位组、主计
量单位等数据,并定义存货属性,如图 3-11 所示。

> **说明** 设置存货属性的目的是在填制单据参照存货时缩小参照范围,为存货核算提供
> 依据。例如:生产耗用表示该存货可以在生产过程被领用、消耗,相应存货可以在填制材料
> 领料单时参照。

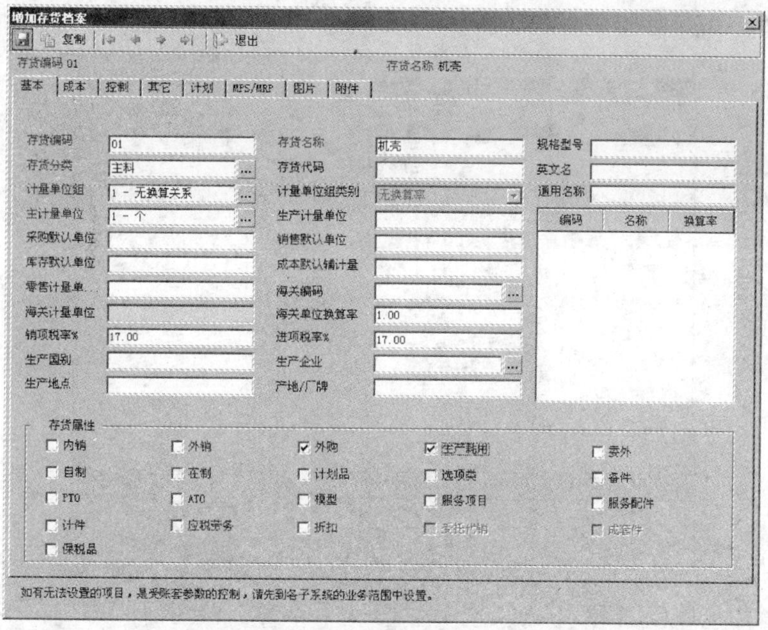

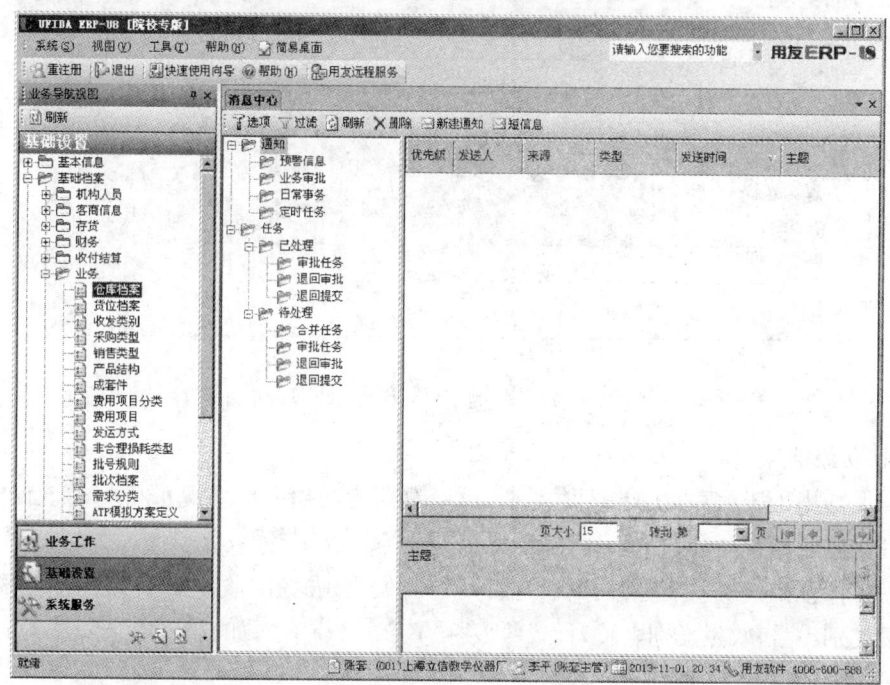

图 3-11　输入存货信息

5. 仓库档案。

仓库是用来存放存货的场所,根据存货类别的不同,为便于存货的核算管理,需要建立相应的仓库档案,仓库档案用来设置企业存放存货的仓库信息。

- 执行"基础设置"|"基础档案"|"业务"|"仓库档案",如图 3-12 所示。

图 3-12　执行"仓库档案"

- 在"仓库档案"框中单击"增加",如图 3-13 所示。

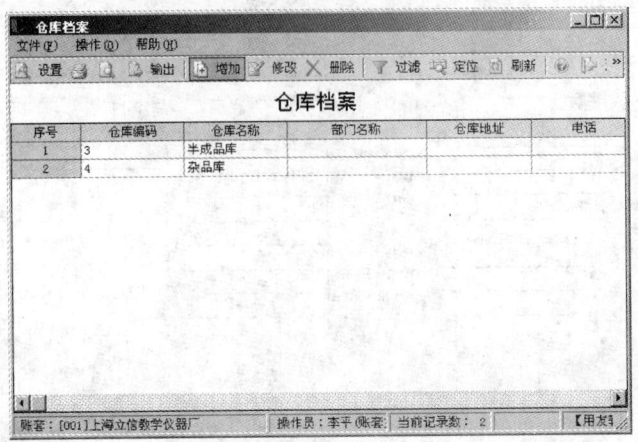

图 3-13　增加仓库档案

- 在"增加仓库档案"框中输入仓库编码、仓库名称,并选择计价方式等数据,单击"保存",如图 3-14 所示。

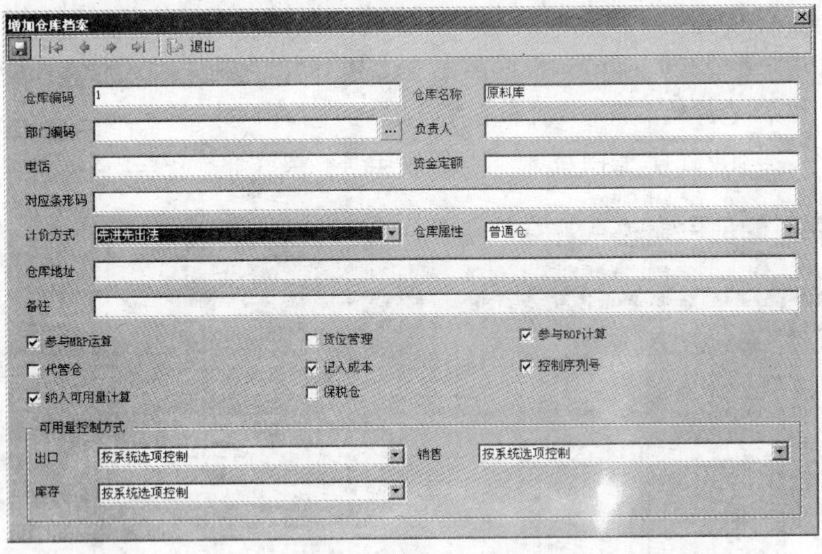

图 3-14　输入仓库档案信息

6. 收发类别。

收发类别用于表示存货的出入库类型,可以对存货的出入库情况进行分类统计,便于在相应业务核算时选择适合的出入库类型,以进行业务核算。

- 执行"基础设置"|"基础档案"|"业务"|"收发类别",在"收发类别"框中单击"增加",输入收发类别编号、收发类别名称,设置收发标志,单击"保存",如图 3-15 所示。

7. 采购类型。

设置采购类型便于对采购业务数据进行统计和分析。

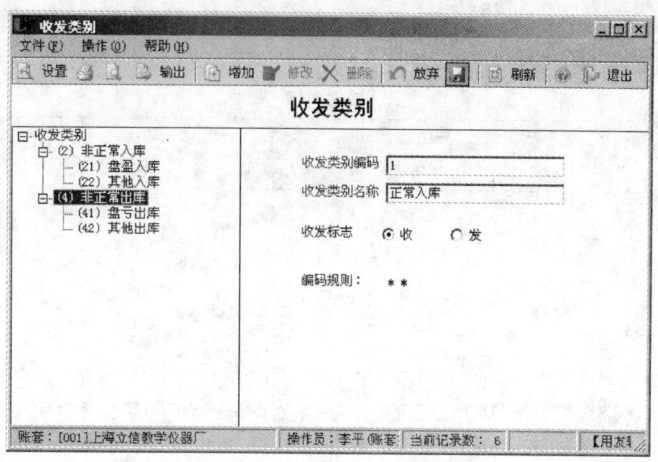

图 3-15 增加收发类别

• 执行"基础设置"|"基础档案"|"业务"|"采购类型",在"采购类型"框中单击"增加",输入采购类型编号、采购类型名称,设置入库类别等,单击"保存",如图 3-16 所示。

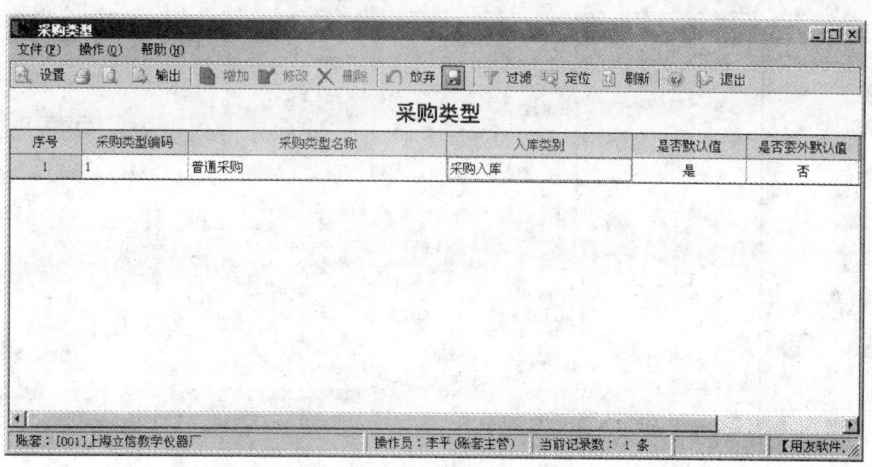

图 3-16 增加采购类别

8. 销售类型。

设置销售类型便于对销售业务数据进行统计和分析。

• 执行"基础设置"|"基础档案"|"业务"|"销售类型",在"销售类型"框中单击"增加",输入销售类型编号、销售类型名称,设置出库类别等,单击"保存",如图 3-17 所示。

9. 产品结构。

产品结构用来定义产品的组成,包括组成存货的内容、数量关系,以便于领料时进行配比出库、组装拆卸、消耗定额、产品材料成本、采购计划、成本核算等过程中进行引用。产品结构中引用的存货必须在存货档案中定义。

• 执行"基础设置"|"基础档案"|"业务"|"产品结构",单击"增加",如图 3-18 所示。

• 输入母件信息、子件信息、基本用量等数据,并保存,如图 3-19 所示。

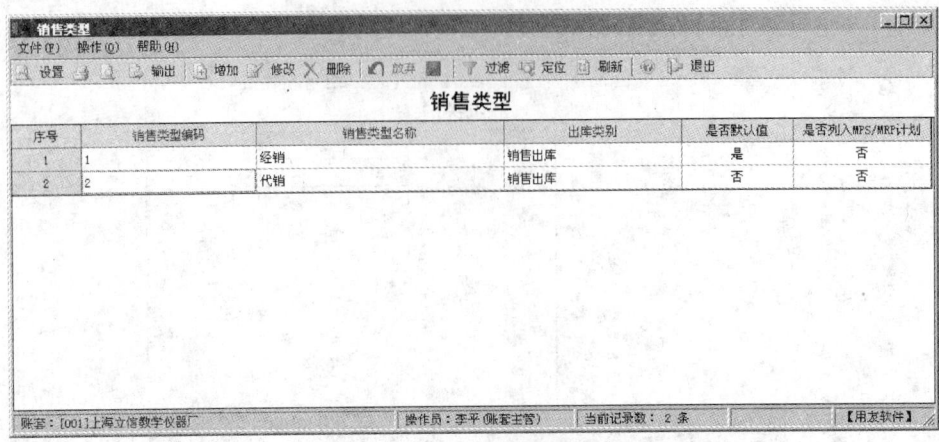

图 3-17　增加销售类别

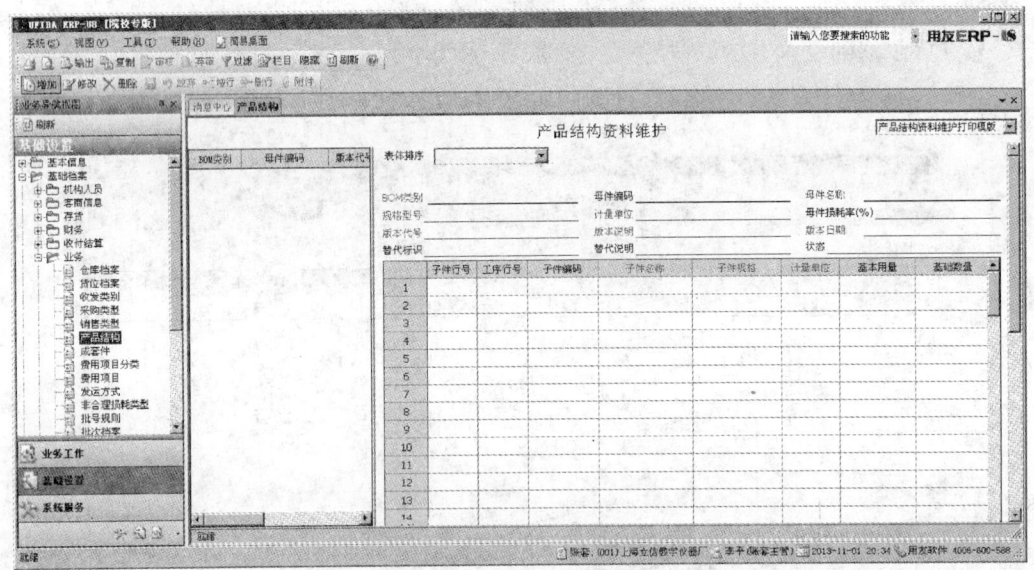

图 3-18　执行"产品结构"

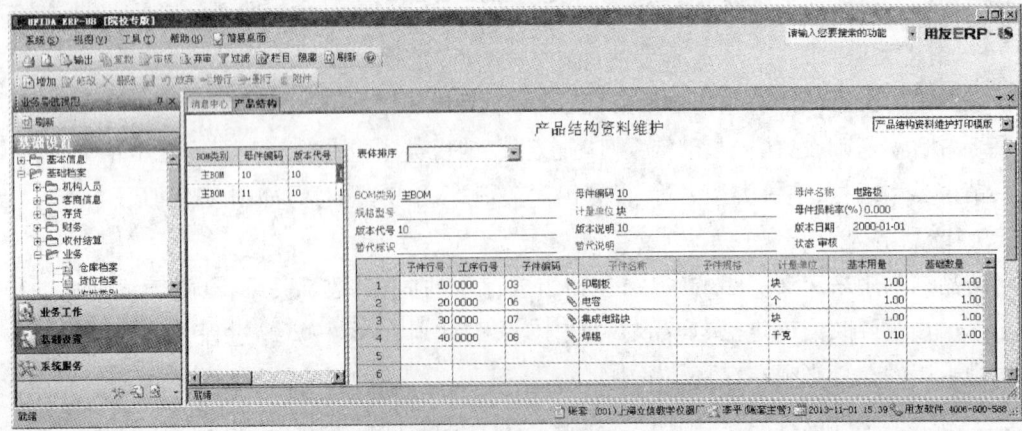

图 3-19　输入产品结构信息

提示 若在设置产品结构时无法参照存货,主要是存货档案没有定义,特别是存货属性必须定义。

10. 设置费用项目。

销售过程中有很多不同的费用发生,如代垫费用、销售支出等,在系统中将其设置为费用项目,便于记录和统计。

费用项目分类:

· 执行"基础设置"|"基础档案"|"业务"|"费用项目分类",单击"增加",输入分类编码、分类名称等数据,单击"保存",如图 3-20 所示。

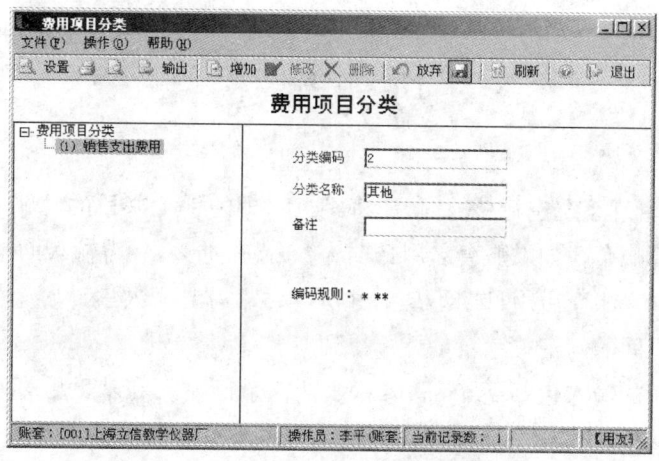

图 3-20 增加费用项目分类

费用项目:

· 执行"基础设置"|"基础档案"|"业务"|"费用项目",单击"增加",输入费用项目编码、费用项目名称等数据,选择费用项目分类,单击"保存",如图 3-21 所示。

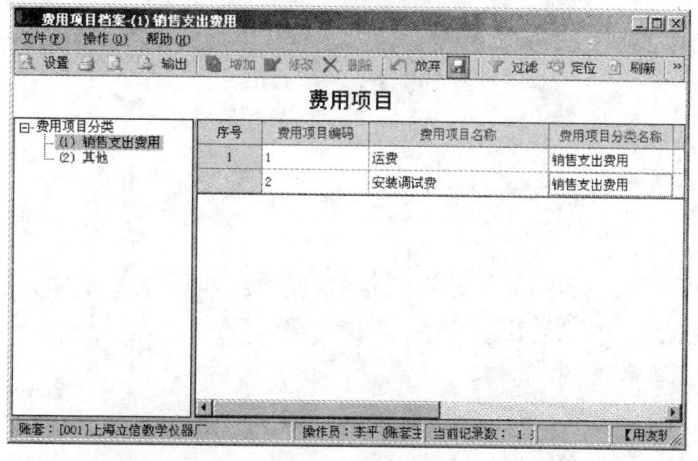

图 3-21 增加费用项目

项目四　期初数据输入和总账日常核算

功 能 概 述

在使用 ERP 管理系统进行核算时,应将经过整理的手工账目的总账、明细账、辅助账的期初余额输入核算账套。如果账套启用日期为 1 月份,那么,只需输入期初余额,且期初余额就是年初余额。如果账套启用日期不是 1 月份,那么,需要输入累计发生额、期初余额,而年初余额根据数据之间的勾稽关系自动计算得到。

总账期初余额的输入包括两个部分:总账期初余额输入和辅助账期初余额输入。若会计科目包含辅助核算,则应输入辅助账期初余额,总账期初余额从辅助账中获取。明细账期初余额在各子系统中输入,明细账期初余额应与总账期初余额对账一致。

总账日常核算是指企业会计日常核算,其主要包括凭证管理、出纳管理、账簿管理、期末处理等。需要注意的是,由于企业管理方式的不同,对于会计核算的方法有所不同,为了能使 ERP 管理系统适合企业的核算方法,在开始进行日常核算之前,可以利用各系统的"选项"功能对系统进行核算方法、系统参数的定义,以符合企业核算需求。

项 目 实 训

【项目要求】

以账套主管(101)的身份,输入总账期初数、辅助科目期初数、应收款和应付款期初数,进行总账系统凭证输入、审核、出纳签字、记账等操作日常核算。

【项目资料】

1. 输入总账初始数据并对账、试算平衡。

(1) 企业 2013 年 11 月总账期初数据,如表 4-1 所示。

表 4-1   总账期初数据表

科目名称	方向	年初余额	累计借方	累计贷方	期初余额
工商银行普陀支行(100201)	借	1 926 204.42	2 165 519.64	2 010 434.63	2 081 289.43
基本存款账户(10020101)	借	1 300 680.40	760 789.00	540 412.30	1 521 057.10
社保基金专户(10020102)	借	86 310.00	134 560.00	62 080.00	158 790.00
一般存款账户(10020103)	借	539 214.02	1 270 170.64	1 407 942.33	401 442.33
应收票据(1121)	借		2 000.00		2 000.00
银行承兑汇票(112102)	借		2 000.00		2 000.00
应收账款(1122)	借	27 691.21	35 802.01	35 802.01	27 691.21
人民币户(112201)	借	27 691.21	35 802.01	35 802.01	27 691.21
其他应收款(1221)	借	1 800.00		800.00	1 000.00
应收个人款(122101)	借	1 800.00		800.00	1 000.00
库存商品(1405)	借	480 000.00	340 000.00	320 000.00	500 000.00
跟读机(140501)	借	480 000.00	340 000.00	320 000.00	500 000.00
只		960.00	680.00	640.00	1 000.00
应付账款(2202)	贷	16 479.90	1 440.00	1 540.00	16 579.00
应付采购款(220201)	贷	16 479.90	1 440.00	1 540.00	16 579.90
生产成本(5001)	借	236 923.50	655 700.00	543 191.00	349 432.50
基本生产成本(500101)	借	236 923.50	655 700.00	543 191.00	349 432.50
直接材料(50010101)	借	87 569.00	625 343.00	436 912.00	276 000.00
直接人工(50010102)	借	105 139.00	23 479.00	77 424.00	51 194.00
制造费用(50010103)	借	44 215.50	6 878.00	28 855.00	22 238.50

详见表 4-2

详见表 4-3

详见表 4-4

详见表 4-5

详见表 4-6

（2）应收票据（银行承兑汇票）初始数据。企业 2013 年 11 月应收票据初始数据，如表 4-2 所示。

表 4-2   应收票据初始余额

客户	方向	摘要	累计借方	累计贷方	期初余额
杭大	借	销售产品	2 000.00		2 000.00
合计	借		2 000.00		2 000.00

（3）应收账款初始余额。企业 2013 年 11 月应收账款（人民币户）初始余额，如表 4-3 所示。

表 4-3   应收账款初始余额

客户	方向	摘要	累计借方	累计贷方	期初余额
南京博育	借	销售产品	12 345.56	12 345.56	12 000.56
民航大学	借	销售产品	23 456.45	23 456.45	15 690.65

（4）其他应收款初始余额。企业 2013 年 11 月其他应收款初始余额，如表 4-4 所示。

表 4-4 其他应收款初始余额

部门	个人	方向	摘要	累计借方	累计贷方	期初余额
厂部	华小英	借	出差借款		800.00	1 000.00

(5) 应付账款初始余额。企业 2013 年 11 月应付账款初始余额,如表 4-5 所示。

表 4-5 应付账款初始余额

供应商	方向	累计借方	累计贷方	期初余额
飞达实业	贷	900.00	780.00	8 900.00
明光电子	贷	540.00	760.00	7 679.90

(6) 基本生产成本初始余额。企业 2013 年 11 月基本生产成本初始余额,如表 4-6 所示。

表 4-6 基本生产成本初始余额

科目名称	跟读机			电路板		
	累计借方	累计贷方	期初	累计借方	累计贷方	期初
直接材料	325 343.00	236 912.00	165 000	300 000.00	200 000.00	111 000.00
直接人工	13 479.00	47 424.00	35 923.5	10 000.00	30 000.00	15 270.50
制造费用	3 878.00	18 855.00	9 206.25	3 000.00	10 000.00	13 032.25

(7) 试算平衡。

2. 应收款系统初始数据输入并对账。

(1) 会计科目:应收账款——人民币户(112201),如表 4-7 至表 4-9 所示。

表 4-7 普 通 发 票

开票日期	客户	销售部门	货物名称	数量	含税单价	金额
2013-10-16	南京博育	销售部	跟读机	23	500	11 500.00

表 4-8 增值税专用发票

开票日期	客户	销售部门	货物名称	数量	无税单价	税率	金额
2013-10-30	民航大学	销售部	跟读机	26	500	17%	15 210.00

表 4-9 其 他 应 收 单

单据日期	客户	销售部门	摘要	金额
2013-10-31	南京博育	销售部	代垫运费	500.56
2013-10-31	民航大学	销售部	安装调试费	480.65

(2) 会计科目:应收票据——银行承兑汇票(112102),如表 4-10 所示。

表 4-10   应 收 票 据

票据编号	签发日期	收到日期	到期日期	承兑银行	开票单位	票据面值
Y123456	2013-10-28	2013-10-31	2013-11-30	民生银行	杭大	2 000.00

（3）与总账对账。

3. 应付款系统初始数据输入。

（1）会计科目:应付账款——人民币户(220201),如表 4-11 所示。

表 4-11   其 他 应 付 单

单据日期	客户	销售部门	摘要	金额
2013-10-31	飞达实业	供应部	欠款	8 900.00
2013-10-31	明光电子	供应部	欠款	7 679.90

（2）与总账对账。

4. 选项设置。

总账系统选项设置,如图 4-1 所示。

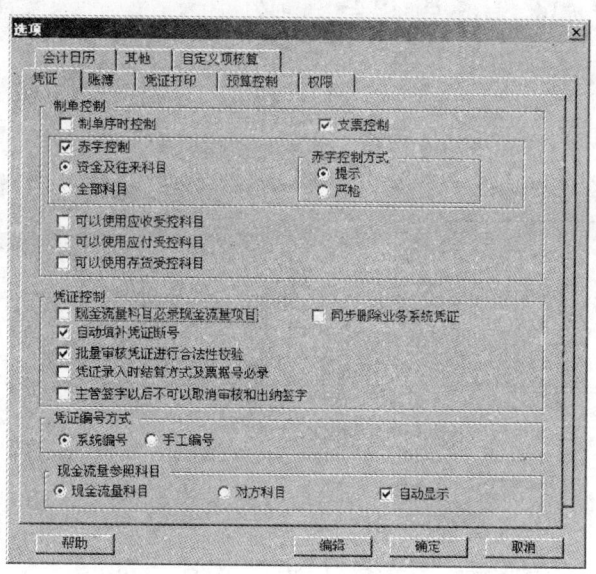

图 4-1　总账选项

5. 设置常用摘要。

（1）出差借款。

（2）购买办公用品。

（3）提现。

6. 2013 年 11 月,企业发生的经济业务如下,填制凭证:

（1）11 月 7 日,厂部向上海天泽办公用品有限公司购买办公用品,以现金付讫,如表 4-12 所示。

表 4-12   发 票 联

上海市商业零售统一发票
发票联

发票代码：
131001098341
发票号码：
13460158
2013 年 11 月 7 日

客户：上海立信教学仪器厂

品名规格	单位	数量	单价	满千元无效	金额					第二联 发票联
					百	十	元	角	分	
办公用品					6	2	0	0	0	
合计人民币（大写）	陆佰贰拾元整				6	2	0	0	0	

（上海天泽办公用品有限公司 310105767912704 发票专用章）

企业（盖章有效）：   经手人：郑飞
地址：上海海英路 15 号

摘要：购买办公用品。

借：管理费用——办公费用   620

贷：库存现金   620

经营活动——支付其他与经营活动有关的现金。

（2）11 月 11 日，委托工商银行普陀支行办理银行汇票，并取得签发的银行汇票，如表 4-13 所示。

表 4-13   签发银行汇票

ICBC 中国工商银行   00817231
业务委托书   沪B00817231   委托日期 2013 年 11 月 11 日
APPLICATION FOR MONEY TRANSFER   Date

业务类型 Type	□现金汇款 Cash Remittance	□转账汇款 Transfer Remittance	☑汇票申请书 D.D	□本票申请书 P/D	□其他 Others

委托人	全 称 Full Name	上海立信教学仪器厂	收款人	全 称 Full Name	浙江省余姚市美华包装盒制品厂
	账号或地址 Account No.or Addr.	1001856790688008		账号或地址 Account No.or Addr.	120677895433280
	开户行名称 Account Bank Name	工行上海普陀支行		开户行名称 Account Bank Name	工行杭州高新支行

汇款方式 Type of Remittance	□普通 Regular	□加急 Urgent	加急汇款签字 Signature For Urgent payment	开户银行 Account Bank	省 Province	市 City

币种及金额 Currency and Amount in Words	（大写）人民币贰仟伍佰元整	亿	千	百	十	万	千	百	十	元	角	分
						￥2	5	0	0	0	0	

用途 In Payment of	货款	支付密码 S.C.	7860-9960-3498-8423

委托人确认上列委托信息填写正确，且已完全理解和接受背面"客户须知"的内容。上列款项及相关费用请从委托人账户内支付。
The above information has been confirmed correctly. The notice has been understood and accepted. The above remittance and related charges will be drawn from the referent account.

（教学仪器厂 财务专用章） （华明印）

委托人签章 principal Signature and/or Stamp

银行填写 Bank Use	□联动收费	非联动收费	□不收费	备注： Remarks

受理（扫描）：   审核：

摘要:签发银行汇票。

借:其他货币资金——银行汇票存款　　　　　　　　　　　　　　　　　　　2 500

　　贷:银行存款——工商银行普陀支行——基本存款账户　　　　　　　　　　　　　　2 500

因是广义现金之间的增减变动,可不输入现金流量项目。

(3) 11 月 12 日,预支采购员白雪赴杭州差旅费 800 元,出纳以现金付讫,如表 4-14 所示。

表 4-14　　　　　　　　　　　　　　　出差借款单

借 款 单

2013年11月12日　　　　　　　　　　　　　　　　　　　　No 11643325

部门:供应部	借款人:白雪	借款事由:赴杭州采购材料
借款金额:人民币(大写)捌佰元整		¥800.00
部门负责人意见:同意。白雪		财务部门审核:李平
单位负责人意见:同意。华明		

出纳:张浩　　　　　　　　　　　　　　　　　　　　　　受款人签收:白雪

借:其他应收款——应收个人款　　　　　　　　　　　　　　　　　　　　　800

　　贷:库存现金　　　　　　　　　　　　　　　　　　　　　　　　　　　　800

经营活动——支付其他与经营活动有关的现金。

(4) 收到购货发票,款已付,货未入库,如表 4-15 所示。

表 4-15　　　　　　　　　　　　　　　购 货 发 票

浙江省增值税专用发票

3300158797　　　　　　　　　　　　　　　　　　　　　　No. 05202452

开票日期:2013年11月 15日

购货单位	名　称:	上海立信教学仪器厂	密码区			(略)		
	纳税人识别号:	310478965327056						
	地址、电话:	上海市华泽路752号 68865555						
	开户行及账号:	工商银行上海普陀支行10018567906880000						
货物或应税劳务名称	规格型号		单位	数量	单价	金额	税率	税额
包装盒			只	2000	0.90	1800.00	17%	306.00
合　计						¥1800		¥306.00
价税合计(大写)	贰仟壹佰零陆元整					(小写)¥2106.00		
销货单位	名　称:	浙江省余姚市美华包装盒制品厂	备注					
	纳税人识别号:	330300005608622						
	地址、电话:	杭州文二路1000号 88703201						
	开户行及账号:	工行杭州高新支行 110677895433280						

收款人:　　　　复核:　　　　　　　　开票人:吴良才　　　　销货单位:(章)

摘要:采购材料。

借:在途物资　　　　　　　　　　　　　　　　　　　　　　　　　　　　1 800

　　应交税费——应交增值税——进项税额　　　　　　　　　　　　　　　　306

　　贷:其他货币资金——银行汇票存款　　　　　　　　　　　　　　　　　　　2 106

经营活动——购买商品、接受劳务支付的现金。

(5) 11 月 16 日，白雪报销差旅费，如图 4-2 和表 4-16、表 4-17 所示。

图 4-2　出差车票

表 4-16　　　　　　　　　　　　　　　　住宿费

浙江省杭州市国家税务局通用机打发票

发票联

发票代码 233011721121

开票日期：2013-11-14　　　　　行业分类：服务业　　发票号码 00124196

收款单位：杭州新旺大酒店有限公司
税号：330103299022811
付款单位：上海立信教学仪器厂

项目	单价	数量	金额
住宿费	200.00	2	400.00

小写合计：￥400.00
大写合计：人民币肆佰元整

开票人：水琴　　　　　　　　　　　　　　　开票单位盖章

发票联　购货方记账凭证

表 4-17　　　　　　　　　　　　　　　差旅费报销单

差旅费报销单

部门：供应部　　　　　　　报销日期：　2013年11月16日

日期		地点		交通工具	交通费	途中补贴	住宿费	住勤费补贴		其他		金额合计
起	讫	起	讫					天数	金额	项目	金额	
11月13日	11月13日	上海	杭州	火车	35.00	70.00	400.00	3	180.00			
11月15日	11月15日	杭州	上海	火车	35.00							
各项费用小计：					70.00	70.00	400.00		180.00			￥720.00

附 3 张

报销金额：人民币（大写）柒佰贰拾元整		
预借金额：￥800.00	报销金额：720.00	补退金额：￥80.00
出差事由：林锋赴杭州采购面料		

单位负责人：**华明**　　财务主管：**李平**　　部门主管：**白雪**　　　出纳：**张浩**　　　报销人：**白雪**

借：管理费用——差旅交通费　　　　　　　　　　　　　　720
　　库存现金　　　　　　　　　　　　　　　　　　　　　80
　　贷：其他应收款——应收个人款　　　　　　　　　　　　　800

经营活动——收到其他与经营活动有关的现金。

（6）11 月 21 日，收到转来的银行汇票多余款，如表 4-18 所示。

表 4-18　　　　　　　　　　　　　　多余款收账通知

中国工商银行
银行汇票　多余款收账通知　4　　　　　0206985
　　　　　　　　　　　　　　　　　　0817231

提示付款期限自出票之日起壹个月	出票日期（大写）贰零壹壹年壹拾壹月贰拾壹日	代理付款行：　　　行号：	此联出票行结清多余款后交申请人
	收款人：浙江省余姚市美华包装盒制品厂		
	出票金额 人民币（大写）贰仟伍佰元整	亿千百十万千百十元角分	
	实际结算金额 人民币（大写）贰仟壹佰零陆元整	¥2 1 0 6 0 0	
	申请人：上海立信教学仪器厂　账号：1001856790688008	左列退回多余金额已收入你账户内。	
	出票行：工行上海普陀支行 行号：1022364　密押：		
	备注：	多余金额	
		千百十万千百十元角分	
	出票行签章	¥3 9 4 0 0	复核　记账

借：银行存款——工商银行普陀支行——基本存款账户　　　　394
　　贷：其他货币资金——银行汇票存款　　　　　　　　　　　394

因是广义现金之间的增减变动，可不输入现金流量项目。

（7）11 月 28 日，支付电话费，如表 4-19 所示。

表 4-19　　　　　　　　　　　　　　支付系统专用凭证

中国工商银行　　支付系统专用凭证　　No QA09822972

中国工商银行小额支付系统专用凭证

批量包委托日期：2013-11-28　　批量包类型：001　　批量包序号：0822189
交易种类：小额　　　　　　　　业务类型：委托收款　支付交易序号：12029129
发起行行号：102290000364　　付款人开户行行号：102290000364　委托日期：2013-11-28
发起行名称：工行上海市普陀支行
付款人账号：1001856790688008
付款人名称：上海立信教学仪器厂
付款人地址：上海市华泽路752号
接受行行号：298781612199　　收款人开户行行号：298781612199　收报日期：2013-11-28
收款人账号：44622-449855368552
收款人名称：中国电信股份有限公司上海分公司
收款人地址：上海市张扬路1551号

货币名称、金额（大写）:人民币壹仟元整
货币名称、金额（小写）:¥1000.00

报文状态：已入账

流水号：13956

打印次数：1 记账柜员号：11272　　　打印柜员号：11268　　打印时间：2013-11-28 10:13:19

借：管理费用——通信费   1 000

  贷：银行存款——工商银行普陀支行——基本存款账户   1 000

经营活动——支付其他与经营活动有关的现金。

（8）11 月 29 日，提取现金作备用金，如图 4-3 所示。

```
┌─────────────────────────────────┐
│                                 │
│          中国工商银行             │
│          支票存根                 │
│          10326783               │
│          00678940               │
│                                 │
│  附加信息：                       │
│  ─────────────────────────────  │
│                                 │
│  出票日期：2013 年 11 月 29 日      │
│                                 │
│   ┌───────────────────────────┐ │
│   │ 收款人：上海立信教学仪器厂    │ │
│   ├───────────────────────────┤ │
│   │ 金额：￥5 000.00            │ │
│   ├───────────────────────────┤ │
│   │ 用途：备用金                │ │
│   └───────────────────────────┘ │
│                                 │
│  单位主管：        会计：          │
│                                 │
└─────────────────────────────────┘
```

图 4-3　支票存根

借：库存现金   5 000

  贷：银行存款——工商银行普陀支行——基本存款账户   5 000

因是广义现金之间的增减变动，可不输入现金流量项目。

将此凭证设置为常用凭证。

代号：01

说明：提现

7. 操作员 103 王力，审核凭证。

8. 操作员 102 张浩，出纳签字。

9. 操作员 101 李平，记账。

10. 操作员 101 李平，冲销付—0002 凭证，操作员 103 审核、出纳签字并记账。

11. 操作员 101 李平查询，2013 年 11 月资产类科目的科目余额表，级次 1～3 级。

项 目 指 导

【操作步骤】

1. 输入总账初始数据并对账、试算平衡。

- 执行"业务工作"|"财务会计"|"总账"|"设置"|"期初余额"，如图 4-4 所示。

- 在"期初余额输入"界面中，按账簿数据输入累计借方、累计贷方、期初余额，对于包含明细科目的会计科目，应在最底级的科目中输入期初余额数据，如图 4-5 所示。

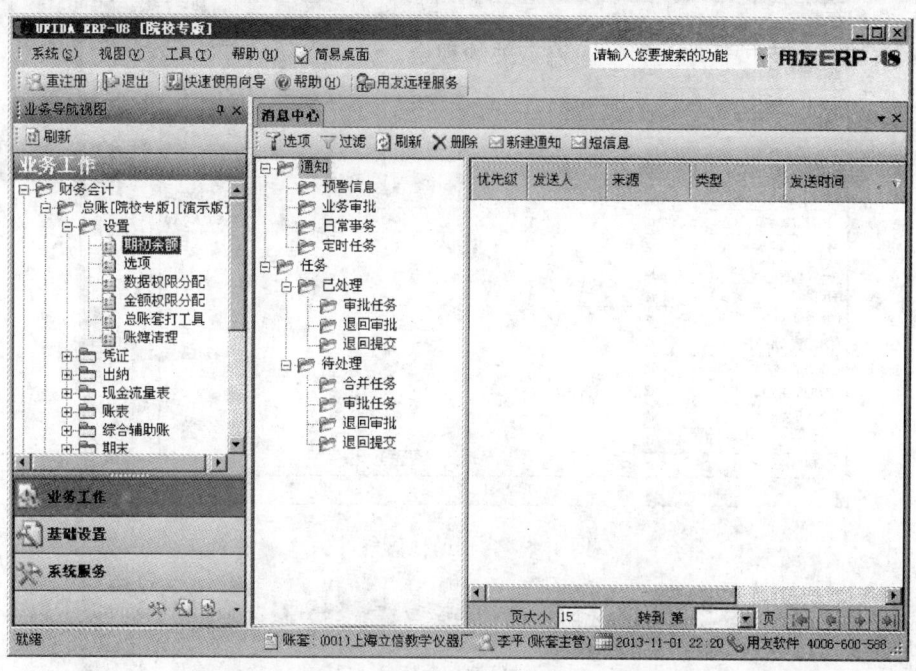

图 4-4 执行"期初余额"

图 4-5 期初余额输入

- 对于包含辅助核算的会计科目,则双击该科目数据输入行,如图 4-6 所示。
- 在"辅助期初余额"框中单击"增行",如图 4-7 所示。
- 根据不同辅助项目,输入辅助项期初余额,如图 4-8 所示。

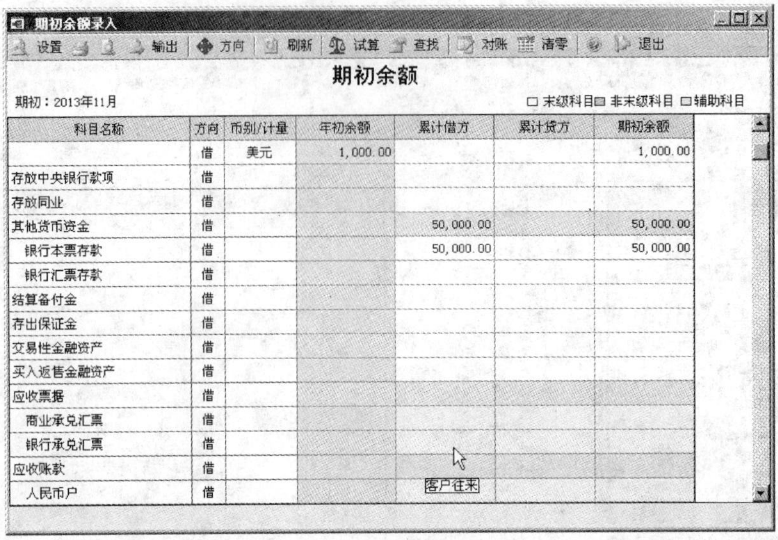

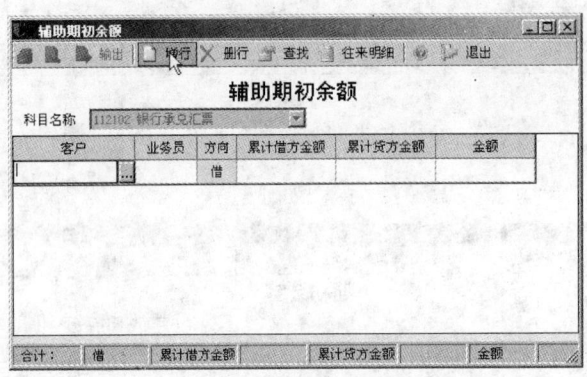

图 4-6　含辅助核算科目

图 4-7　增加辅助项

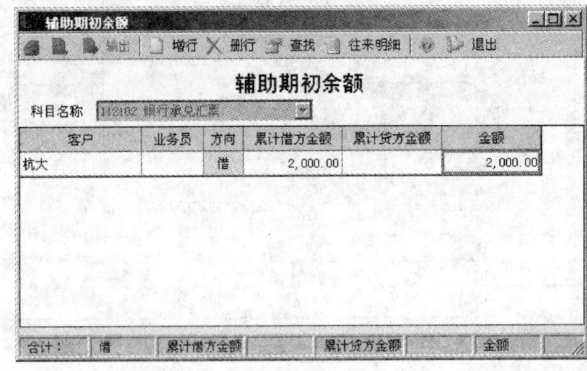

图 4-8　输入辅助项期初余额

- 辅助项期初余额输入完毕,单击"退出",返回"期初余额输入"界面,如图 4-9 所示。
- 用同样方法输入其他辅助项期初余额,如图 4-10 所示为项目辅助核算期初余额。
- 期初余额输入完毕,单击"试算",进行试算平衡,如图 4-11 和图 4-12 所示。

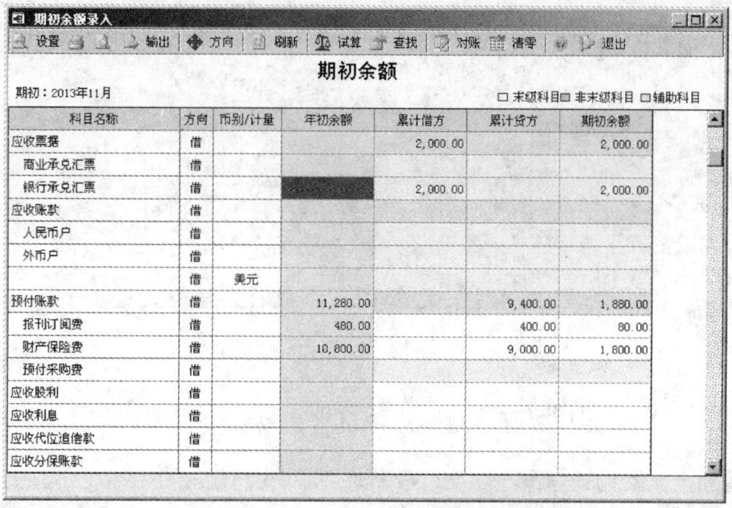

图 4-9　辅助项期初余额

图 4-10　项目辅助核算期初余额

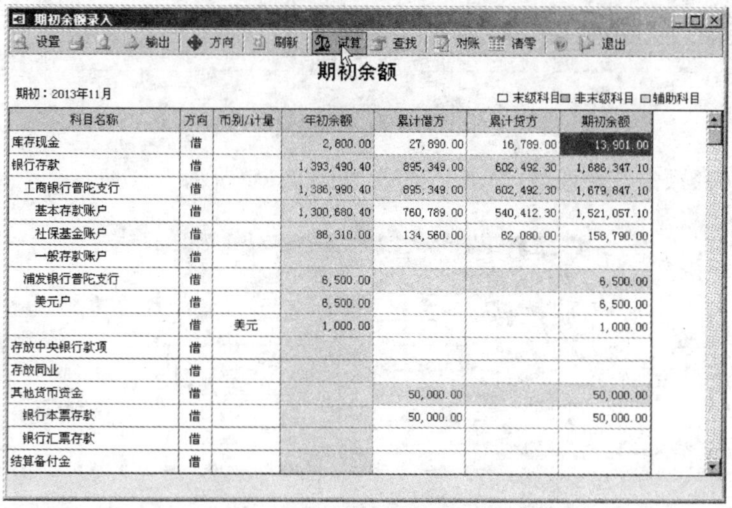

图 4-11　期初余额试算

2．应收款系统初始数据输入并对账。

应收款管理系统是 ERP 管理系统中重要的子系统,该系统的初始余额实际就是应收款的期初明细余额,包括应收账款、预收账款、应收票据等。

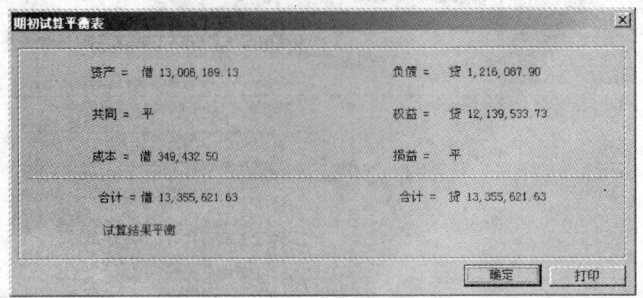

图 4-12 试算报告

- 执行"业务工作"|"财务会计"|"应收款管理"|"设置"|"期初余额",如图 4-13 所示。

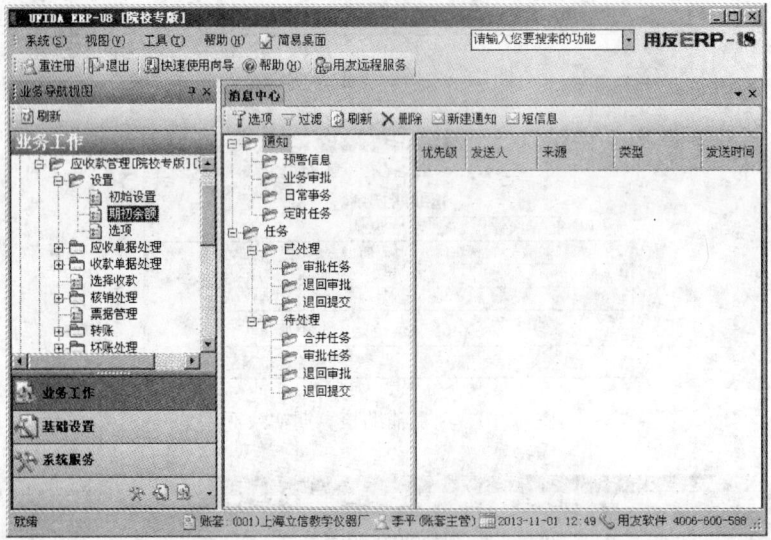

图 4-13 执行"期初余额"

- 在"期初余额——查询"框单击"确定",如图 4-14 所示。

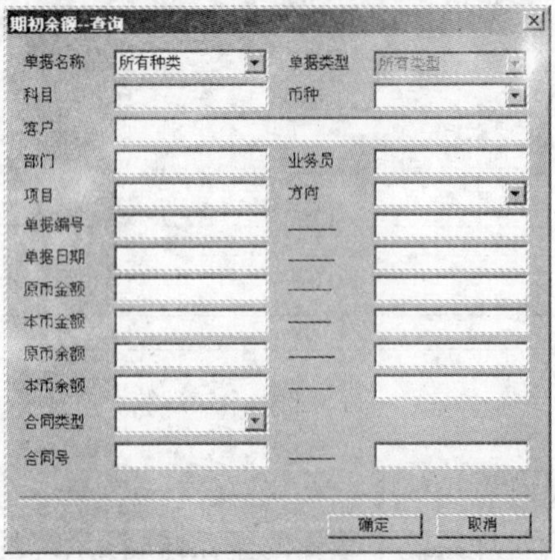

图 4-14 期初余额——查询

• 在期初余额明细表中单击"增加",如图 4-15 所示。

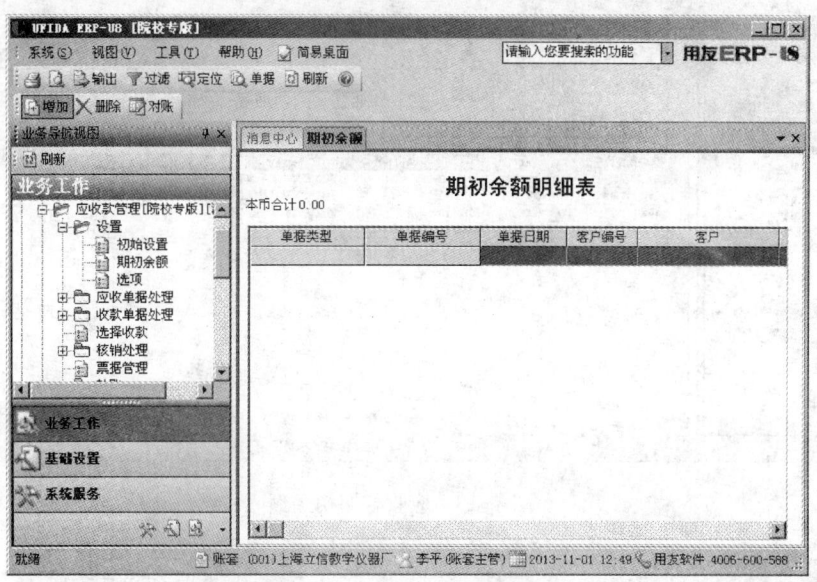

图 4-15 增加期初余额明细表

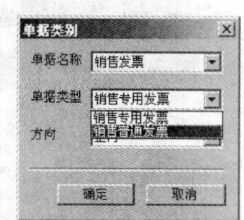

• 在"单据类型"框中选择单据名称、单据类型,单击"确定",如图 4-16 所示。

• 在相应单据输入框中单击"增加",输入销售发票期初数据,单击"保存",如图 4-17 所示。

图 4-16 选择单据类型

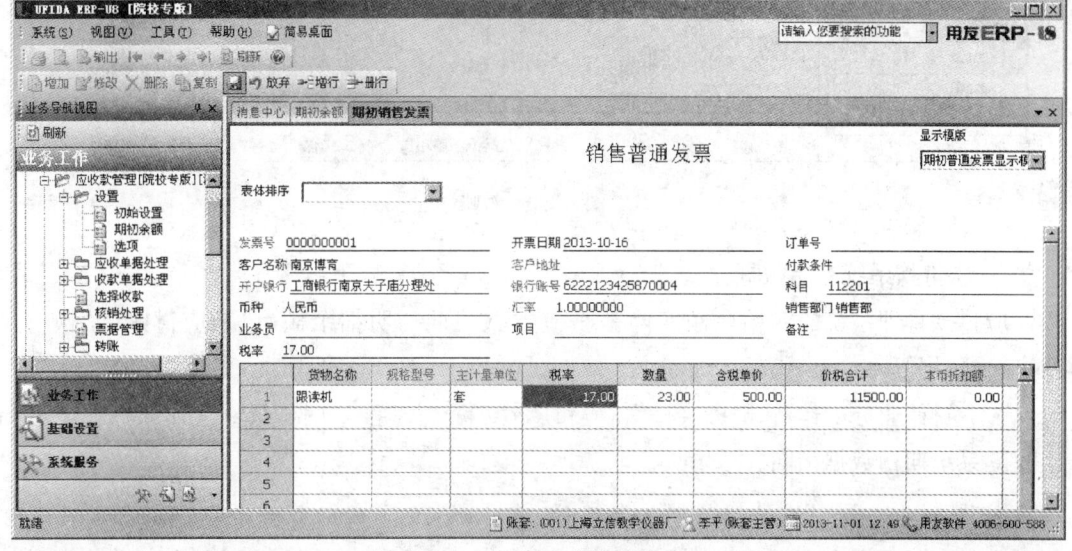

图 4-17 输入期初数据

• 全部单据输入完毕后,单击"对账",将明细账与总账核对,如图 4-18 和图 4-19 所示。

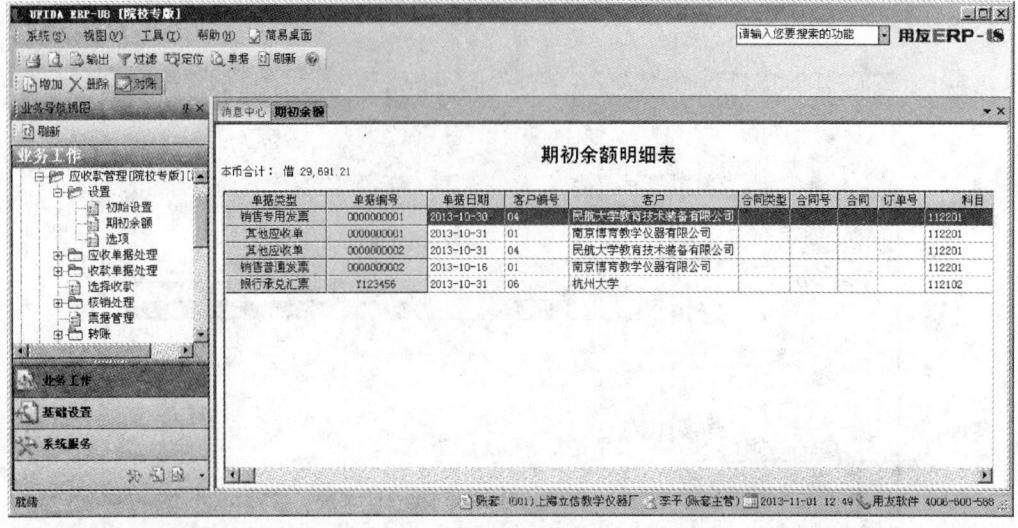

图 4-18　应收款期初余额

图 4-19　对账

3. 应付款系统初始数据输入。

应付款管理系统的初始余额实际就是应付款的期初明细余额,包括应付账款、预付账款、应付票据等。

• 执行"业务工作"|"财务会计"|"应付款管理"|"设置"|"期初余额",输入数据方法与应收款系统期初数据相同。

> **说明**　输入应收款、应付款期初余额时,单据日期的月份必须小于该账套的启用日期月份。如果在会计科目初始设置中设置了承兑汇票的入账科目,则可以录入该科目下期初应收票据或期初应付票据。特别需要注意,如果需要进行总账和明细账的对账,则在输入期初单据时,必须输入科目信息,从而可以查询正确的科目明细账和总账。

4. 选项设置。

ERP 管理系统中各子系统在日常核算前需要进行子系统的初始化设置。子系统初始化主要是定义该系统管理核算的参数、规则、核算方法等内容,为系统核算作准备。总账选项用来定义凭证、账簿等控制参数。

- 执行"业务工作"|"财务会计"|"总账"|"设置"|"选项",如图 4-20 所示。

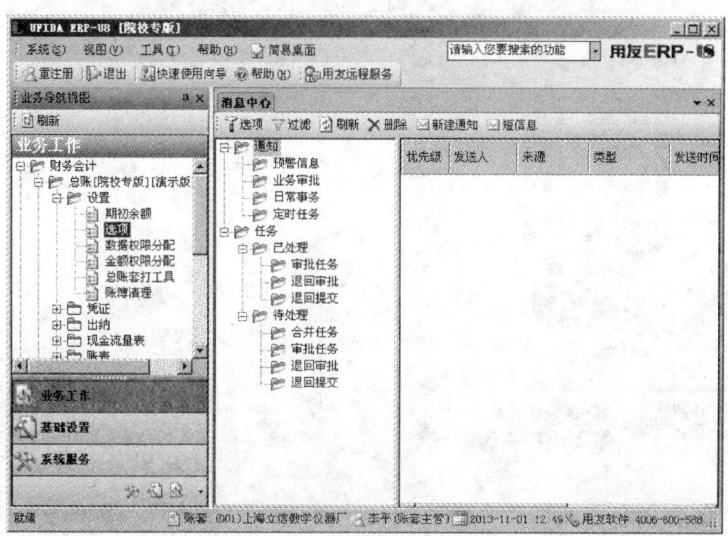

图 4-20 执行"选项"

- 按照需要设置各选项内容,如图 4-21 所示。

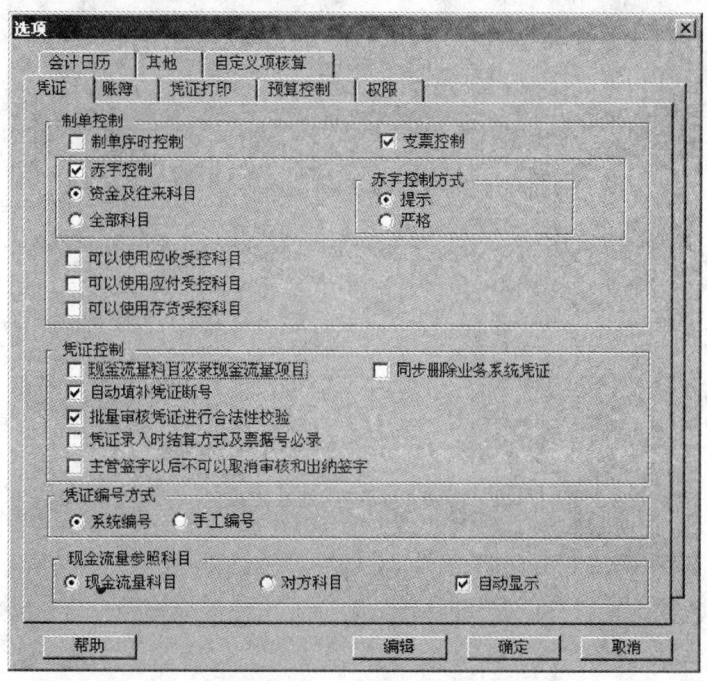

图 4-21 选项设置

5. 2013 年 11 月，企业发生的经济业务如下，填制凭证：

- 执行"业务工作"|"财务会计"|"总账"|"凭证"|"填制凭证"，如图 4-22 所示。

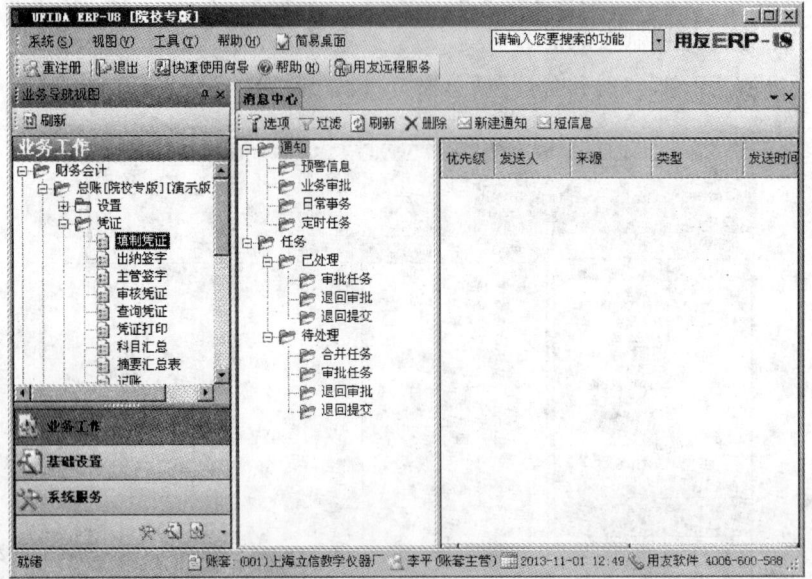

图 4-22　执行"填制凭证"

- 在"填制凭证"界面单击"增加"，如图 4-23 所示。

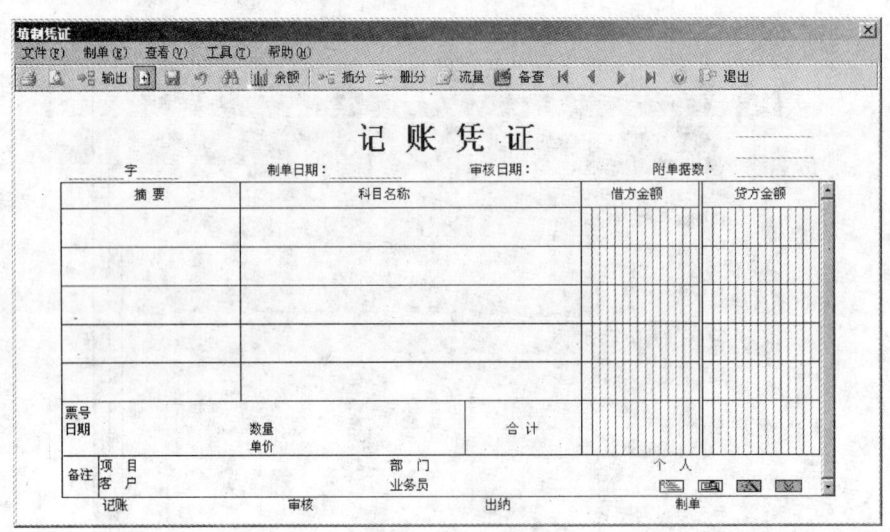

图 4-23　增加凭证

- 选择凭证字，输入凭证日期、摘要、科目代码、金额等，如图 4-24 所示。

- 如果输入的会计科目包含辅助项目，则会弹出辅助项选择框，选择辅助项内容，如图 4-25 所示。

- 对于现金流量科目，则单击"流量"，如图 4-26 所示。

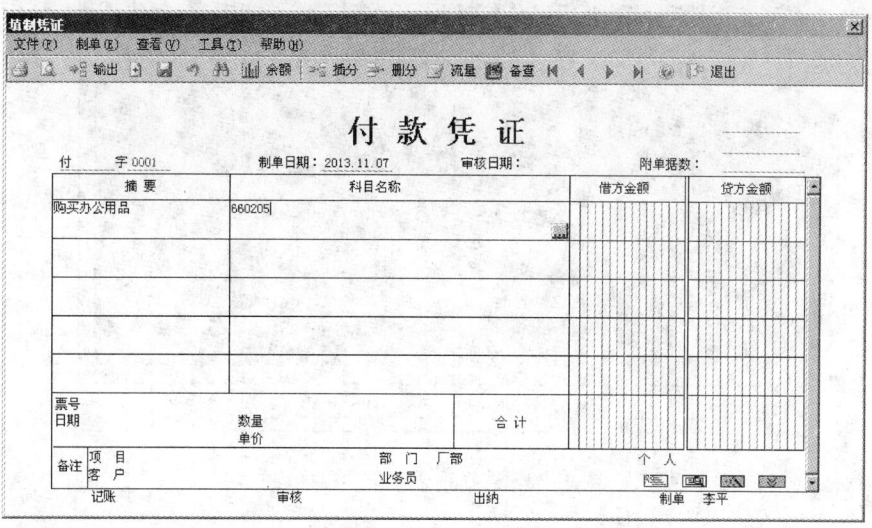

图 4-24　录入凭证信息

图 4-25　选择辅助项目内容

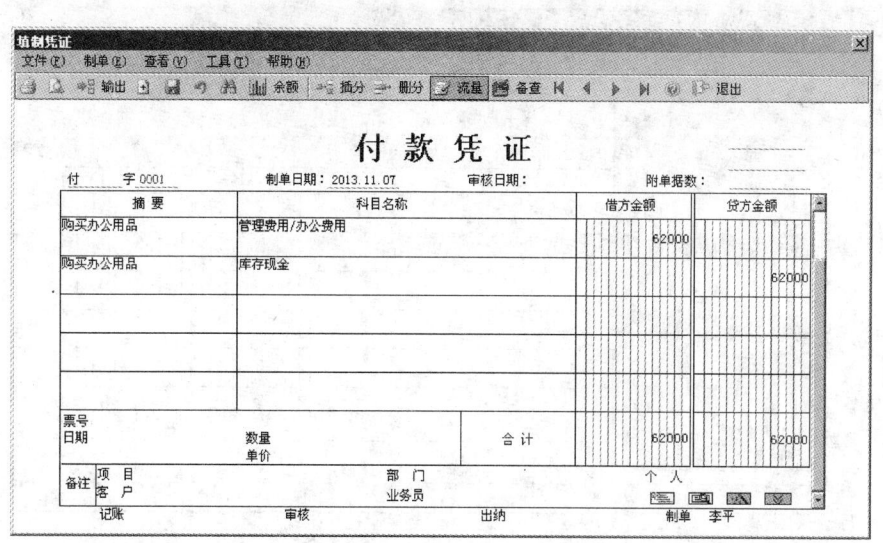

图 4-26　定义现金流量项目

- 选择该笔业务的现金流量项目，单击"确定"，如图 4-27 所示。
- 单击"保存"，系统提示保存成功，如图 4-28 所示。

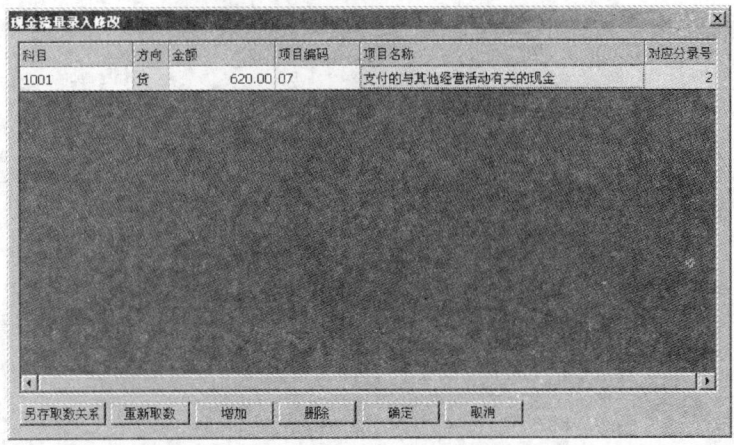

图 4-27　选择现金流量项目内容

图 4-28　凭证保存提示

6. 将凭证设置为常用凭证。

• 执行"制单"|"生成常用凭证"命令,如图 4-29 所示。

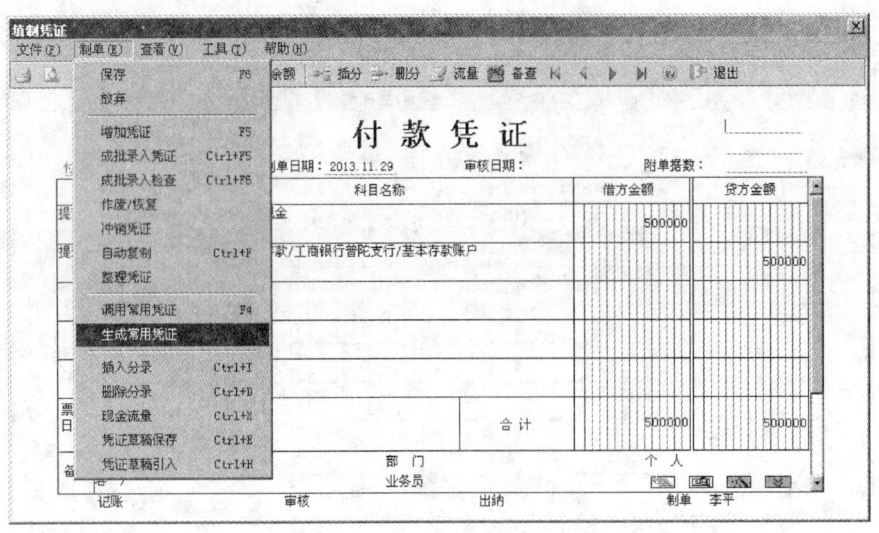

图 4-29　执行"生成常用凭证"

• 在"常用凭证生成"框输入代号、说明,单击"确认",如图 4-30 所示。

7. 操作员 103 王力,审核凭证。

• 在系统界面单击"重注册",如图 4-31 所示。

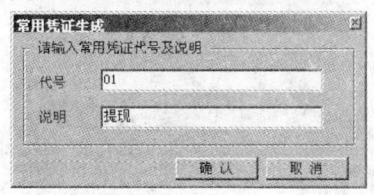

图 4-30 输入常用凭证信息

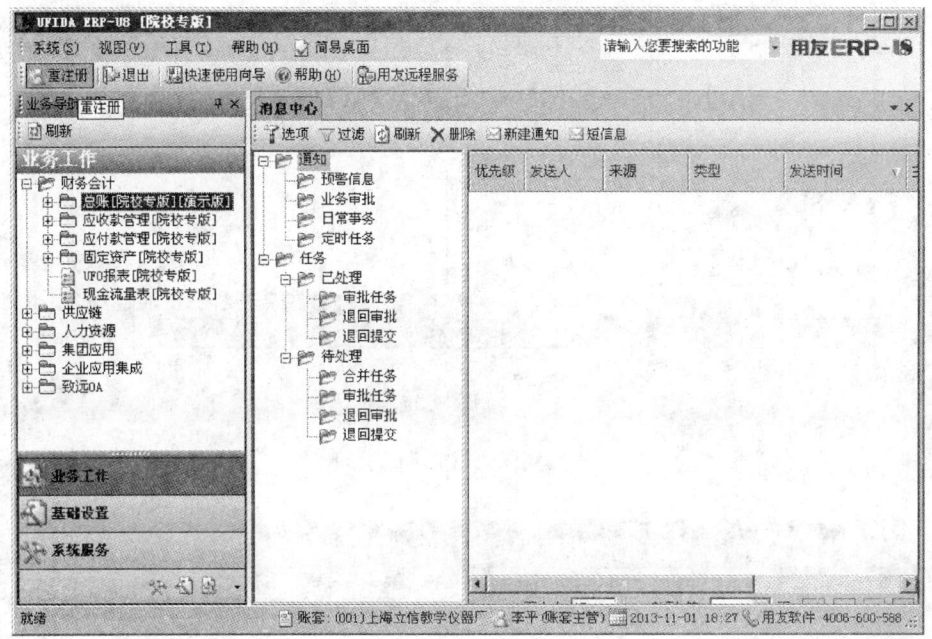

图 4-31 重注册用户

- 输入操作员,选择账套和登录时间,单击"确定",如图 4-32 所示。

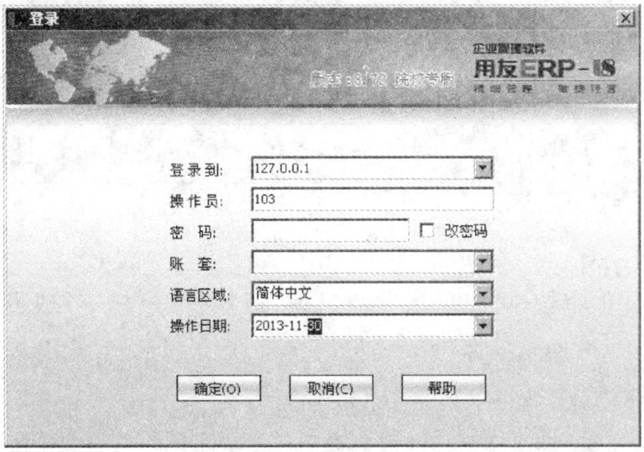

图 4-32 重新登录系统

- 执行"业务工作"|"财务会计"|"总账"|"凭证"|"审核凭证",如图 4-33 所示。

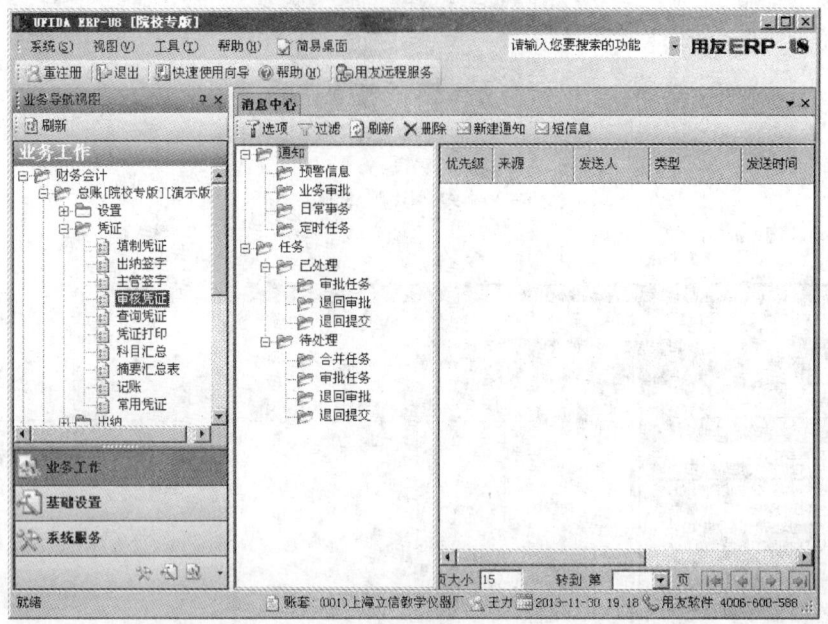

图 4-33　执行"审核凭证"

- 在"凭证审核"框中单击"确定",如图 4-34 所示。

制单日期	凭证编号	摘要	借方金额合计	贷方金额合计	制单人	审核人	系统名	备注	审核日
2013-11-16	收 - 0001	5	￥800.00	￥800.00	李平				
2013-11-21	收 - 0002	6	￥394.00	￥394.00	李平				
2013-11-07	付 - 0001	1	￥620.00	￥620.00	李平				
2013-11-11	付 - 0002	2	￥2,500.00	￥2,500.00	李平				
2013-11-11	付 - 0003	3	￥800.00	￥800.00	李平				
2013-11-28	付 - 0004	7	￥1,000.00	￥1,000.00	李平				
2013-11-29	付 - 0005	提现	￥5,000.00	￥5,000.00	李平				
2013-11-15	转 - 0001	4	￥2,106.00	￥2,106.00	李平				

图 4-34　"凭证审核"框

- 如要对当前凭证审核,可以单击"审核";可以执行"审核"|"成批审核凭证"命令,对凭证成批审核,如图 4-35 所示。

8. 操作员 102 张浩,出纳签字。

- 重注册用户,执行"业务工作"|"财务会计"|"总账"|"凭证"|"出纳签字",如图 4-36 所示。

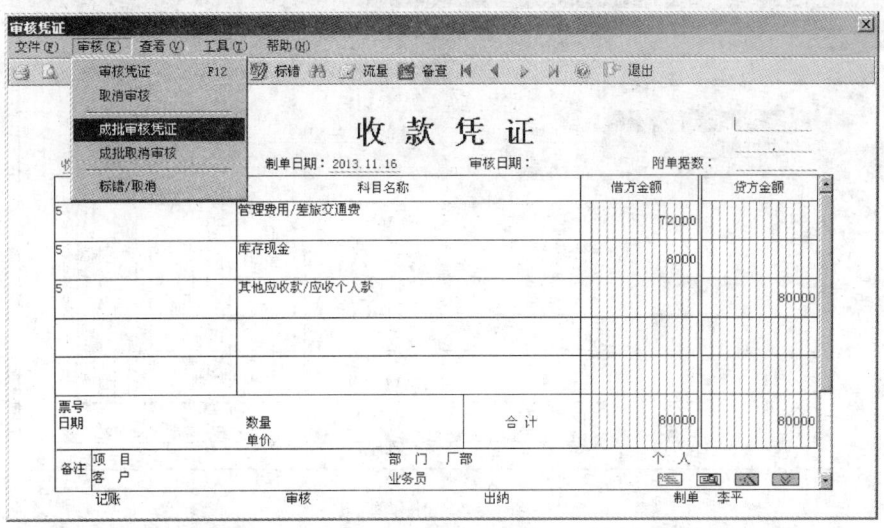

图 4-35 审核凭证

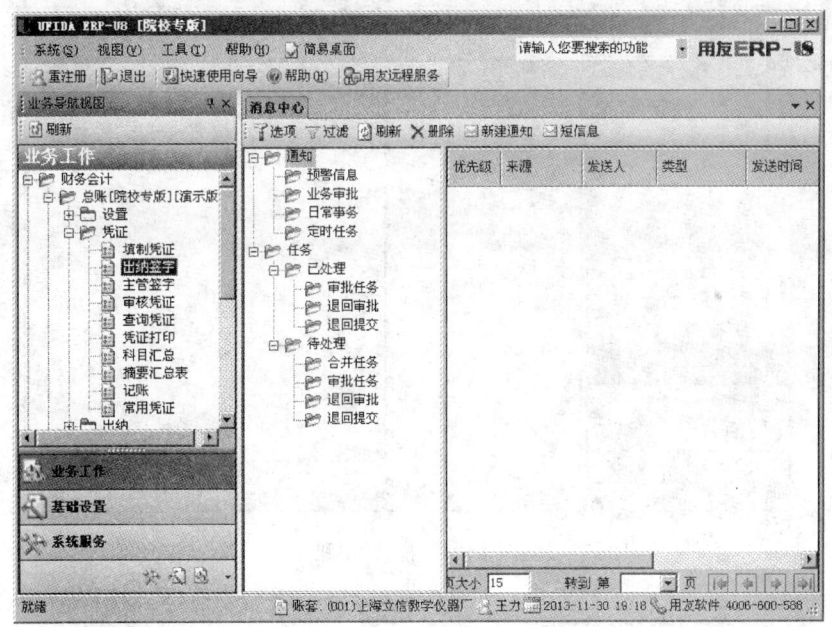

图 4-36 执行"出纳签字"

· 如要对当前凭证签字，可以单击"签字"；可以执行"出纳"|"成批出纳签字"命令，对凭证成批签字，如图 4-37 所示。

9. 操作员 101 李平，记账。

· 重注册用户，执行"业务工作"|"财务会计"|"总账"|"凭证"|"记账"，如图 4-38 所示。

· 在"记账"框中单击"全选"，并单击"记账"，如图 4-39 所示。

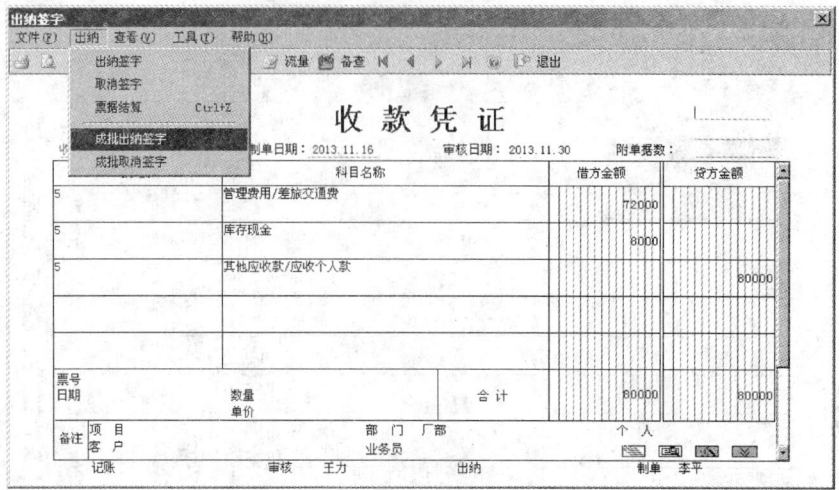

图 4-37　出纳签字

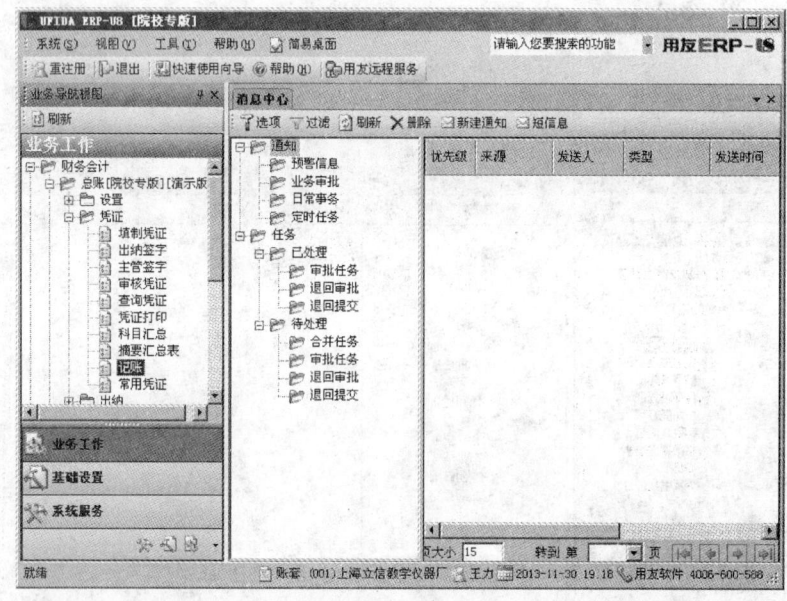

图 4-38　执行"记账"

图 4-39　凭证记账

- 记账完成,系统提示"记账完毕",如图 4-40 所示。

10. 操作员 101 李平,冲销付－0002 凭证,操作员 103 王力,审核、出纳
签字并记账。

图 4-40　记账提示

- 执行"业务工作"|"财务会计"|"总账"|"凭证"|"填制凭证"。
- 执行"制单"|"冲销"命令,选择要冲销凭证的凭证类型、凭证号,单击"确定"。
- 系统自动生成红字冲销凭证。

说明　在填制凭证过程中,若发现凭证输入错误,可以根据不同情况采取不同的修改方式。

一、凭证未审核

由制单人执行"填制凭证",找到错误的那张凭证,直接进行修改并保存。

二、凭证已审核

1. 由审核人执行"审核凭证",将错误凭证的审核取消。
2. 由制单人执行"填制凭证",找到错误的那张凭证,直接进行修改并保存。
3. 由审核人对修改后的凭证重新进行审核。

三、凭证已记账

1. 由制单人对错误凭证进行冲销。
2. 由制单人填制一张正确的凭证,并保存。
3. 由审核人对上述两张凭证进行审核。
4. 由记账人对凭证进行记账。

11. 操作员 101 李平查询 2013 年 11 月资产类科目的科目余额表,级次 1～3 级。

- 执行"业务工作"|"财务会计"|"总账"|"账表"|"科目账"|"余额表",如图 4-41 所示。

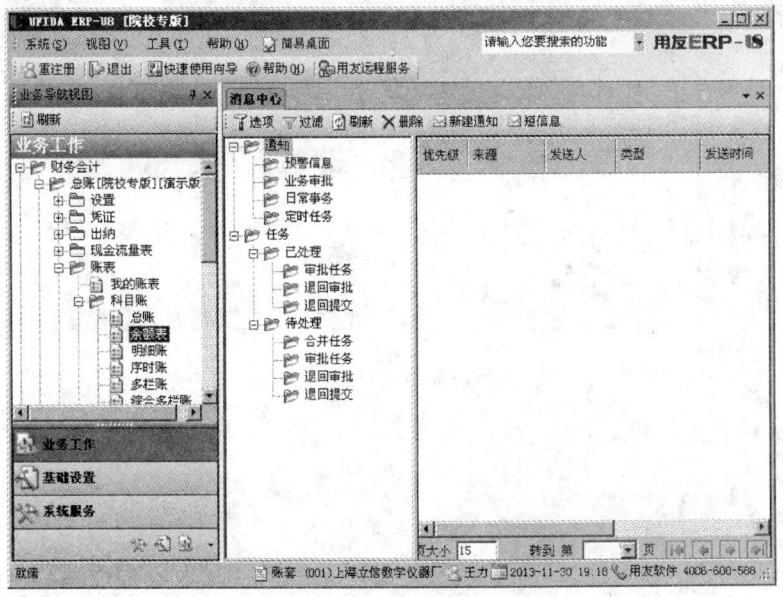

图 4-41　执行"余额表"

• 在"发生额及余额查询条件"框中选择查询月份、科目、级次、科目类型等数据，单击"确定"，如图 4-42 和图 4-43 所示。

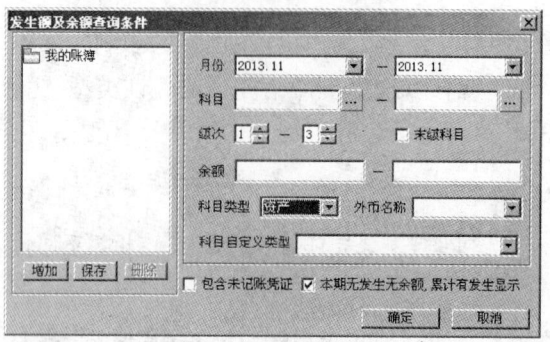

图 4-42 选择查询信息

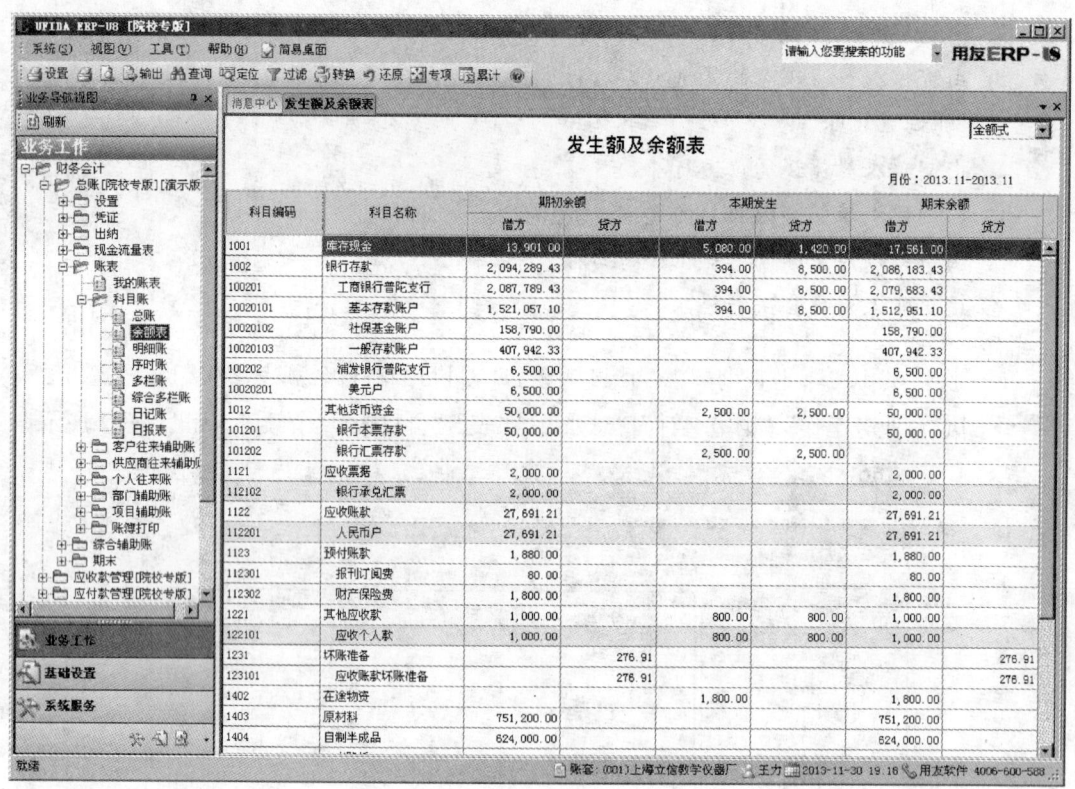

图 4-43 发生额及余额表

项目五　固定资产管理

功能概述

　　固定资产管理系统用来完成企业固定资产日常业务的核算和管理。固定资产是企业的重要资产,其管理方式采用卡片式管理模式。用友 ERP 管理系统的固定资产管理系统同样适用卡片管理模式,其主要功能包括固定资产卡片管理、固定资产的增加、固定资产的减少、固定资产的变动、固定资产折旧的计提、固定资产的盘点等管理内容。在固定资产管理核算过程中,系统会生成相应记账凭证,并传递至总账管理系统,对记账凭证进行审核、记账。同时通过对账保持固定资产账目与总账的平衡。

　　固定资产管理系统是一个独立的管理子系统,其业务处理包括初始设置、日常处理、期末处理,基本业务流程如图 5-1 所示。

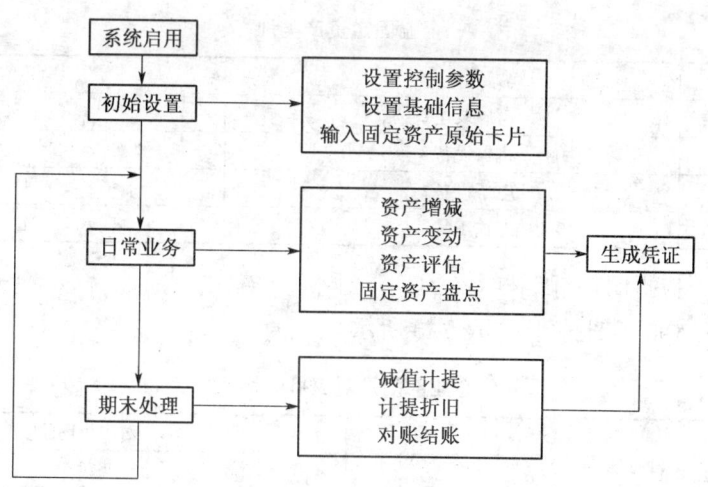

图 5-1　固定资产管理业务流程

项目实训

【项目任务】

　　1. 对固定资产类别、增减方式、折旧方法等进行初始设置。

2. 对固定资产在数量上的增减和价值上的变动进行会计处理。

3. 计提固定资产折旧。

【项目资料】

固定资产管理初始化设置。

1. 控制参数。

企业固定资产控制参数,如表 5-1 所示。

表 5-1　　　　　　　　　　　企业固定资产控制参数

控制参数	参 数 设 置
约定与说明	我同意
启用月份	2013.11
折旧信息	本账套计提折旧方法:平均年限法(二) 折旧汇总分配周期:1 个月
与账务系统接口	与账务系统进行对账科目: 固定资产对账科目:1601 固定资产 累计折旧对账科目:1602 累计折旧 在对账不平情况下允许固定资产月末结账 固定资产编码方式:自动编码(类别编号＋部门编号＋序号) 固定资产缺省入账科目:1601,累计折旧缺省入账科目:1602 减值准备缺省入账科目:1603

2. 资产类别。

企业固定资产类别,如表 5-2 所示。

表 5-2　　　　　　　　　　　企业固定资产类别

编码	类 别 名 称	净残值率
01	房屋及建筑物	4%
02	机器设备	4%
03	电子设备	4%
04	运输工具	4%

3. 部门及对应折旧科目。

企业部门及对应折旧科目,如表 5-3 所示。

表 5-3　　　　　　　　　　　企业部门及对应折旧科目

部 门	对应折旧科目
厂部	660204
财务部	660204
人力资源部	660204
供应部	660204
销售部	660104
仓库	660204
车队	660204
焊接车间	510104
装配调试车间	510104

4. 增减方式的对应入账科目。

企业固定资产增减方式及对应入账科目，如表 5-4 所示。

表 5-4　　　　　　　　　　　企业固定资产增减方式及对应入账科目

增减方式目录	对应入账科目
增加方式	
直接购入	银行存款——工商银行普陀支行——基本存款账户(10020101)
投资者投入	实收资本(4001)
盘盈	待处理财产损溢——待处理固定资产损溢(190102)
在建工程转入	在建工程(1604)
减少方式	
出售	固定资产清理(1606)
盘亏	待处理财产损溢——待处理固定资产损溢(190102)
报废	固定资产清理(1606)
毁损	固定资产清理(1606)

5. 原始固定资产卡片。

输入企业原始固定资产卡片，如表 5-5 所示，并与总账系统对账。

表 5-5　　　　　　　　　　　企业原始固定资产卡片

类别	品名	所属部门	增加方式	使用年限(月)	开始使用日期	原值	累计折旧
房屋及建筑物	厂房	焊接车间 40% 装配调试车间 60%	在建工程转入	480	2009-11-30	2 600 000.00	244 400.00
	办公楼	厂部	在建工程转入	480	2009-11-30	1 400 000.00	131 600.00
机器设备	焊接流水线	焊接车间	在建工程转入	120	2009-12-31	25 000.00	9 200.00
	浸焊机	焊接车间	直接购入	120	2009-11-30	15 000.00	5 640.00
	装配调试流水线	装配调试车间	在建工程转入	120	2009-11-30	25 000.00	9 400.00
	综合调试仪	装配调试车间	直接购入	120	2009-11-30	20 000.00	7 520.00
电子设备	笔记本电脑	厂部	直接购入	60	2008-11-30	12 000.00	11 328.00
	传真机	厂部	直接购入	48	2009-11-30	3 500.00	3 290.00
	服务器	财务部	直接购入	60	2011-12-31	13 000.00	4 576.00
	打印机	财务部	直接购入	72	2011-12-31	5 500.00	1 613.33
	台式电脑	供应部	直接购入	60	2011-12-31	6 500.00	2 288.00
	台式电脑	销售部	直接购入	60	2011-12-31	6 500.00	2 288.00
	台式电脑	仓库	直接购入	60	2011-12-31	6 500.00	2 288.00
	台式电脑	人力资源部	直接购入	60	2011-12-31	6 500.00	2 288.00
运输工具	轿车	厂部	直接购入	96	2011-12-31	200 000.00	44 000.00
	货运车	供应部 40% 销售部 60%	直接购入	96	2011-12-31	100 000.00	22 000.00

注：净固定资产残值率均为 4%，使用状况均为"在用"。

日常及期末业务：

2013 年 11 月份发生的业务如下：

6. 11 月 2 日，厂部直接购入复印机一台，系电子设备，预计使用年限 5 年，预计净残值率 4%，用年数总和法折旧（输入固定资产卡片并生成凭证）。业务单据如图 5-2 和表 5-6、表 5-7 所示。

中国工商银行
支 票 存 根
10326783
00678939

附加信息：_____

_____

出票日期：2013 年 11 月 2 日

收款人：上海诺贝商贸有限公司
金额：￥9 477.00
用途：购复印机

单位主管   会计

图 5-2　支票存根

表 5-6 　　　　　　　　　　　　专 用 发 票

3100310008

上海增值税专用发票

No. 11150091

发 票 联

开票日期：2013年11月02日

购货单位	名 称：上海立信教学仪器厂	密码区			（略）			第三联：发票证 购货方记账凭证
	纳税人识别号：310478965327056							
	地 址、电 话：上海市华泽路752号 68865555							
	开户行及账号：工商银行上海普陀支行1001856790688008							
货物或应税劳务名称	规格型号	单位	数量	单价	金额	税率	税额	
复印机		台	1		8 100.00	17%	1 377.00	
合 计					￥8 100.00		￥1 377.00	
价税合计（大写）	玖仟肆佰柒拾柒元整			（小写）￥9 477.00				
销货单位	名 称：上海诺贝商贸有限公司	备注						
	纳税人识别号：310227337706128							
	地址、电话：上海市涞寅路1200号 67936800							
	开户行及账号：工商银行上海九亭支行1001590033550077							

收款人：　　　　　　　复核：　　　　　　　开票人：李临　　　　　　　销货单位：（章）

表 5-7 　　　　　　　　　　　　固定资产验收单

2013 年 11 月 2 日

名称及规格	数量	计量单位	价款	运费	安装费用	合计金额	验收部门
复印机	1	台	8 100.00			8 100.00	厂部
验收部门意见	外观完好，性能达标，同意验收。						
财会计部门意见	同意验收。						

会计主管：李平　　　　　　　部门主管：华小英　　　　　　　经办人：华小英

7. 11 月 22 日,计提本月固定资产折旧,查看折旧清单并生成记账凭证。

8. 11 月 22 日,经有关领导批准厂部报废传真机一台,计入营业外支出,生成并填制记账凭证,如表 5-8 所示。

表 5-8　　　　　　　　　　　　　　固定资产报废单

2013 年 11 月 22 日

名称及型号	数量	计量单位	原始价值	已提折旧	净值
传真机	1	台	3 500.00	3 360.00	140.00
报废原因:反复修理,费用过高。			鉴定意见:同意报废。 华明		
单位:(公章)		会计主管:李平		会计:陈明	

第二联　记账联

9. 11 月 30 日,厂部失窃手提电脑一台,经领导批准作盘亏处理,按规定生成并填制记账凭证,如表 5-9 所示。

表 5-9　　　　　　　　　　　　固定资产盘盈盘亏报告单

部门:厂部　　　　　　　　　　　　2013 年 11 月 30 日

编号	类别及名称	盘盈			盘亏		
		数量	市场价格	估计折旧	数量	原价	已提折旧
30001	笔记本电脑				1	12 000.00	11 520.00
合　计							
原因　失窃		审批意见	按公司相关制度办理。　华明		单位盖章		
会计主管:李平						制单:陈明	

10. 操作员 103 王力重注册,对以上生成凭证进行审核、出纳签字并记账。

11. 操作员 103 李平,利用转账定义模板结转车间固定资产折旧费,生成转账凭证。

12. 操作员 101 李平重注册,对以上生成凭证进行审核并记账。

13. 查询固定资产"价值结构分析表",将其以"价值结构分析表. XLS"为文件名保存在 C:\AA 文件夹下。

项 目 指 导

【操作步骤】

固定资产管理初始化设置。

1. 控制参数。

固定资产管理系统初始化设置是根据企业固定资产管理的具体情况,建立一个合适的固定资产子账套的过程,主要包括控制参数的设置、基础数据的设置、输入固定资产原始卡片。固定资产原始卡片实际就是固定资产期初明细账数据,其数据应该与总账数据对账一致。

• 执行"业务工作"|"财务会计"|"固定资产",如图 5-3 所示。

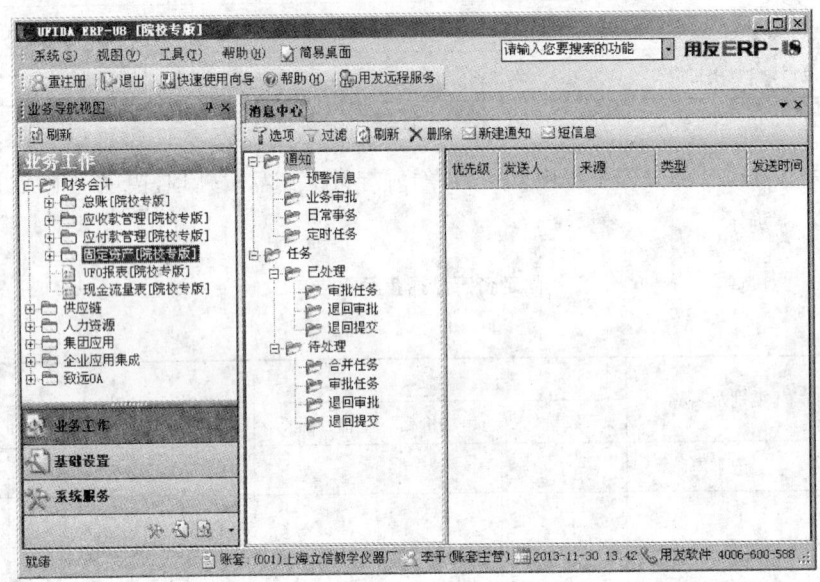

图 5-3　启动固定资产管理系统

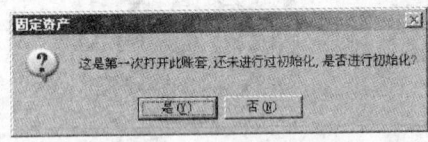

图 5-4　初始化确认

• 如果是第一次使用"固定资产"模块,则系统提示"是否进行初始化",单击"是(Y)",如图 5-4 所示。
• 系统进入"初始化账套向导",对于约定与说明,选择"我同意",并单击"下一步",如图 5-5 所示。

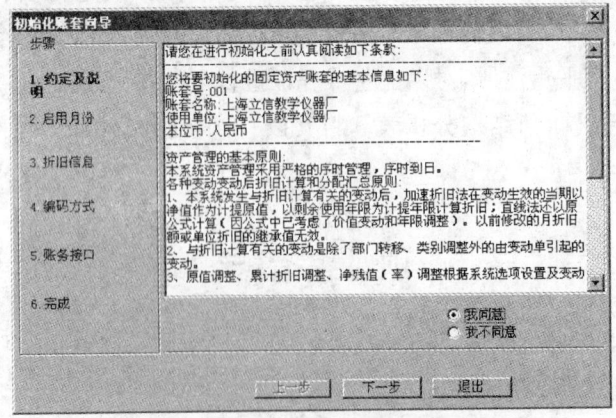

图 5-5　约定及说明

- 确认账套启用年月,并单击"下一步",如图 5-6 所示。

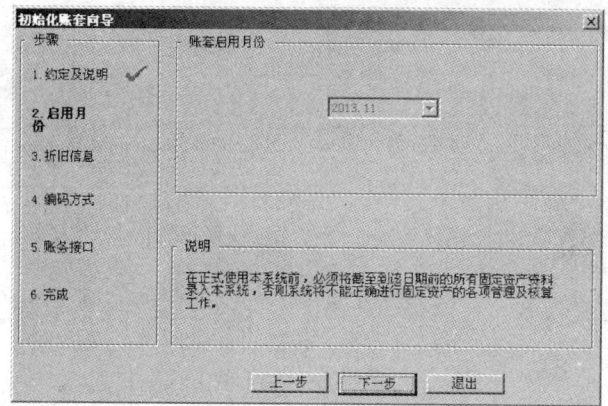

图 5-6　启用月份

- 选择本账套主要折旧方法、折旧周期等,单击"下一步",如图 5-7 所示。

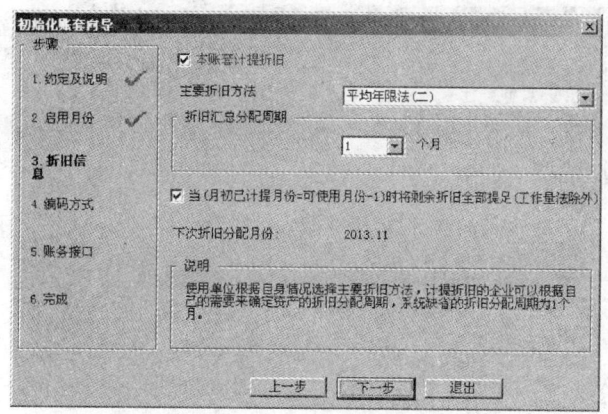

图 5-7　折旧信息

- 选择固定资产类别编码方式和固定资产编码方式,单击"下一步",如图 5-8 所示。

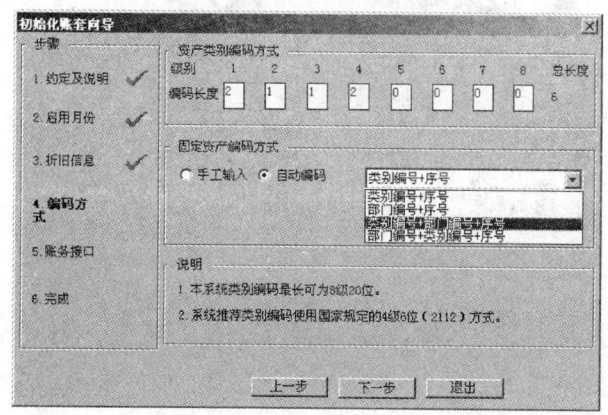

图 5-8　编码方式

- 指定固定资产系统与总账系统的对账科目,单击"下一步",如图 5-9 所示。

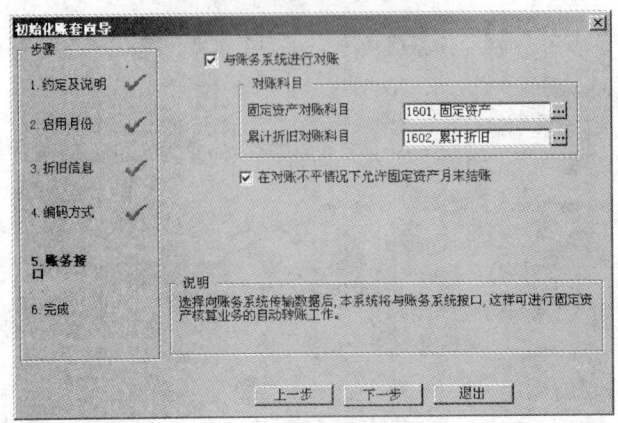

图 5-9 财务接口

- 完成固定资产系统初始化工作,如图 5-10 所示。

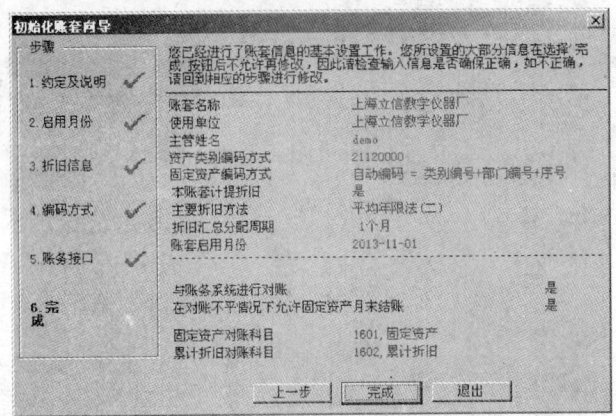

图 5-10 初始化完成

- 系统提示是否保存该账套的初始设置,单击"是(Y)",如图 5-11 所示。

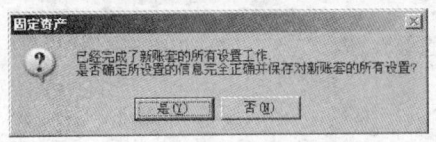

图 5-11 确认信息

- 系统提示"已成功初始化本固定资产账套",单击"确定",进入固定资产系统,如图 5-12 所示。

图 5-12 系统提示

• 执行"财务会计"|"固定资产"|"设置"|"选项",如图 5-13 所示。

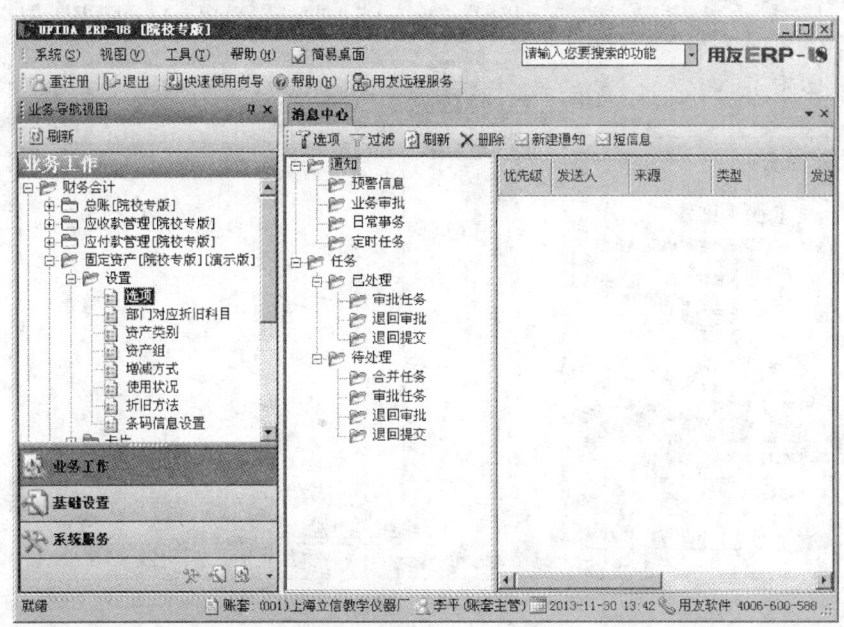

图 5-13　设置固定资产选项

• 在"与财务系统接口"中,单击"编辑",指定各项目的入账科目,单击"确定",如图 5-14 所示。

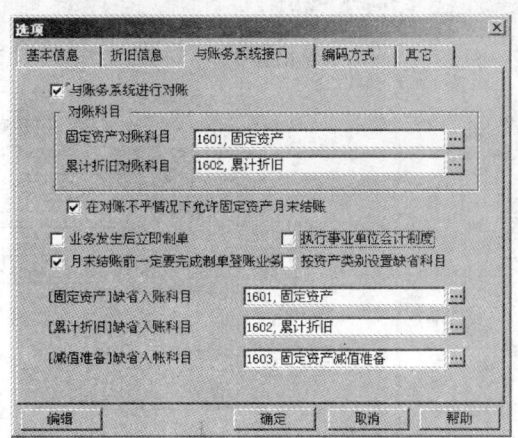

图 5-14　定义入账科目

2. 资产类别。

为了强化固定资产的管理,对于企业固定资产需要进行分类,以便准确地核算固定资产。为此,科学地设置固定资产类别,可以为固定资产核算提供管理依据。

• 执行"财务会计"|"固定资产"|"设置"|"资产类别",如图 5-15 所示。
• 单击"增加",输入类别名称等数据,单击"保存",如图 5-16 所示。

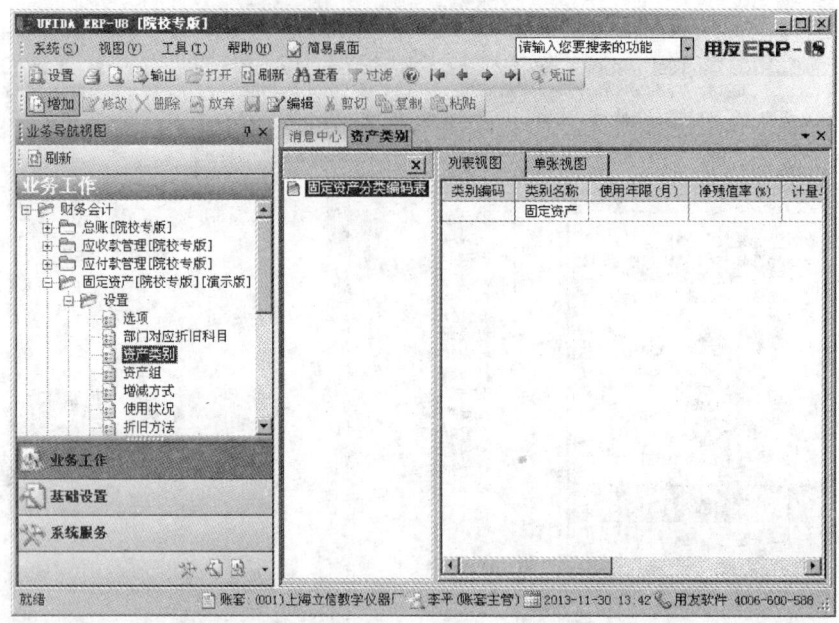

图 5-15 增加资产类别

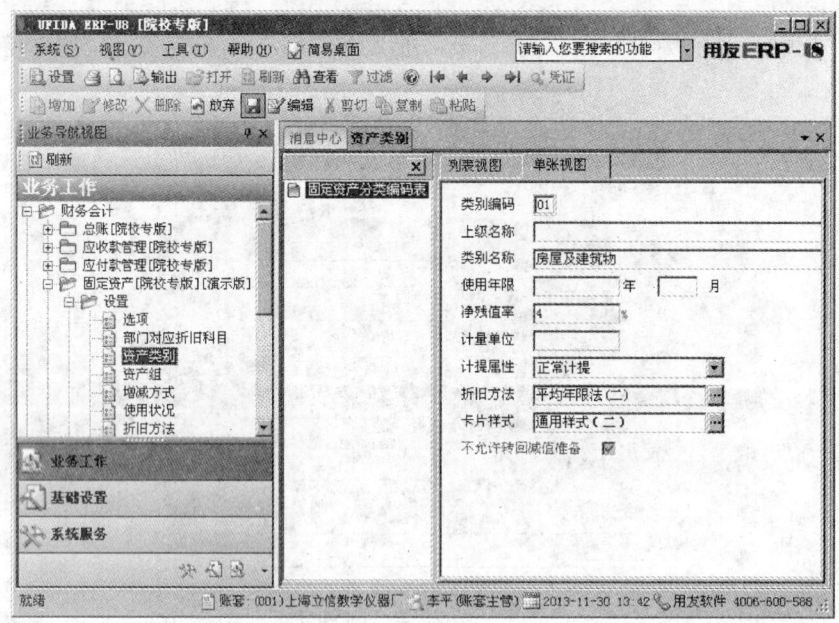

图 5-16 输入资产类别信息

3. 部门对应折旧科目。

固定资产折旧是根据固定资产所在部门归集成本或费用的,因此,不同部门其固定资产对应折旧科目是不同的。设置部门对应折旧科目就是指定不同部门固定资产折旧的入账科目,便于在计提折旧时生成记账凭证。

• 执行"财务会计"|"固定资产"|"设置"|"部门对应折旧科目",选择要设置科目的部门,单击"修改",如图 5-17 所示。

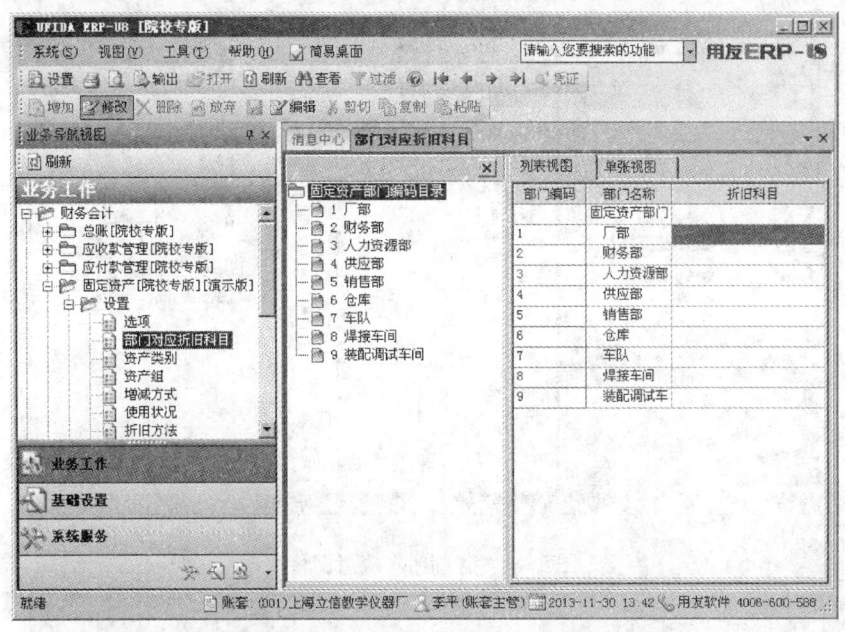

图 5-17 定义部门对应折旧科目

• 指定相应部门的对应折旧科目,单击"保存",如图 5-18 所示。

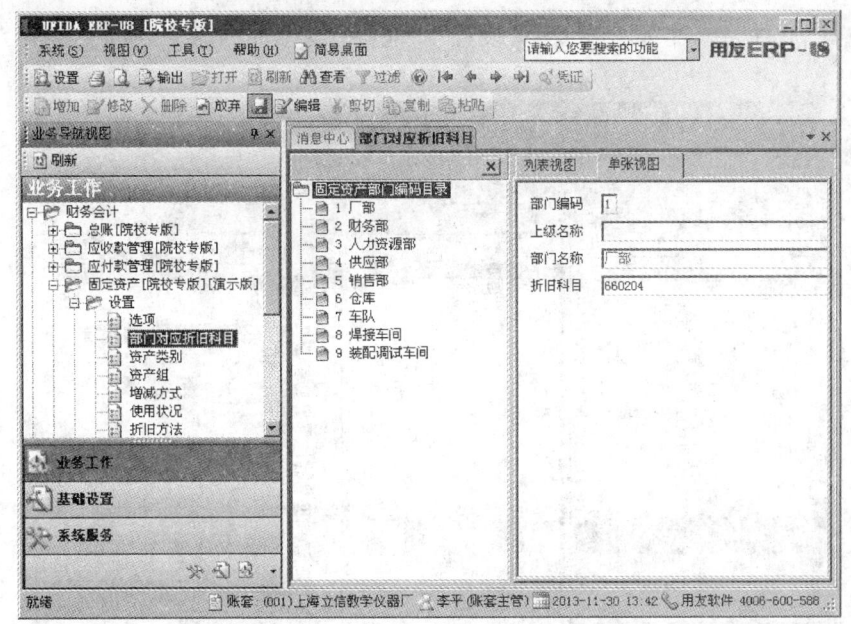

图 5-18 输入科目信息

• 重复上述操作,完成所有部门折旧科目的设置,如图 5-19 所示。

图 5-19　各部门对应折旧科目

4. 增减方式对应入账科目。

资产增减方式包括增加方式和减少方式,根据核算准则,不同的增减方式其入账科目是不同的,设置增减方式的对应入账科目,可以在发生资产增加或减少时生成记账凭证。

- 执行"财务会计"|"固定资产"|"设置"|"增减方式",如图 5-20 所示。

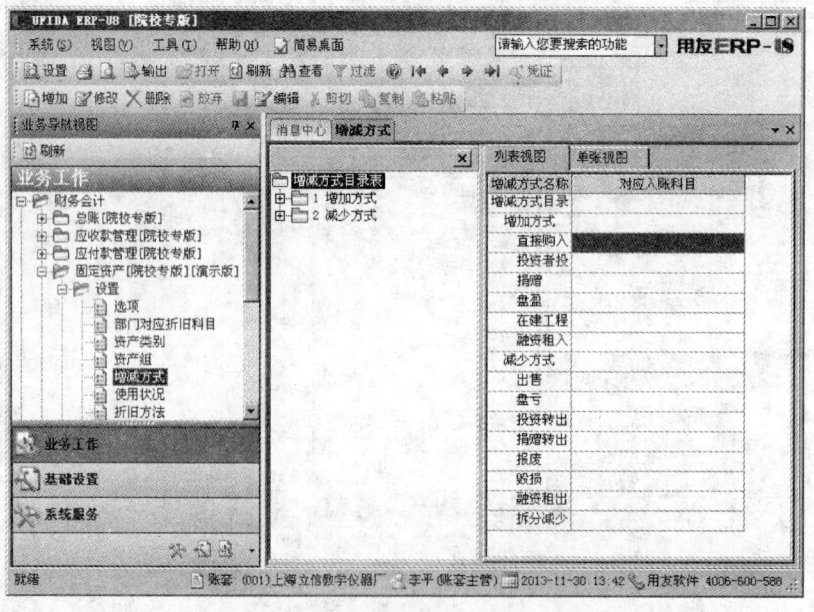

图 5-20　定义增减方式的对应入账科目

● 选择增减方式,单击"修改",指定对应入账科目,单击"保存",如图 5-21 所示。

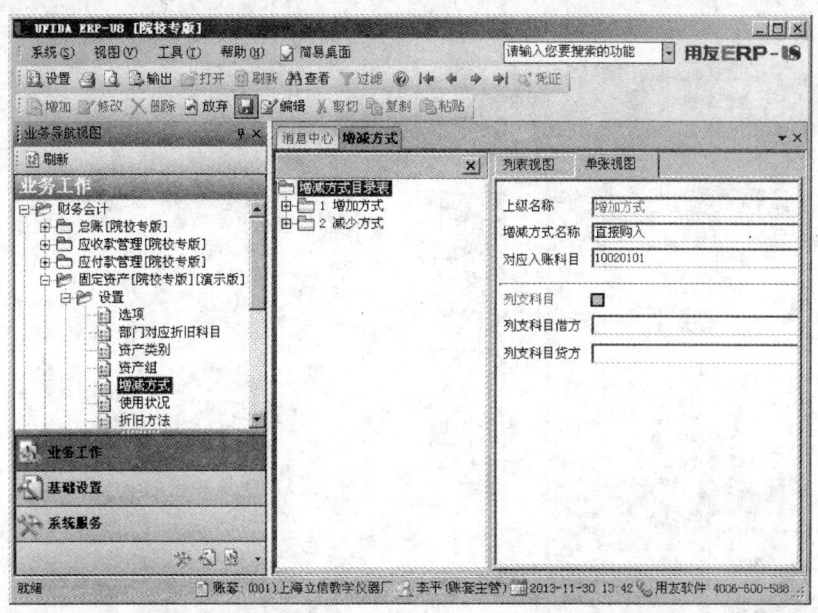

图 5-21　输入科目信息

● 重复上述操作,指定相应项目的对应入账科目,如图 5-22 所示。

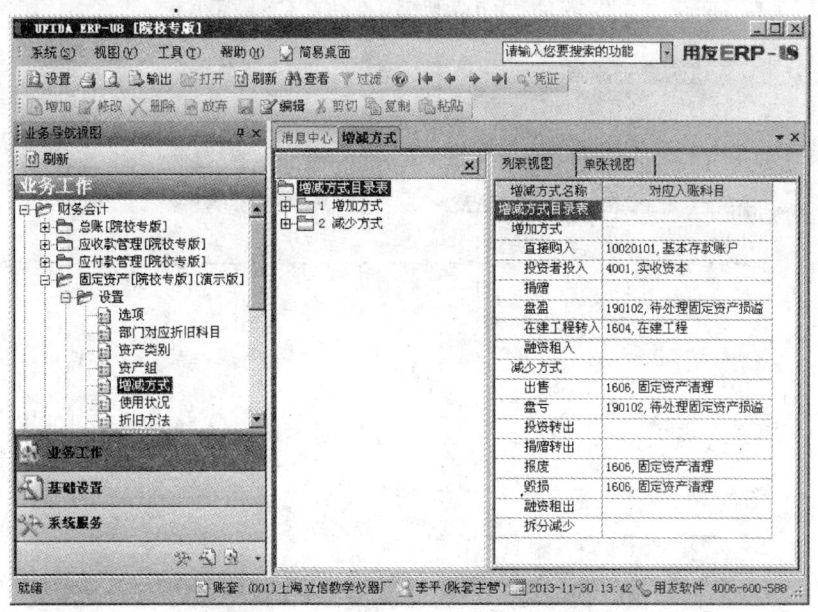

图 5-22　增减方式对应入账科目

5. 固定资产原始卡片。

固定资产管理采用卡片式管理方式,需要为每台固定资产建立卡片,用来记录固定资产名称、使用部门、增加方式、使用状况、原始价值、折旧方式等信息。固定资产原始卡片是指

账套启用前固定资产的期初数据,原始卡片应该与总账期初数据对账一致。

- 执行"财务会计"|"固定资产"|"卡片"|"录入原始卡片",如图 5-23 所示。

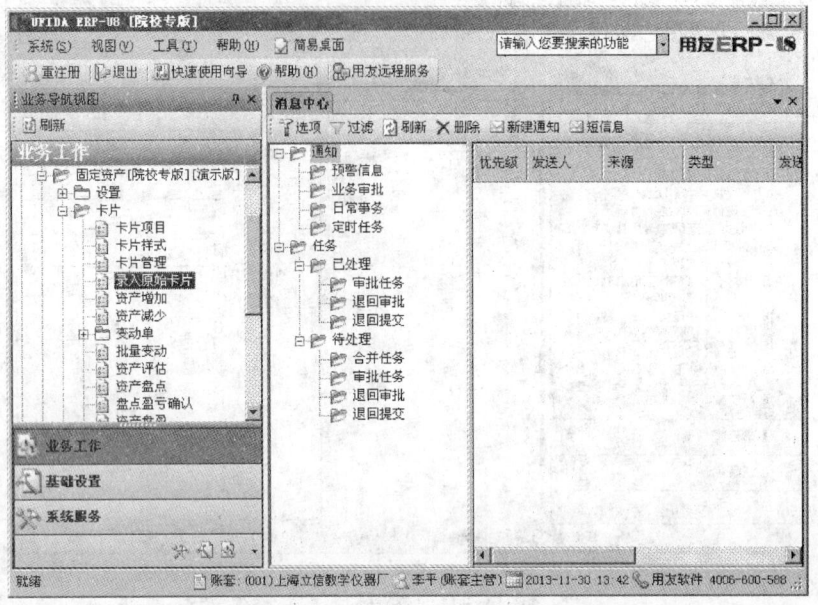

图 5-23　录入原始卡片

- 选择增加的固定资产的类别,单击"确定",如图 5-24 所示。

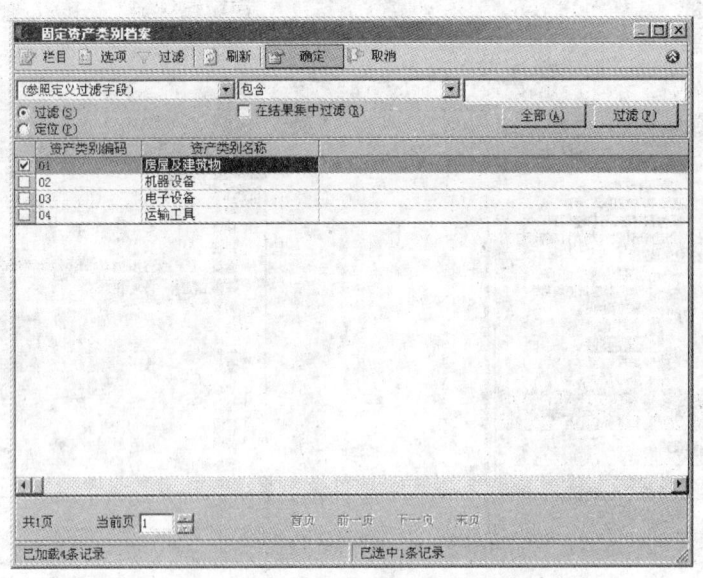

图 5-24　选择资产类别

- 输入固定资产名称,选择"使用部门",如图 5-25 所示。
- 如果该项固定资产为单个部门使用,则选择"单部门使用",如果为多个部门共同使用,则选择"多部门使用",如图 5-26 所示。

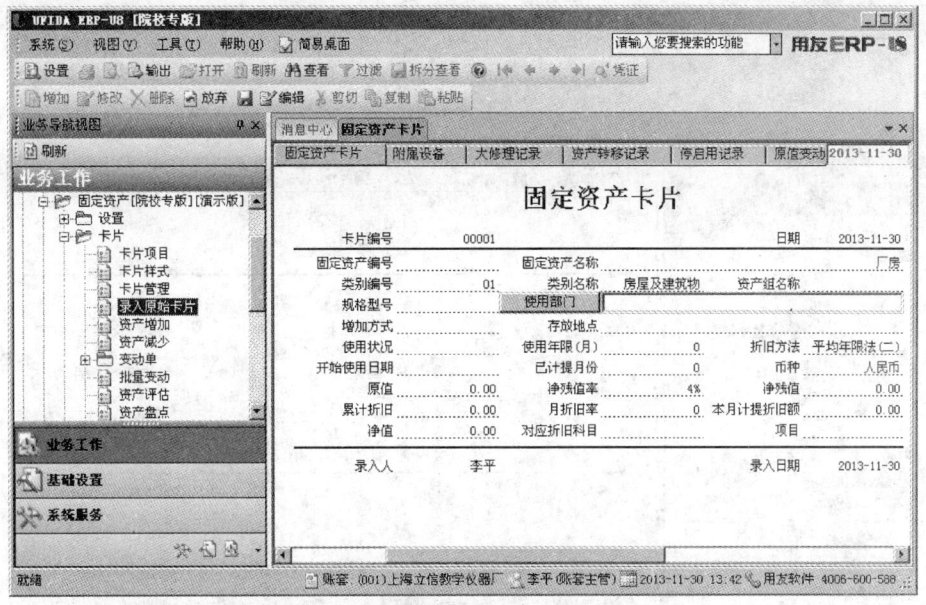

图 5-25 选择使用部门

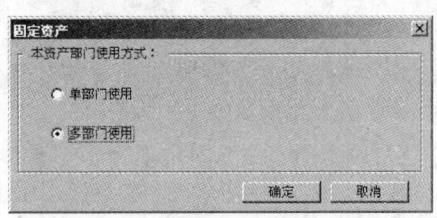

图 5-26 选择部门使用方式

• 对于多部门使用的固定资产,在使用部门框中选择使用的部门,并确定使用比例,单击"确定",如图 5-27 所示。

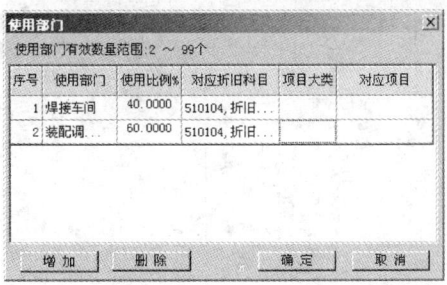

图 5-27 定义多部门使用比例

• 输入固定资产的其他信息,单击"保存",如图 5-28 所示。
• 系统提示"数据保存成功",如图 5-29 所示。
• 按上述操作输入其他固定资产原始卡片。

6. 11 月 2 日,厂部直接购入复印机一台,系电子设备,预计使用年限 5 年,预计净残值率 4%,用年数总和法计提折旧,输入固定资产卡片并生成凭证。

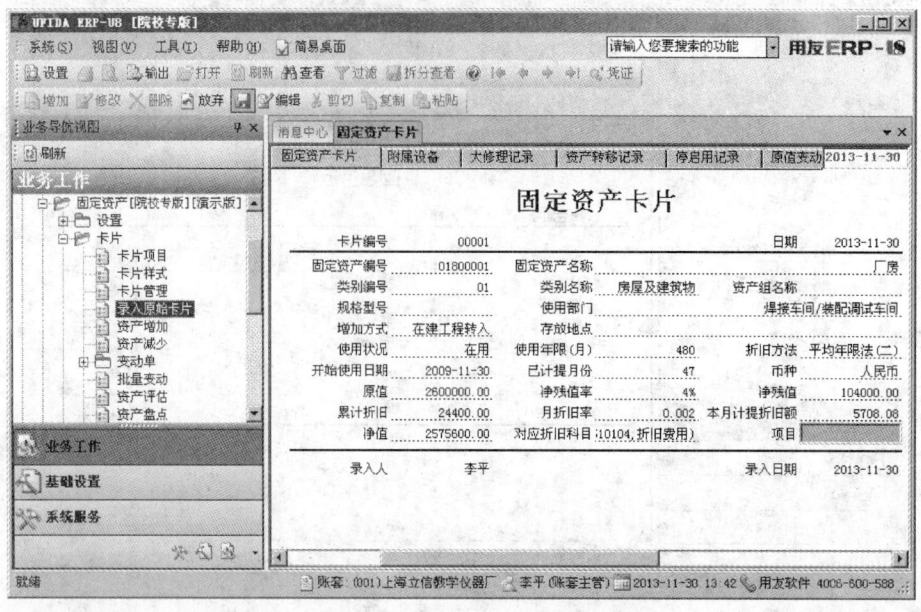

图 5-28　输入其他原始数据

图 5-29　保存卡
片提示

资产增加是指日常购进或通过其他方式增加固定资产,对于增加的
固定资产需要输入相应固定资产卡片。

• 执行"财务会计"|"固定资产"|"卡片"|"资产增加",如图 5-30
所示。

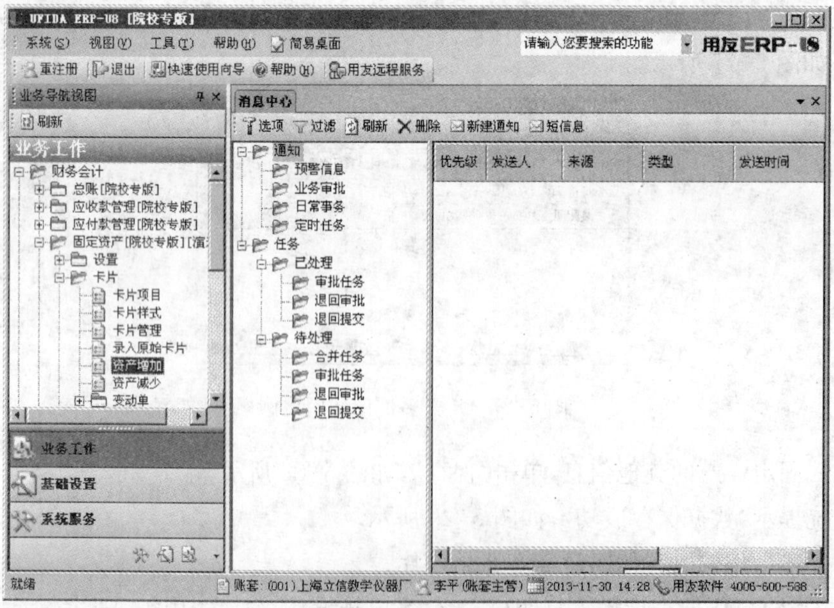

图 5-30　执行"资产增加"

- 选择固定资产类别，单击"确定"，如图5-31所示。

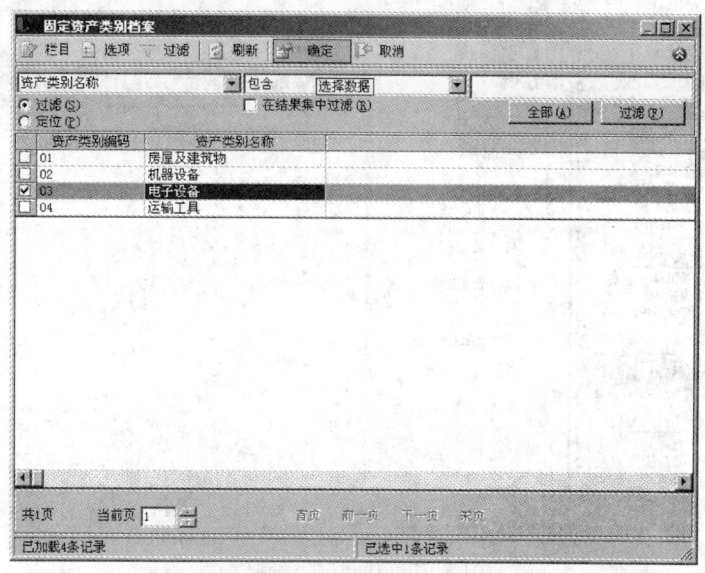

图5-31　选择资产类别

- 输入新增固定资产卡片数据，单击"保存"，如图5-32所示。

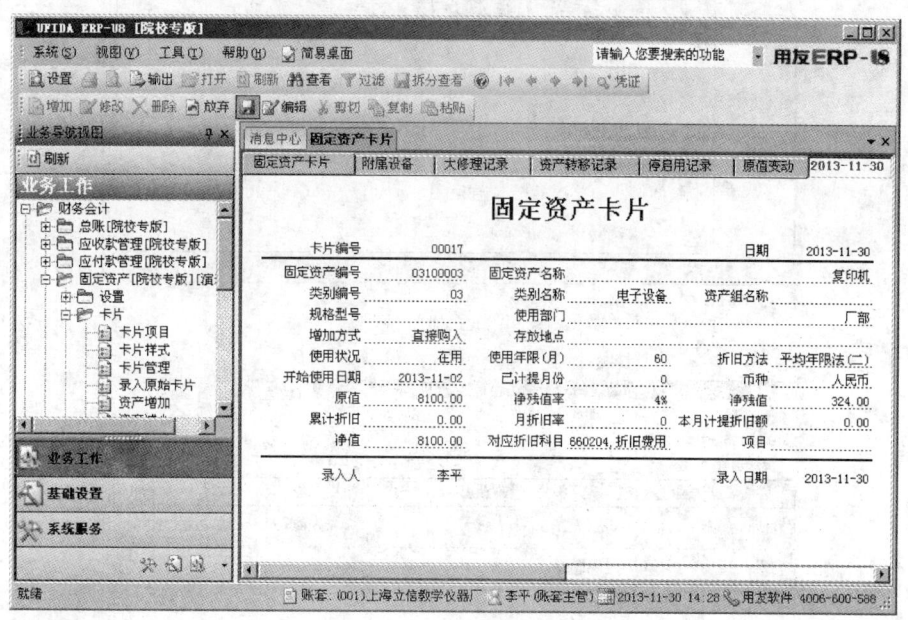

图5-32　输入资产信息

- 执行"财务会计"|"固定资产"|"处理"|"批量制单"，如图5-33所示。
- 在"制单选择"中，选择要制单的业务，如图5-34所示。
- 在"制单设置"中，单击"制单"，如图5-35所示。

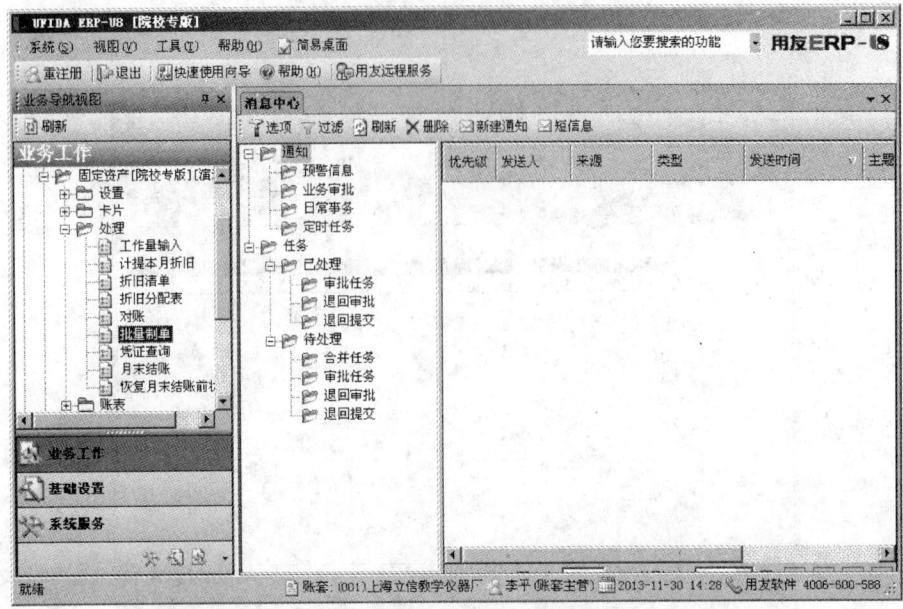

图 5-33 执行"批量制单"

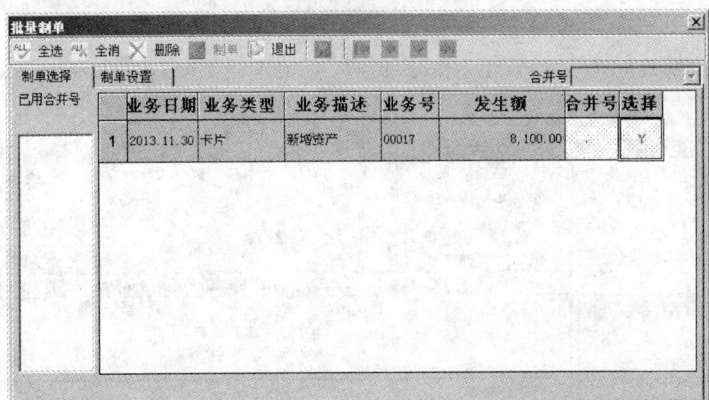

图 5-34 制单选择

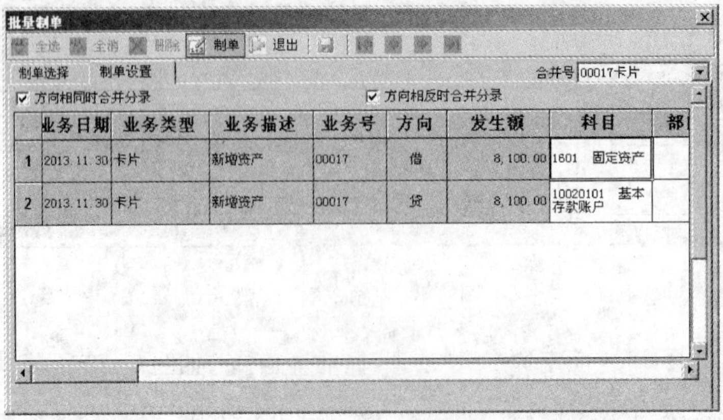

图 5-35 制单设置

• 如果该固定资产购入发票为增值税专用发票，在填制凭证中单击"插分"，如图 5-36 所示。

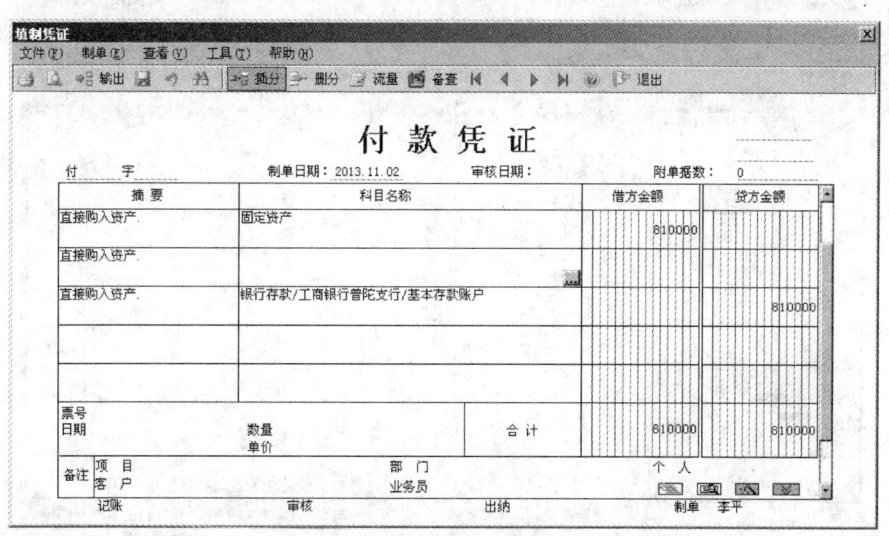

图 5-36　生成记账凭证

• 将增值税计入"应交税费——增值税——进项税额"，并修改银行存款的金额，单击"保存"，如图 5-37 所示。

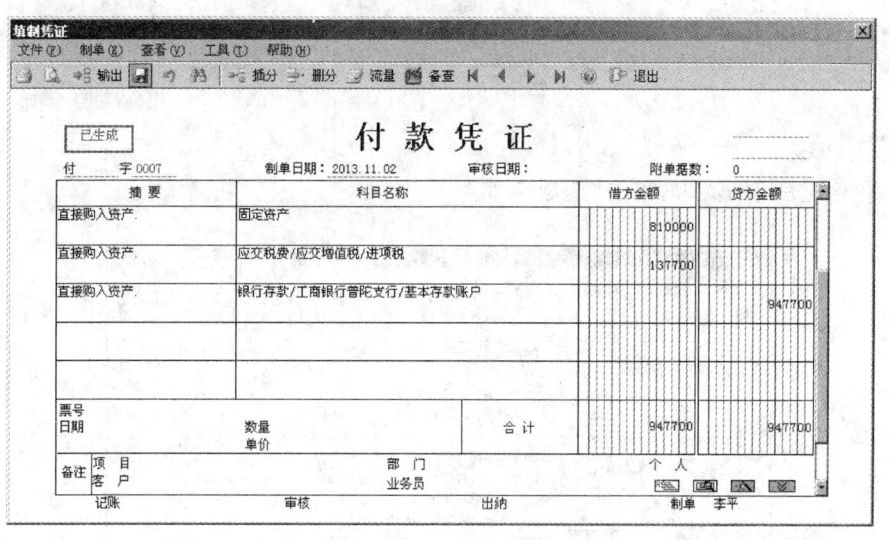

图 5-37　保存记账凭证

7. 11 月 22 日，计提本月固定资产折旧，查看折旧清单并生成记账凭证。

计提固定资产折旧是固定资产管理的重要内容，根据设置的系统资料，利用系统提供的"折旧计提"功能，对各项固定资产计提折旧，并自动生成折旧分配表，制作记账凭证，并传递至总账系统，通过总账系统进行审核记账。

• 执行“财务会计”|“固定资产”|“处理”|“计提本月折旧”，如图 5-38 所示。

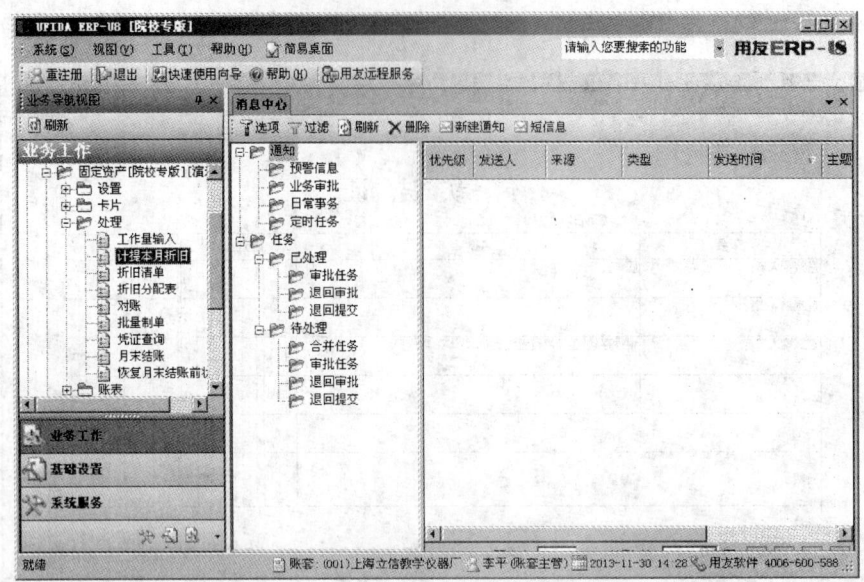

图 5-38　执行“计提本月折旧”

• 系统提示“是否查看折旧清单”，单击“是(Y)”，如图 5-39 所示。

图 5-39　查看折旧清单提示

• 系统显示折旧清单，单击“退出”，如图 5-40 所示。

卡片编号	资产编号	资产名称	原值	计提原值	本月计提折旧额	累计折旧	减值
00001	01800001	厂房	000.00	600,000.00	5,200.00	249,600.00	
00002	01100001	办公楼	000.00	400,000.00	2,800.00	134,400.00	
00003	02800001	焊接流水线	000.00	25,000.00	200.00	9,400.00	
00004	02800002	浸焊机	000.00	15,000.00	120.00	5,760.00	
00005	02900001	装配调试流	000.00	25,000.00	200.00	9,600.00	
00006	02900002	综合调试仪	000.00	20,000.00	160.00	7,680.00	
00007	03100001	笔记本电脑	000.00	12,000.00	192.00	11,520.00	
00008	03100002	传真机	500.00	3,500.00	70.00	3,360.00	
00009	03200001	服务器	000.00	13,000.00	208.00	4,784.00	
00010	03200002	打印机	500.00	5,500.00	73.33	1,686.66	
00011	03400001	台式电脑	500.00	6,500.00	104.00	2,392.00	
00012	03500001	台式电脑	500.00	6,500.00	104.00	2,392.00	
00013	03600001	台式电脑	500.00	6,500.00	104.00	2,392.00	
00014	03300001	台式电脑	500.00	6,500.00	104.00	2,392.00	
00015	04100001	轿车	000.00	200,000.00	2,000.00	46,000.00	
00016	04400001	货运车	000.00	100,000.00	1,000.00	23,000.00	
合计			000.00	445,000.00	12,639.33	516,358.66	

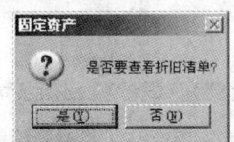

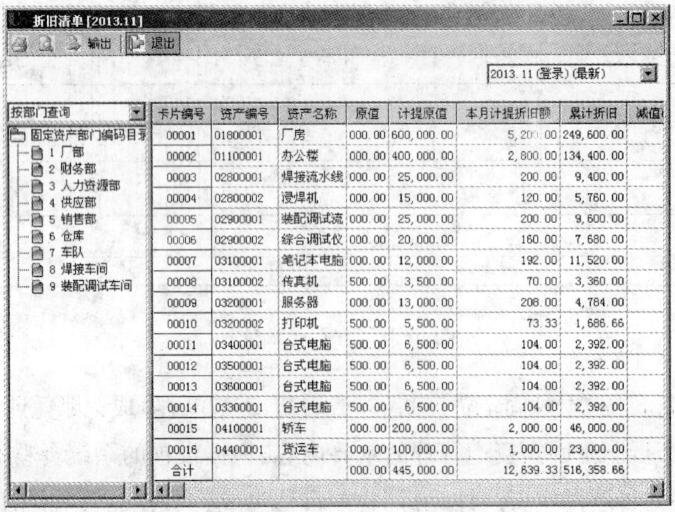

图 5-40　折旧清单

- 在折旧分配表中单击"凭证",生成固定资产折旧记账凭证,如图5-41所示。

折旧分配表 [01(2013.11-->2013.11)]

部门编号	部门名称	项目编号	项目名称	科目编号	科目名称	折旧额
1	厂部			660204	折旧费用	5,062.00
2	财务部			660204	折旧费用	281.33
3	人力资源部			660204	折旧费用	104.00
4	供应部			660204	折旧费用	504.00
5	销售部			660104	折旧费用	704.00
6	仓库			660204	折旧费用	104.00
8	焊接车间			510104	折旧费用	2,400.00
9	装配调试车			510104	折旧费用	3,480.00
合计						12,639.33

图5-41　生成折旧凭证

- 保存生成的记账凭证,如图5-42所示。

填制凭证

文件(F)　制单(E)　查看(V)　工具(T)　帮助(H)

转 账 凭 证

已生成

转　字 0002 - 0001/0002　制单日期:2013.11.22　审核日期:　　　附单据数:　0

摘要	科目名称	借方金额	贷方金额
计提第[11]期间折旧	管理费用/折旧费用	506200	
计提第[11]期间折旧	管理费用/折旧费用	28133	
计提第[11]期间折旧	管理费用/折旧费用	10400	
计提第[11]期间折旧	管理费用/折旧费用	50400	
计提第[11]期间折旧	销售费用/折旧费用	70400	

票号
日期　　　数量　　　合计　　1263933　1263933
　　　　　单价

备注　项目　　　　　　部门　　　　　　个人
　　　客户　　　　　　业务员

记账　　　　审核　　　　　　　　　　　制单 李平

图5-42　保存记账凭证

　　说明　由系统生成的折旧记账凭证将所有部门分别记入对应入账科目,相同入账科目不合并处理。如希望不同部门入账科目相同时合并科目,在图5-41中单击"退出",然后执行"批量制单",利用批量制单生成记账凭证。

　　8.11月22日,经有关领导批准厂部报废传真机一台,计入营业外支出,生成并填制记账凭证。

　　资产减少是指在用的固定资产由于各种原因,如毁损、出售、报废、盘亏等,退出企业,此时要进行资产减少处理。资产减少需要将固定资产卡片减少,并说明减少原因,以便系统根据设置的资产减少入账科目生成记账凭证。资产减少必须在当月折旧计提后才能核算,否

则只能通过删除卡片来完成。

- 执行"财务会计"|"固定资产"|"卡片"|"资产减少",如图 5-43 所示。

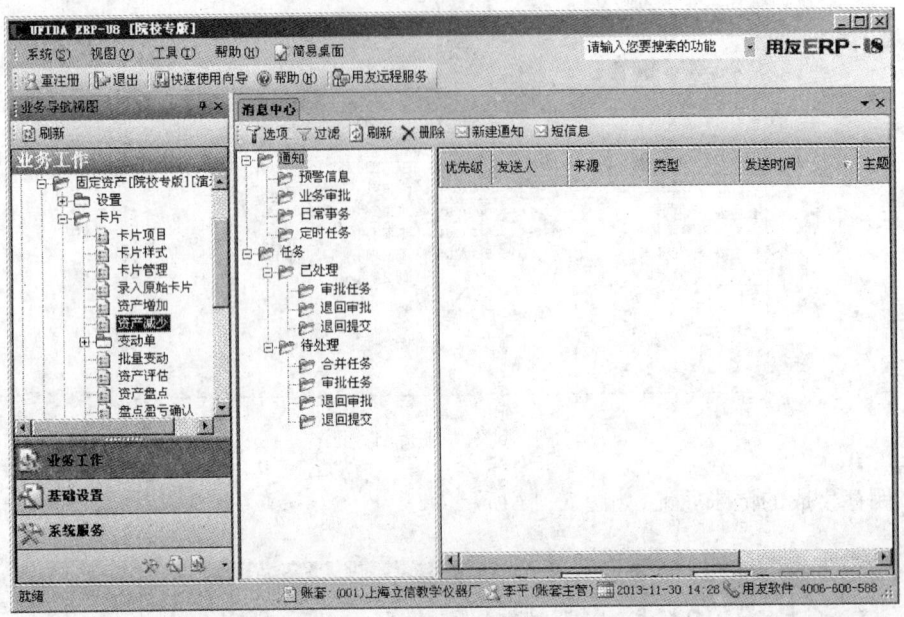

图 5-43　执行"资产减少"

- 选择报废的固定资产卡片,单击"增加",选择资产减少方式,单击"确定",如图 5-44 所示。

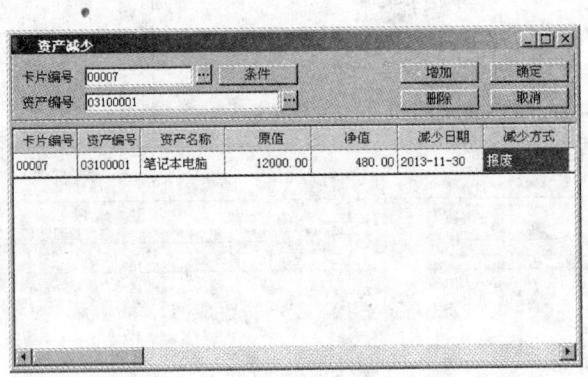

图 5-44　选择卡片

- 系统显示"所选卡片已经减少成功",单击"确定",如图 5-45 所示。

图 5-45　确认提示

- 执行"财务会计"|"固定资产"|"处理"|"批量制单",生成记账凭证,如图5-46所示。

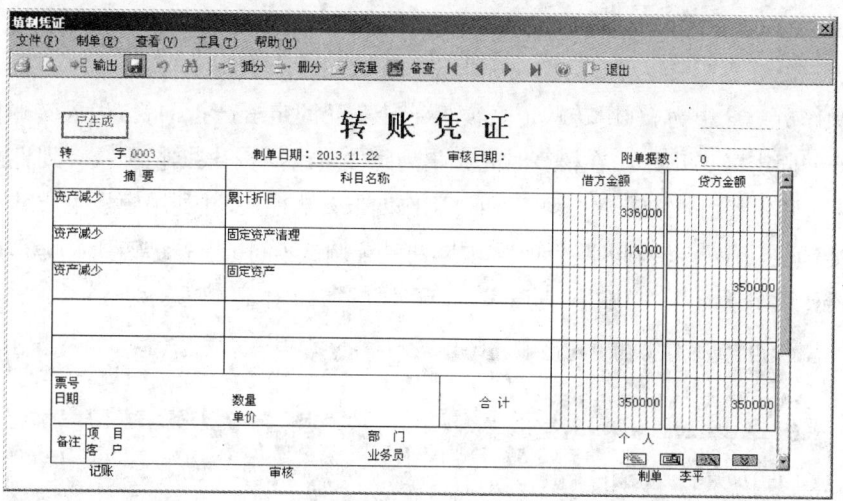

图5-46　生成记账凭证

9. 11月30日,厂部失窃手提电脑一台,经领导批准作盘亏处理,按规定生成并填制记账凭证。

- 固定资产盘亏处理类似固定资产报废处理,在减少卡片时,资产减少方式选择"盘亏",并生成记账凭证,如图5-47所示。

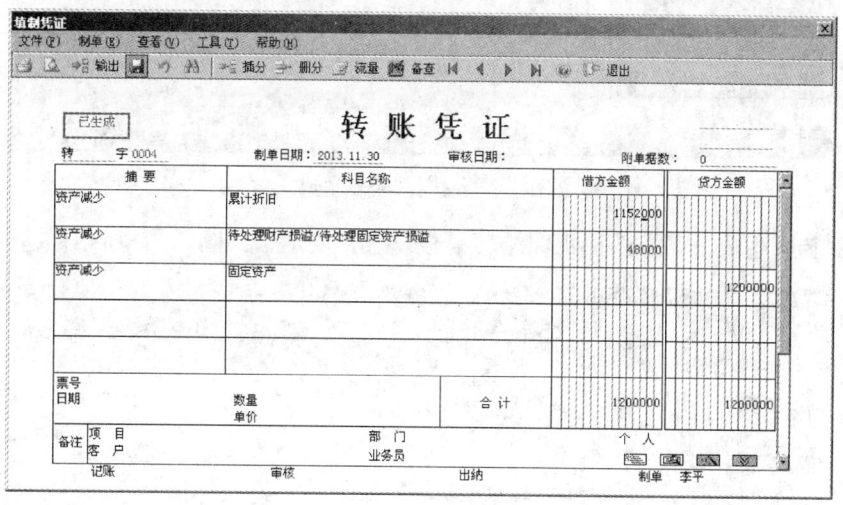

图5-47　盘亏记账凭证

说明　资产减少记账凭证由固定资产系统生成并传递至总账系统,通过总账系统对记账凭证进行审核记账。根据会计准则,对于减少的资产入账科目,在期末需要进行结转,结转凭证应由财务人员在总账系统中利用填制凭证功能或转账生成制作结转凭证,并审核记账。

10. 操作员103王力重注册,对以上生成凭证进行审核,出纳签字并记账。

- 重新注册系统,以操作员103王力用户身份登录系统;

- 执行"总账"|"凭证"|"审核凭证",对凭证进行审核;
- 执行"总账"|"凭证"|"出纳签字",对凭证进行出纳签字;
- 执行"总账"|"凭证"|"记账",对凭证进行记账。

11. 操作员103王力,利用转账定义模板结转车间固定资产折旧费,生成转账凭证。

对于车间固定资产折旧费,在核算时先归集到间接费用,期末根据情况结转到直接费用。为了便于期末对此项费用的结转,一般可以通过制作期末转账模板,并利用模板生成结转凭证。本项目将焊接车间折旧费结转到电路板项目成本,将装配调试车间折旧费结转到跟读机项目成本。

- 执行"财务会计"|"总账"|"期末"|"转账生成",如图 5-48 所示。

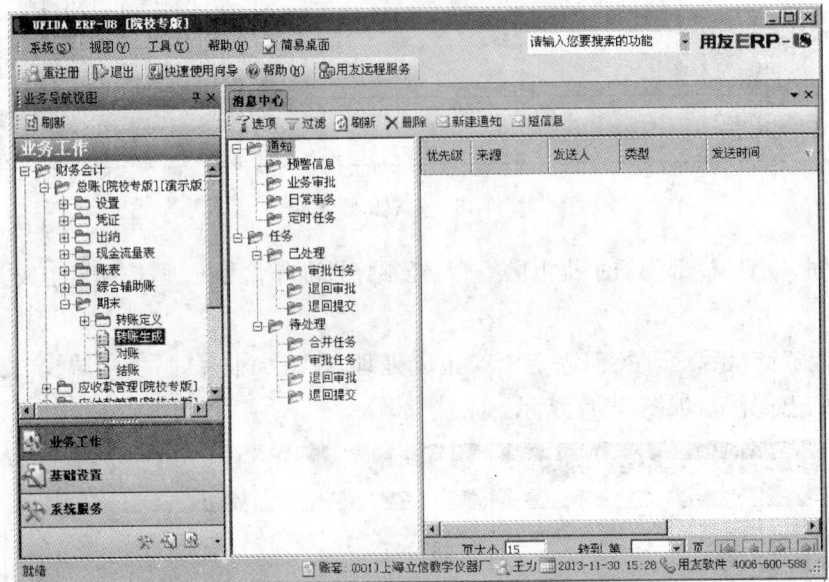

图 5-48　执行"转账生成"

- 在"转账生成"框中,选择折旧结转模板,单击"确定",如图 5-49 所示。

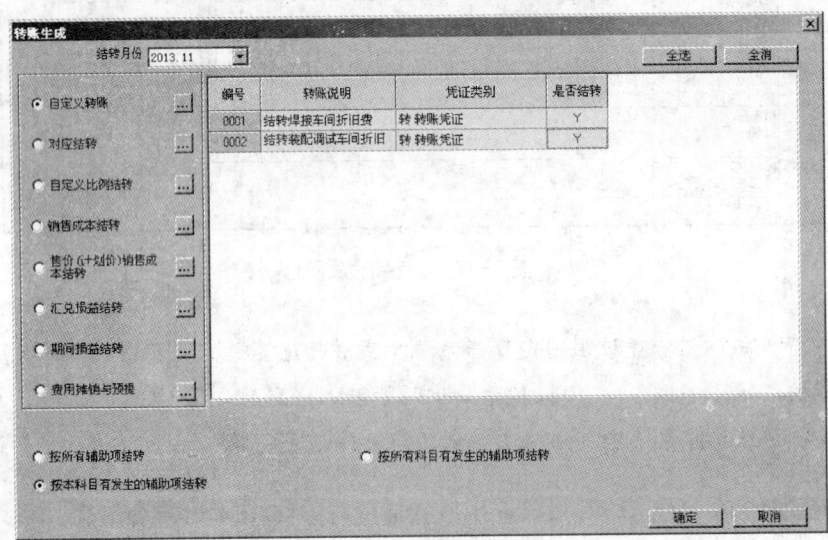

图 5-49　选择转账模板

- 保存生成的记账凭证，如图 5-50 和图 5-51 所示。

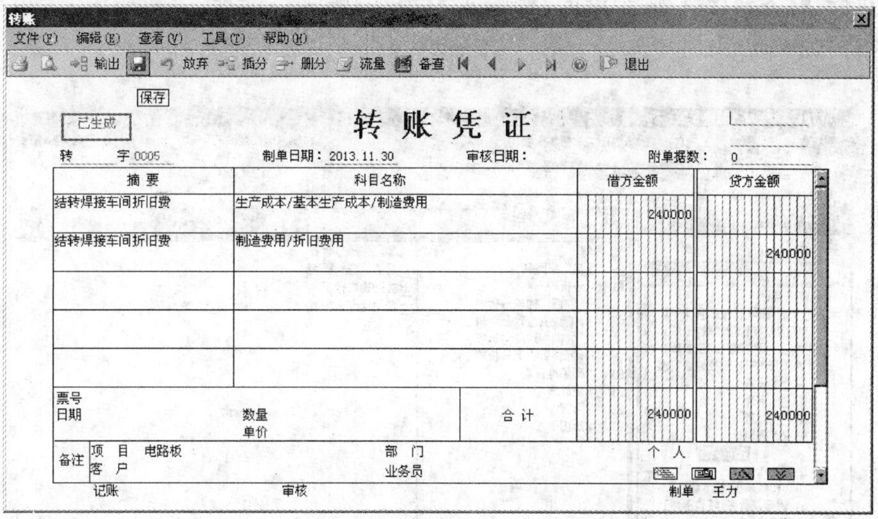

图 5-50 结转凭证 1

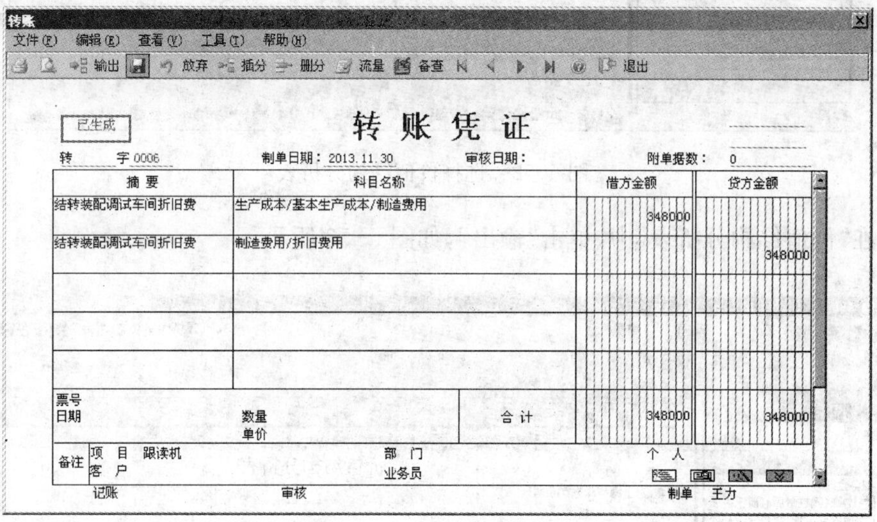

图 5-51 结转凭证 2

12. 操作员 101 李平重注册，对以上生成凭证进行审核并记账。

- 重新注册系统，以操作员 101 李平用户身份登录系统；
- 执行"总账"|"凭证"|"审核凭证"，对凭证进行审核；
- 执行"总账"|"凭证"|"记账"，对凭证进行记账。

13. 查询固定资产"价值结构分析表"，将其以"价值结构分析表.XLS"为文件名保存在 C:\AA 文件夹下。

固定资产管理系统提供了账表管理功能，可以及时掌握资产的统计、汇总、折旧等方面的信息。账表包括账簿、折旧表、统计表、分析表等，用户可以灵活地进行各种账表信息的查

询,并将查询信息输出。

- 执行"财务会计"|"固定资产"|"账表"|"我的账表",选择"分析表"|"价值结构分析表",如图 5-52 所示。

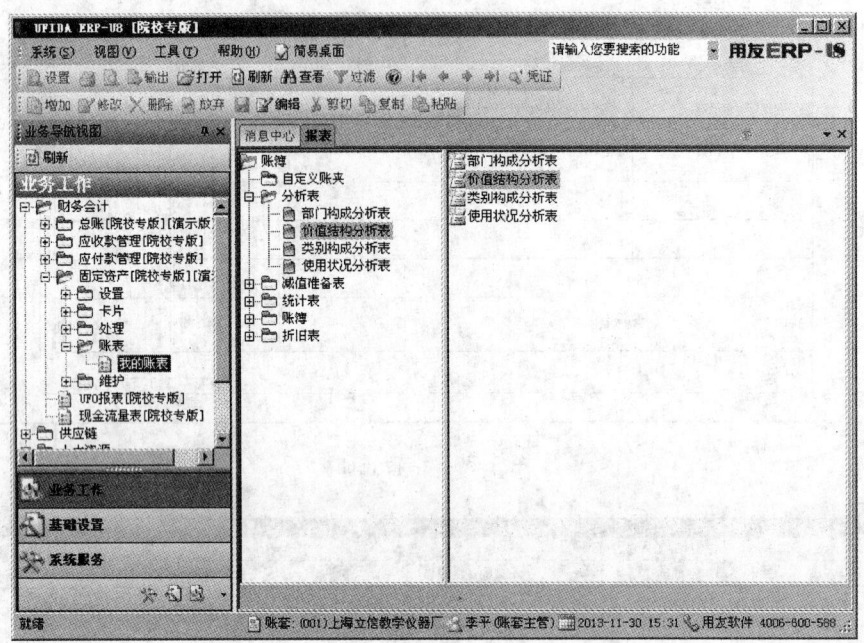

图 5-52　选择价值结构分析表

- 在"价值结构分析表"中,单击"输出",如图 5-53 所示。

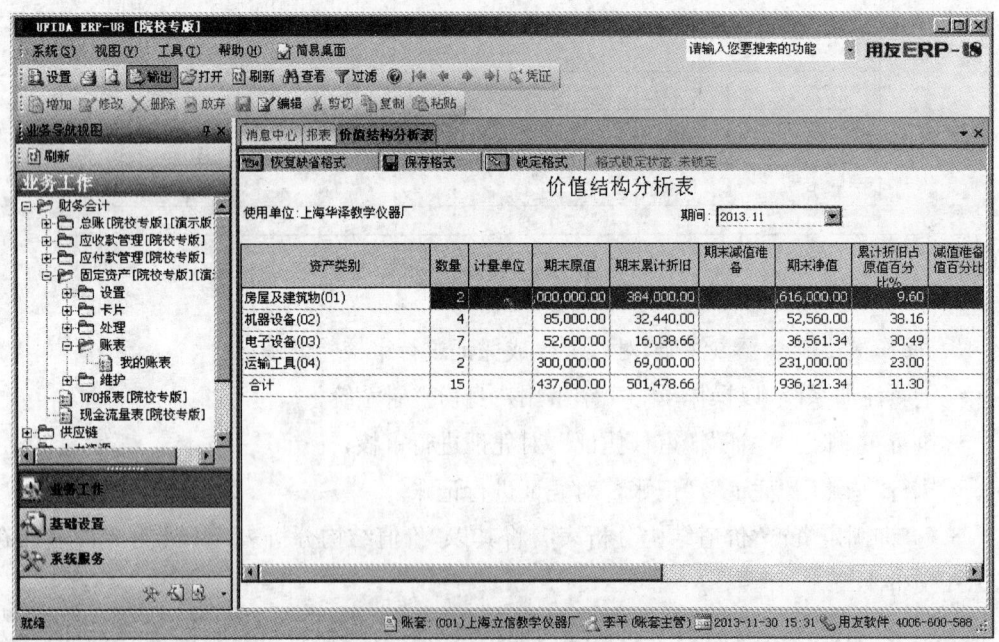

图 5-53　输出价值结构分析表

- 选择输出的参数,单击"保存",如图 5-54 所示。

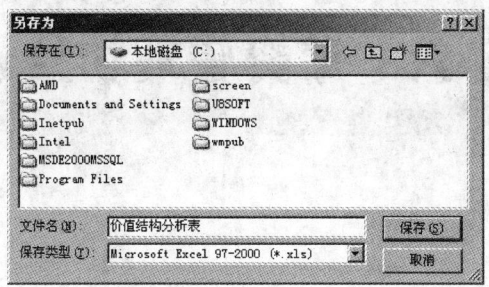

图 5-54　保存分析表

项目六　薪资管理初始设置

功 能 概 述

　　人力资源管理是企业管理中一项重要的内容,其中,薪资管理又是人力资源管理的重要组成部分,它关系到企业员工的切身利益,对于调动每一个职工的积极性,正确处理企业与职工之间的经济关系具有重要的意义。薪资管理主要包括薪资类别管理、人员档案管理、薪资项目管理、薪资项目公式定义、薪资计算汇总、薪资发放、薪资成本分摊和薪资报表管理等功能。

　　企业薪资管理的基本流程,如图 6-1 所示。

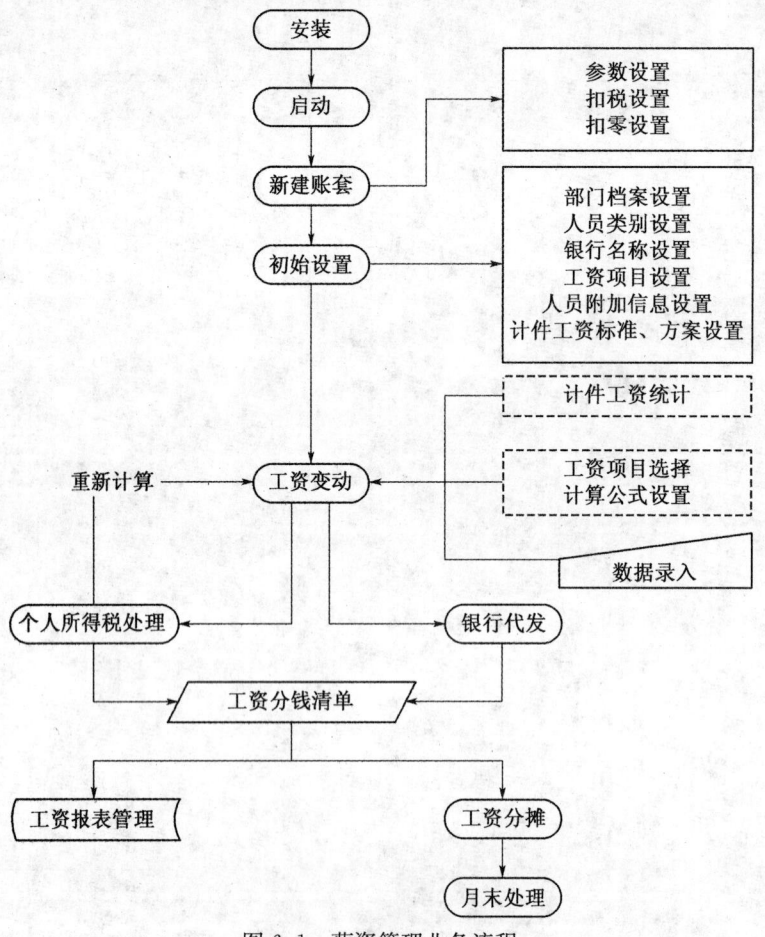

图 6-1　薪资管理业务流程

项目实训

【项目任务】

1. 初始化薪资管理系统。
2. 设置工资项目;定义工资计算公式;录入工资核算原始数据。
3. 进行所得税税率设置。
4. 工资计算。

【项目资料】

1. 初始数据。

11 月 1 日,操作员 104 陈明对 001 账套工资系统参数进行如下设置:

工资类别选择单个,工资核算本位币为人民币,自动代扣个人所得税,不进行扣零设置。

2. 增加企业工资项目,如表 6-1 所示。

表 6-1　　　　　　　　　　　　　　企业工资项目信息

工资项目名称	类型	长度	小数	增减项
基本工资	数字	10	2	增项
岗位工资	数字	10	2	增项
交补	数字	10	2	增项
个交社保	数字	8	2	减项
个交公积	数字	8	2	减项
计税收入	数字	10	2	其他
企交社保	数字	8	2	其他
企交公积	数字	8	2	其他

3. 企业职工基本情况如表 6-2 所示,批量增加企业职工基本情况并根据表 6-2 输入银行账号及基本工资。

表 6-2　　　　　　　　　　　　　　企业基本工资情况

人员编码	姓名	人员类别	基本工资	代发工商银行账号
001	华　明	企业管理人员	4 500	22145478985001
002	华小英	企业管理人员	4 000	22145478985002
003	李　平	企业管理人员	4 000	22145478985003
004	张　浩	企业管理人员	3 500	22145478985004
005	王　力	企业管理人员	3 500	22145478985005
006	陈　明	企业管理人员	3 500	22145478985006
007	王应明	企业管理人员	3 000	22145478985007
008	白　雪	企业管理人员	3 500	22145478985008
009	王　丽	企业管理人员	3 000	22145478985009

（续表）

人员编码	姓名	人员类别	基本工资	代发工商银行账号
010	王 芳	经营人员	3 500	22145478985010
011	史 文	经营人员	3 000	22145478985011
012	程 斌	企业管理人员	3 000	22145478985012
013	张英华	企业管理人员	3 000	22145478985013
014	徐 敏	企业管理人员	3 000	22145478985014
015	胡 敏	生产管理人员	3 500	22145478985015
016	钟 明	生产管理人员	3 000	22145478985016
017	李小霖	生产管理人员	2 500	22145478985017
018	周弈民	生产管理人员	2 500	22145478985018
019	吉 明	生产人员	2 500	22145478985019
020	李 波	生产人员	2 500	22145478985020
021	王小平	生产人员	2 500	22145478985021
022	陈黄莺	生产人员	2 500	22145478985022
023	周 吉	生产人员	2 500	22145478985023
024	周海燕	生产人员	2 500	22145478985024
025	姜 月	生产人员	3 500	22145478985025
026	张金鑫	生产人员	2 500	22145478985026
027	周月仙	生产管理人员	2 500	22145478985027
028	肖 英	生产人员	2 500	22145478985028
029	杨 华	生产人员	2 500	22145478985029
030	张金生	生产人员	2 500	22145478985030
031	于 军	生产人员	2 500	22145478985031
032	王小梅	生产人员	2 500	22145478985032
033	朱 伟	生产人员	2 500	22145478985033
034	翟小梅	生产人员	2 500	22145478985034

4. 按企业工资发放政策及有关制度，输入计算公式。

• 各项社会保险费和住房公积金的计提比例，如表 6-3 所示。

表 6-3　　　　　　　　　　　社保金和公积金计提比例

项　　目	单位缴纳比例	职工个人缴纳比例
养老保险费	22%	8%
医疗保险费	12%	2%
失业保险费	2%	1%
生育保险费	0.5%	—
工伤保险费	0.5%	—
住房公积金	7%	7%

计提参数为上年月平均工资（假设为：基本工资＋岗位工资－100）

• 岗位工资：企业管理人员和生产管理人员为 1 800 元。其他人员为 800 元。

• 交补：销售部人员为 1 000 元；厂部和供应部人员为 800 元，其他人员为 500 元。

• 计税收入：基本工资＋岗位工资＋交补－个交社保－个交公积。

5. 根据表 6-4 所示，以计税收入为基数，设置个人所得税税率表，并计算工资代扣税。

表 6-4　　　　　　　　　　　　　个人所得税税率表

级数	全月应纳税所得额	税率	速算扣除数
1	不超过 1 500 元	3%	0
2	超过 1 500 元至 4 500 元的部分	10%	105
3	超过 4 500 元至 9 000 元的部分	20%	555
4	超过 9 000 元至 35 000 元的部分	25%	1 005
5	超过 35 000 元至 55 000 元的部分	30%	2 755
6	超过 55 000 元至 80 000 元的部分	35%	5 505
7	超过 80 000 元的部分	45%	13 505

纳税基数 3 500 元，附加工资 1 300 元。

6. 11 月 18 日，计算并汇总当月工资，生成工商银行代发文件，文件名为"立信薪资发放.TXT"，存放在 C:\AA 文件夹下。

项 目 指 导

【操作步骤】

1. 初始数据。

11 月 1 日，操作员 104 陈明对 001 账套工资系统参数进行如下设置：

工资类别选择单个，工资核算本位币为人民币，自动代扣个人所得税，不进行扣零设置。

• 启动"业务工作"｜"人力资源"｜"薪资管理"，如图 6-2 所示。

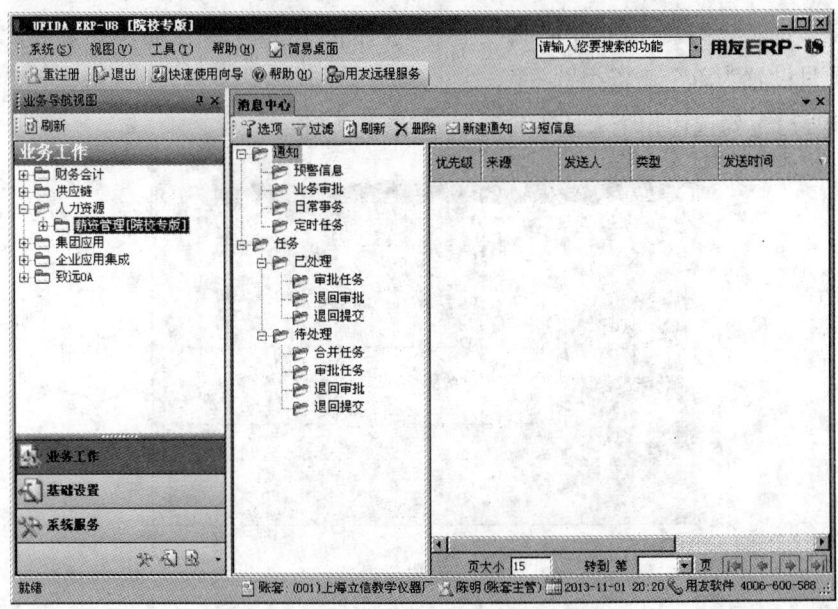

图 6-2　启动薪资管理

- 如果是第一次启用薪资管理系统,系统会创建一个工资账套,如图 6-3 所示。

图 6-3　建立工资账套提示

- 系统进入建立工资账套向导,并定义工资类别个数,如图 6-4 所示。

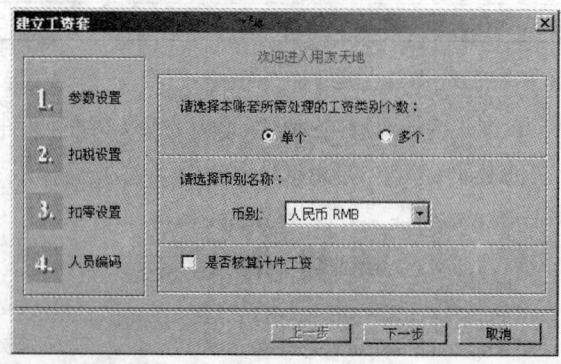

图 6-4　参数设置

用友 ERP 管理系统提供处理多个工资类别的功能。工资类别是指企业发放工资的种类,如果企业所有职工工资发放的种类统一,即工资项目的构成、计算公式等都保持一致,那么,该工资账套就属于单个工资类别。

如果企业根据职工不同类别由不同的工资项目构成,计算公式也不同,那么,该工资账套就应该是多个工资类别,需要设置不同工资类别下的人员信息、工资项目和各工资项目的公式。本项目设置为单个工资类别。

- 扣税设置:勾选代扣个人所得税选项,如图 6-5 所示。

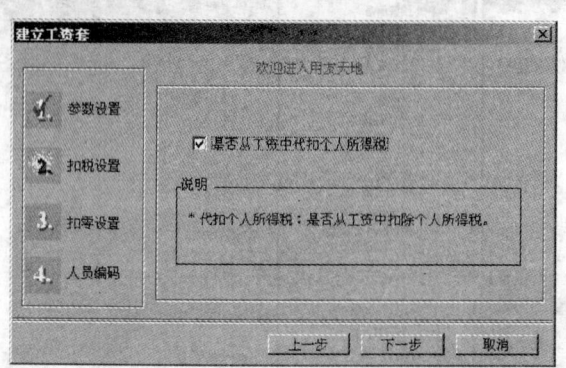

图 6-5　扣税设置

- 扣零设置:对于采用现金发放工资的企业,若工资中有角、分,则可以设置扣零方式,

方便工资发放。现在大多数企业采用银行代发方式发放工资，不存在扣零问题，如图 6-6 所示。

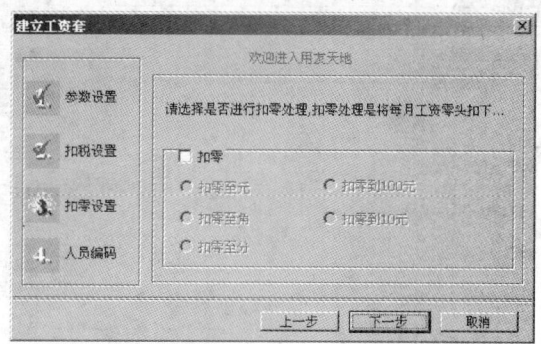

图 6-6 扣零设置

2. 增加企业工资项目。

建立工资账套完成后，需要对该工资账套进行初始设置，以符合企业工资发放的要求。初始设置包括人员档案、工资项目、公式设置、个人所得税设置和银行代发设置等，其中工资项目是指企业工资的构成结构，是工资账套中必不可少的内容。

• 执行"人力资源"|"薪资管理"|"设置"|"工资项目设置"，如图 6-7 所示。

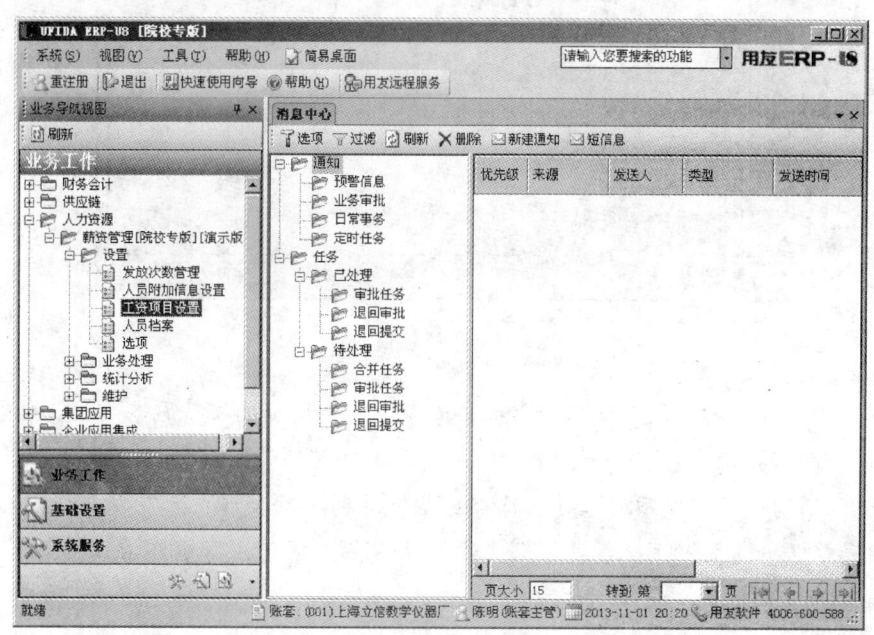

图 6-7 执行"工资项目设置"

• 在工资项目设置中单击"增加"，输入或在名称参照框中选择增加的工资项目名称，并选择工资项目的类型、长度、小数、增加项等，如图 6-8 所示。

• 按上述方法增加其他工资项目，如图 6-9 所示。

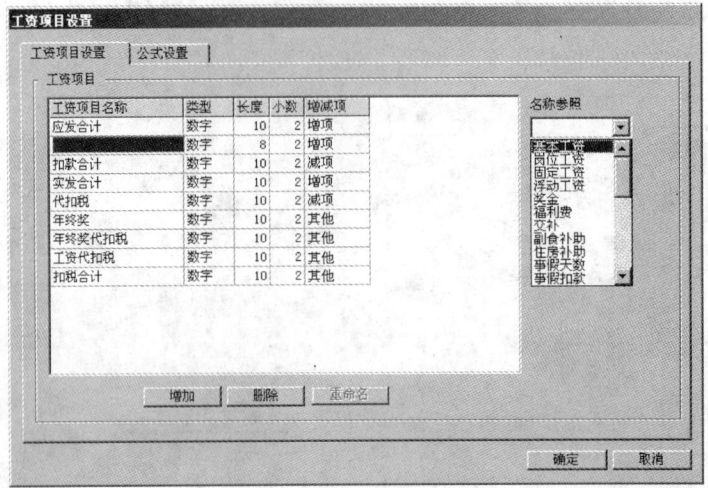

图 6-8　增加工资项目

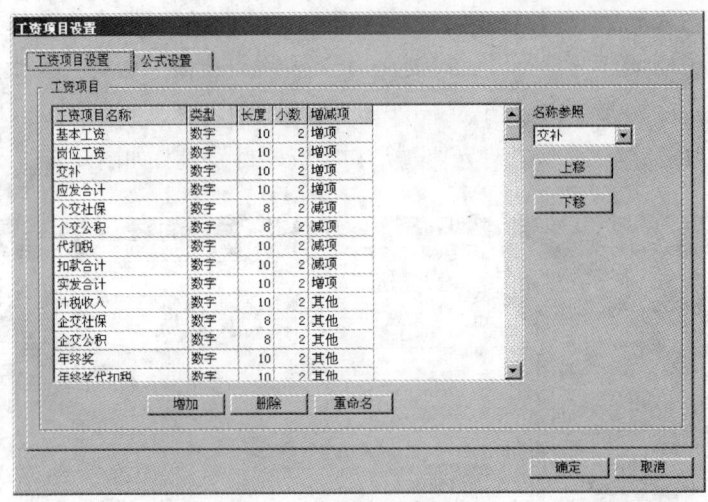

图 6-9　工资项目设置

说明　工资项目增项表示该工资项目在工资中属于增加的工资内容,所有自定义增项的工资项目都自动汇总到应发合计中。工资项目减项表示该工资项目在工资中属于减少的工资内容,所有自定义减项的工资项目都自动汇总到扣款合计中。应发合计、扣款合计、实发合计是系统的工资项目,无需定义。对于既不在工资中增加也不在工资中减少的项目,可以定义为其他。

3. 人员档案设置。

人员档案是工资核算的基础数据,是指企业发放工资的所有人员信息,包括部门信息、人员编码、人员姓名、人员类别、银行账号、附加信息等。其中部门信息、人员编码、人员名称、人员类别应该和公共平台的人员档案信息一致。

• 执行"人力资源"|"薪资管理"|"设置"|"人员档案",如图 6-10 所示。

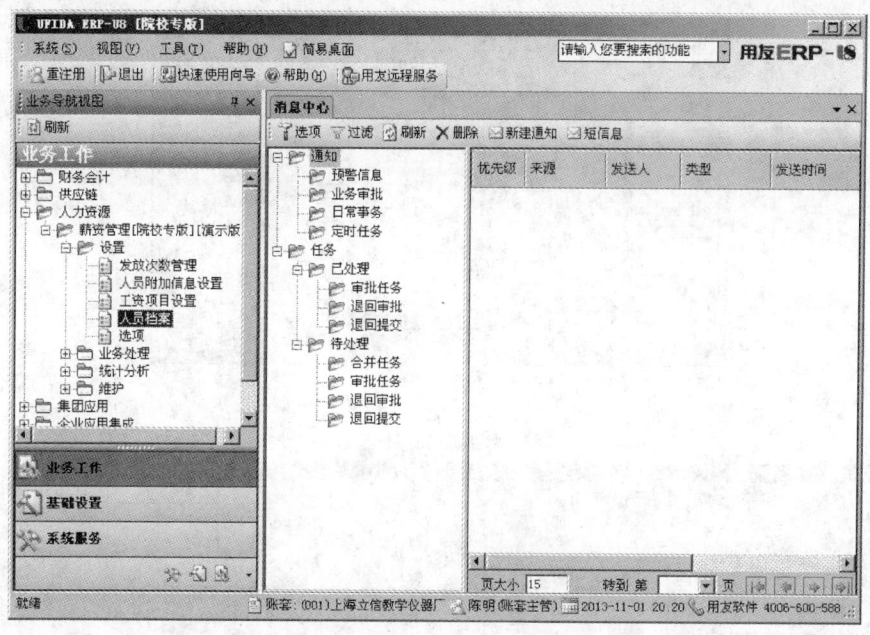

图 6-10　执行"人员档案"

• 在人员档案中单击"批增"，从公共平台的人员档案中引入人员档案信息，如图 6-11 所示。

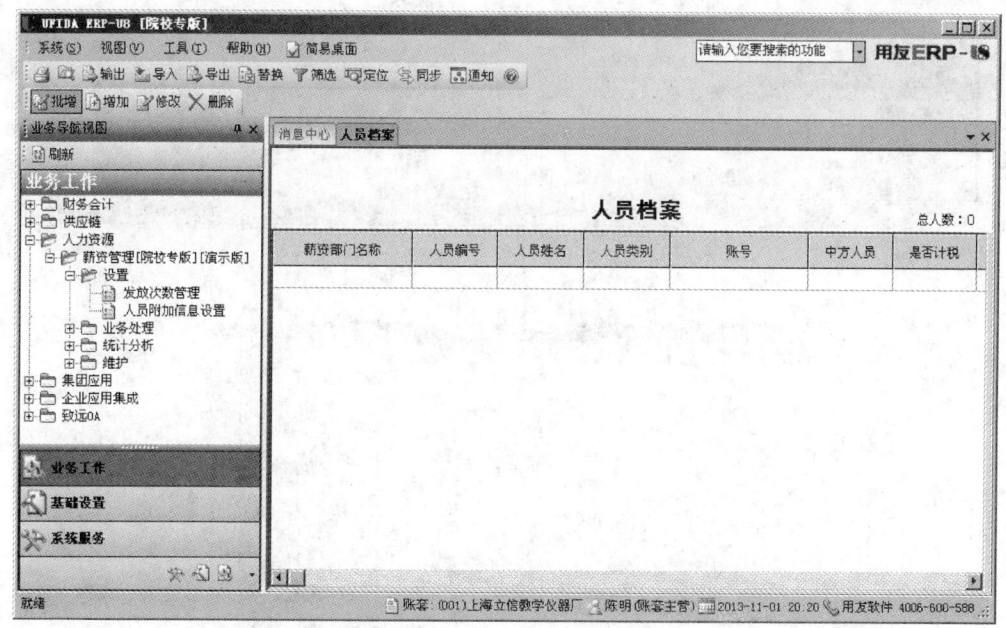

图 6-11　增加人员档案

• 选择需要增加的人员类别和人员，单击"确定"，如图 6-12 所示。
• 选择增加的人员档案，单击"修改"，用来修改或增加其他档案数据，如图 6-13 所示。
• 若企业采用银行代发工资的，则选择代发银行，如图 6-14 所示。

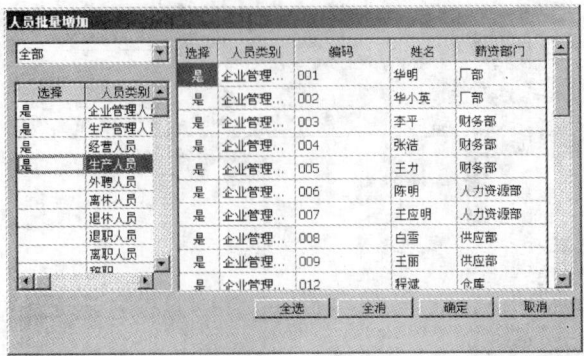

图 6-12　人员批量增加

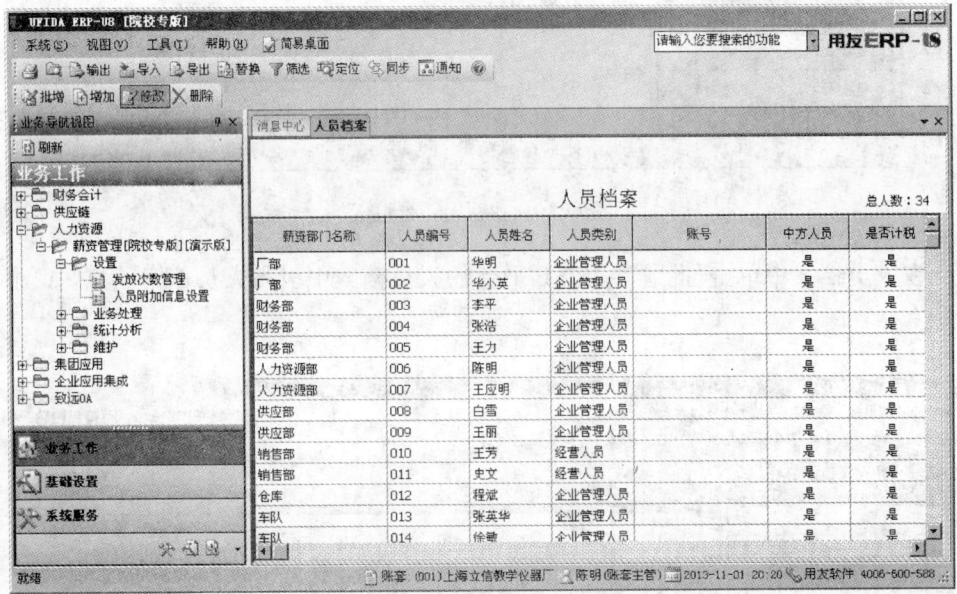

图 6-13　修改人员档案

图 6-14　选择代发银行

- 输入银行账号,单击"数据档案",如图 6-15 所示。

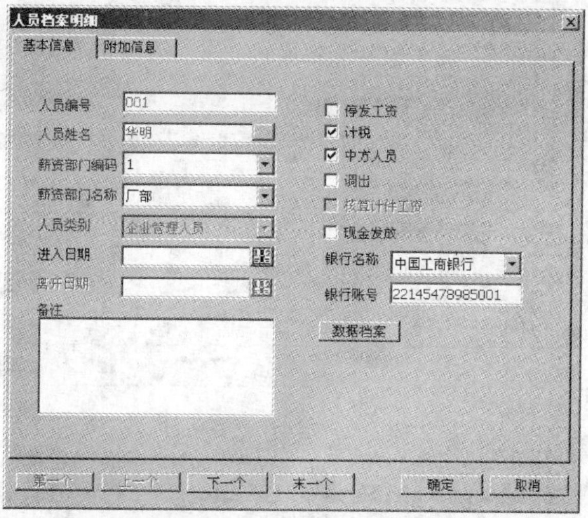

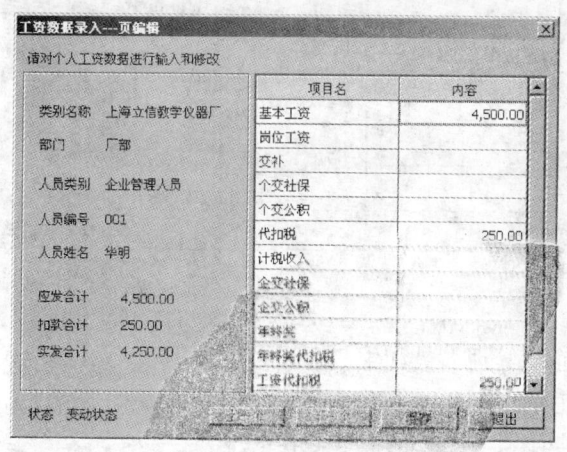

图 6-15　输入银行账号

- 输入工资项目中固定的工资数据,单击"保存",保存工资档案数据,如图 6-16 所示。

图 6-16　工资数据录入

4. 按企业工资发放政策及有关制度,输入计算公式。

(1) 社保金和公积金。

- 执行"人力资源"|"薪资管理"|"设置"|"工资项目设置",如图 6-17 所示。
- 在公式设置选项卡,单击"增加",并在工资项目中选择要设置公式的工资项目,如图 6-17 所示。
- 对选择的工资项目定义公式,单击"公式确认",如图 6-18 所示。

　　说明　在定义工资项目公式时,建议采用公式输入参照的方式进行定义,尽可能避免用键盘进行输入。如果采用键盘输入,要注意公式中的符号必须为英文半角符号。

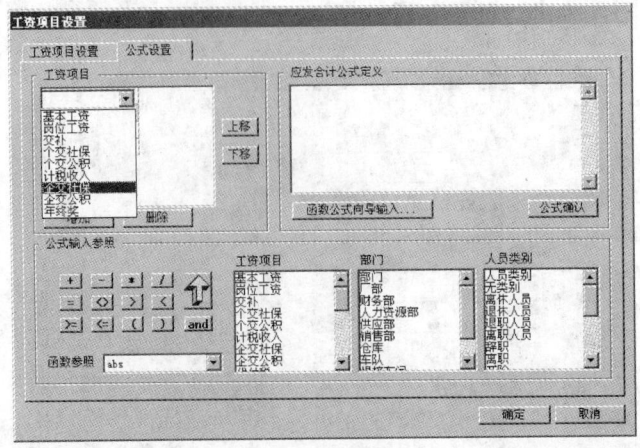

图 6-17　选择工资项目

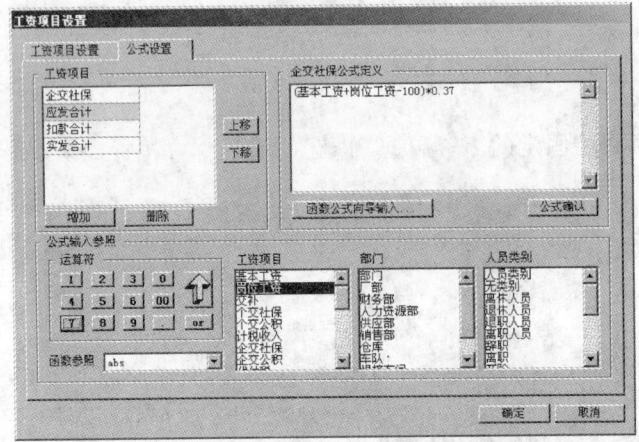

图 6-18　企交社保公式定义

（2）岗位工资。企业管理人员和生产管理人员为 1 800 元；其他人员为 800 元。

• 在工资项目中增加"岗位工资"，在函数参照中选择 iff 函数，如图 6-19 所示。

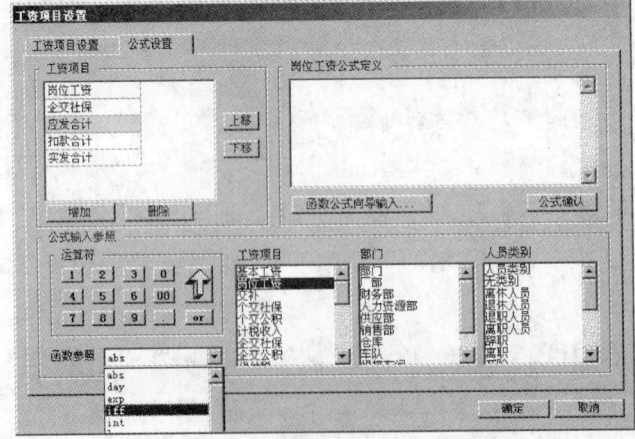

图 6-19　函数参照

- 利用公式输入参照,完成岗位工资的公式定义,如图6-20所示。

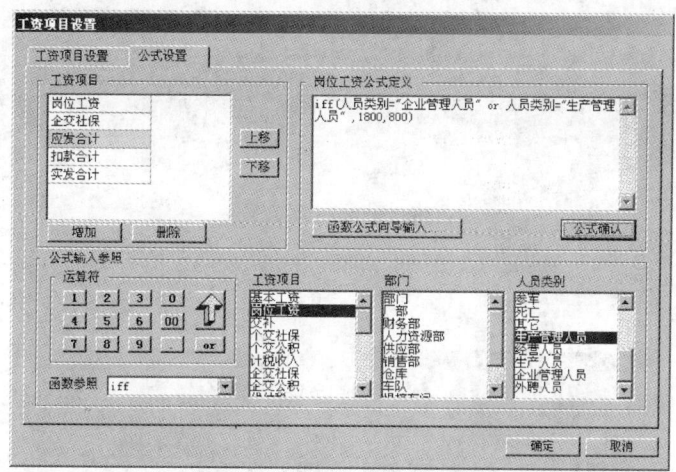

图6-20 岗位工资公式定义

- 交补和计税收入按照上述方法定义公式。

交补公式:iff(部门="销售部",1000,iff(部门="厂部" or 部门="供应部",800,500))

说明 工资项目公式必须在设置人员档案信息后才能定义。

5. 根据表6-4,以计税收入为基数,设置个人所得税税率表并计算工资代扣税。

- 执行"人力资源"|"薪资管理"|"设置"|"选项",如图6-21所示。

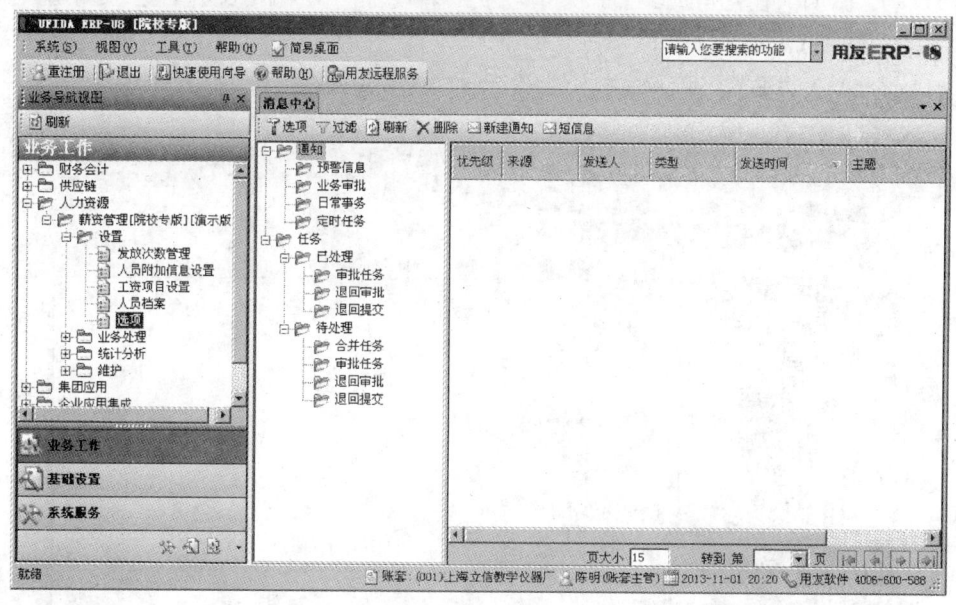

图6-21 执行"选项"

- 在扣税设置选项卡的工资项目列表中选择"计税收入",单击"税率设置",如图6-22所示。
- 按图6-23所示,设置税率基数、附加费用、应纳税所得额上下限、使用税率、速算扣除数等数据,单击"确定"。

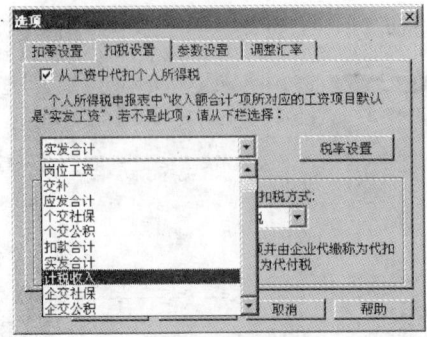

图 6-22 税率设置

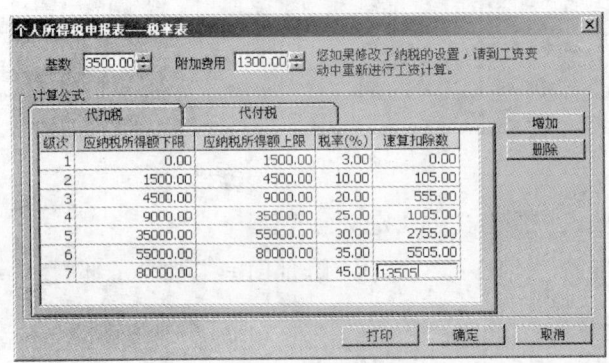

图 6-23 设置税率表

6. 11 月 18 日,计算并汇总当月工资,生成工商银行代发文件,文件名为"立信薪资发放.TXT",存放在 C:\AA 文件夹下。

• 执行"人力资源"|"薪资管理"|"业务处理"|"工资变动",如图 6-24 所示。

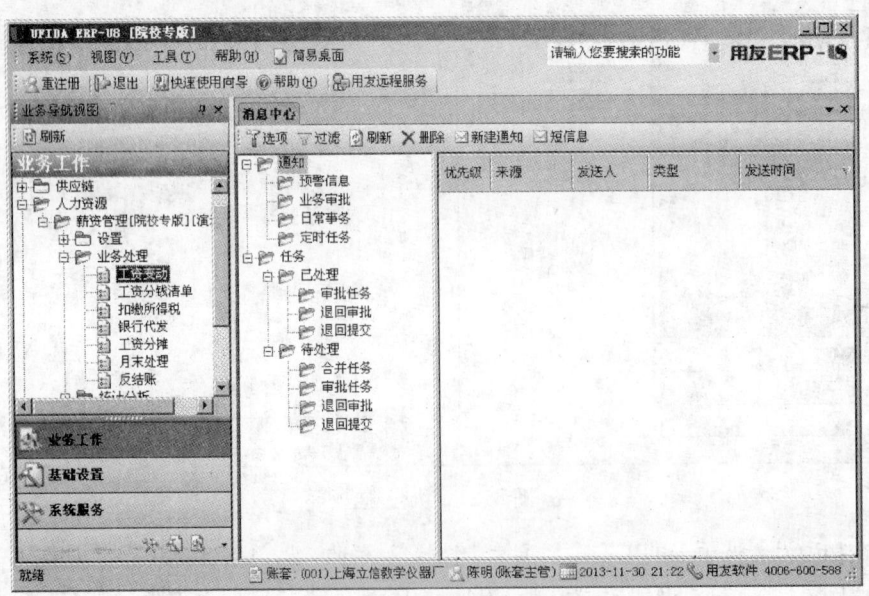

图 6-24 执行"工资变动"

- 在打开的工资变动表中单击"计算",计算每位员工的工资,如图 6-25 所示。

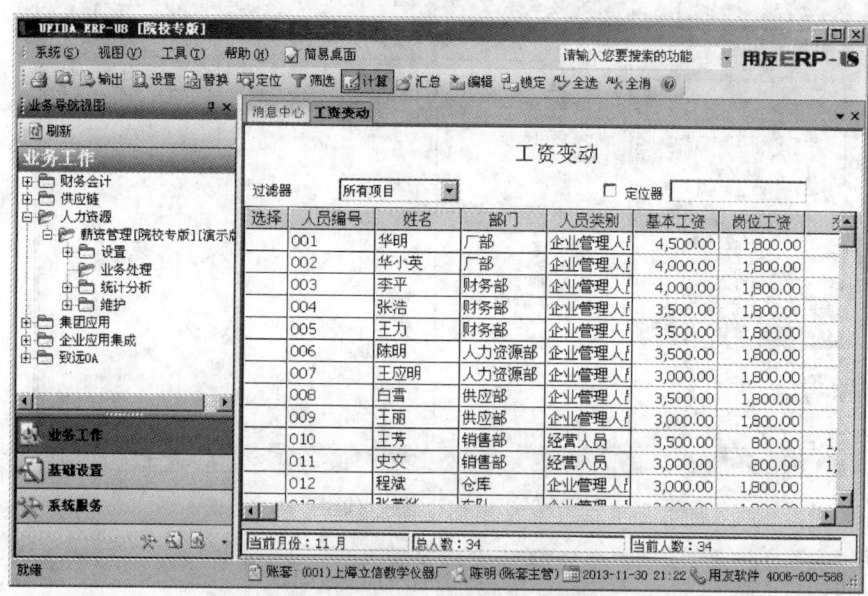

图 6-25 工资变动计算

- 在打开的工资变动表中单击"汇总",如图 6-26 所示。

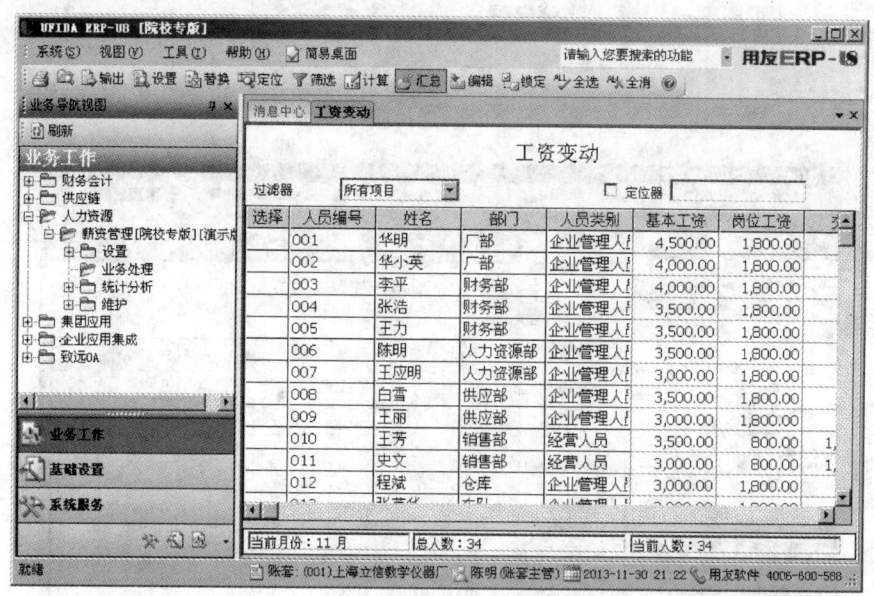

图 6-26 工资变动汇总

- 执行"人力资源"|"薪资管理"|"业务处理"|"银行代发",如图 6-27 所示。
- 选择银行代发工资的部门,如图 6-28 所示。
- 在银行代发一览表中单击"方式",如图 6-29 所示。

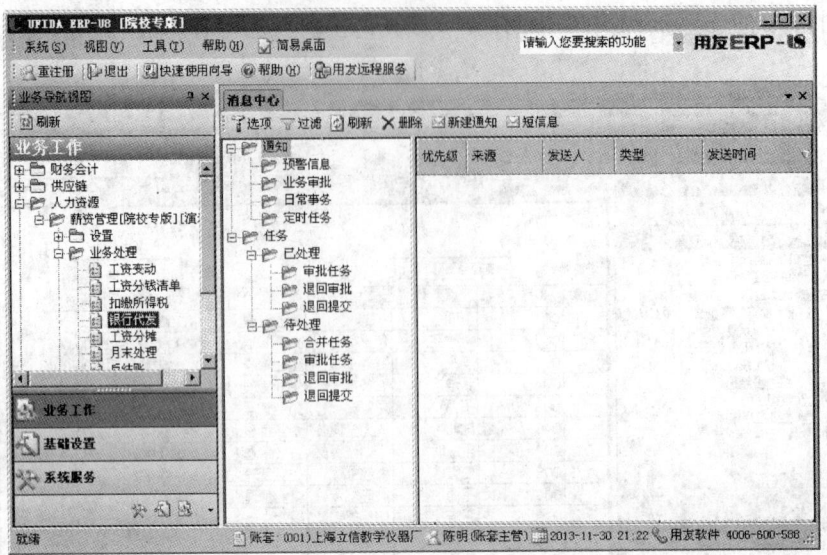

图 6-27　执行"银行代发"

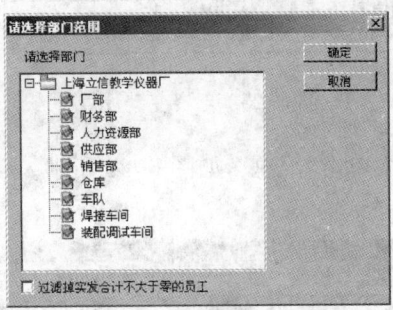

图 6-28　选择部门

图 6-29　银行代发一览表

• 选择生成银行代发文件的文件方式,单击"确定",如图 6-30 所示。

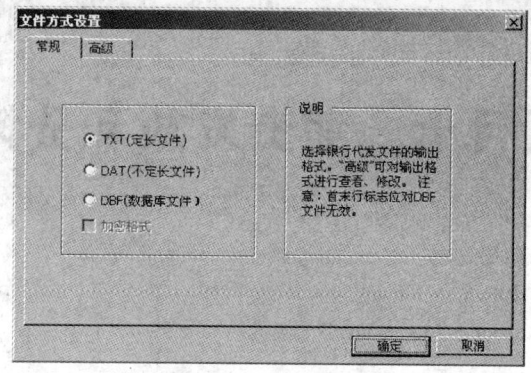

图 6-30　选择文件方式

- 在确定文件方式后，单击"传输"，如图 6-31 所示。

图 6-31　传输代发文件

- 选择输出文件的路径，输入文件名，单击"保存"，如图 6-32 所示。

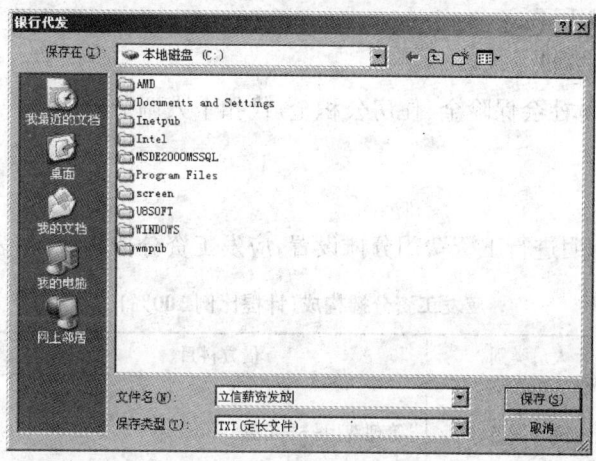

图 6-32　输出代发文件

项目七　薪资发放和分摊

功 能 概 述

　　薪资管理系统是按照工资类别来进行管理的,即每个工资类别分别进行管理核算。对于多个工资类别,在核算时需要分别建立工资类别,在建立新的工资类别时,要关闭其他工资类别。每一工资类别有其自己的职工档案、工资项目、工资项目公式等信息,因此在核算时,要分别打开工资类别,为每一个工资类别设置人员档案、工资项目、银行代发等初始数据。特别需要注意的是,设置各工资类别的工资项目时,先要关闭工资类别,然后建立一个包含所有工资类别中所有工资项目的公共工资项目,再分别打开不同的工资类别,为每一个工资类别建立该类别下的工资项目。

　　工资费用是企业人工费中主要部分,因此对于发放的各项工资费用需要进行分摊、计提、结转,以计算企业的成本、费用。

实 训 项 目

【项目任务】

　　1. 设置工资分摊凭证。

　　2. 生成工资分摊凭证。

　　3. 发放工资、支付社会保险金、住房公积金、代扣个人调节税。

【项目资料】

　　1. 操作员 104 陈明进行工资费用分摊设置,应发工资分摊构成,如表 7-1 所示。

表 7-1　　　　　　　　　　应发工资分摊构成(计提比例 100%)

部门名称	人员类别	借方科目	贷方科目
厂部			
财务部	企业管理人员	管理费用——工资	应付职工薪酬——工资
供应部			

（续表）

部门名称	人员类别	借方科目	贷方科目
人力资源部	企业管理人员	管理费用——工资	应付职工薪酬——工资
仓库			
车队			
销售部	经营人员	销售费用——工资	
焊接车间	生产管理人员	制造费用——工资	
	生产人员	生产成本——直接人工(项目:电路板)	
装配调试车间	生产管理人员	制造费用——工资	
	生产人员	生产成本——直接人工(项目:跟读机)	

2. 企交社保分摊，分摊构成，如表7-2所示。

表7-2　　　　　　　　　　企交社保分摊构成(计提比例100%)

部门名称	人员类别	借方科目	贷方科目
厂部	企业管理人员	管理费用——社会保险费	应付职工薪酬——社会保险费
财务部			
供应部			
人力资源部			
仓库			
车队			
销售部	经营人员	销售费用——社会保险费	
焊接车间	生产管理人员	制造费用——社会保险费	
	生产人员	生产成本——直接人工(项目:电路板)	
装配调试车间	生产管理人员	制造费用——社会保险费	
	生产人员	生产成本——直接人工(项目:跟读机)	

3. 计提个交公积金，如表7-3所示。

表7-3　　　　　　　　　　计提个交公积金

部门名称	人员类别	借方科目	贷方科目
厂部	企业管理人员	应付职工薪酬——工资	其他应付款——住房公积金
财务部			
供应部			
人力资源部			
仓库			
车队			
销售部	经营人员		
焊接车间	生产管理人员		
	生产人员		
装配调试车间	生产管理人员		
	生产人员		

4. 计提代缴个人所得税，如表 7-4 所示。

表 7-4　　　　　　　　　　　　　　计提代缴个人所得税

部门名称	人员类别	借方科目	贷方科目
厂部	企业管理人员	应付职工薪酬——工资	应交税费——应交个人所得税
财务部			
供应部			
人力资源部			
仓库			
车队			
销售部	经营人员		
焊接车间	生产管理人员		
	生产人员		
装配调试车间	生产管理人员		
	生产人员		

5. 11 月 20 日，生成以上薪资分摊凭证（按项目核算，明细到工资项目，并合并科目相同、辅助项相同分录）。

6. 11 月 20 日，操作员 103 王力对上述凭证审核、记账。

7. 11 月 22 日，操作员 101 李平按自定义转账模板生成车间管理人员工资、社会保险金、住房公积金的结转凭证。

8. 11 月 25 日，财务部开出工行普陀支行转账支票，以基本存款账户发放工资、缴纳住房公积金、代缴个人所得税，以社保基金账户缴纳社会保险费，操作员 101 李平填制凭证。

9. 操作员 103 王力对以上凭证出纳签证、审核并记账。

项 目 指 导

【操作步骤】

1. 操作员 104 陈明进行工资费用分摊设置。

工资分摊设置是指根据企业各部门实际发生的工资费用，按照会计准则的规定，分别记入相应的科目中，通过对各项工资分摊的设置，方便编制工资分摊记账凭证，以正确核算企业各项工资成本。

- 执行“人力资源”|“薪资管理”|“业务处理”|“工资分摊”，如图 7-1 所示。
- 在“工资分摊”对话框中单击“工资分摊设置”，如图 7-2 所示。
- 在“分摊类型设置”对话框中单击“增加”，如图 7-3 所示。
- 输入计提类型名称和分摊计提比例，单击“下一步”，如图 7-4 所示。

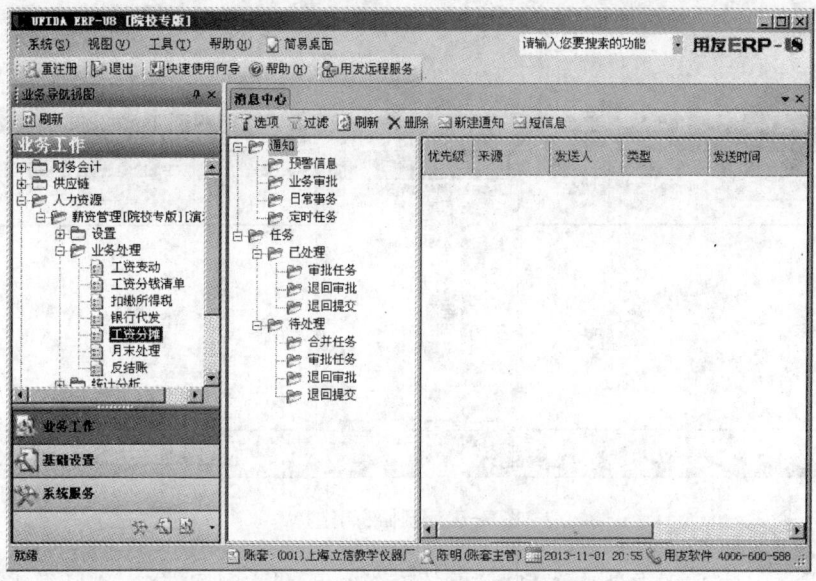

图 7-1 执行"工资分摊"

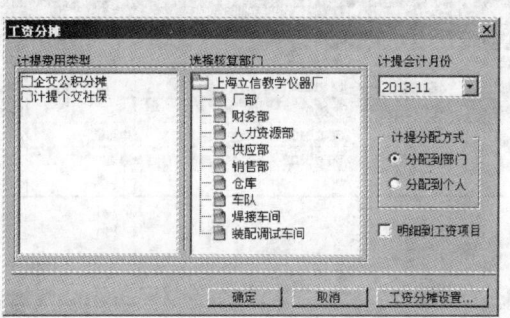

图 7-2 工资分摊对话框

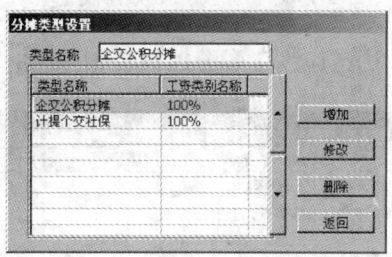

图 7-3 增加分摊类型

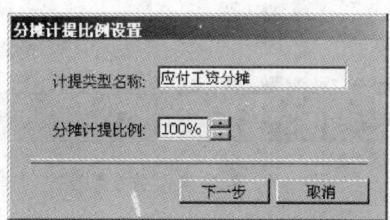

图 7-4 分摊计提比例设置

- 在分摊构成设置对话框中，单击部门名称参照，选择要进行分摊计提设置的部门，如图 7-5 所示。

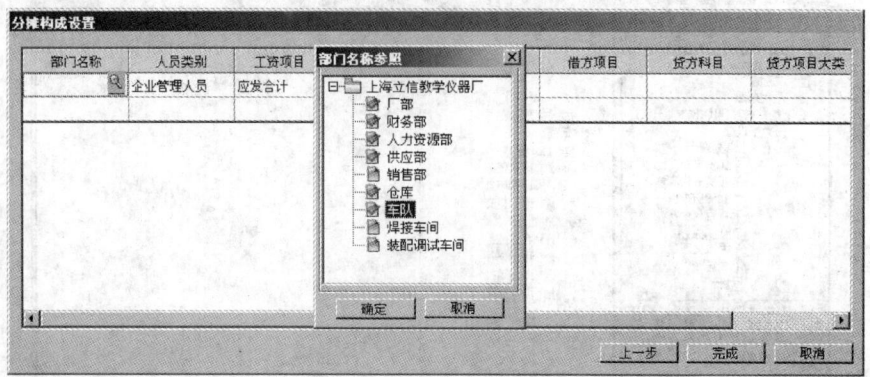

图 7-5　分摊部门选择

- 根据部门情况，选择人员类别、分摊的工资项目、借方科目、贷方科目，如图 7-6 所示。

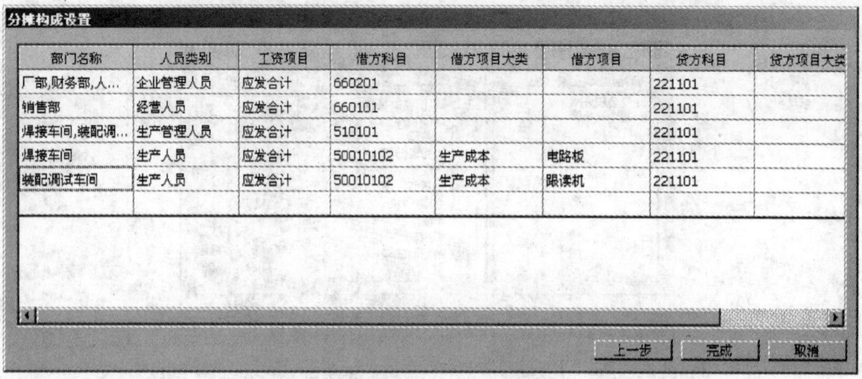

部门名称	人员类别	工资项目	借方科目	借方项目大类	借方项目	贷方科目	贷方项目大类
厂部,财务部,人...	企业管理人员	应发合计	660201			221101	
销售部	经营人员	应发合计	660101			221101	
焊接车间,装配调...	生产管理人员	应发合计	510101			221101	
焊接车间	生产人员	应发合计	50010102	生产成本	电路板	221101	
装配调试车间	生产人员	应发合计	50010102	生产成本	跟读机	221101	

图 7-6　应发工资分摊设置

2. 企交社保分摊设置：方法与应发工资分摊设置相同，如图 7-7 所示。

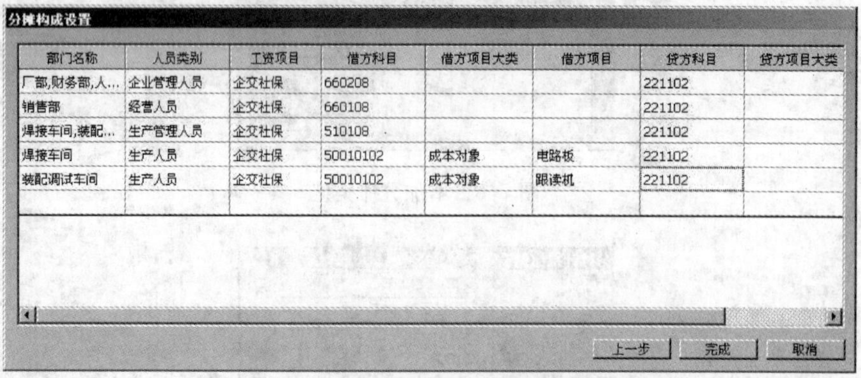

部门名称	人员类别	工资项目	借方科目	借方项目大类	借方项目	贷方科目	贷方项目大类
厂部,财务部,人...	企业管理人员	企交社保	660208			221102	
销售部	经营人员	企交社保	660108			221102	
焊接车间,装配...	生产管理人员	企交社保	510108			221102	
焊接车间	生产人员	企交社保	50010102	成本对象	电路板	221102	
装配调试车间	生产人员	企交社保	50010102	成本对象	跟读机	221102	

图 7-7　企交社保分摊设置

3. 计提个交公积设置，如图 7-8 所示。

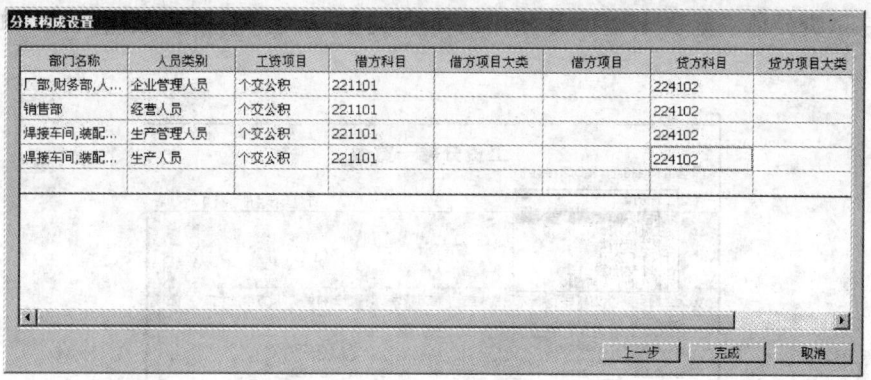

图 7-8　个交公积计提设置

4. 计提代缴个人所得税设置，如图 7-9 所示。

部门名称	人员类别	工资项目	借方科目	借方项目大类	借方项目	贷方科目	贷方项目大类
厂部,财务部,人...	企业管理人员	代扣税	221101			222112	
销售部	经营人员	代扣税	221101			222112	
焊接车间,装配...	生产管理人员	代扣税	221101			222112	
焊接车间,装配...	生产人员	代扣税	221101			222112	

图 7-9　代缴个人所得税计提设置

5. 11 月 20 日，生成以上薪资分摊凭证（按项目核算、明细到工资项目，并合并科目相同、辅助项相同分录）。

- 执行"人力资源"|"薪资管理"|"业务处理"|"工资分摊"，如图 7-1 所示。
- 在工资分摊对话框中，选择计提费用类型、核算部门，勾选明细到工资项目和按项目核算，单击"确定"，如图 7-10 所示。

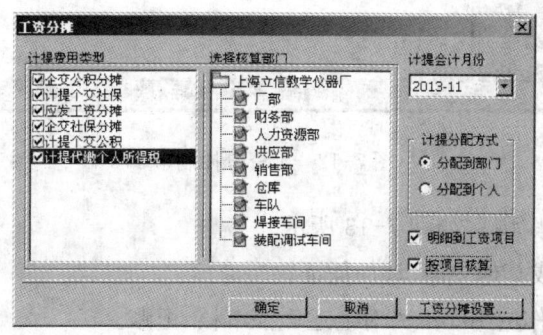

图 7-10　工资分摊对话框

131

- 在工资分摊一览表中选择要分摊的工资类型,单击"制单",如图 7-11 和图 7-12 所示。

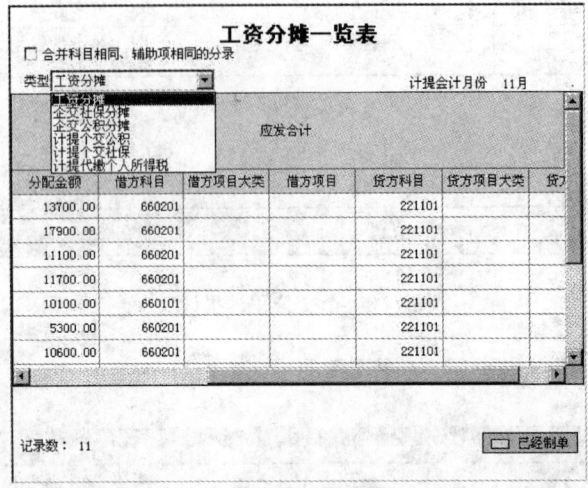

图 7-11 选择分摊类型

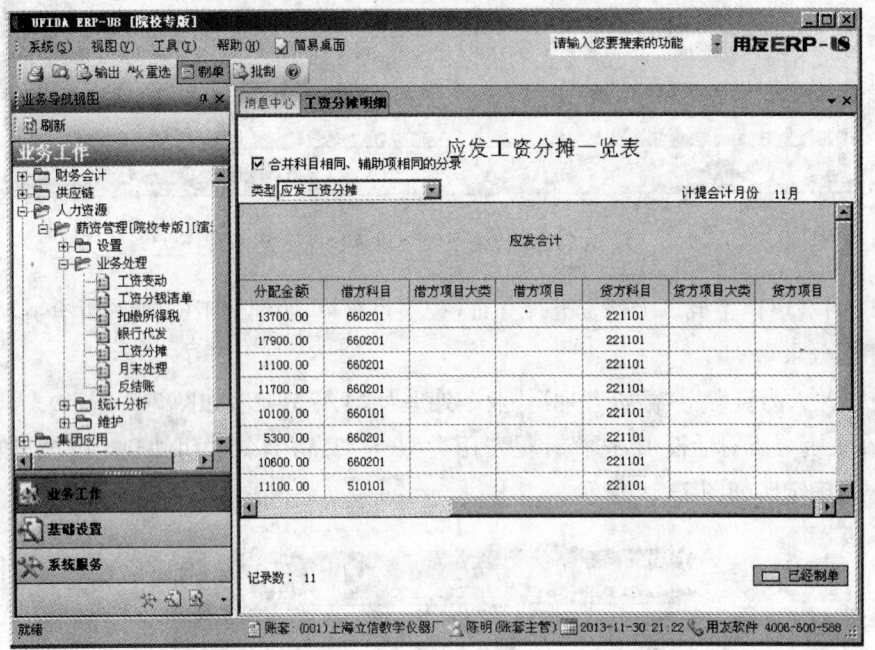

图 7-12 工资分摊制单

- 保存生成的记账凭证,如图 7-13 所示。
- 按上述步骤生成其他分摊、计提凭证。

6. 11 月 20 日,操作员 103 王力对上述凭证审核、记账。

- 重新注册系统,以操作员 103 王力用户身份登录系统。

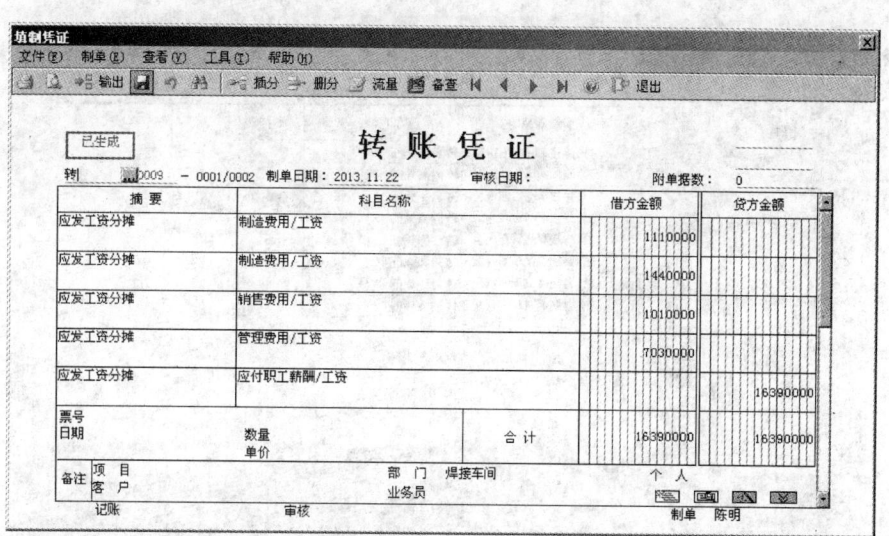

图 7-13 生成工资分摊凭证

- 执行"总账"|"凭证"|"审核凭证",对凭证进行审核。
- 执行"总账"|"凭证"|"记账",对凭证进行记账。

7. 11 月 22 日,操作员 101 李平按自定义转账模板生成车间管理人员工资、社会保险金、住房公积金的结转凭证。

- 重新注册系统,以 101 李平用户身份登录系统。
- 执行"财务会计"|"总账"|"期末"|"转账生成",如图 7-14 所示。

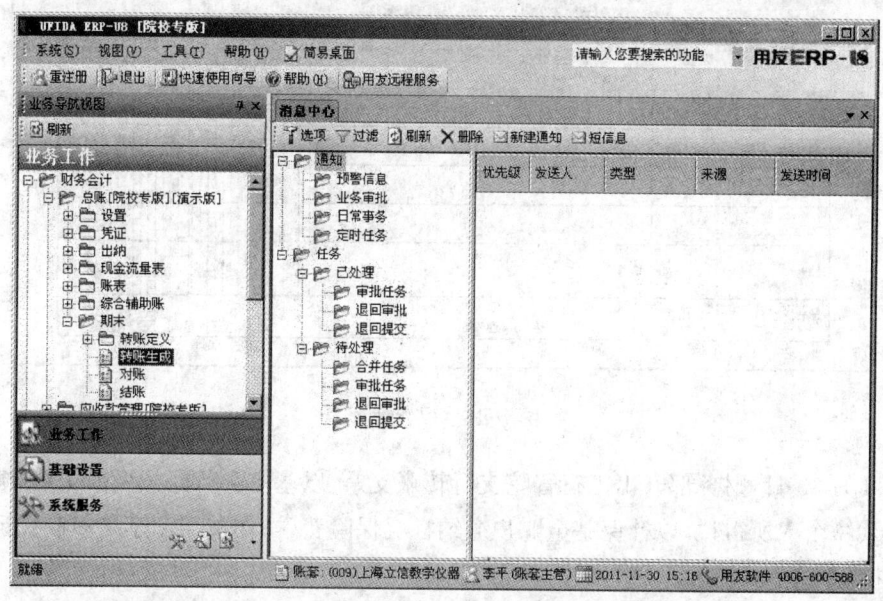

图 7-14 执行"转账生成"

- 在"转账生成"框中,选择要结转模板,单击"确定",如图 7-15 所示。

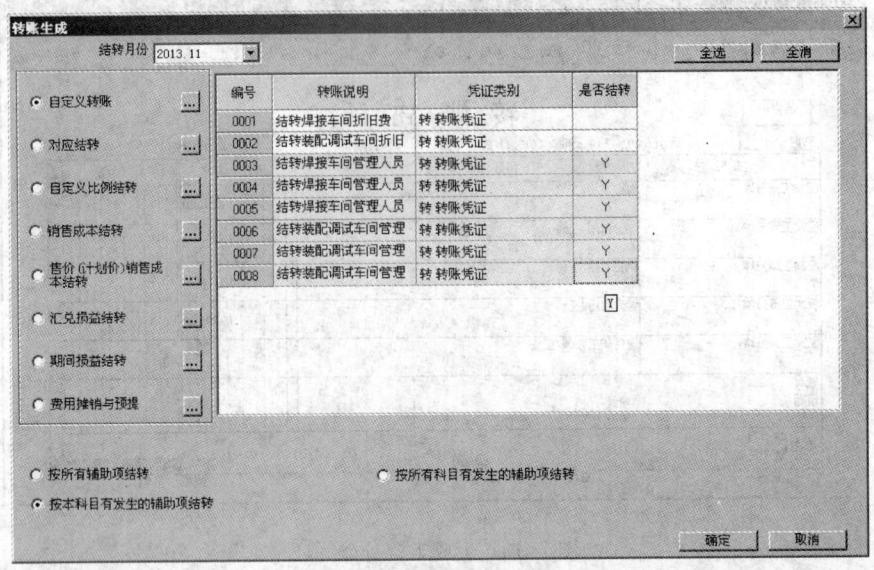

图 7-15　选择转账模板

- 逐张保存生成的转账凭证,如图 7-16 所示。

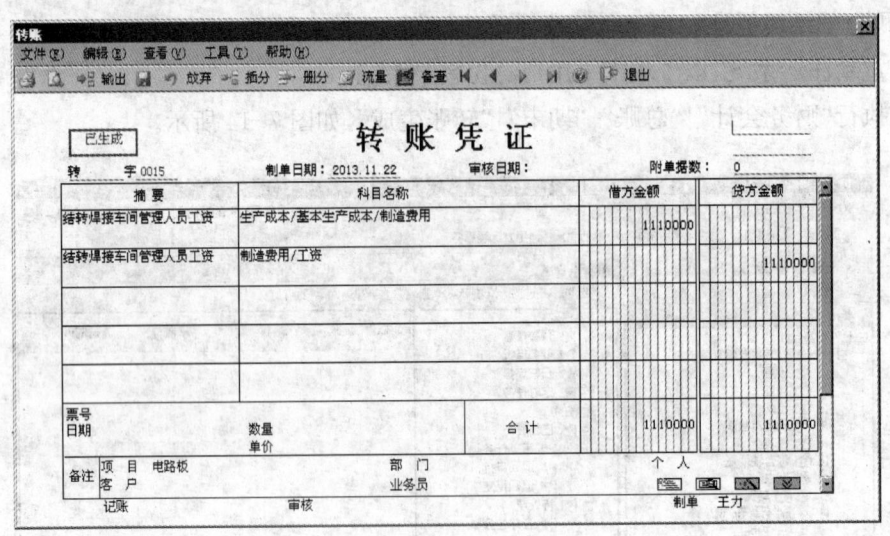

图 7-16　保存凭证

8. 11 月 25 日,财务部开出工行普陀支行转账支票,以基本存款账户发放工资、缴纳住房公积金、代缴个人所得税,以社保基金账户缴纳社会保险费,操作员 101 李平填制凭证。

- 执行"总账"|"凭证"|"填制凭证";
- 填制工资发放凭证,为确认应发放的职工工资的金额,单击"余额",如图 7-17 所示。
- 通过最新余额一览表查询发放工资的金额,按此金额输入借方金额,如图 7-18 所示。
- 完成工资发放凭证,并保存,如图 7-19 所示。

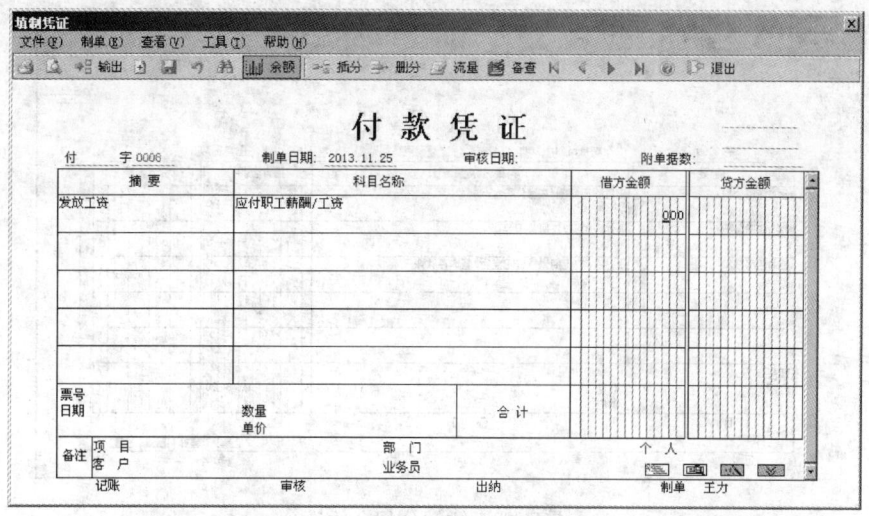

图 7-17　填制发放工资凭证

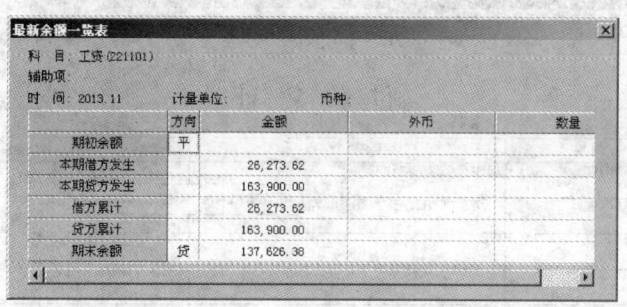

图 7-18　最新余额一览表

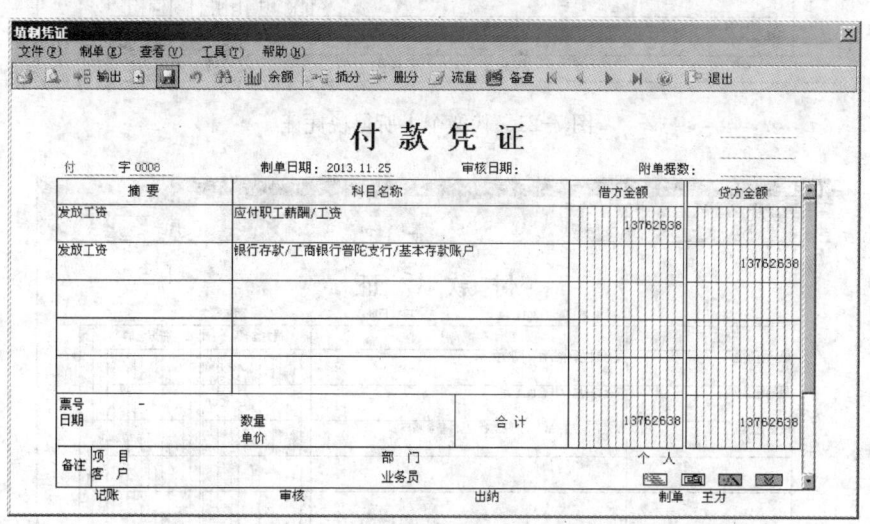

图 7-19　工资发放凭证

• 继续填制缴纳住房公积金、代缴个人所得税，缴纳社保基金记账凭证，如图 7-20 至图 7-22 所示。

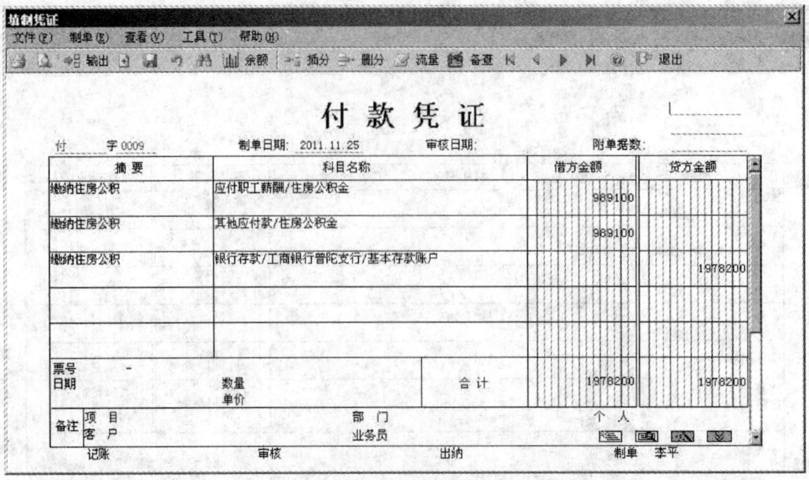

图 7-20　缴纳公积金凭证

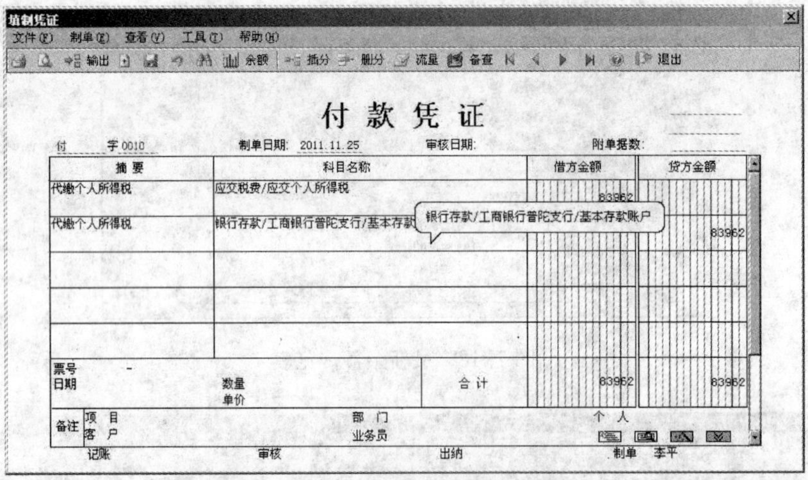

图 7-21　代缴个人所得税凭证

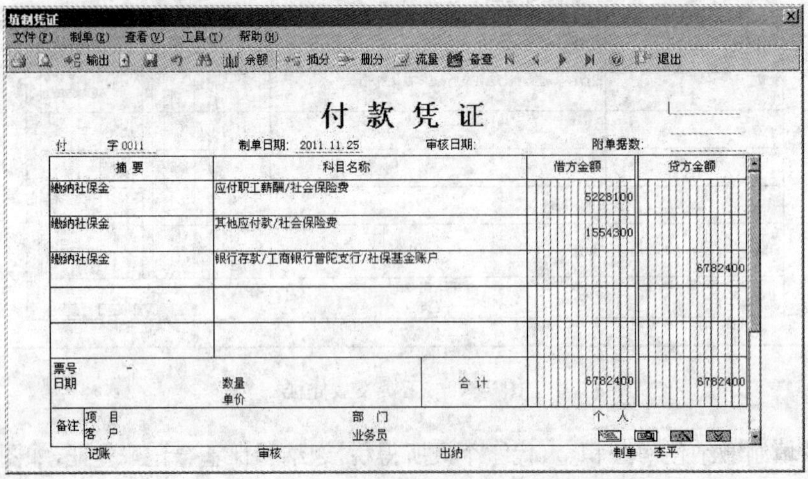

图 7-22　缴纳社保金凭证

9. 操作员 103 王力对以上凭证出纳签证、审核并记账。

- 重新注册系统,以操作员 103 王力用户身份登录系统;
- 执行"总账"|"凭证"|"审核凭证",对凭证进行审核;
- 执行"总账"|"凭证"|"出纳签字",对凭证进行出纳签字;
- 执行"总账"|"凭证"|"记账",对凭证进行记账。

项目八　应收款与应付款管理

功 能 概 述

应收款管理系统主要用于核算和管理客户往来款项,主要完成经常性的应收业务、收款业务及坏账的处理工作。系统以发票、费用单、其他应收单等原始单据为依据,记录销售业务及其他业务所形成的往来款项,处理应收款项的收回、坏账、转账等业务,并提供票据处理功能。涉及的应收科目主要包括:应收账款、预收账款、应收票据、其他应收款——应收单位款,同时把这些科目设置为应收款管理系统的受控科目后,才能使用应收款管理系统进行相应的业务处理。应收款管理系统业务流程,如图 8-1 所示。

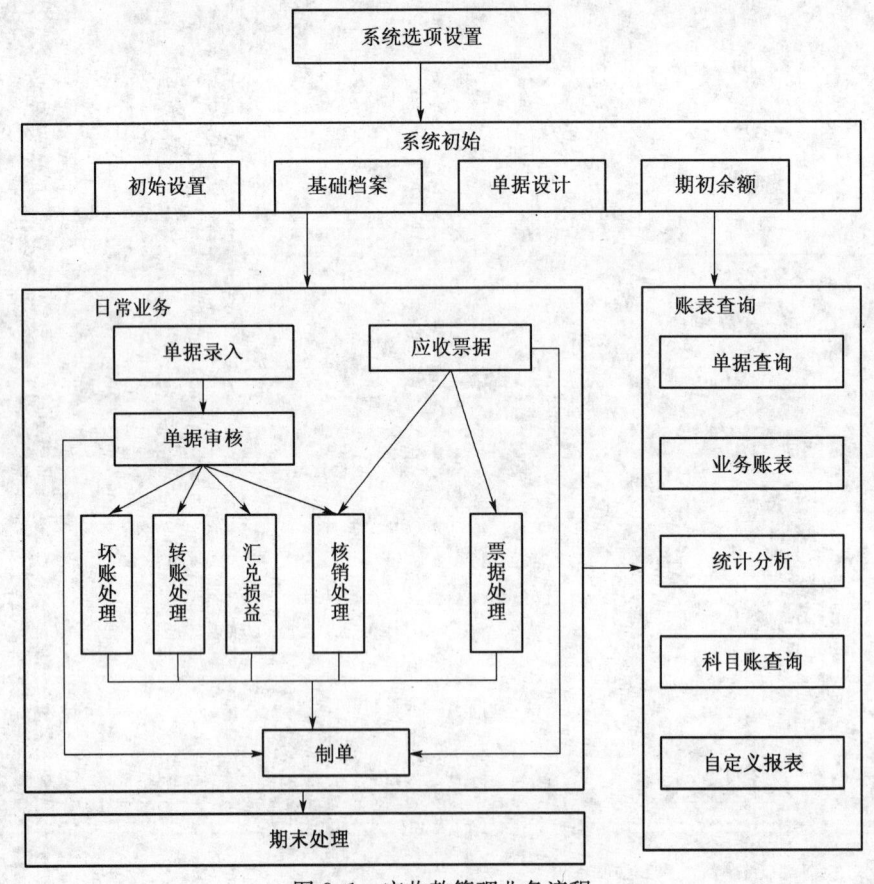

图 8-1　应收款管理业务流程

应付款管理系统主要用于核算和管理供应商往来款项,系统通过发票、其他应付单、付款单等单据的管理,对企业与供应商的往来款进行综合管理,及时、准确地提供供应商往来款资料,提供各种分析表,帮助企业合理地进行资金调配,提高资金的利用率。涉及的应付科目主要包括:应付账款、预付账款、应付票据,同时把这些科目设置为应付款管理系统的受控科目后,才能使用应付款管理系统进行相应的业务处理。应付款管理系统业务流程,如图8-2所示。

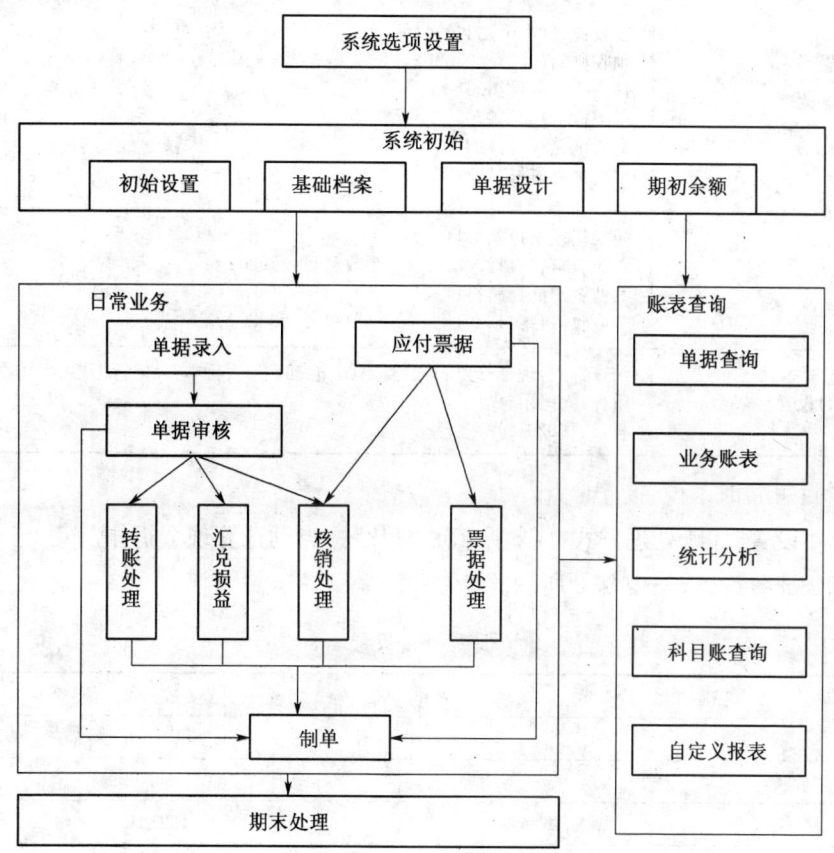

图8-2 应付款管理业务流程

项 目 实 训

【项目要求】

完成应收款与应付款管理系统的初始化设置以及各项管理业务的操作。

【项目资料】

1. 应收款系统初始设置。

2013年11月1日,操作员101李平登录系统,作如下设置:

(1) 科目设置,如表 8-1 所示。

表 8-1   应收系统科目设置

科目类别	设 置 方 式
基本科目设置	应收科目(本币):112201 应收科目(外币):112202 预收科目(本币):220301 预收科目(外币):220302 销售收入科目:6001 税金科目:22210105 商业承兑科目:112101 银行承兑科目:112102
控制科目设置	曼谷华夏的控制科目: 应收科目:112202 预收科目:220302 其他客户的控制科目: 应收科目:112201 预收科目:220301
结算方式科目设置	结算方式:现金支票、转账支票、电汇、信汇、银行本票、银行汇票、委托收款 币种:人民币 科目:10020101

其他科目可暂时不设置。

(2) 选项设置:坏账处理方式:应收余额百分比法,自动计算现金折扣。

(3) 坏账准备设置,如表 8-2 所示。

表 8-2   坏账准备设置

控制参数	参 数 设 置
提取比例	0.5%
坏账准备期初余额	276.91
坏账准备科目	123101
对方科目	660216

2013 年 11 月 30 日,操作员 101 李平登录系统,完成日常业务操作:

2. 应收款系统日常业务。

进入应收款管理系统,进行以下经济业务操作:

(1) 11 月 15 日,收到民航大学交来转账支票一张,金额 10 000 元,支票号 ZZ0011 用于归还部分前欠货款,制单、核销。

(2) 11 月 16 日,收到南京博育交来转账支票一张,支票号 ZZ0051,金额 13 000 元,其中 12 000.56 元用于归还前欠货款及代垫运费,剩余款转为预收账款,核销、制单。

(3) 11 月 18 日,确认为民航大学代垫运费 480.65 元,作为坏账处理,立即制单。

(4) 11 月 20 日,经三方协定,将应收民航大学余款转给南京博育,转账并制单。

(5) 11 月 22 日,南京博育预收账款冲抵应收账款。

(6) 11 月 28 日,计提坏账准备,立即制单。

（7）退出应收款管理系统。

3. 应付款系统初始设置。

科目设置，如表8-3所示。

表8-3 应付系统科目设置

科目类别	设 置 方 式
基本科目设置	应付科目(本币):220201 预付科目(本币):112303 采购科目:1402 税金科目:22210101
控制科目设置	应付科目:220201 预付科目:112303
结算方式科目设置	结算方式:现金支票、转账支票 币种:人民币 科目:10020101

其他科目暂不设置。

4. 应付款系统日常业务。

进入应付款管理系统，进行以下经济业务操作：

（1）11月11日，付给明光电子公司转账支票一张，支票号 ZZ0151，金额10 000元，其中7 679.90元作为归还前欠款，多余部分作为预付账款，立即制单、核销。

（2）11月11日，焊接车间根据生产计划、库存结存信息以及供应商档案和价格信息，选择了上海飞达实业发展有限公司为其供应商，当日签发工商银行转账支票一张，金额为4 500元，支票号 ZZ0161，作为原材料预付款。

（3）11月12日，用上述预付款冲抵前欠部分货款，生成记账凭证。

（4）退出应付款管理系统。

5. 更换操作员103王力，重注册，进入总账系统，对应收款、应付款系统转来凭证审核、出纳签字、记账。

项 目 指 导

【操作步骤】

1. 应收款系统初始设置。

应收款管理系统和其他管理系统一样，在运行前需要进行初始设置，以确定系统运行所需要的账套参数，同时规定核算的方法，确保系统正常运行。

（1）科目设置：

科目设置包括基础科目设置、控制科目设置、产品科目设置、结算方式科目设置。一般来说，当企业应收业务类型比较固定，其生成的记账凭证类型相应也比较固定，为了简化凭证的生成操作过程，可以根据企业核算情况，预先设置各类业务生成凭证中的入账科目，从

而无需在生成凭证时输入科目。

- 执行"总账"|"应收款管理"|"设置"|"初始设置",如图 8-3 所示。

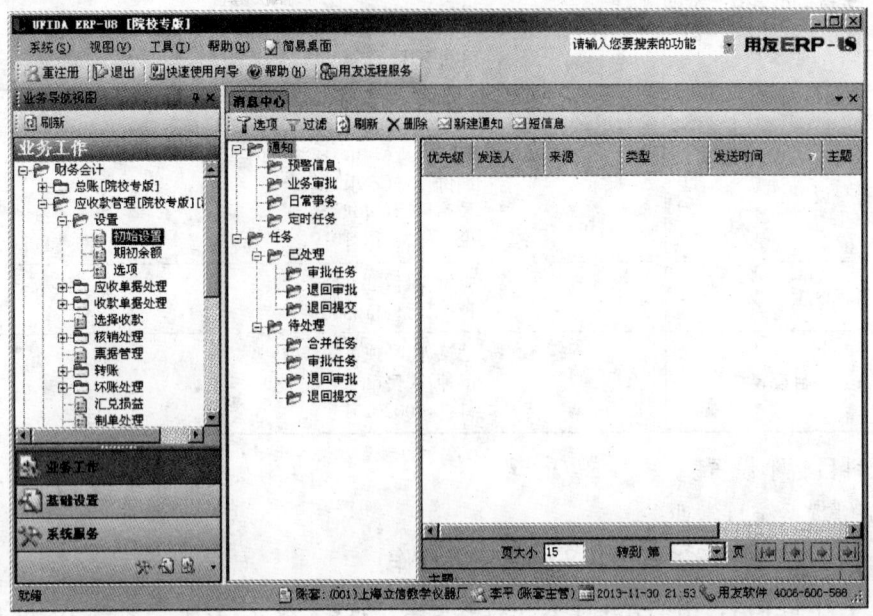

图 8-3 执行"初始设置"

- 选择"设置科目"|"基础科目设置",根据企业核算的实际情况分别设置相应科目,如图 8-4 所示。

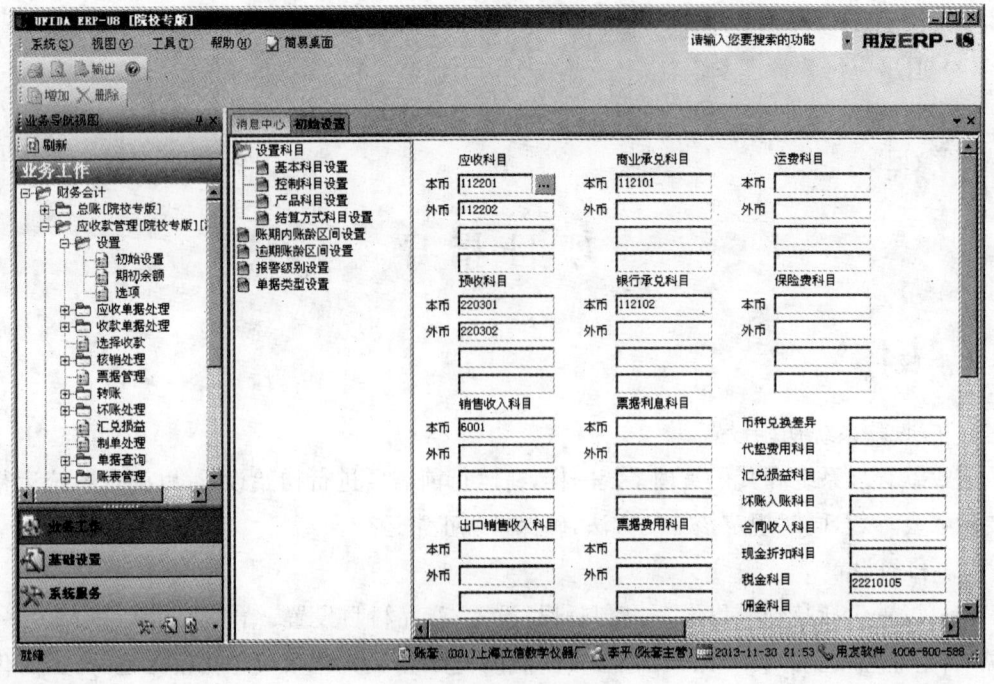

图 8-4 基础科目设置

- 按上述方法进行控制科目设置和结算方式科目设置,如图8-5和图8-6所示。

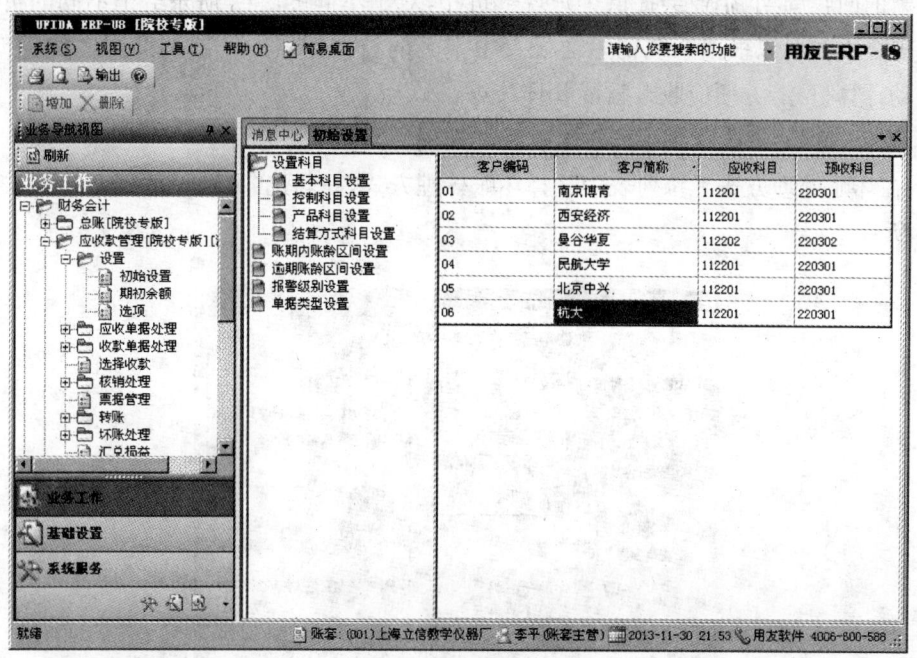

图8-5　控制科目设置

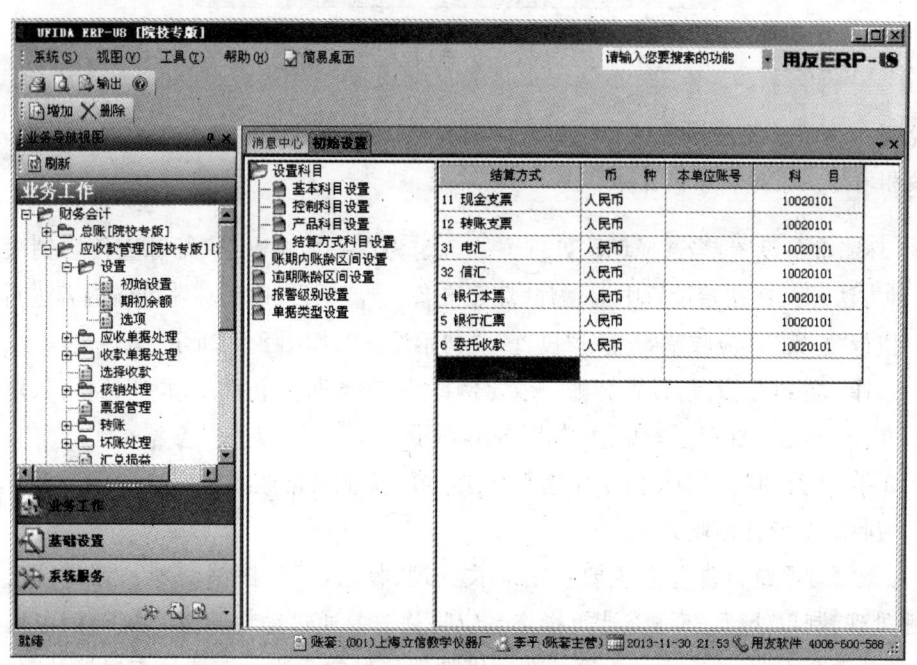

图8-6　结算方式科目设置

(2)选项设置:坏账处理方式:应收余额百分比法,自动计算现金折扣。

坏账处理方式是指企业对坏账的核算规则,系统提供自动计提坏账准备的功能。坏账处理方式包括应收余额百分比法、销售收入百分比法、账龄分析法和直接转销法。为了提高应收账款的回收周期,企业会提供客户现金折扣,对于不同的收回期限给予不同的折扣。自动计算现金折扣可以根据系统初始化设置中定义的付款方式中设置的期限和优惠率,在核算时自动计算折扣,方便应收账款的管理核算。

- 执行"总账"|"应收款管理"|"设置"|"选项",如图 8-3 所示。
- 在坏账处理方式下拉列表中选择坏账处理方式,并勾选"自动计算现金折扣"选项,如图 8-7 所示。

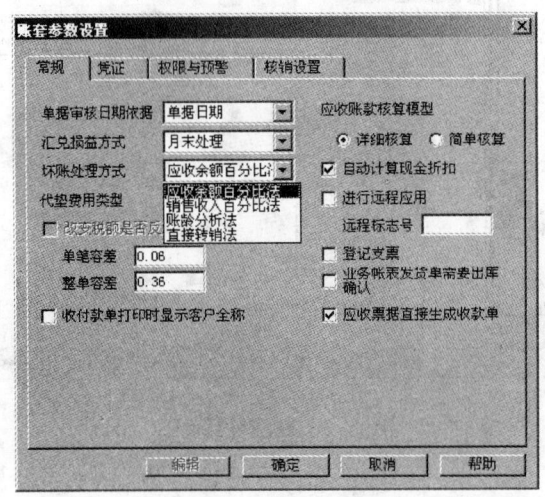

图 8-7　选项设置

> **说明**　选项设置包括常规、凭证、权限与预警、核销设置等,企业可以根据实际核算的要求按相同方法进行相关设置。

(3) 坏账准备设置:当选择坏账处理方式选定为计提坏账准备(即除直接转销法以外的其他三种方法)时,在初始设置中会增加"坏账准备设置"项目,以对坏账准备内容进行设置。

- 执行"总账"|"应收款管理"|"设置"|"初始设置",如图 8-3 所示。
- 选择坏账准备设置,设置坏账提取比例、坏账准备期初余额、坏账准备科目、对方科目等信息,单击"确定",保存设置信息,如图 8-8 所示。

2013 年 11 月 30 日,操作员 101 李平登录系统,完成日常业务操作:

2. 应收款系统日常业务。

应收款管理系统日常业务主要包括应收处理、收款处理、核销处理、票据管理、坏账处理、转账处理、制单处理、查询统计等操作。应收款主要通过销售管理系统对销售发票和代垫费用的处理产生的,这方面的内容将在销售管理项目中介绍。本项目主要涉及收款处理、核销处理、转账处理、坏账处理等业务。

(1) 11 月 15 日,收到民航大学交来转账支票一张,金额 10 000 元,支票号 ZZ0011 用于归还部分前欠货款,制单、核销。

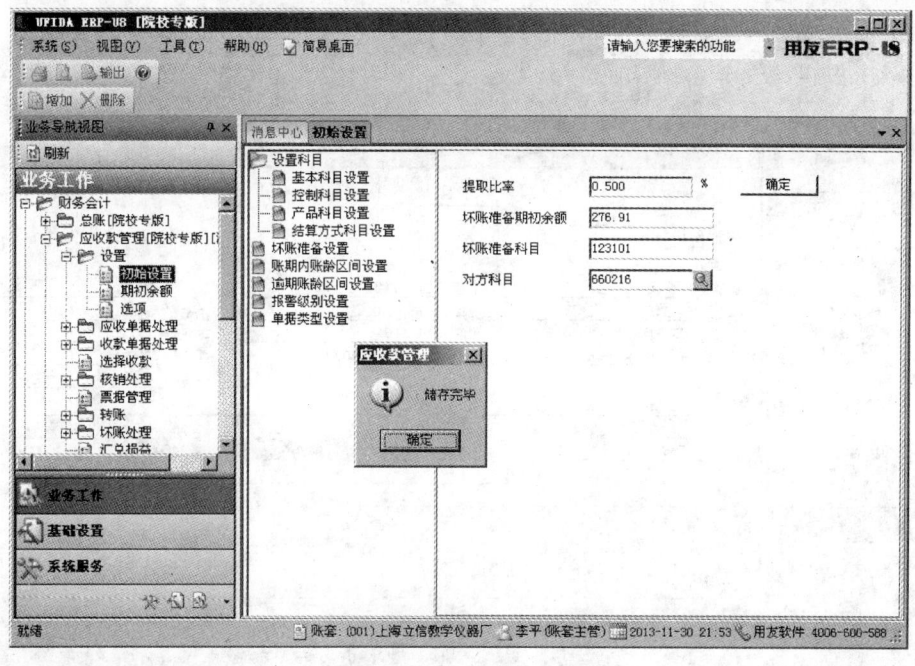

图 8-8 坏账准备设置

· 执行"财务会计"|"应收款管理"|"收款单据处理"|"收款单据录入",进入收付款单录入状态,单击"增加",如图 8-9 所示。

图 8-9 执行"收款单据处理"

• 输入收款单表头信息,单击"保存",如图 8-10 所示。

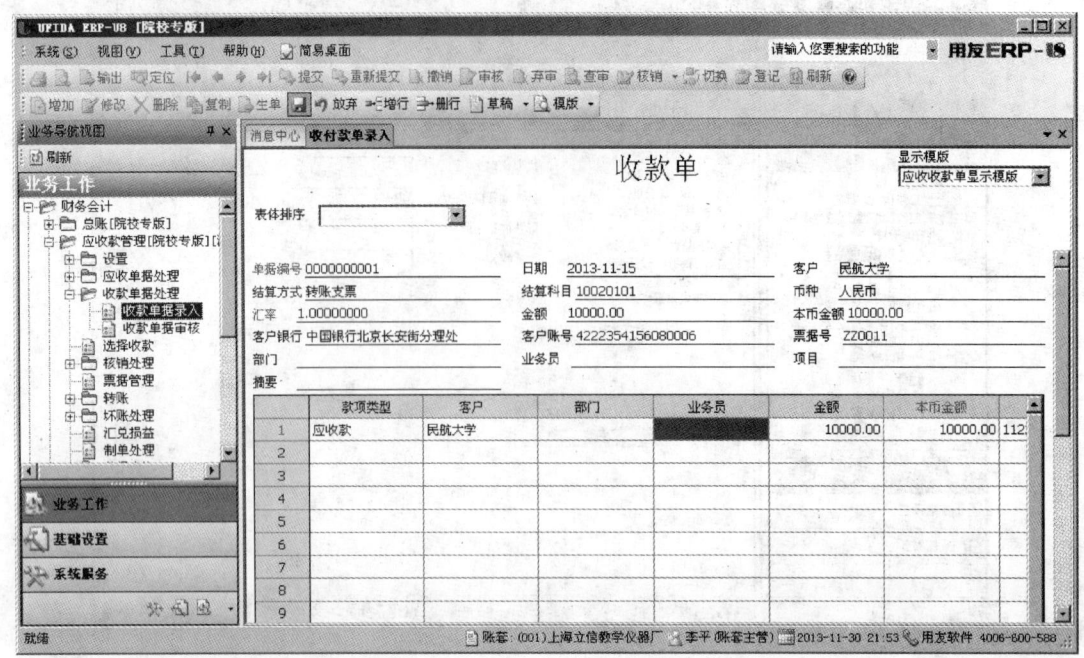

图 8-10　收款单录入

• 对于保存的收款单,单击"审核",系统提示"是否立即制单",单击"是(Y)",如图 8-11 所示。

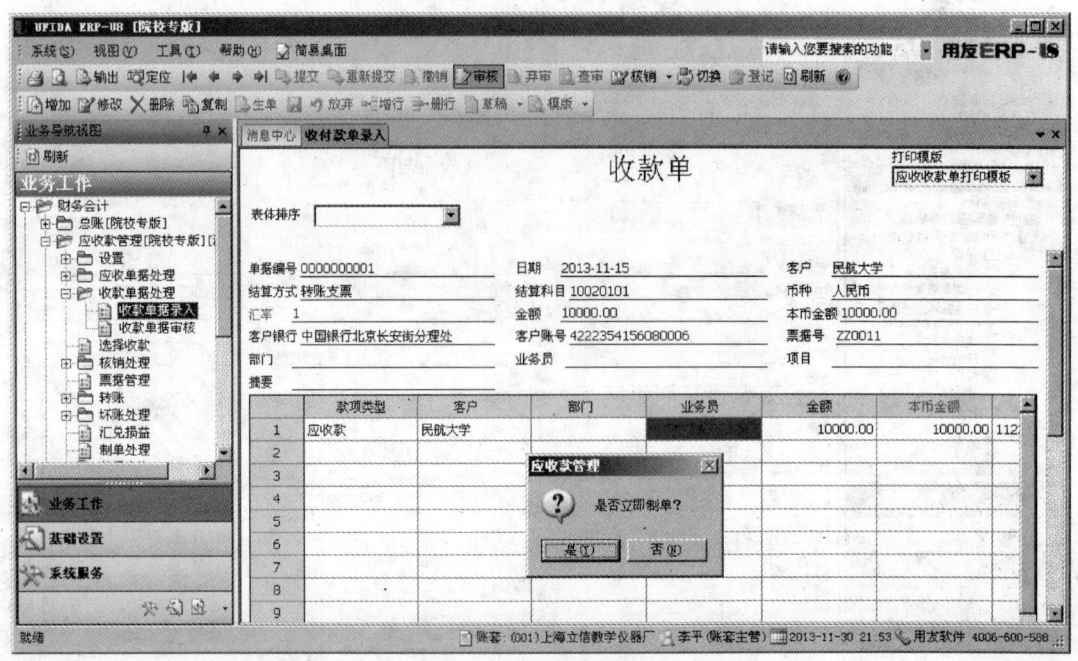

图 8-11　审核收款单

• 对生成的记账凭证根据业务类型选择凭证字、输入制单日期,单击"保存",如图8-12所示。

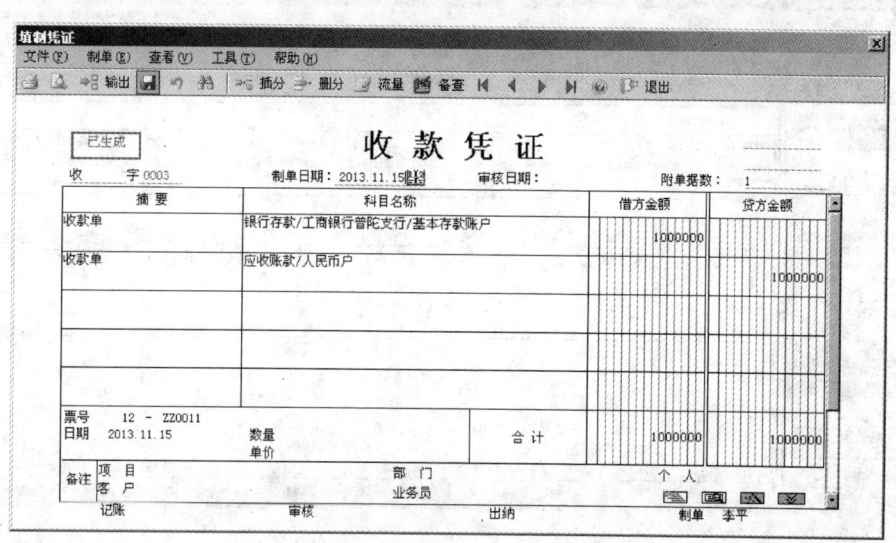

图 8-12　生成收款凭证

• 对于收到的应收款项需要在应收款管理系统中进行核销处理:单击"核销"|"同币种",如图 8-13 所示。

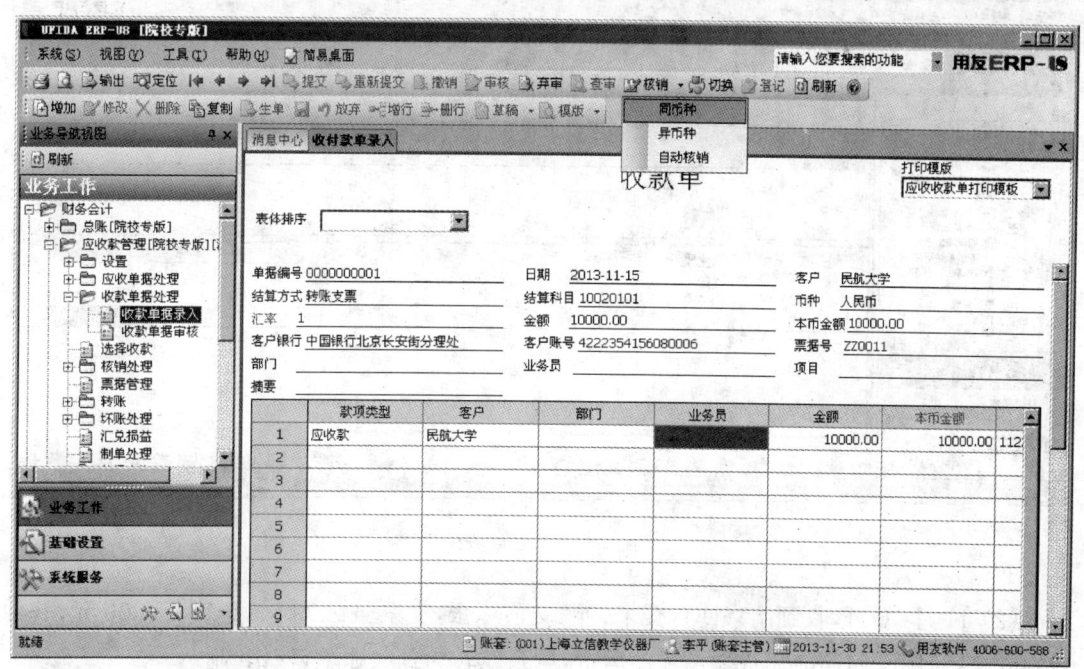

图 8-13　应收款核销

• 单据核销界面的上半部分显示收到的款项金额,下半部分是待核销的应收款。在要核销应收款项的本次结算栏中输入核销金额,如图 8-14 所示。

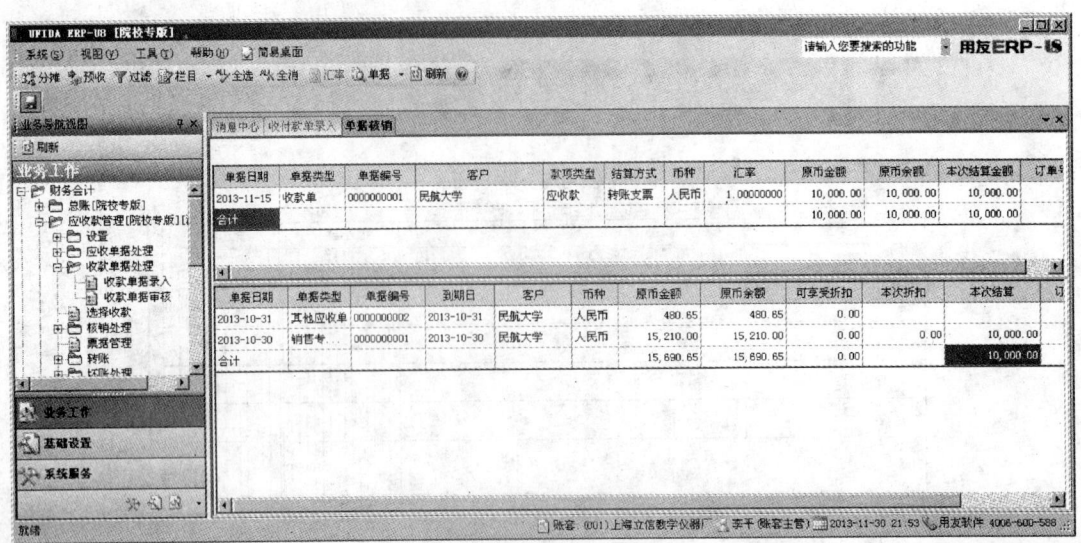

图 8-14　输入核销金额

> **说明**　核销可以一笔也可以是多笔,但总的核销金额不能大于收到款项的金额。

• 输入核销金额后,单击"保存",完成应收款核销,如图 8-15 所示。

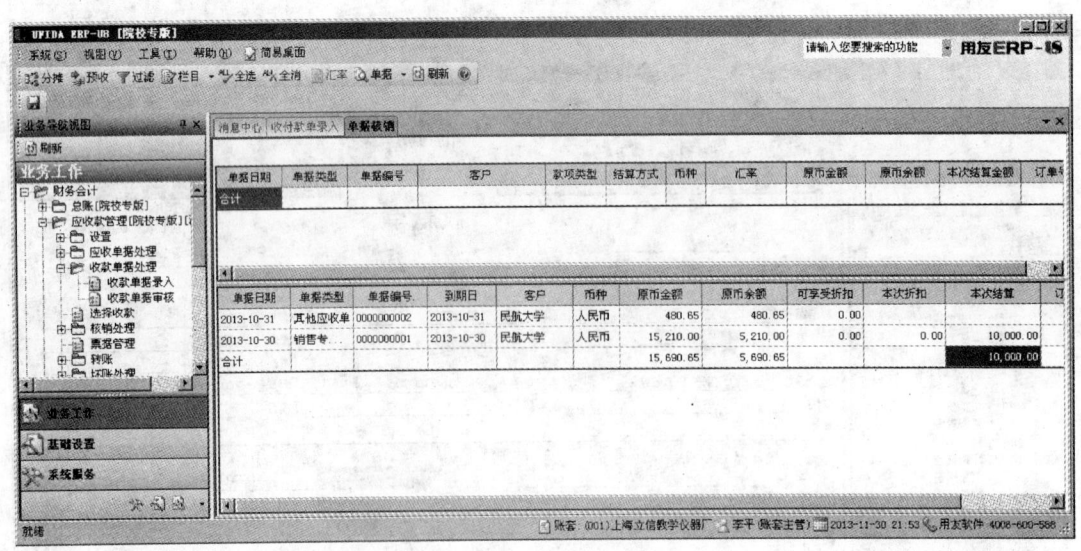

图 8-15　保存核销

(2) 11 月 16 日,收到南京博育交来转账支票一张,支票号 ZZ0051,金额 13 000 元,其中 12 000.56 元用于归还前欠货款及代垫运费,剩余款转为预收账款,核销、制单。

• 执行"财务会计"|"应收款管理"|"收款单据处理"|"收款单据录入",进入收付款单录

人状态,如图 8-9 所示。

• 输入收款单表头信息,在收款单表体的应收款金额栏中输入应收款金额。对于剩余款项金额,将其对应的款项类型改为"预收款",保存并审核收款单,如图 8-16 所示。

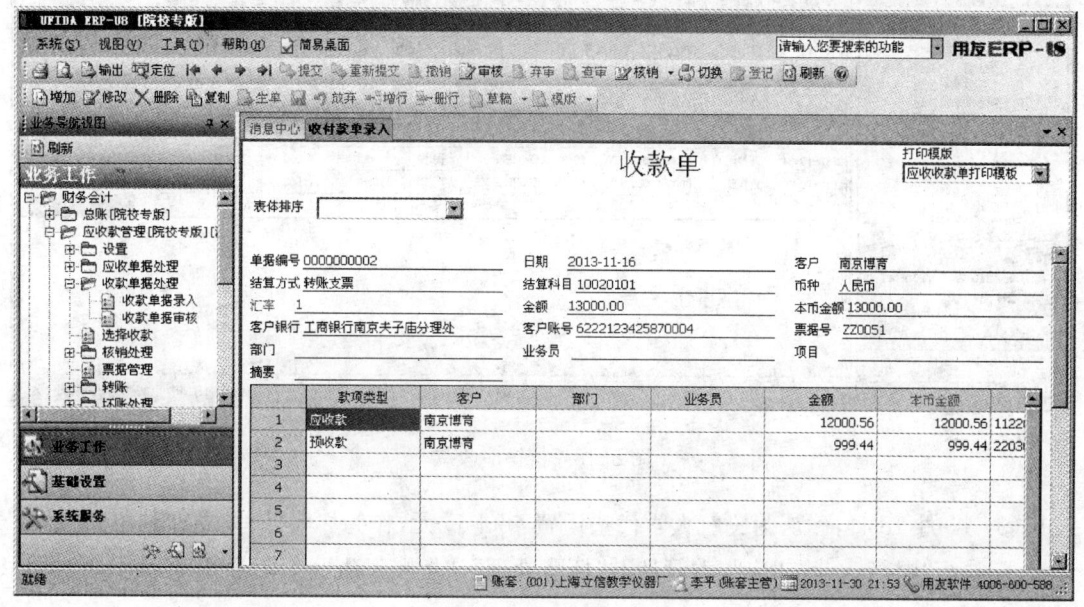

图 8-16　收款单据处理

• 系统自动生成收款凭证,单击"保存",如图 8-17 所示。

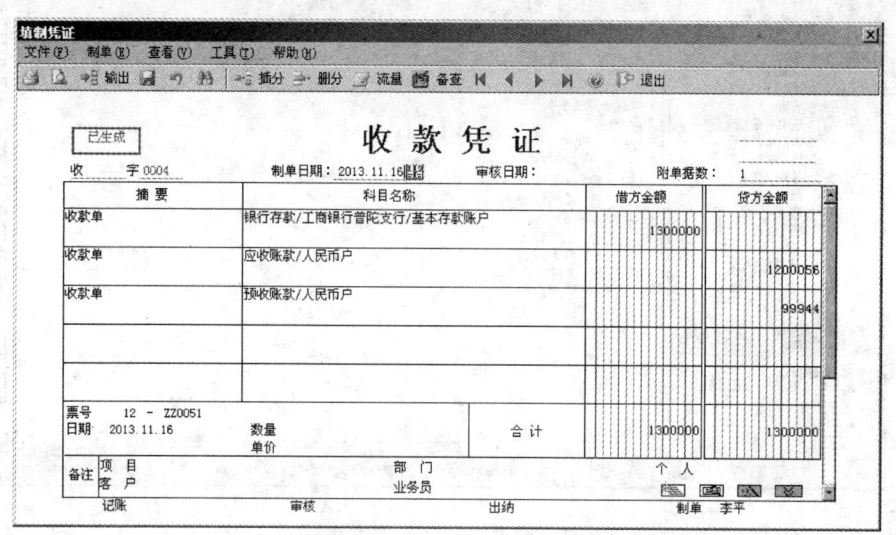

图 8-17　生成记账凭证

• 核销收到的应收款:单击"核销"|"同币种",如图 8-13 所示。
• 在要核销款项的本次结算栏中输入核销金额,如图 8-18 所示。

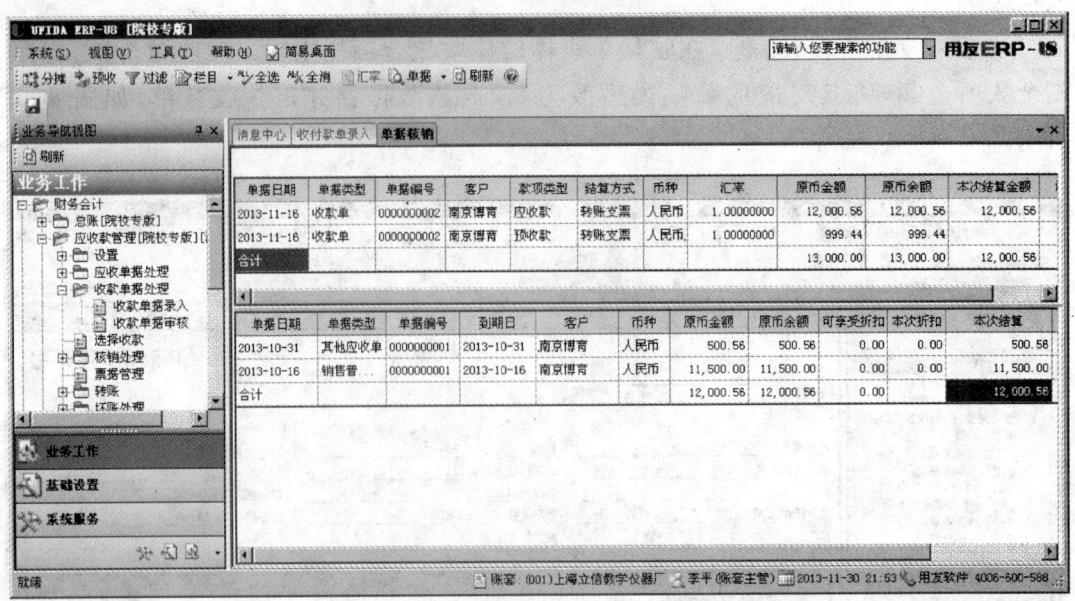

图 8-18 核销应收款

(3) 11 月 18 日，确认为民航大学代垫运费 480.65 元，作为坏账处理，立即制单。

• 执行"财务会计"|"应收款管理"|"坏账处理"|"坏账发生"，如图 8-19 所示。

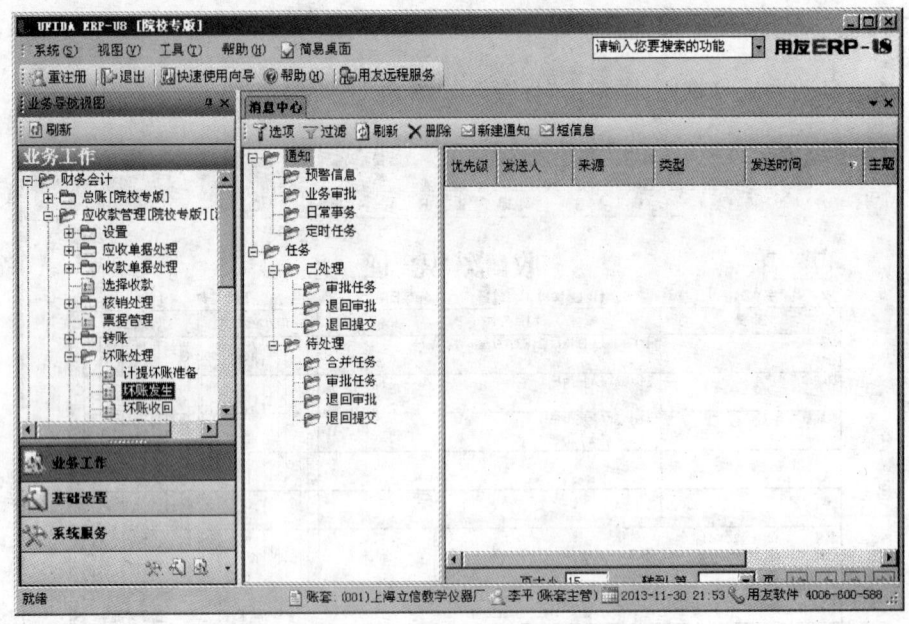

图 8-19 执行"坏账发生"

• 选择发生坏账的客户，单击"确定"，如图 8-20 所示。

• 对于发生坏账的应收款，在"本次发生坏账金额"栏中输入发生坏账的金额，单击"OK 确认"，系统提示"是否立即制单"，单击"是(Y)"，如图 8-21 所示。

图 8-20　选择客户

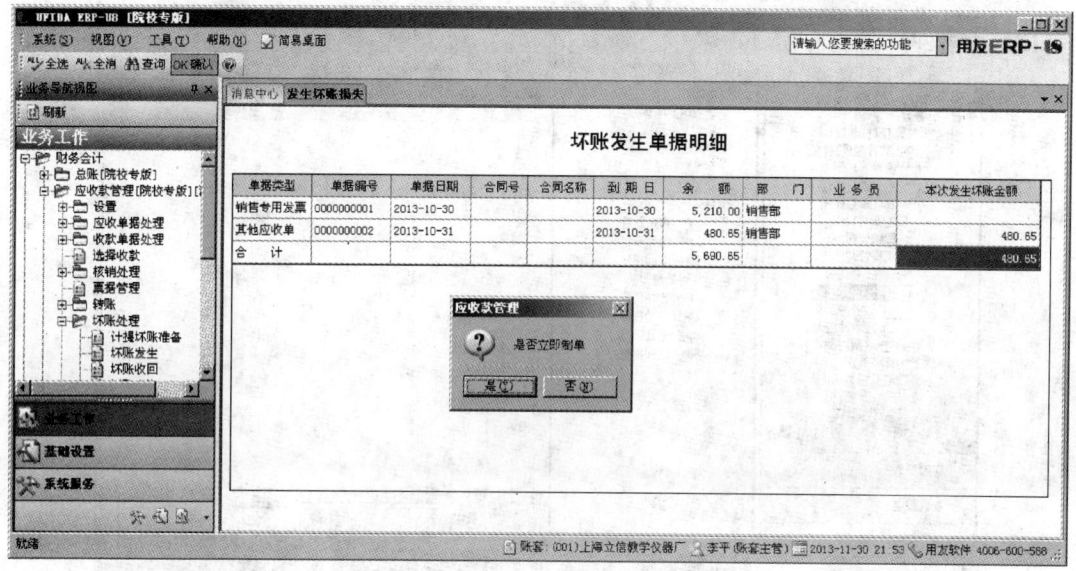

图 8-21　坏账发生

• 保存生成的记账凭证，如图 8-22 所示。

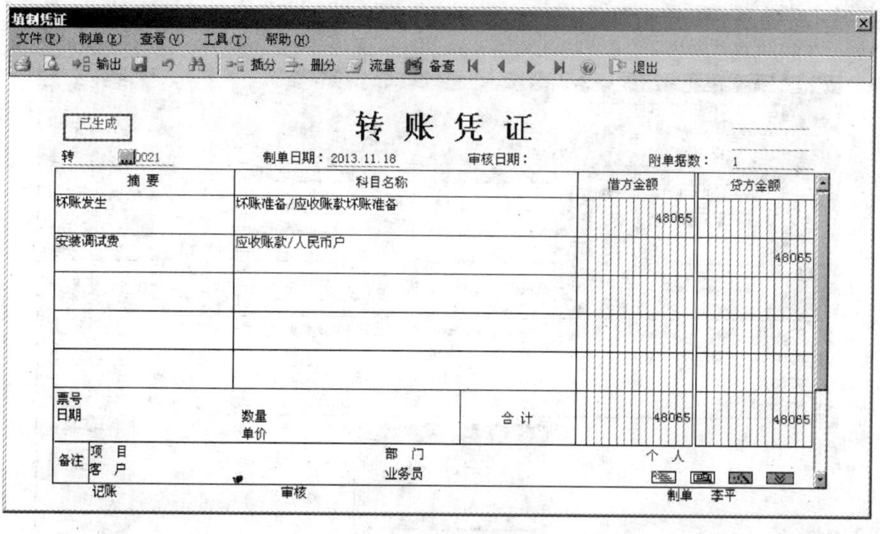

图 8-22　坏账发生凭证

（4）11 月 20 日，经三方协定，将应收民航大学余款转给南京博育，转账并制单。

在日常业务处理时,经常会出现转账处理的情况。转账处理包括预收冲应收、应收冲应付、红字单据冲蓝字单据、应收冲应收。其中当一个客户为另一个客户代付款时,就会出现应收冲应收的情况。

- 执行"财务会计"|"应收款管理"|"转账"|"应收冲应收",如图 8-23 所示。

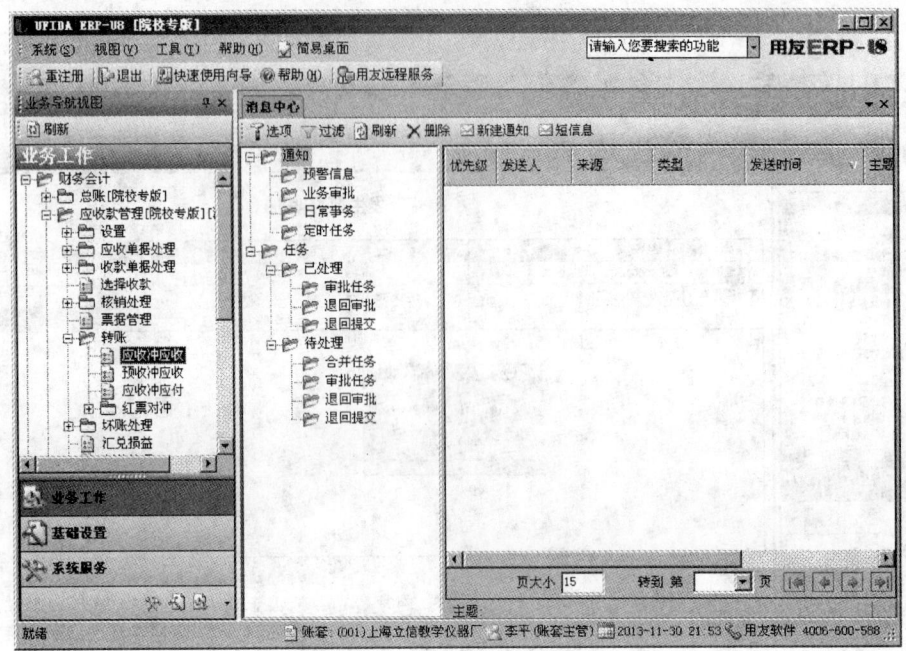

图 8-23 执行"应收冲应收"

- 选择"转出户"和"转入户",单击"过滤",在并账金额栏中输入转账金额,该金额不能大于转出户实际应收款的金额,单击"确定",系统提示"是否立即制单",单击"是(Y)",如图8-24所示。

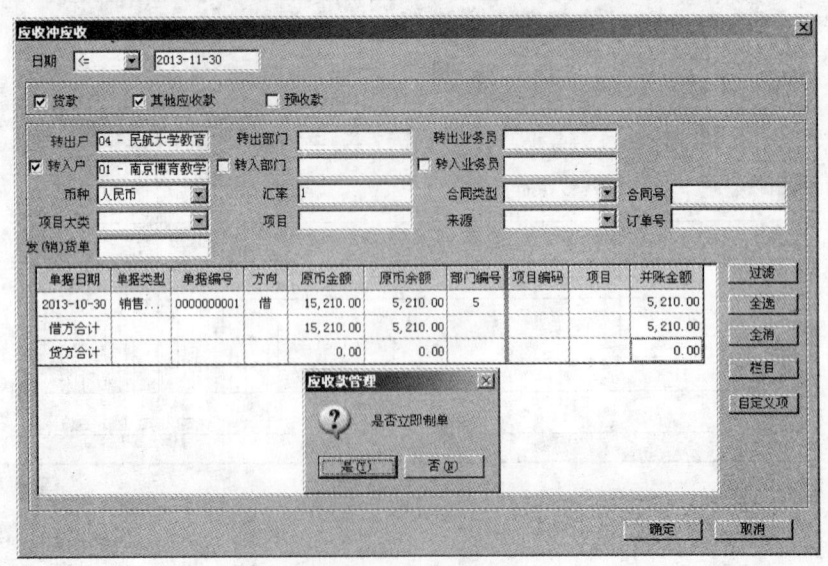

图 8-24 应收冲应收

• 保存生成的记账凭证,如图 8-25 所示。

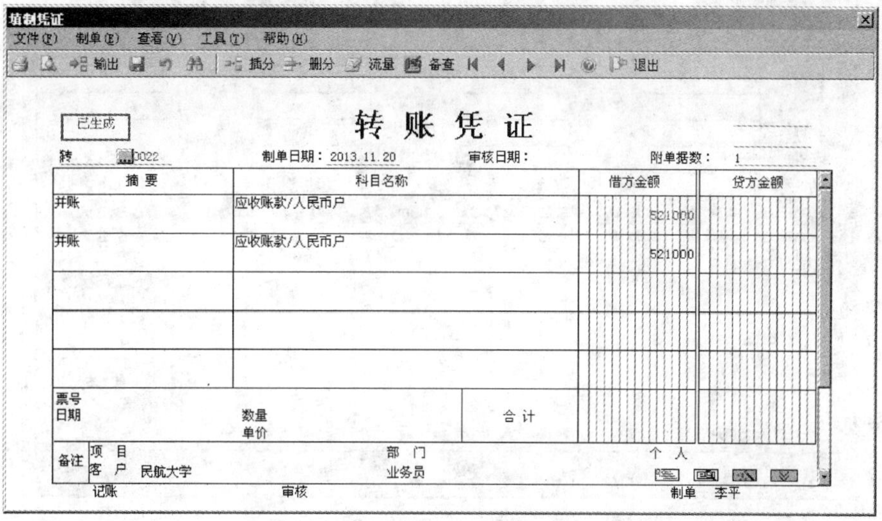

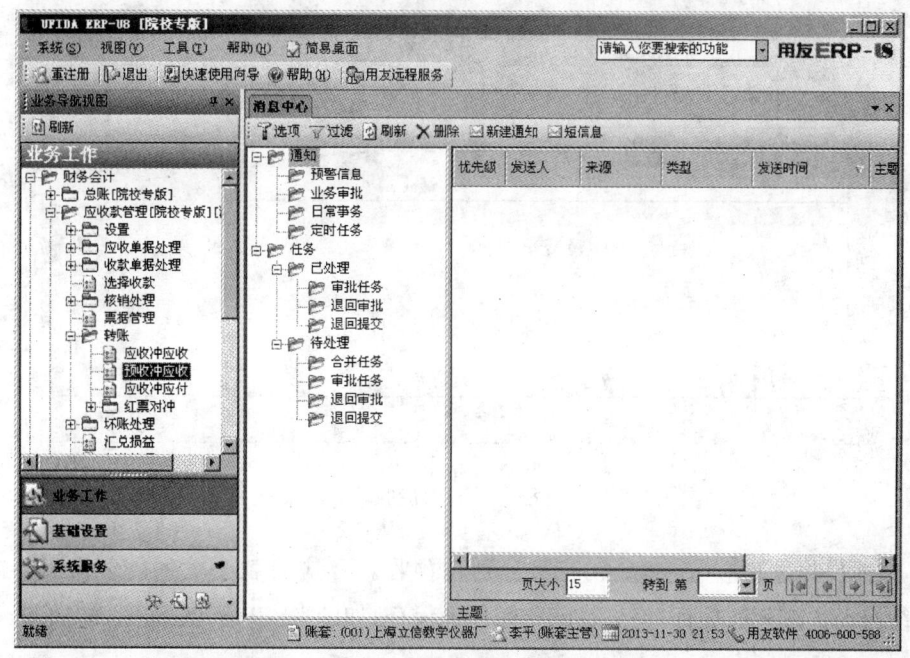

图 8-25 应收冲应收凭证

(5) 11 月 22 日,南京博育预收账款冲抵应收账款。

当客户有预收款时,可以将该客户的预收款冲抵该客户的应收款,即预收冲应收。

• 执行"财务会计"|"应收款管理"|"转账"|"预收冲应收",如图 8-26 所示。

图 8-26 执行"预收冲应收"

• 选择客户,在预收款选项卡中单击"过滤",显示该客户的预收款,如图 8-27 所示。

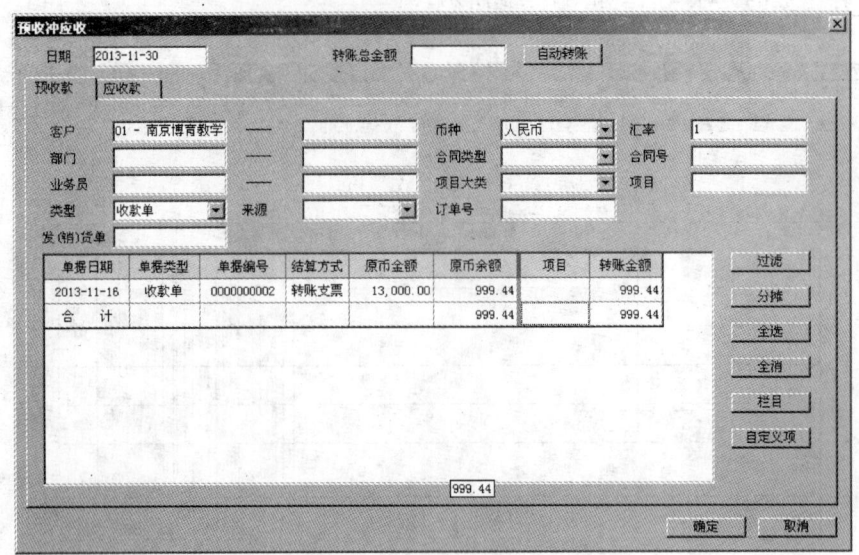

图 8-27　过滤预收款

• 在应收款选项卡中单击"过滤",显示该客户的应收款,如图 8-28 所示。

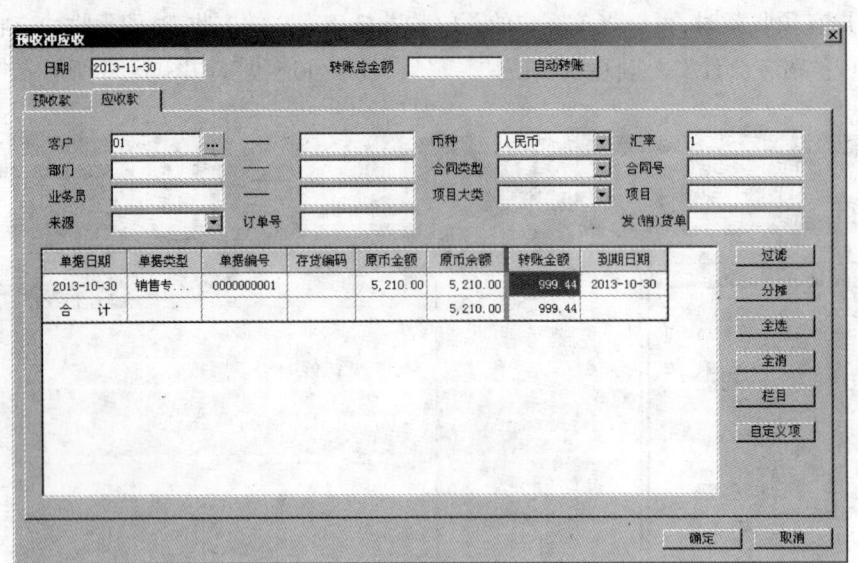

图 8-28　过滤应收款

• 根据预收款和应收款金额情况,分别在预收款和应收款中输入转账金额,单击"确定",系统自动生成记账凭证,将生成的转账凭证保存,如图 8-29 所示。

　　说明　除了上述两种转账业务之外,当某往来单位既是销售客户又是采购供应商,可以将该单位的应收款冲抵应付款,即应收冲应付。当发生销售退货时,可以直接用红字发票冲抵应收的蓝字发票,即红字单据冲蓝字单据。

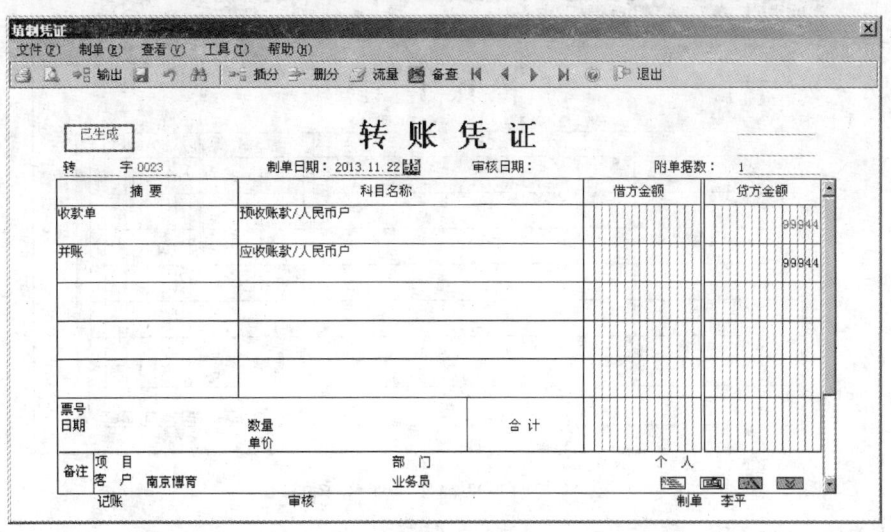

图 8-29　预收冲应收凭证

(6) 11 月 28 日,计提坏账准备,立即制单。

• 执行"财务会计"|"应收款管理"|"坏账处理"|"计提坏账准备",系统根据初始设置的坏账处理方式,自动计算坏账准备的金额,并按照坏账准备科目的余额,计算本次计提的金额,单击"OK 确认",如图 8-30 所示。

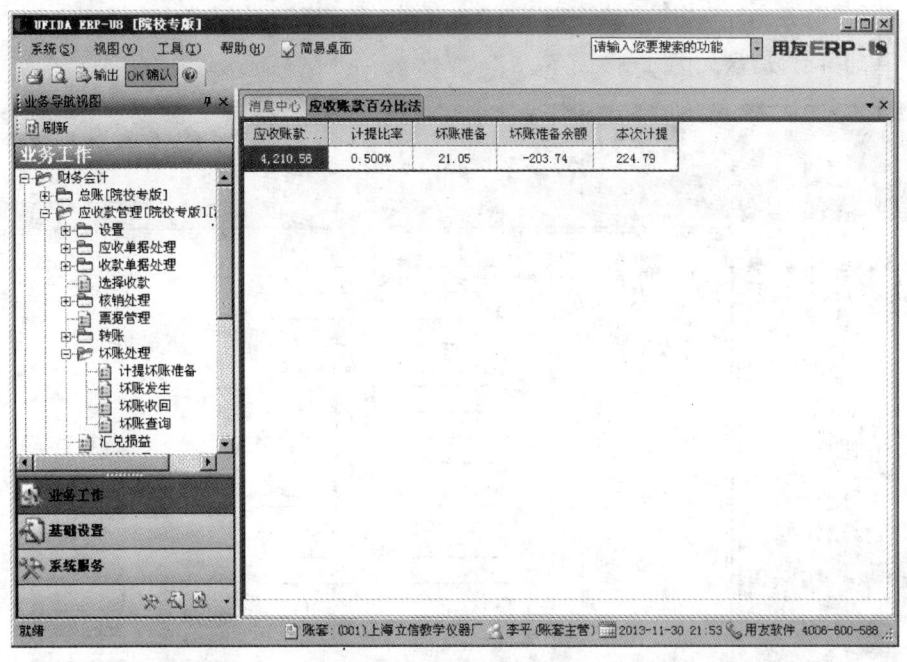

图 8-30　计算坏账准备

• 根据系统提示自动生成记账凭证,将生成的转账凭证保存,如图 8-31 所示。

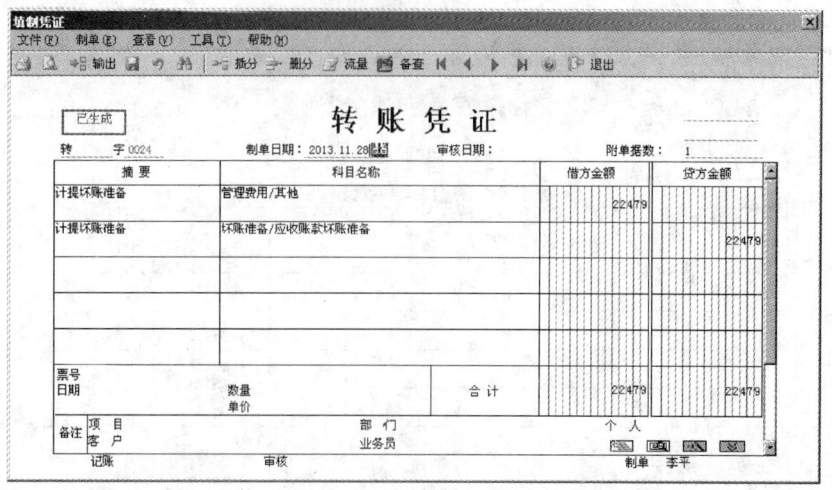

图 8-31　计提坏账准备凭证

3. 应付款系统初始设置。

应付款管理系统和应收款管理系统一样,在运行前需要进行初始设置,以确定系统运行所需要的账套参数,同时规定核算的方法,确保系统正常运行。

科目设置:

应付款管理核算的方法与应收款管理核算的方法基本相似,其科目设置的方法可以参照应收款科目设置进行。

- 执行"财务会计"|"应付款管理"|"设置"|"初始设置"。
- 基础科目设置,如图 8-32 所示。

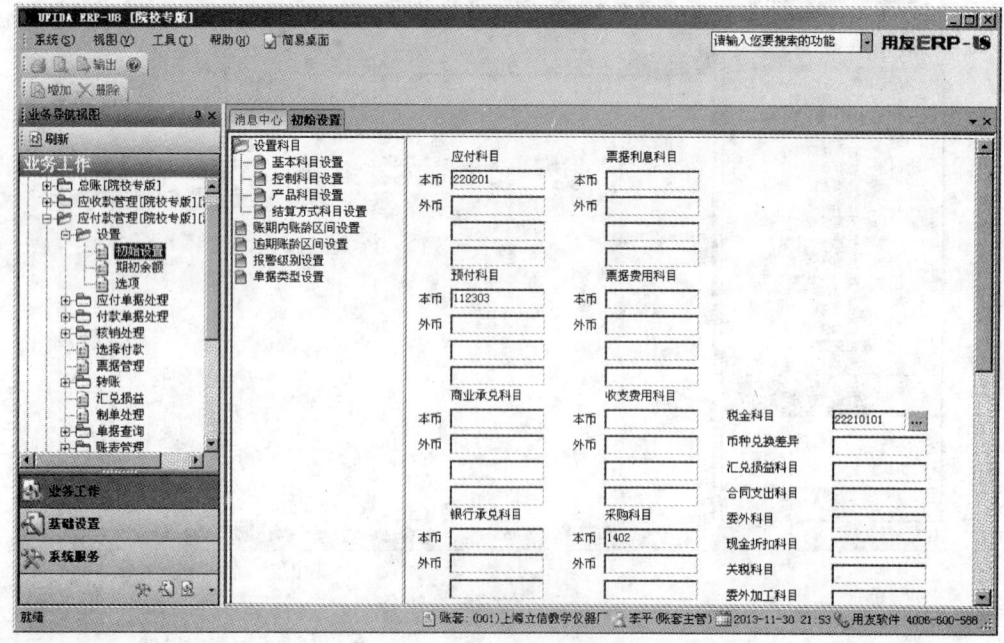

图 8-32　基础科目设置

• 控制科目设置,如图 8-33 所示。

图 8-33　控制科目设置

• 结算方式科目设置,如图 8-34 所示。

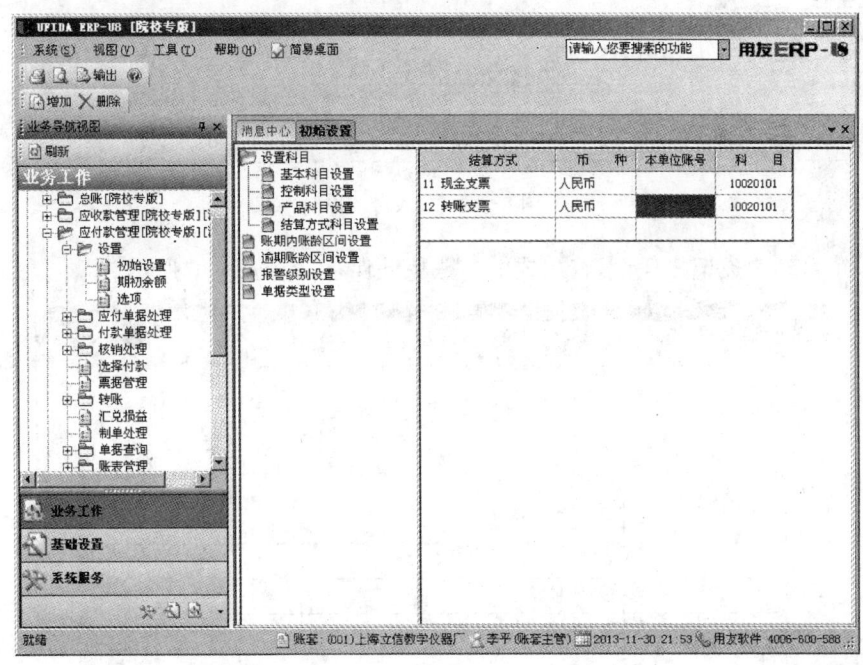

图 8-34　结算方式科目设置

4. 应付款系统日常业务。

应付款管理系统日常业务主要包括应付处理、付款处理、核销处理、票据管理、转账处理、制单处理和查询统计等操作。应付款主要通过采购管理系统对采购发票和代垫费用的处理产生的,这方面的内容将在采购管理项目中介绍。本项目主要涉及付款处理、核销处理、转账处理等业务。

(1) 11 月 11 日,付给明光电子公司转账支票一张,支票号 ZZ0151,金额 10 000 元,其中 7 679.90 元作为归还前欠款,多余部分作为预付账款,立即制单、核销。

• 执行"财务会计"|"应付款管理"|"付款单据处理"|"付款单据录入"。

• 输入付款单表头信息,并修改应付款金额,将多余款项的款项类型改为"预付款",保存并审核付款单,系统提示"是否立即制单",单击"是(Y)",如图 8-35 所示。

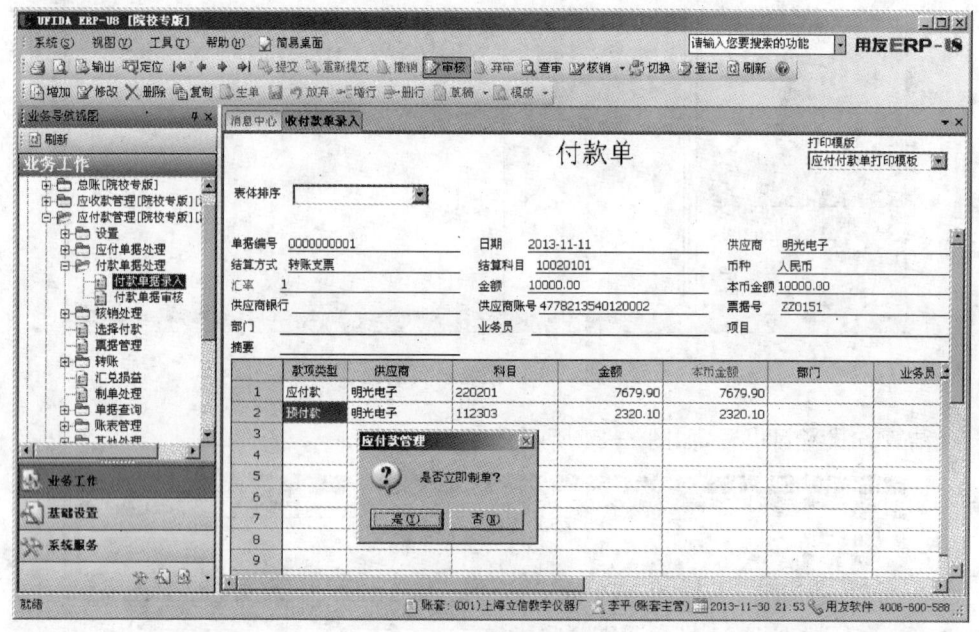

图 8-35　录入付款单

• 系统自动生成记账凭证,将生成的转账凭证保存,如图 8-36 所示。

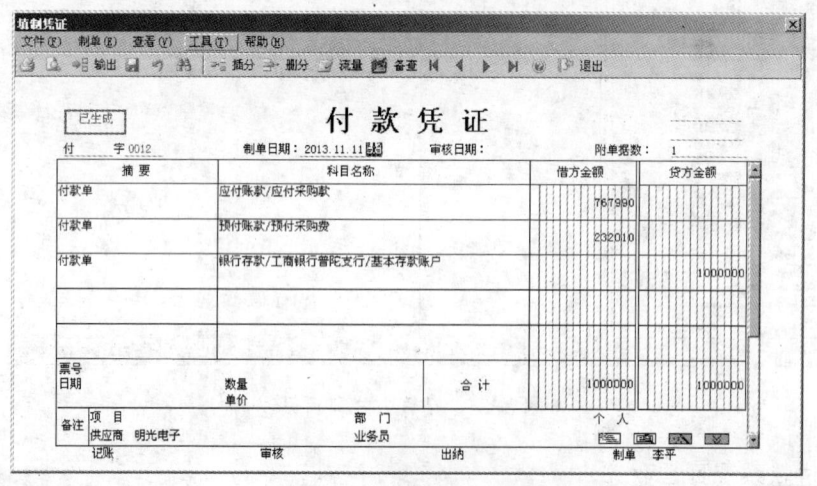

图 8-36　生成付款凭证

• 对于支付的应付款项需要在应付款管理系统中进行核销处理：单击"核销"|"同币种"，如图 8-37 所示。

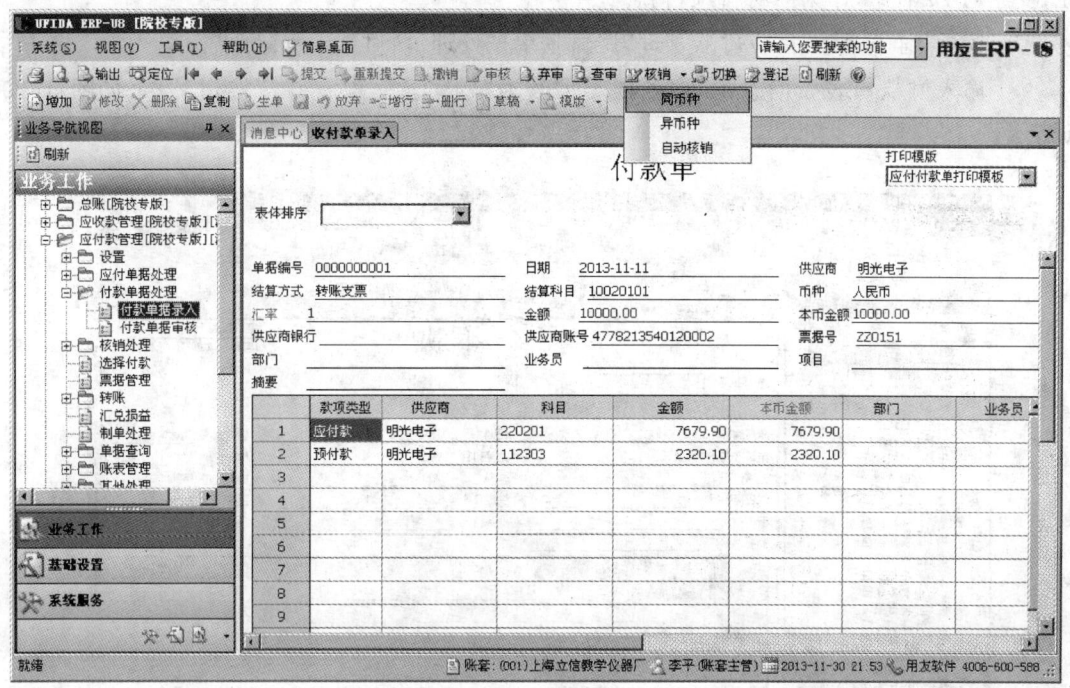

图 8-37 应付款核销

• 在要核销应付款项的本次结算栏中输入核销金额，单击"保存"，将该笔应付款核销，如图 8-38 所示。

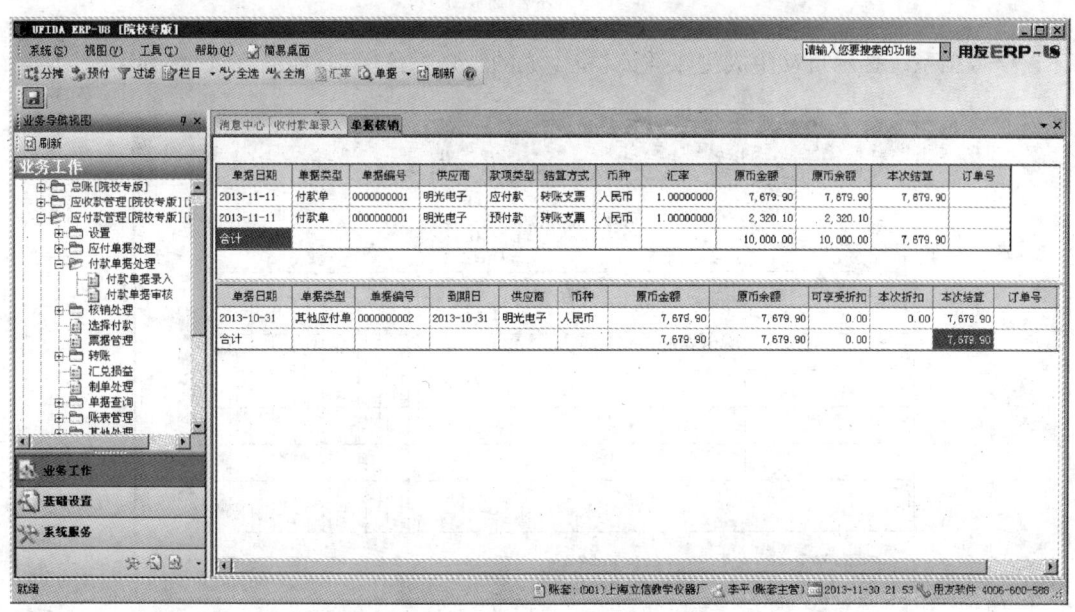

图 8-38 保存核销

（2）11 月 11 日，焊接车间根据生产计划、库存结存信息以及供应商档案和价格信息，选择了上海飞达实业发展有限公司为其供应商，当日签发工商银行转账支票一张，金额为 4 500元，支票号 ZZ0161，作为原材料预付款。

- 执行"财务会计"|"应付款管理"|"付款单据处理"|"付款单据录入"。
- 输入付款单表头信息，并将款项类型改为"预付款"，保存并审核付款单，如图 8-39所示。

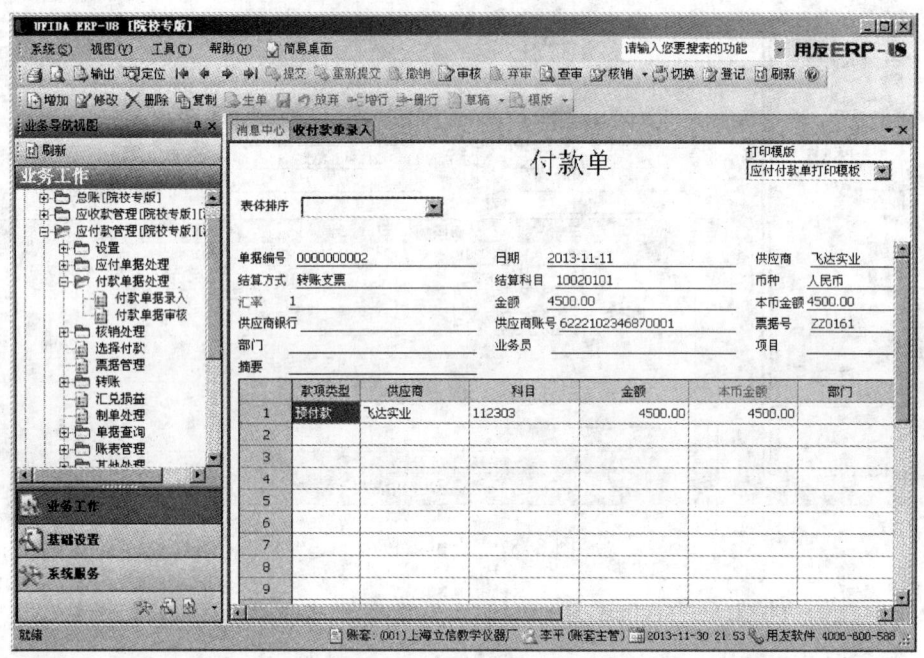

图 8-39　录入付款单

- 根据系统提示自动生成记账凭证，将生成的转账凭证保存，如图 8-40 所示。

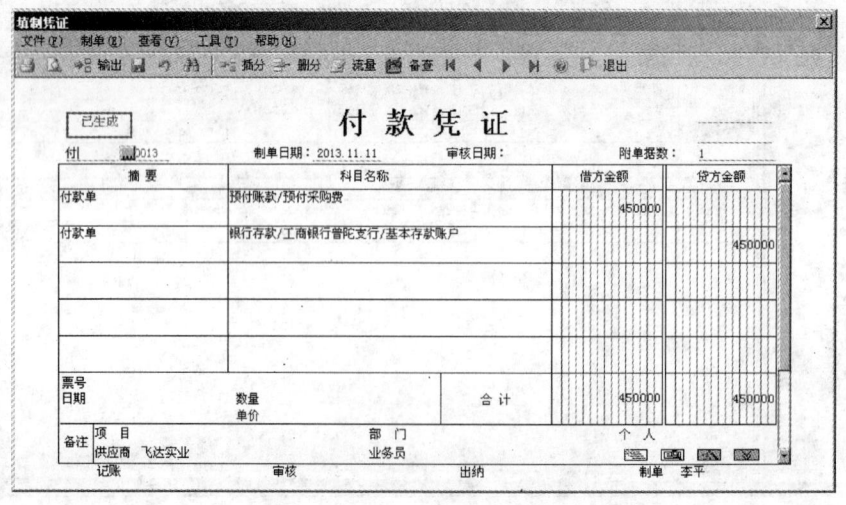

图 8-40　预付款凭证

（3）11 月 12 日，用上述预付款冲抵前欠部分货款，生成记账凭证。

应付款系统的转账处理包括预付冲应付、应付冲应收、红字对冲、应付冲应付。其中，当将一个供应商的预付款冲抵该供应商的应付款时，就会出现预付冲应付的情况。

• 执行"财务会计"|"应付款管理"|"转账"|"预付冲应付"，如图 8-41 所示。

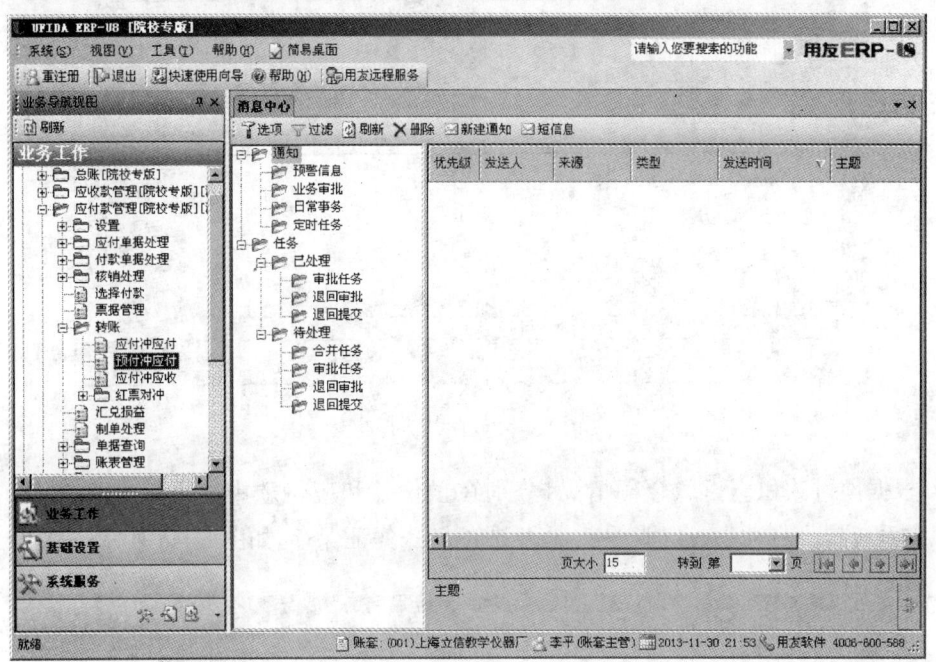

图 8-41　执行"预付冲应付"

• 选择供应商，在预付款选项卡中单击"过滤"，显示该供应商的预付款，如图 8-42 所示。

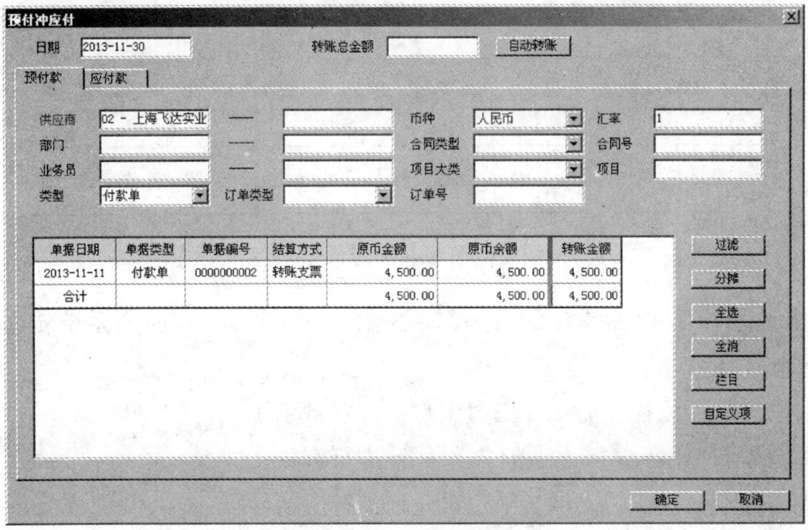

图 8-42　过滤预付款

• 在应付款选项卡中单击"过滤",显示该供应商的应付款,如图 8-43 所示。

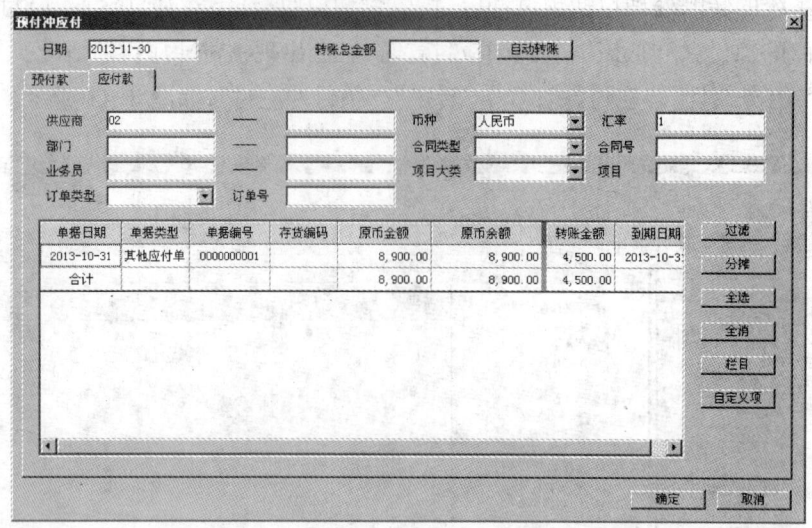

图 8-43　过滤应付款

• 根据预付款和应付款金额情况,分别在预付款和应付款中输入转账金额,单击"确定",根据系统提示自动生成记账凭证,将生成的转账凭证保存,如图 8-44 所示。

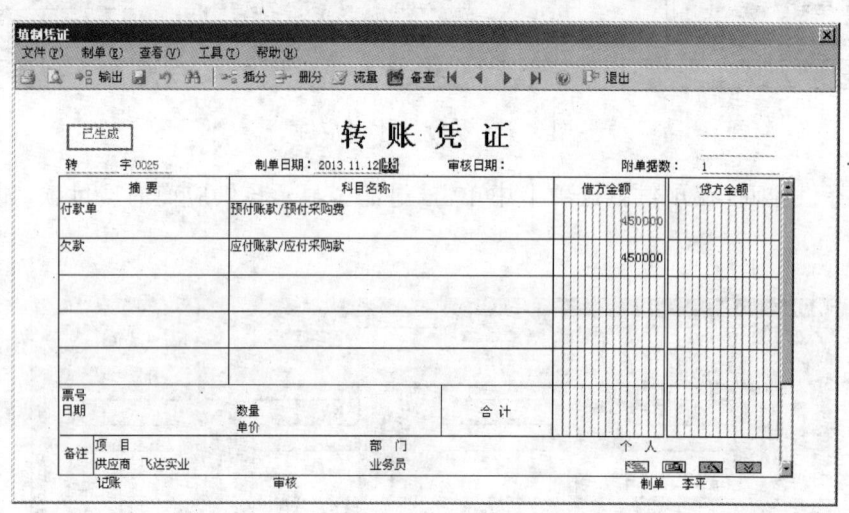

图 8-44　预付冲应付凭证

5. 更换操作员 103 王力,重注册,进入总账系统,对应收款、应付款系统转来凭证审核、出纳签字、记账。

• 重新注册系统,以操作员 103 王力用户身份登录系统;

• 执行"总账"|"凭证"|"审核凭证",对凭证进行审核;

• 执行"总账"|"凭证"|"出纳签字",对凭证进行出纳签字;

• 执行"总账"|"凭证"|"记账",对凭证进行记账。

项目九 库存管理与存货核算

功 能 概 述

供应链管理系统是用友 ERP-U8 管理系统的重要组成部分,它突破了会计核算软件单一财务管理的局限,实现了财务管理到企业财务业务一体化全面管理,实现了物流、资金流管理的统一。库存管理和存货核算是供应链的核心管理系统,它既管理采购部门从供应商那里采购来的材料或商品,又管理着生产领料、销售出库。

库存管理与存货核算实际就是企业仓库管理,其中库存管理主要是数量上对存货进行管理,用于核算和分析存货的耗用情况。存货核算主要对存货进行账务管理,用于正确计算存货的出入库成本,为企业的成本核算提供基础数据。

在业务处理时,库存管理系统在存货出入库时提供各种出入库单据,作为存货核算的依据。存货核算系统进行价格管理,并根据出入库单据进行明细账的记账操作,将生成记账凭证传递至总账管理系统。同时,对核算的出入库成本又可以作为库存管理的核算依据。库存管理与存货核算业务流程,如图9-1所示。

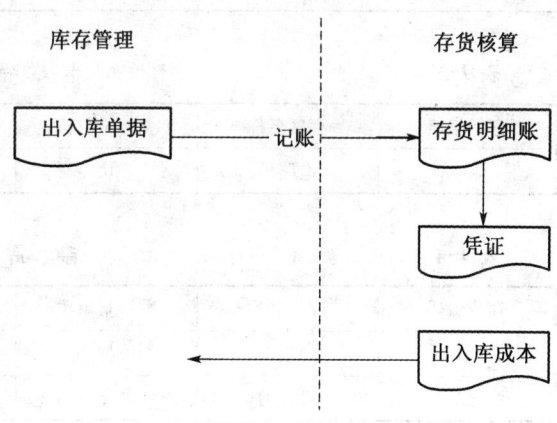

图 9-1 库存管理与存货核算业务流程

项 目 实 训

【项目要求】

完成库存管理及存货核算的管理业务,理解库存管理与存货核算的关系。

【项目资料】

1. 操作员 101 李平登录,根据表格中各仓库的数据,输入库存及存货期初数据,审核并

163

记账,如表 9-1 至表 9-4 所示。

表 9-1 原 料 库

存货编码	存货名称	主计量单位	数量	单价	金额
01	机壳	个	3 800	10.00	38 000.00
02	电源	套	3 800	10.00	38 000.00
03	印刷板	块	3 800	15.00	57 000.00
04	话筒	个	3 800	7.00	26 600.00
05	耳机	个	3 800	8.00	30 400.00
06	电容	个	3 800	3.00	11 400.00
07	集成电路块	块	3 800	135.00	513 000.00
08	焊锡	千克	350.00	100.00	35 000.00
09	包装盒	只	1 800	1.00	1 800.00
合计					751 200

表 9-2 成 品 库

存货编码	存货名称	主计量单位	数量	单价	金额
11	跟读机	套	2 000	250.00	500 000.00

表 9-3 半 成 品 库

存货编码	存货名称	主计量单位	数量	单价	金额
10	电路板	块	3 200	195.00	624 000.00

表 9-4 杂 品 库

存货编码	存货名称	主计量单位	数量	单价	金额
12	电烙铁	把	120	15.00	1 800.00
13	螺丝刀	把	125	8.00	1 000.00

2. 在存货核算中引入库存期初数据,并对存货记账。

3. 设置存货科目,如表 9-5 所示。

表 9-5 存 货 科 目

仓库名称	存货分类名称	存货科目编码
原料库	主料	1403
原料库	辅料	1403
原料库	包装物	1403
成品库	产成品	140501
半成品库	自制半成品	140401

4. 设置对方科目,如表9-6所示。

表9-6　　　　　　　　　　对　方　科　目

收发类别名称	对方科目编码
采购入库	1402
产成品入库	50010101
销售出库	6401
领料出库	50010101

5. 11月2日,焊接车间从原料仓库领料如表9-7所示,用作生产电路板3 000块,按产品结构配比领料。按规定制单、记账并生成凭证。

表9-7　　　　　　　　　　领　料　单

材料编码	材料名称	主计量单位	数量
003	印刷板	块	3 000
006	电容	个	3 000
007	集成电路块	块	3 000
008	焊锡	千克	300.00

6. 11月10日,半成品库收到焊接车间完工的电路板3 000块,按生产成本计算表数据结算半成品成本,进行成本分配,并制单、记账,生成记账凭证。(按产成品入库处理)

7. 11月12日,装配调试车间分别从原材料库及半成品库领料用作生产跟读机,制单、记账并生成凭证,如表9-8和表9-9所示。

表9-8　　　　　　　　装配调试车间领料单(原料库)

材料编码	材料名称	规格型号	主计量单位	数量
001	机壳		个	1 800
002	电源		个	1 800
004	话筒		个	1 800
005	耳机		付	1 800
009	包装盒		只	1 800

表9-9　　　　　　　　装配调试车间领料单(半成品库)

材料编码	材料名称	规格型号	主计量单位	数量
010	电路板		块	1 800

8. 11月25日,成品库收到装配调试车间完工的跟读机1 800台,按生产成本计算表数据结算成品成本,即作成本分配,记账、生成凭证。

9. 11月30日,对原料库的所有存货进行盘点,盘点结果如表9-10所示,记账、生成凭证。按规定进行盘亏业务的账务处理,计入"营业外支出"。

表 9-10

盘 点 单

出库类别	入库类别	部门	编码	存货名称	单位	账面数量	盘点数量
盘亏出库	盘盈入库	仓库	01	机壳	个	2 000	2 000.00
			02	电源	套	2 000	2 000.00
			03	印刷板	块	800	800.00
			04	话筒	个	2 000	2 000.00
			05	耳机	个	2 000	2 000.00
			06	电容	个	800	800.00
			07	集成电路块	块	800	800.00
			08	焊锡	千克	50.00	49.00

10. 更换操作员 103 王力,重注册,进入总账系统,对上述业务转来的凭证进行审核、记账。

项 目 指 导

【操作步骤】

1. 输入库存及存货期初数据,审核并记账。

期初数据录入对于供应链系统来说也是必不可少的环节,而且期初数据录入需要按照一定的顺序完成:采购管理期初暂估录入→采购管理期初记账→销售管理期初单据录入→销售管理期初单据审核→库存管理期初余额录入→库存管理期初数据审核→存货管理期初余额录入(取数)→存货管理期初记账。本教材实训项目对于采购管理和销售管理期初录入不作处理。

• 执行"供应链"|"库存管理"|"初始设置"|"期初结存",如图 9-2 所示。

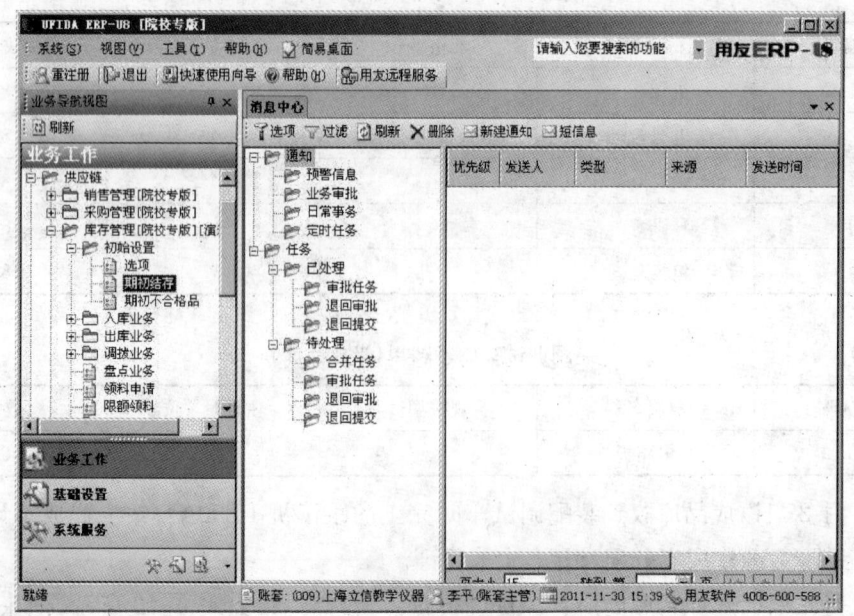

图 9-2　执行"期初结存"

- 在库存期初中选择仓库，如图9-3所示。

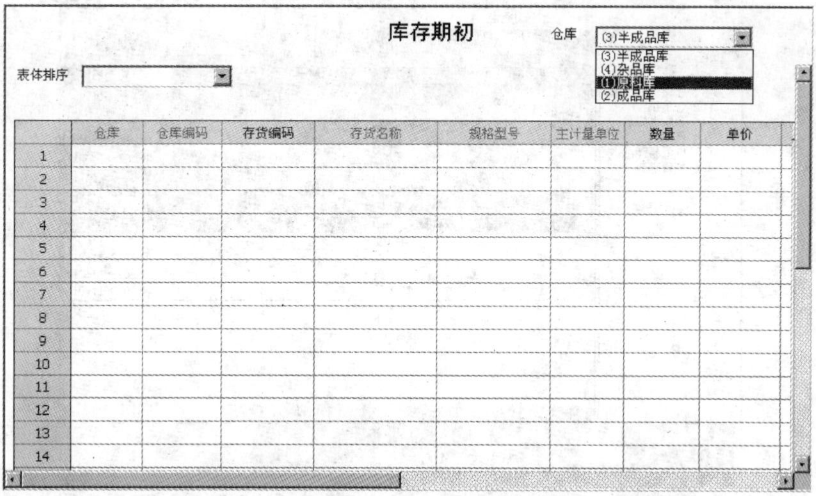

图9-3　选择仓库

- 在库存期初的存货编码栏单击"参照"，如图9-4所示。

图9-4　存货编码参照

- 选择需要录入期初数据的存货项目，如图9-5所示。
- 输入各存货项目的期初数量，并对输入的期初数审核，如图9-6所示。

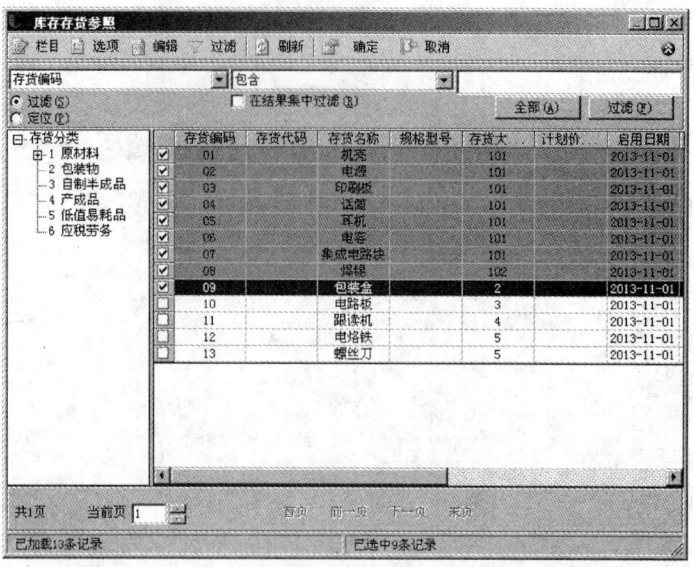

图 9-5 选择存货项目

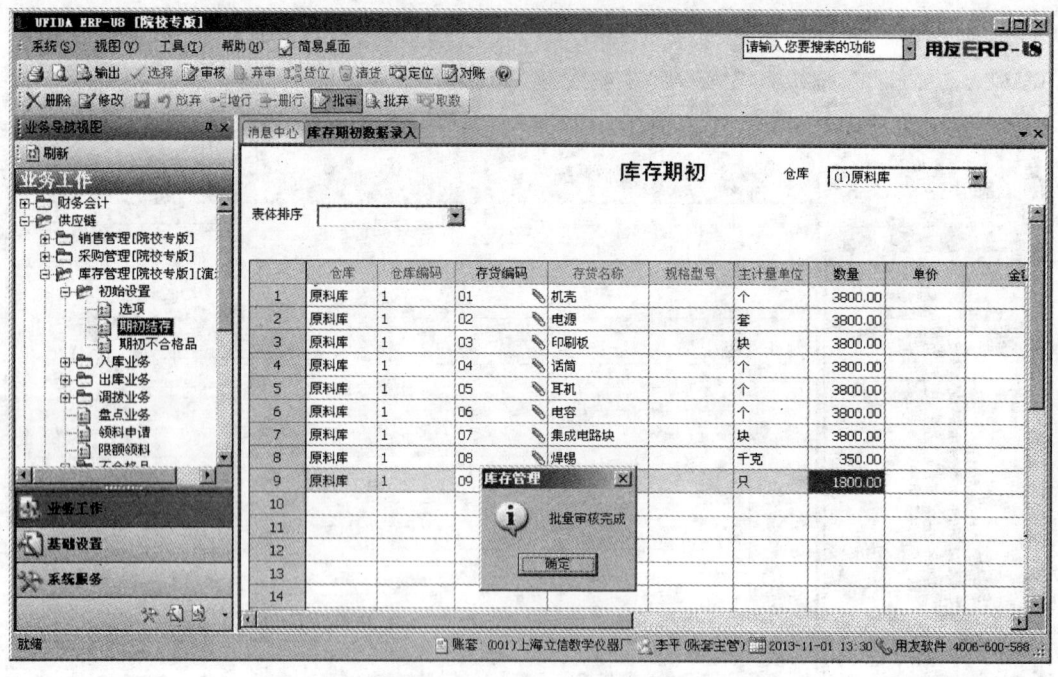

图 9-6 录入、审核库存期初数量

说明 对于输入的库存期初数据应进行审核,若仓库包含多项存货,则每个存货要分别审核,也可以采用"批审",将多项存货一次性审核。如果库存存货没有审核,则该存货就不能在后续核算时使用。

2. 在存货核算中引入库存期初数据，并对存货记账。

- 执行"供应链"|"存货核算"|"初始设置"|"期初数据"|"期初余额"，如图9-7所示。

图9-7　执行"期初余额"

- 在仓库下拉列表中选择仓库，如图9-8所示。

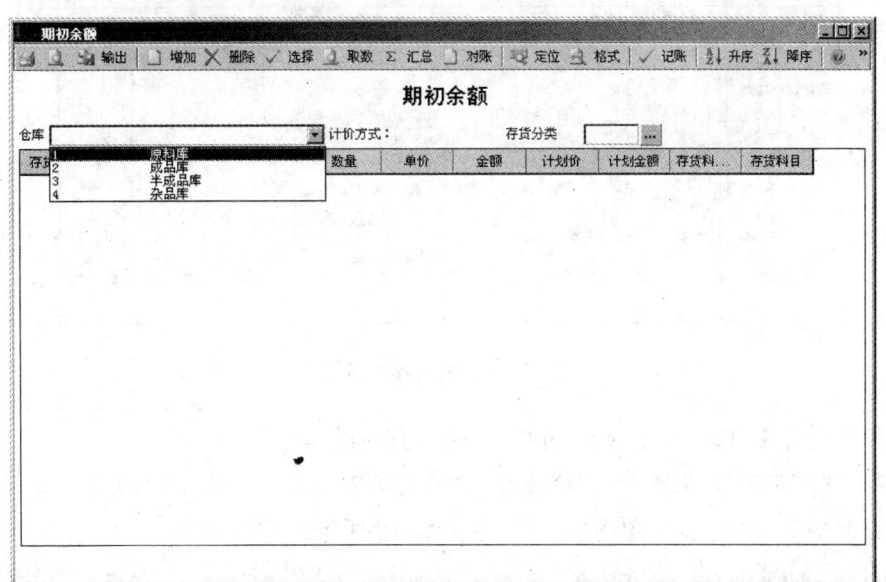

图9-8　选择仓库

- 在确定仓库后，单击"取数"，如图9-9所示。

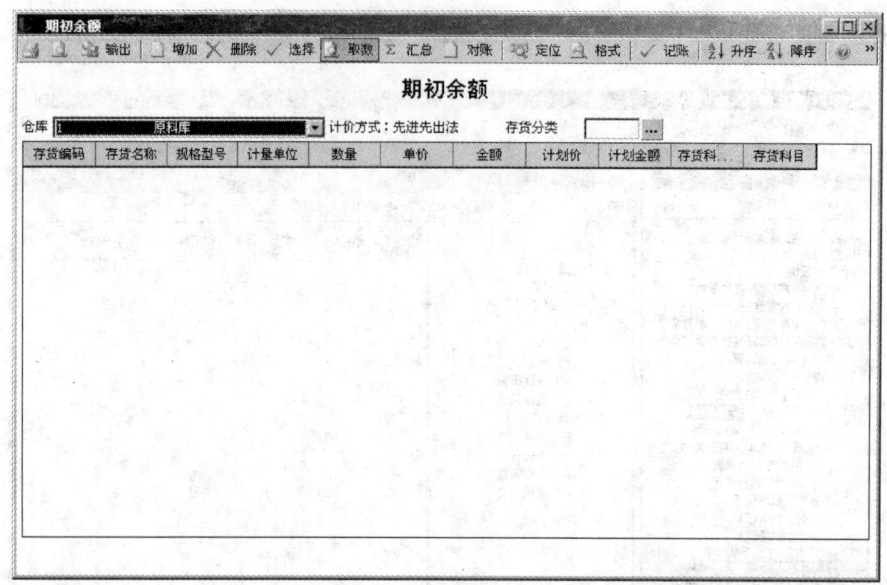

图 9-9　存货取数

• 输入各存货项目的单价,如图 9-10 所示。

存货编码	存货名称	规格型号	计量单位	数量	单价	金额	计划价	计划金额	存货料	存货科目
01	机壳		个	3800	10.00	38000.00				
02	电源		套	3800	10.00	38000.00				
03	印刷板		块	3800	15.00	57000.00				
04	话筒		个	3800	7.00	26600.00				
05	耳机		个	3800	8.00	30400.00				
06	电容		个	3800	3.00	11400.00				
07	集成电路块		块	3800	135.00	513000.00				
08	焊锡		千克	350.00	100.00	35000.00				
09	包装盒		只	1800	1.00	1800.00				
合计:						751,200.00				

图 9-10　输入存货单价

• 按上述方法,选择其他仓库,并取数,输入存货的单价。
• 执行"供应链"|"采购管理"|"设置"|"采购期初记账",如图 9-11 所示。
• 在期初记账对话框中单击"记账",如图 9-12 所示。

　说明　采购期初数据没有输入,也需要采购期初记账,这样才能进行存货记账。

• 执行"供应链"|"存货核算"|"初始设置"|"期初数据"|"期初余额",如图 9-7 所示。
• 单击"记账",系统提示"期初记账成功",如图 9-13 所示。

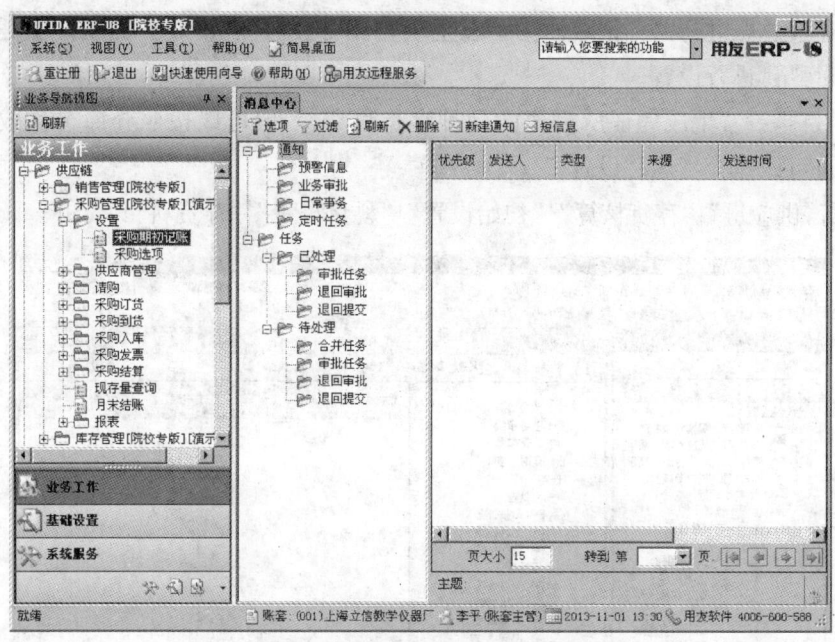

图 9-11　执行"采购期初记账"

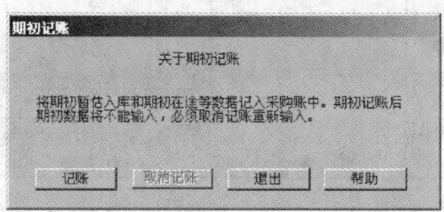

图 9-12　采购期初记账

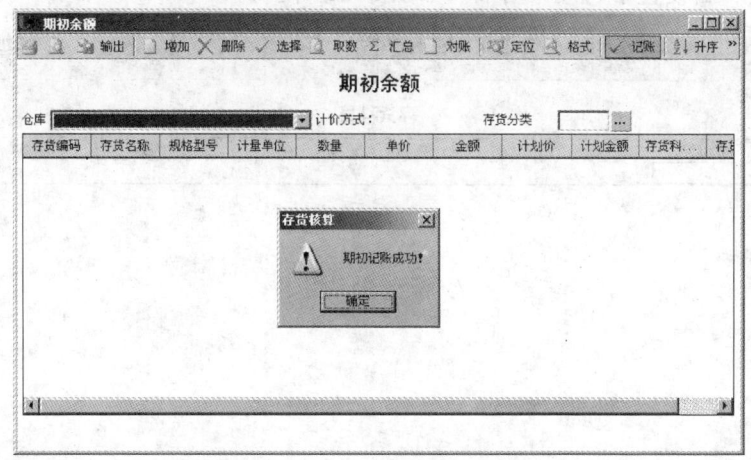

图 9-13　存货期初记账

3. 设置存货科目。

存货核算系统是供应链管理系统与财务链管理系统联系的桥梁，企业的采购业务、销售业务和其他出入库业务，都要通过存货核算系统进行账务处理生成记账凭证，并传递到总账

管理系统,通过总账进行财务记账。为了在生成凭证时,能自动按业务类型产生凭证的借贷科目,应该对科目进行设置。

存货科目是设置生成凭证所需要的各种存货科目,一般可以按照仓库名称或存货分类进行设置,也可以按存货名称设置。

- 执行"供应链"|"存货核算"|"初始设置"|"科目设置"|"存货科目",如图 9-14 所示。

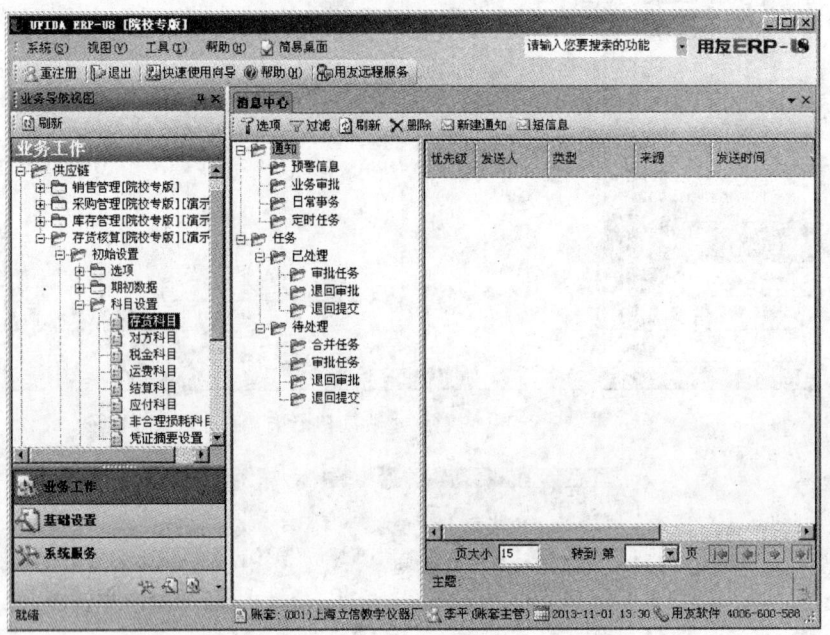

图 9-14　执行"存货科目"

- 在存货科目设置中,单击"增加",如图 9-15 所示。

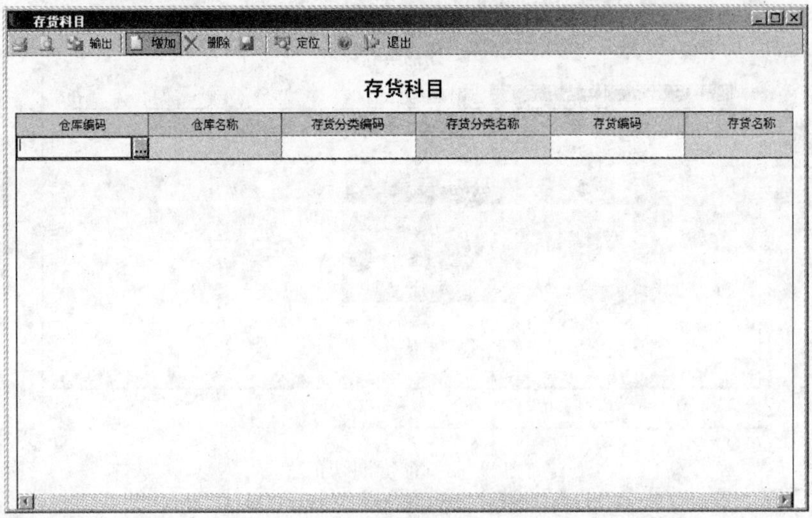

图 9-15　增加存货科目

- 根据仓库名称或存货分类或存货名称设置存货科目,如图 9-16 所示。

存货科目

仓库编码	仓库名称	存货分类编码	存货分类名称	存货编码	存货名称	存货科目编码	存货科目名称
1	原料库	101	主料			1403	原材料
1	原料库	102	辅料			1403	原材料
1	原料库	2	包装物			1403	原材料
2	成品库	4	产成品			140501	跟读机
3	半成品库	3	自制半成品			140401	电路板

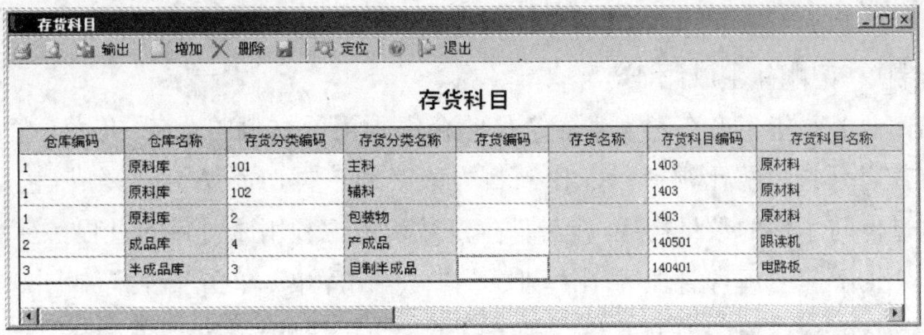

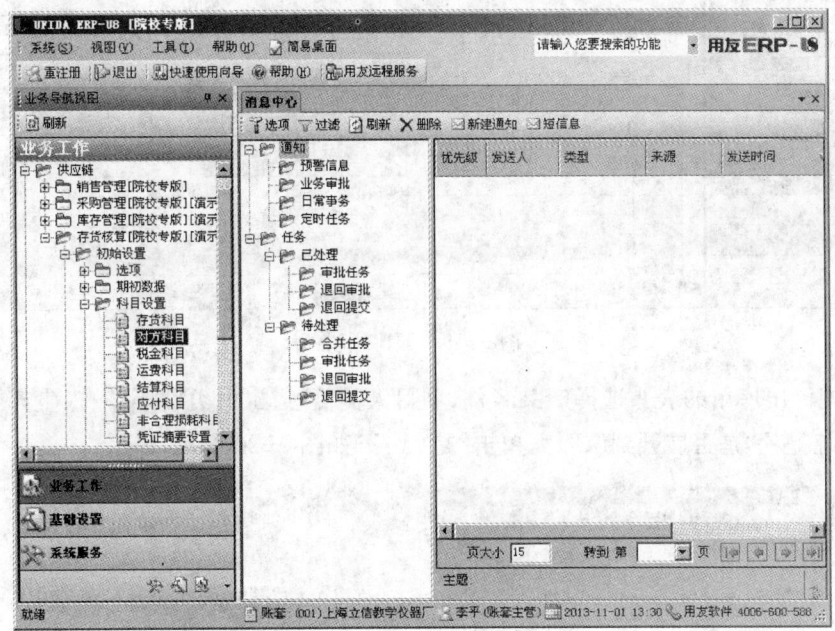

图 9-16 设置存货科目

4. 设置对方科目。

对方科目是设置生成凭证所需要的存货对方科目，一般可以按照收发类别进行设置。

• 执行“供应链”|“存货核算”|“初始设置”|“科目设置”|“对方科目”，如图 9-17 所示。

图 9-17 执行“对方科目”

• 根据收发类别设置对方科目，如图 9-18 所示。

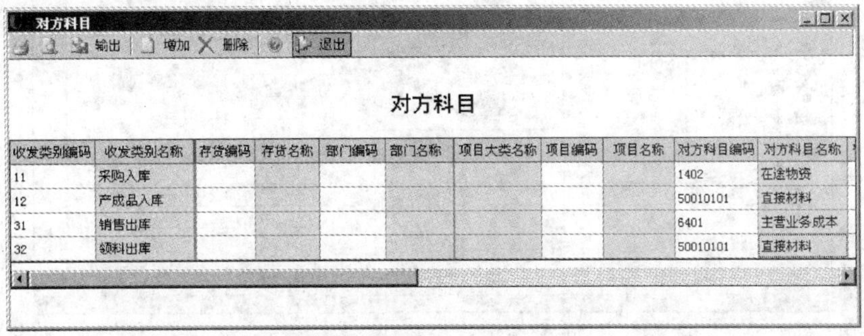

对方科目

收发类别编码	收发类别名称	存货编码	存货名称	部门编码	部门名称	项目大类名称	项目编码	项目名称	对方科目编码	对方科目名称
11	采购入库								1402	在途物资
12	产成品入库								50010101	直接材料
31	销售出库								6401	主营业务成本
32	领料出库								50010101	直接材料

图 9-18 设置对方科目

5. 11月2日,焊接车间从原料仓库领料,用作生产电路板3 000块,按产品结构配比领料。按规定制单、记账并生成凭证。

领料出库业务是指生产车间为生产产品向仓库领用原材料的业务,在库存管理系统中,领料方式有普通领料和配比领料。配比领料方式必须依据产品结构来完成,它是根据定义的产品结构母件与子件的数量构成,按母件生产数量配比领用原材料的过程。

- 执行"供应链"|"库存管理"|"出库业务"|"材料出库单",单击"配比",如图9-19所示。

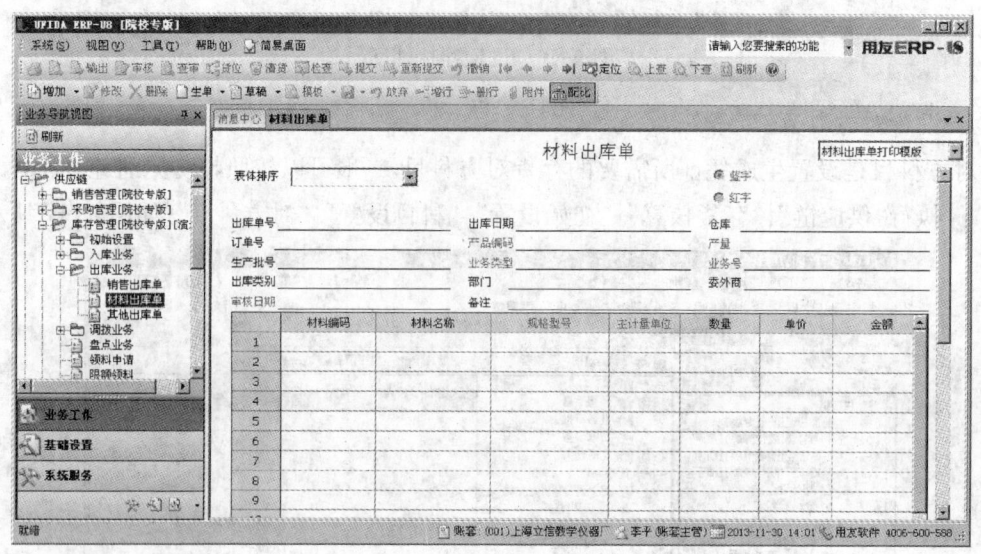

图9-19 配比领料

- 在配比出库单的表头选择产品名称、项目大类信息、出库类别等,输入生产数量,单击"展开",系统提示"是否展开到末级",单击"是(Y)",如图9-20所示。

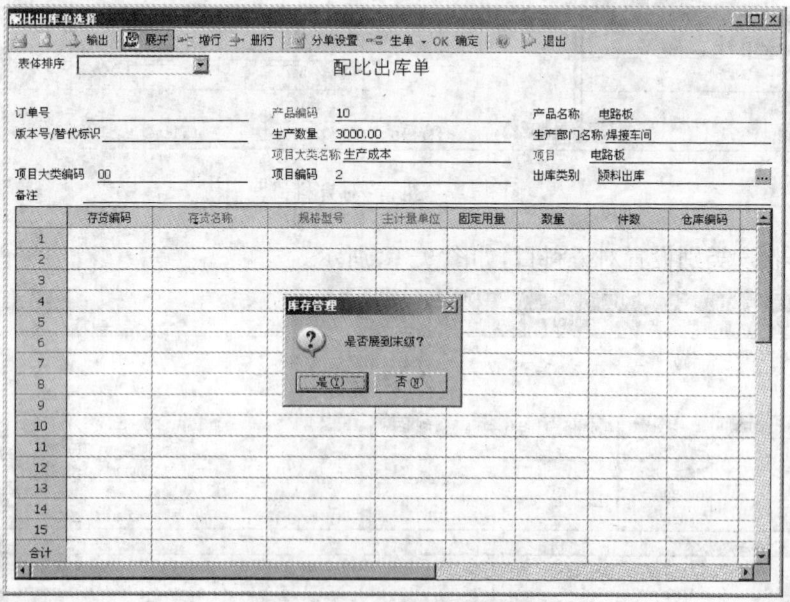

图9-20 展开配比出库单

• 系统根据产品生产数量自动计算各材料出库数量,生成配比出库单,单击"OK 确定",系统提示"配比出库单已成功生成 1 张材料出库单!"单击"确定",如图 9-21 所示。

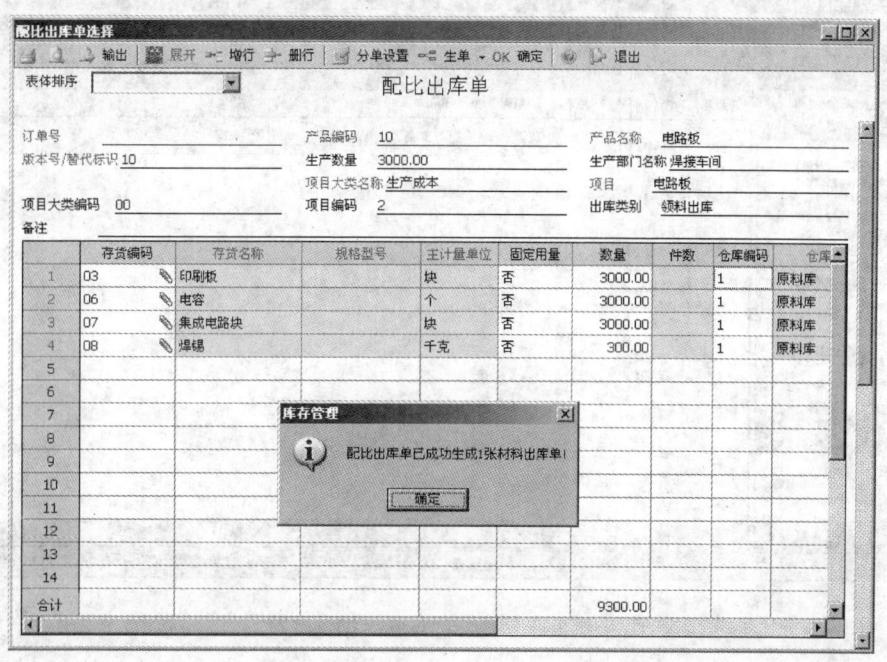

图 9-21　配比出库单

• 系统自动产生材料出库单,单击"审核",审核材料出库单,系统提示"该单据审核成功!"单击"确定",如图 9-22 所示。

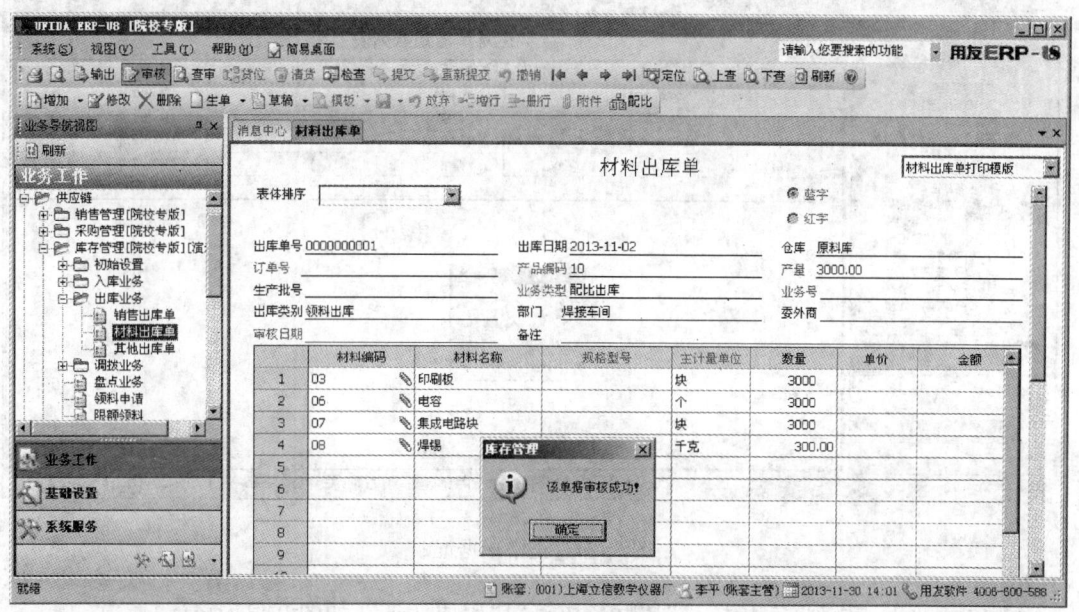

图 9-22　审核材料出库单

- 执行"供应链"|"存货核算"|"业务核算"|"正常单据记账",如图 9-23 所示。

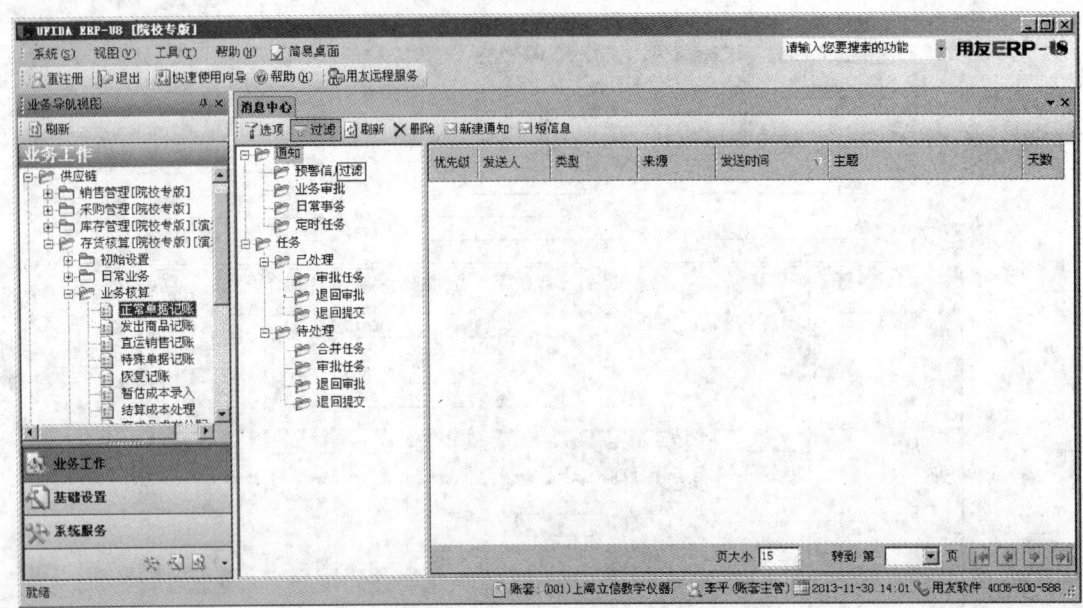

图 9-23　执行"正常单据记账"

- 在正常单据列表中,单击"记账",对存货明细账进行记账,如图 9-24 所示。

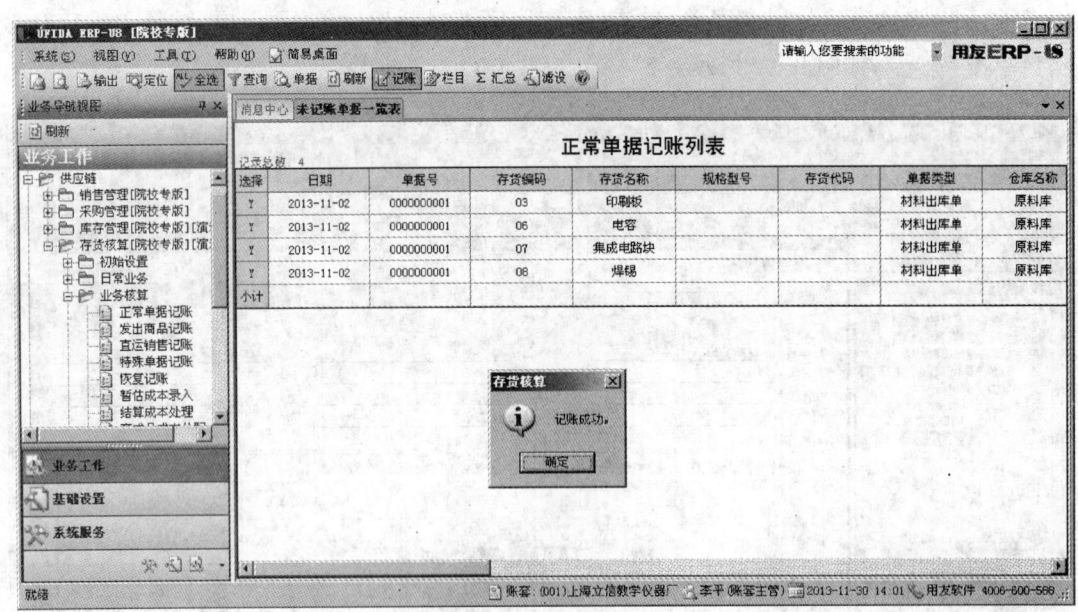

图 9-24　正常单据记账

- 执行"供应链"|"存货核算"|"财务核算"|"生成凭证",如图 9-25 所示。
- 在生成凭证状态下,单击"选择",如图 9-26 所示。

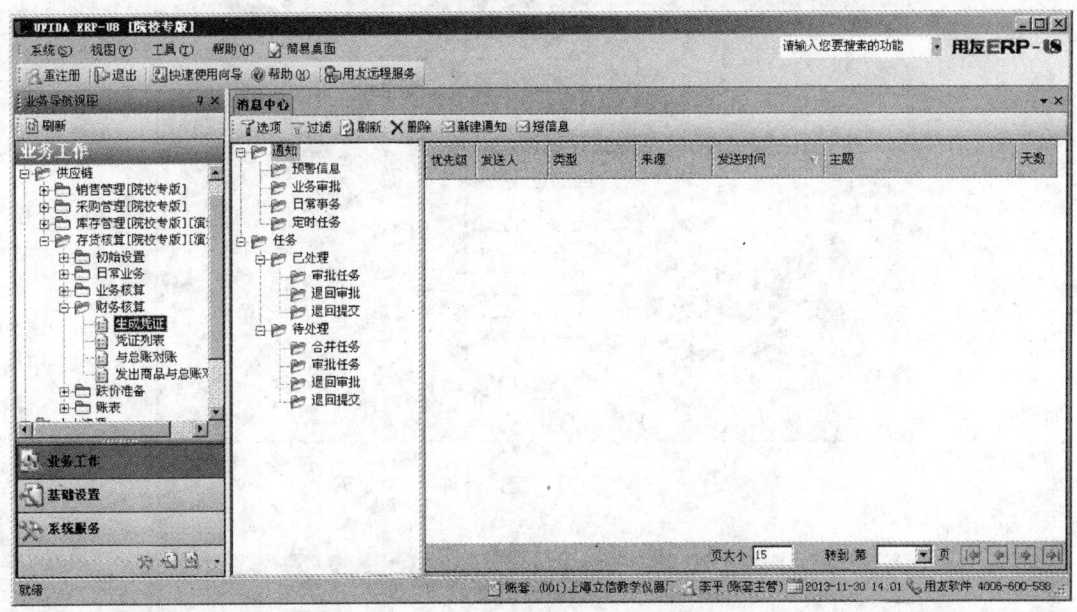

图 9-25 执行"生成凭证"

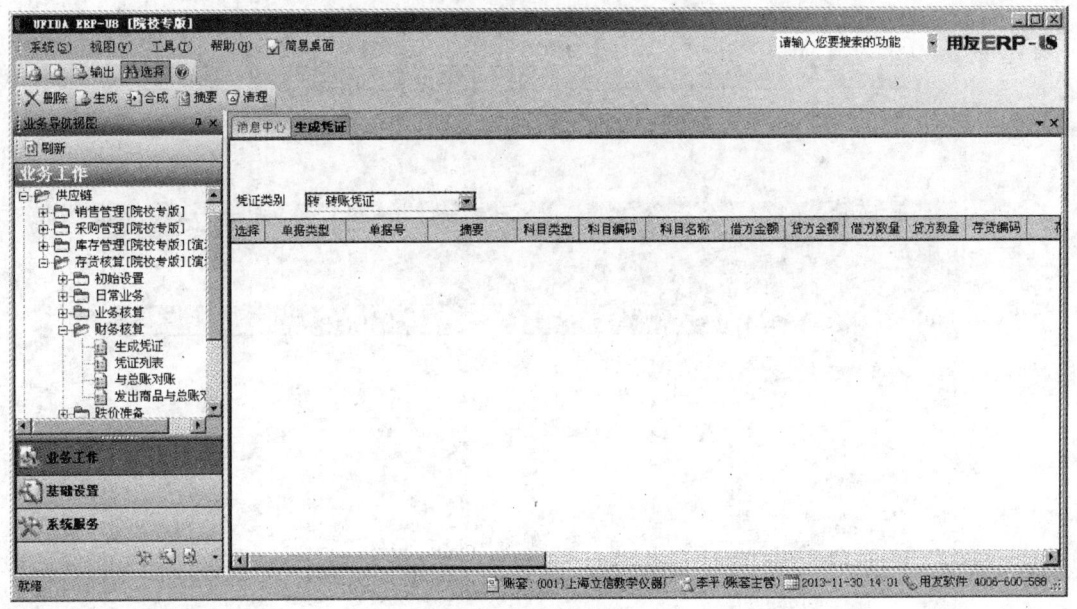

图 9-26 生成凭证

- 在查询条件中,选择生成凭证的单据(默认为全选),单击"确定",如图 9-27 所示。

- 在凭证单据一览表中单击要生成凭证的单据记录,选择该单据,单击"确定",如图 9-28 所示。

- 在生成凭证状态下,单击"生成",如图 9-29 所示。

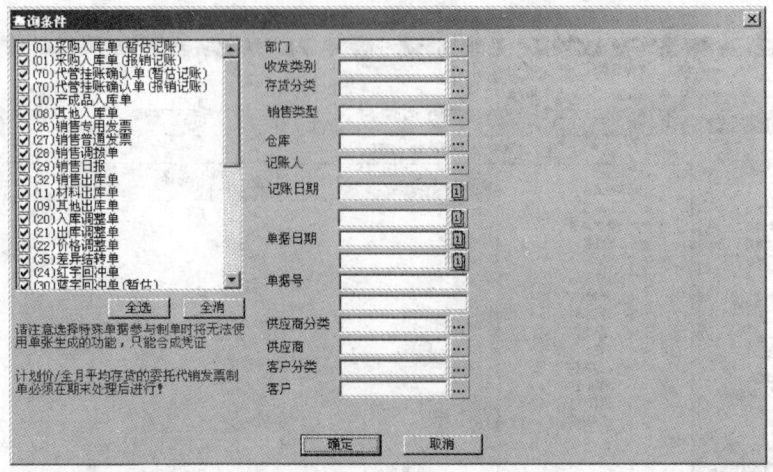

图 9-27　查询条件

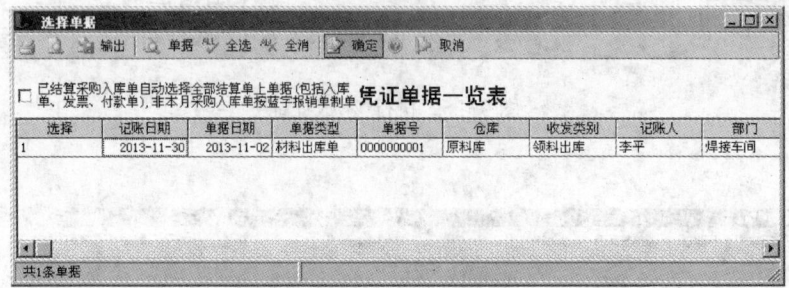

图 9-28　选择单据

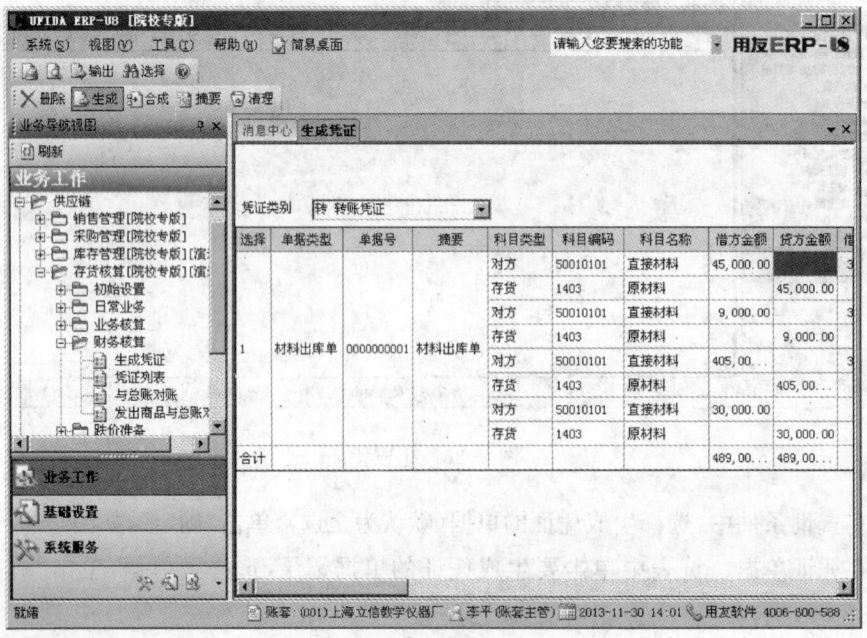

图 9-29　生成凭证

说明 如果在初始设置时没有设置存货科目或对方科目，在生成凭证状态下需要定义各科目，再单击"生成"。

- 保存生成的记账凭证，如图9-30所示。

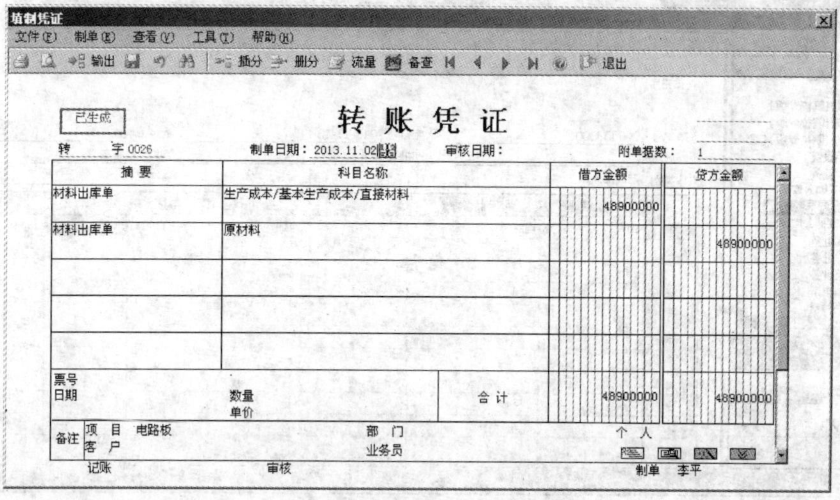

图9-30 生成领料出库凭证

6. 11月10日，半成品库收到焊接车间完工的电路板3 000块，按生产成本计算表数据结算半成品成本，进行成本分配，并制单、记账，生成记账凭证。（按产成品入库处理）

产成品入库是指生产车间将生产的半成品或产成品入库到半成品仓库或产成品仓库。在产成品入库时，需要对入库的产成品计算单位成本，这样才能进行记账工作。

- 执行"供应链"|"库存管理"|"入库业务"|"产成品入库单"，单击"增加"，如图9-31所示。

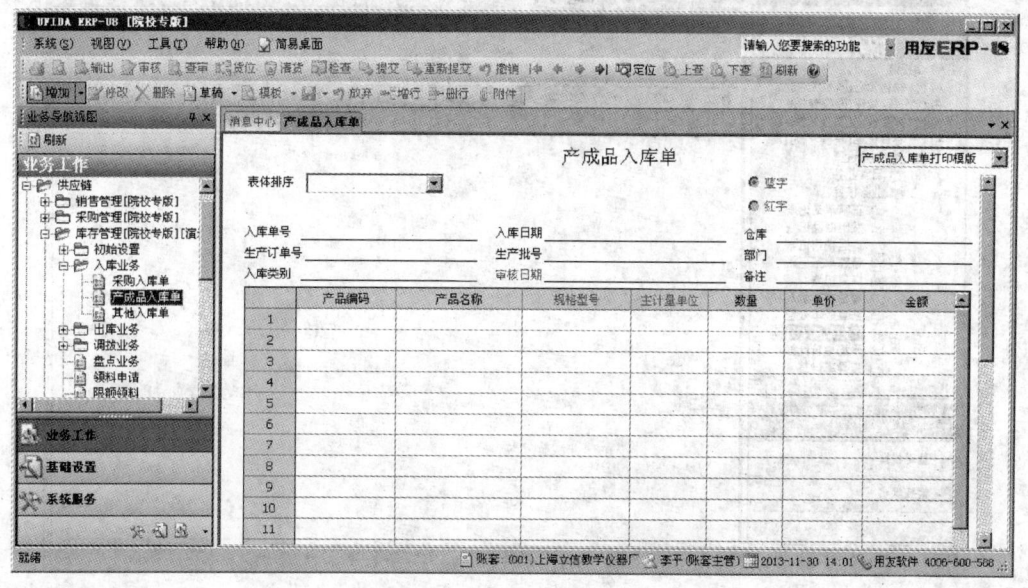

图9-31 执行"产成品入库单"

● 增加产成品入库单,单击"保存",再单击"审核",如图 9-32 所示。

图 9-32 产成品入库单

● 计算入库半成品单位成本:执行"供应链"|"存货核算"|"业务核算"|"产成品成本分配",单击"查询",如图 9-33 所示。

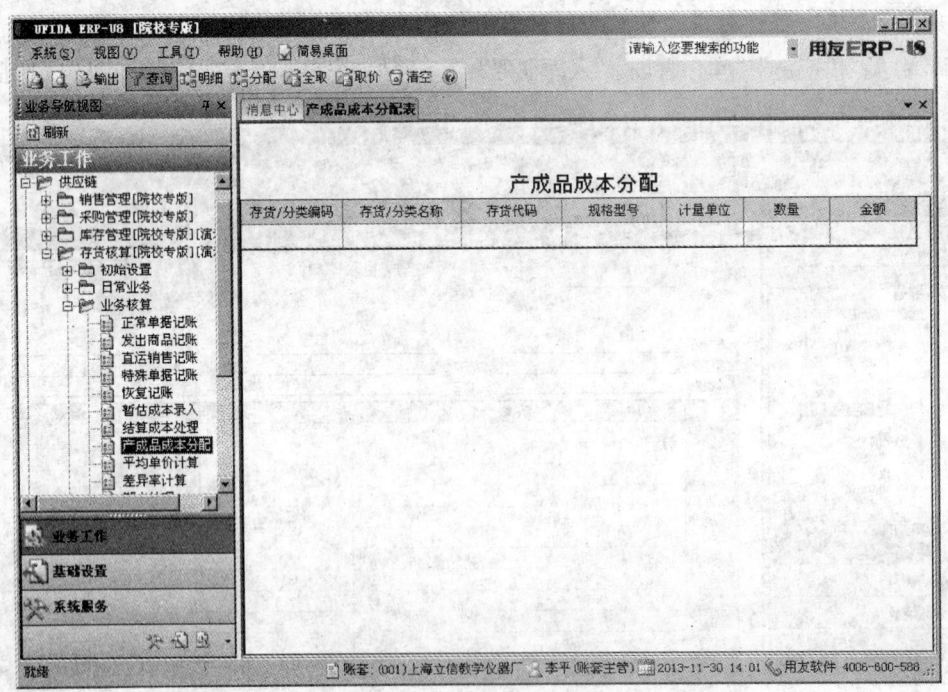

图 9-33 执行"产成品成本分配"

- 选择产成品入库的仓库，单击"确定"，如图9-34所示。

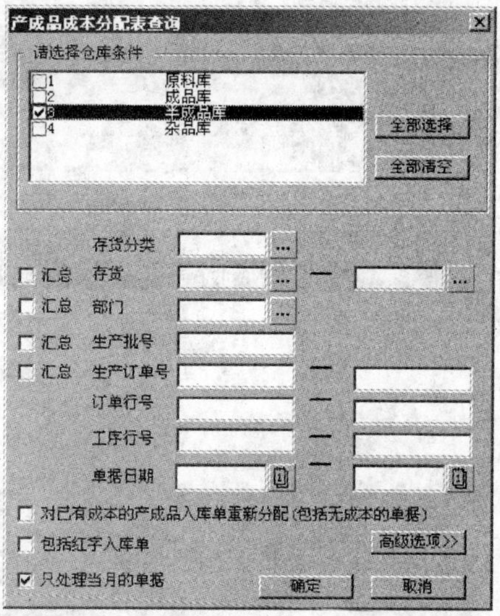

图 9-34　产成品成本分配查询

- 根据生产成本计算表数据，在产成品成本分配表中输入待分配的产成品的总成本，单击"分配"，完成产成品成本分配操作，如图9-35所示。

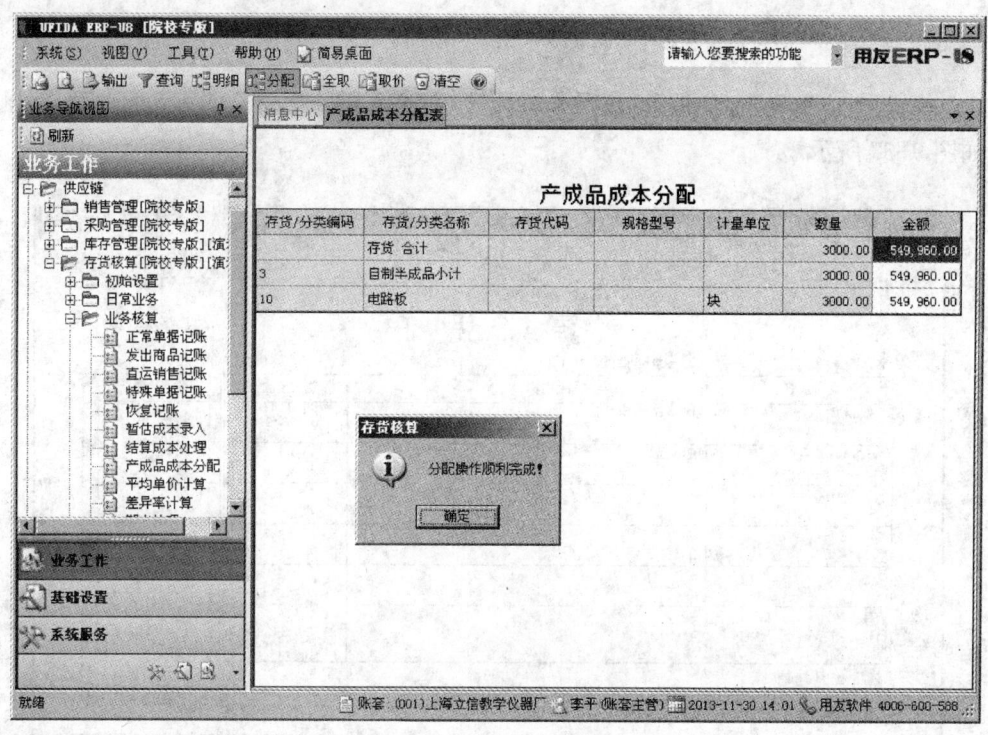

图 9-35　产成品成本分配

• 执行"供应链"|"存货核算"|"业务核算"|"正常单据记账",对入库的半成品明细账进行记账,如图 9-36 所示。

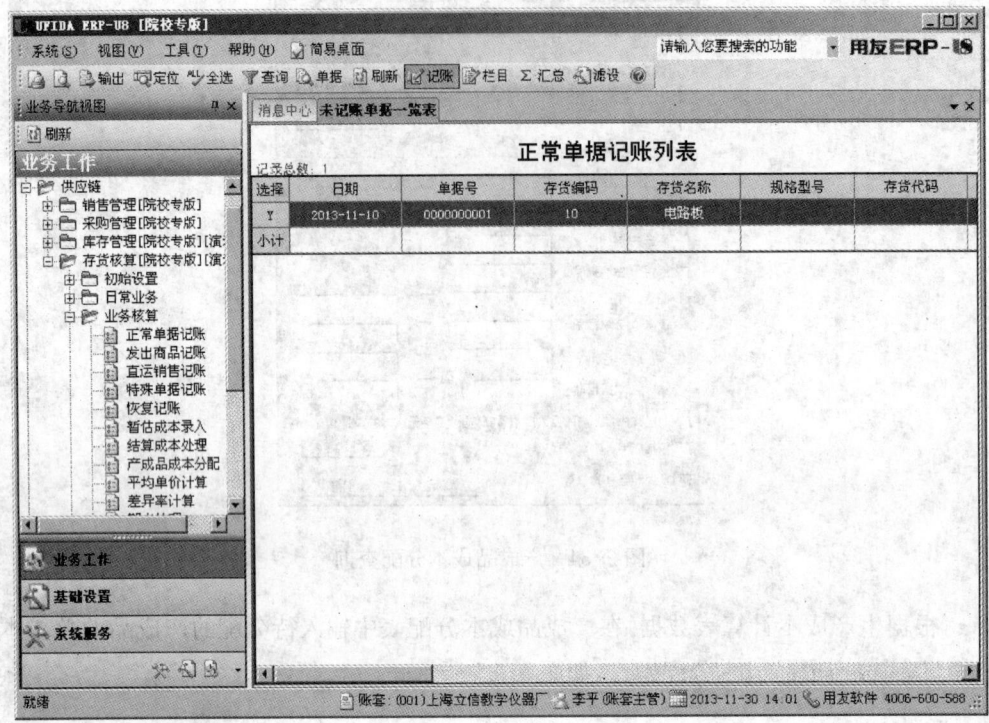

图 9-36　正常单据记账

• 执行"供应链"|"存货核算"|"财务核算"|"生成凭证",选择产成品入库单生成记账凭证,如图 9-37 所示。

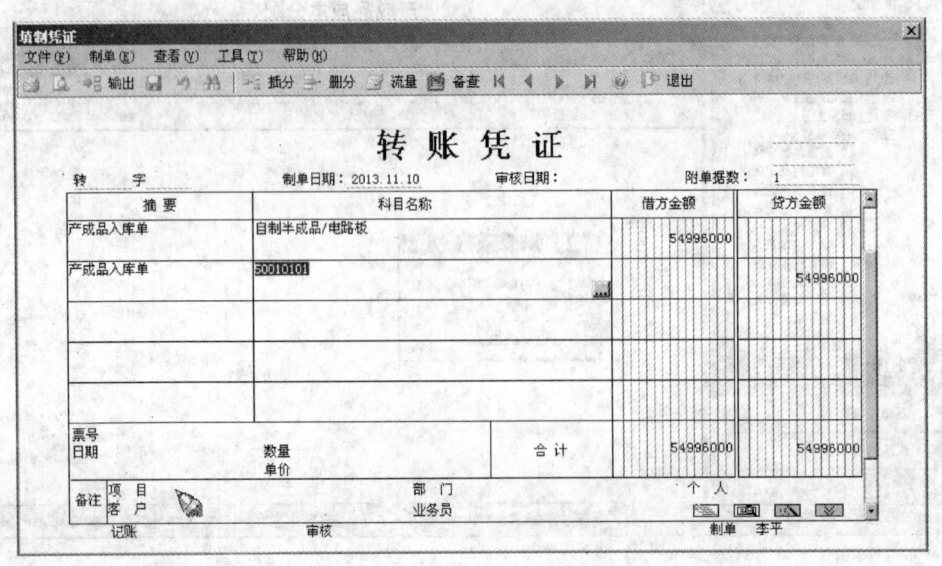

图 9-37　生成转账凭证

• 在生成的转账凭证中,选择"生产成本——基本生产成本——直接材料"科目,鼠标移动到辅助项备注栏,鼠标指针变为钢笔形状,双击鼠标,弹出辅助项对话框,选择生产成本辅助项目,单击"确定",如图9-38所示。

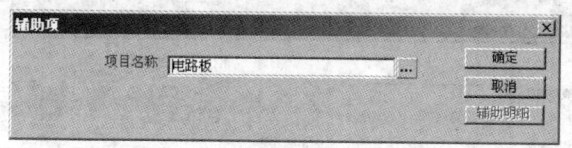

图9-38　选择辅助项内容

• 根据生产成本计算表数据,修改"生产成本——基本生产成本——直接材料"科目的金额,并增加"生产成本——基本生产成本——直接人工"和"生产成本——基本生产成本——制造费用"科目及金额,单击"保存",生成产成品入库记账凭证,如图9-39所示。

图9-39　产成品入库转账凭证

说明　由于产成品入库设置的对方科目只有一个,因此生成的记账凭证也只有一个贷方科目。但产成品入库的实际成本应该包含材料费、人工费、制造费用,所以对系统生成的记账凭证必须进行修改,将人工费和制造费用增加到生成的凭证中。另外,"生产成本——基本生产成本"科目是项目辅助核算科目,在保存凭证时,需要为这些科目定义具体辅助项目内容。

7. 11月12日,装配调试车间分别从原材料库及半成品库领料用作生产跟读机,制单、记账并生成凭证。

• 执行"供应链"|"库存管理"|"出库业务"|"材料出库单",单击"增加",如图9-40所示。

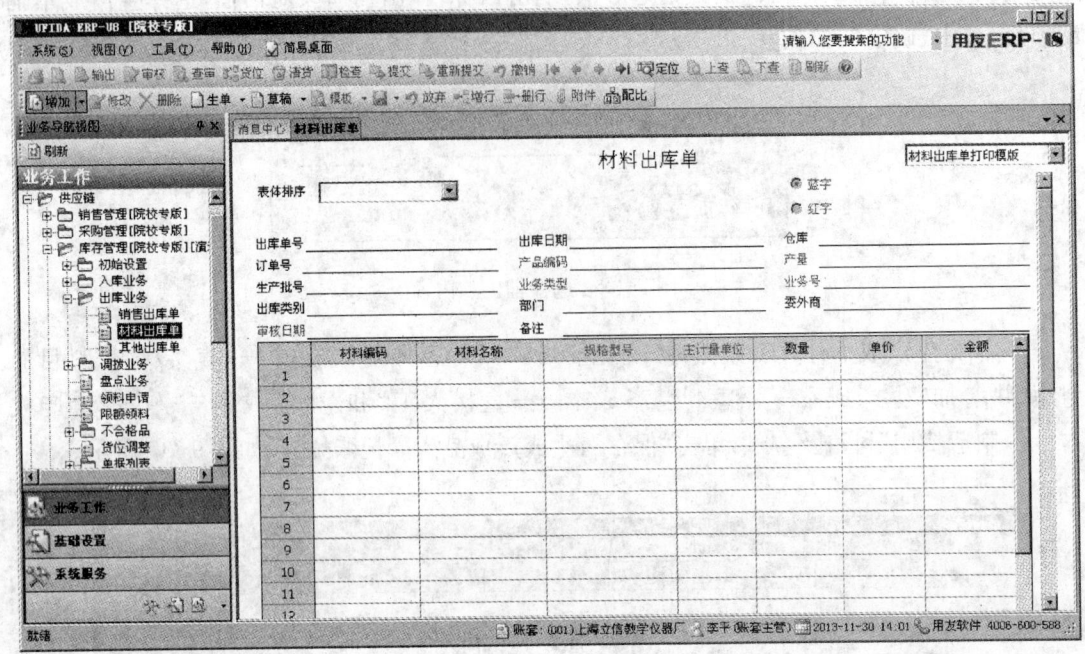

图 9-40　执行"材料出库单"

- 按仓库输入材料出库单,保存并审核材料出库单,如图 9-41 和图 9-42 所示。

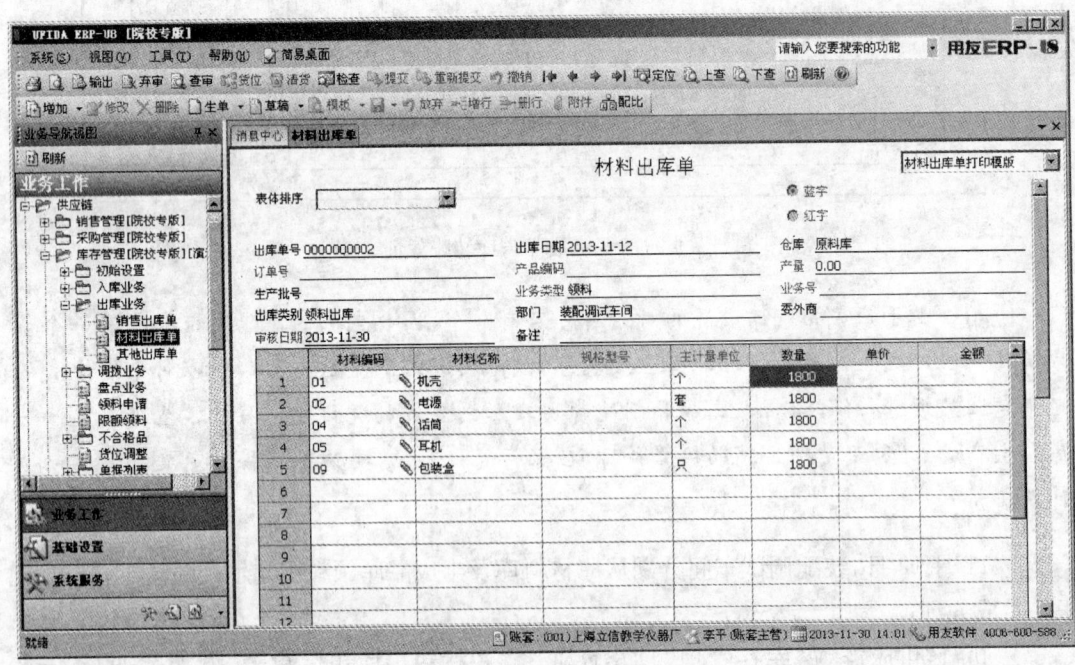

图 9-41　原材料出库单

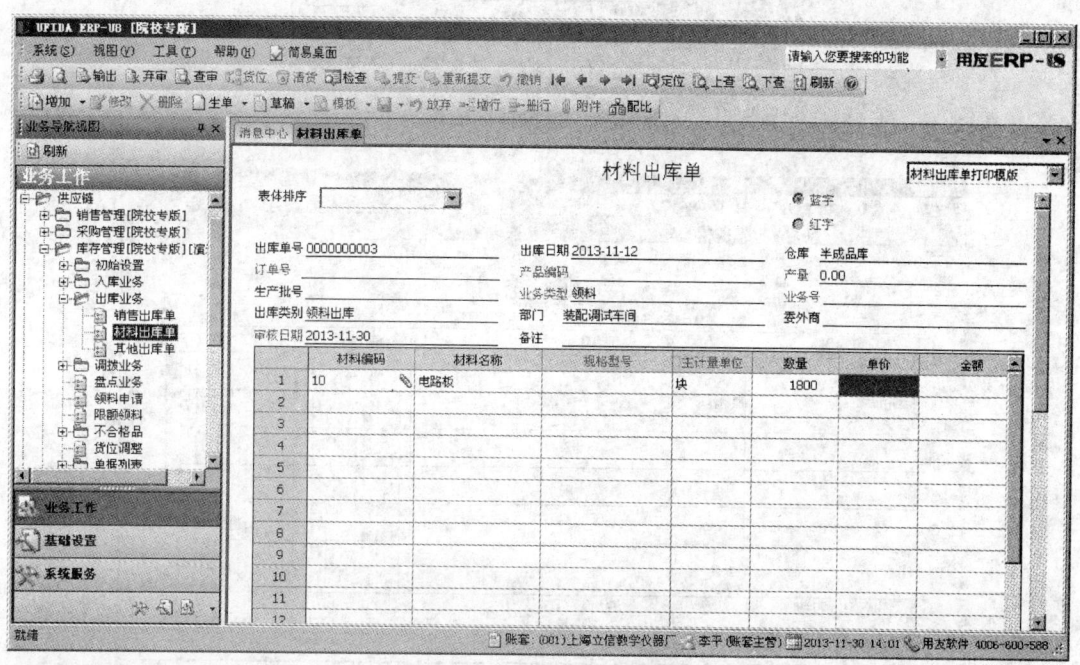

图 9-42 半成品库出库单

- 在存货核算系统对材料出库单进行记账,并生成记账凭证,如图 9-43 所示。

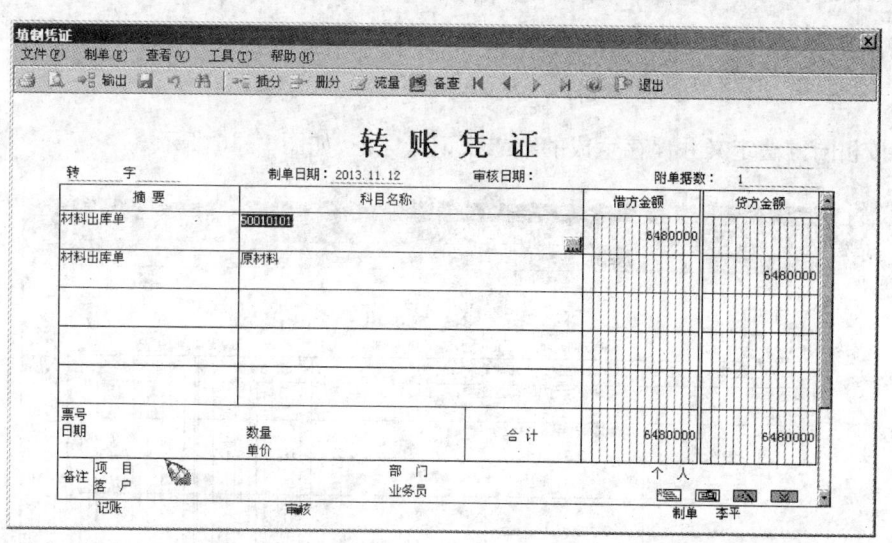

图 9-43 生成记账凭证

- 选择"生产成本——基本生产成本——直接材料",双击备注栏,在辅助项中选择辅助项目内容,单击"确定",如图 9-44 所示。
- 保存生成的第一张记账凭证,单击"下一张",如图 9-45 所示。

图 9-44　选择辅助项目

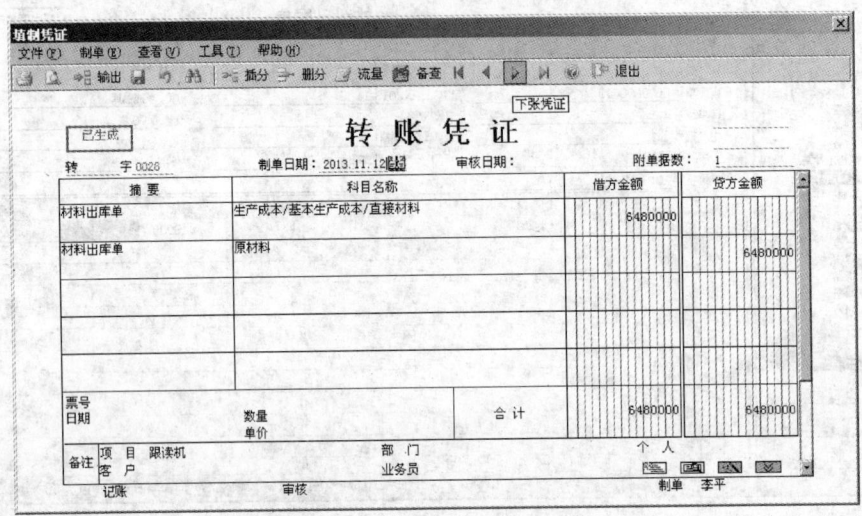

图 9-45　原材料出库转账凭证

> **说明**　如果采用配比方法领料,在配比出库单中选择生产的产品名称,所以生成记账凭证时无需选择"生产成本——基本生产成本——直接材料"的辅助项目。如果是普通领料,材料出库单没有产品信息,所以在生成凭证时需要定义"生产成本——基本生产成本——直接材料"的辅助项目内容。

• 按相同方法定义并保存生成的第二张记账凭证,如图 9-46 所示。

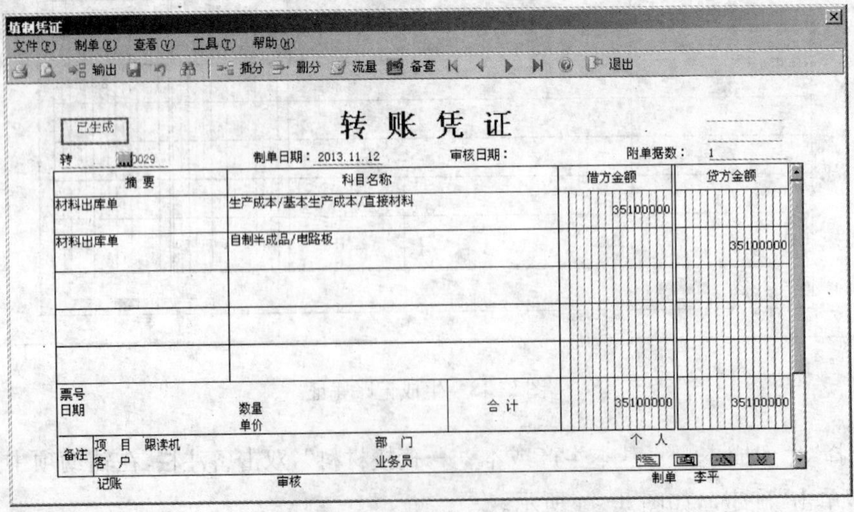

图 9-46　半成品出库转账凭证

8. 11月25日,成品库收到装配调试车间完工的跟读机1 800台,按生产成本计算表数据结算成品成本,即作成本分配,记账、生成凭证。

- 在库存管理系统中增加产成品入库单,对该单据保存并审核,如图9-47所示。

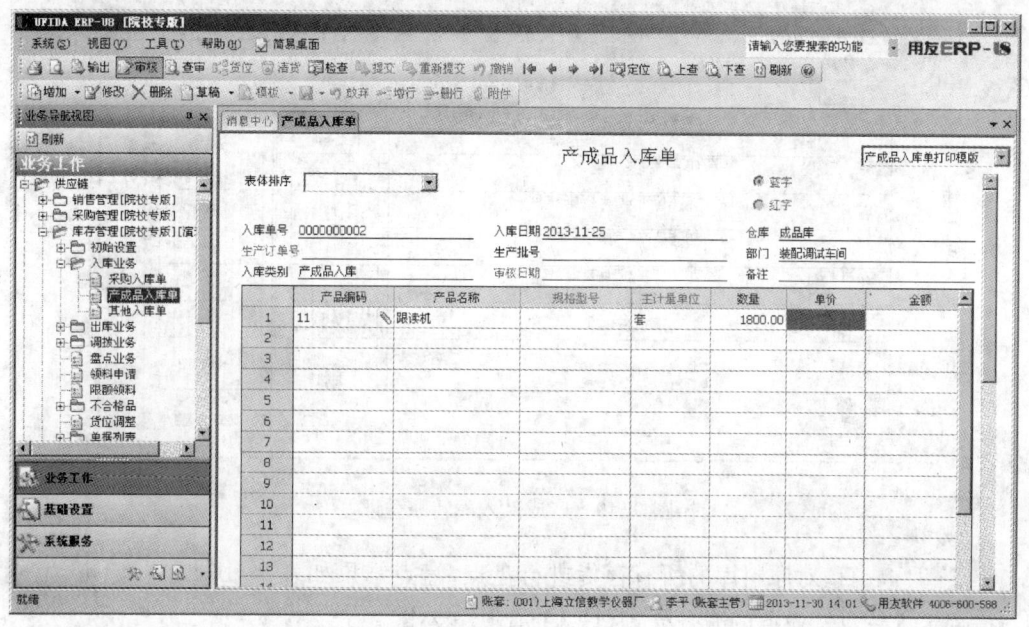

图9-47 产成品入库单

- 按前述方法在存货核算系统中,生产成本计算表数据,对入库的产成品进行成本分配,如图9-48所示。

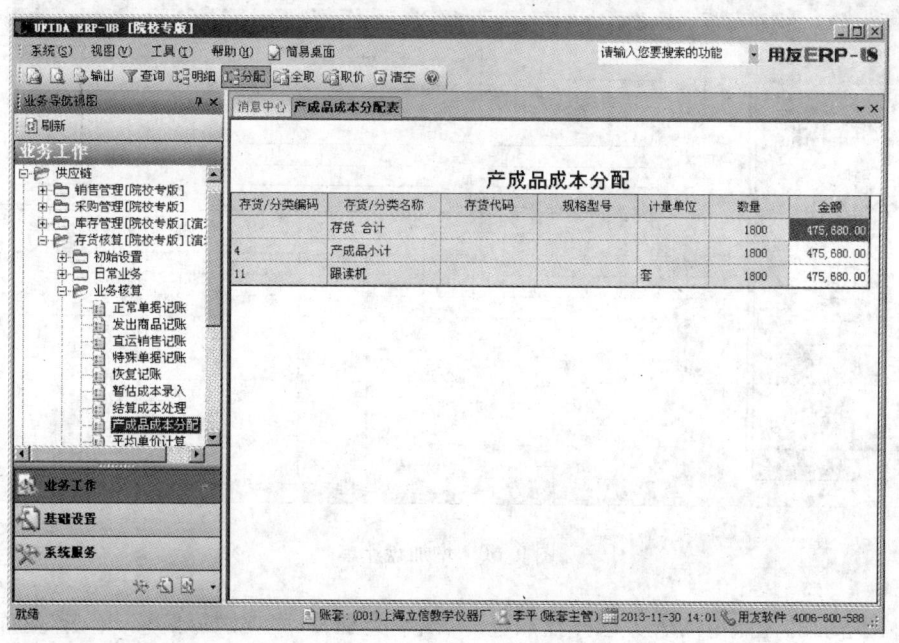

图9-48 产成品成本分配

• 按前述方法在存货核算系统中生成产成品入库记账凭证，并根据生产成本计算表数据，修改并保存生成的凭证，如图 9-49 所示。

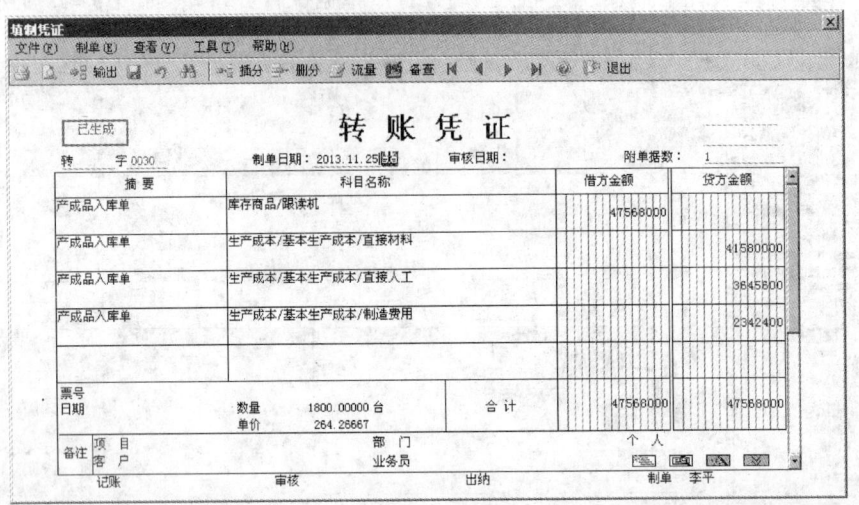

图 9-49　产成品入库转账凭证

9. 11 月 30 日，对原料库的所有存货进行盘点，盘点结果如表 9-10 所示，记账、生成凭证。按规定进行盘亏业务的账务处理，计入"营业外支出"。

• 执行"供应链"|"库存管理"|"盘点业务"，单击"增加"，如图 9-50 所示。

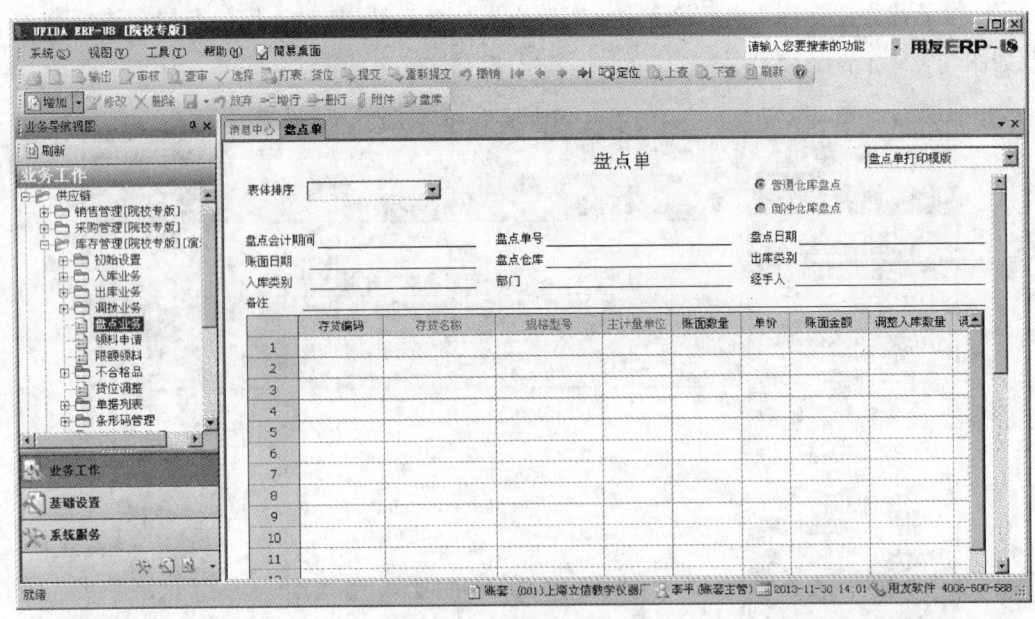

图 9-50　增加盘点单

• 在增加的盘点单的表头选择盘点仓库、出库类别、入库类别等信息，单击"盘库"，如图 9-51 所示。

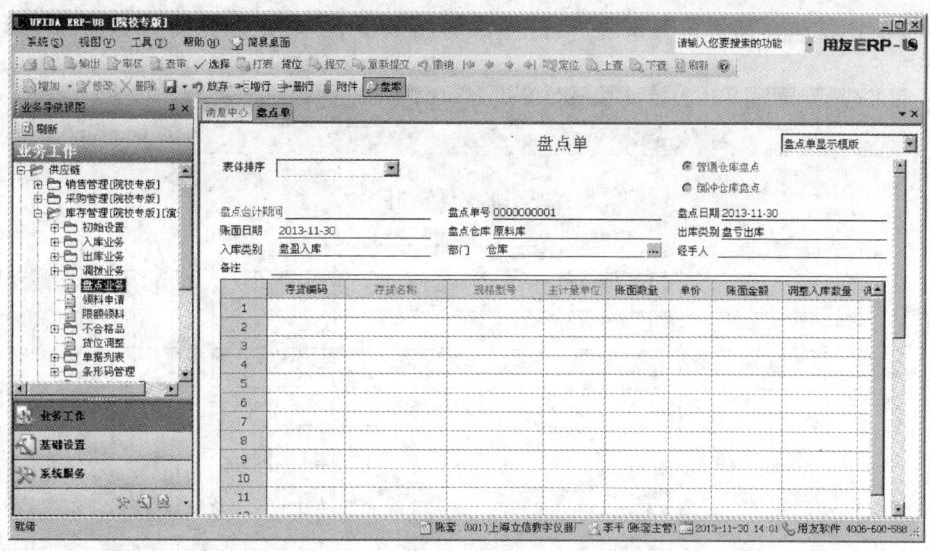

图 9-51　盘库

* 选择盘点处理方式，单击"确定"，如图 9-52 所示。

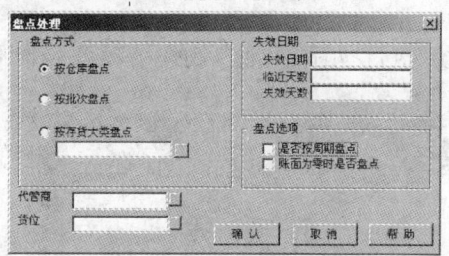

图 9-52　选择盘点方式

* 在生成的盘点单中，盘点数量默认与账面数量一致，如果盘点数量与账面数量不一致，则根据实际盘点数量修改盘点单相应数据，然后保存并审核盘点单，如图 9-53 所示。

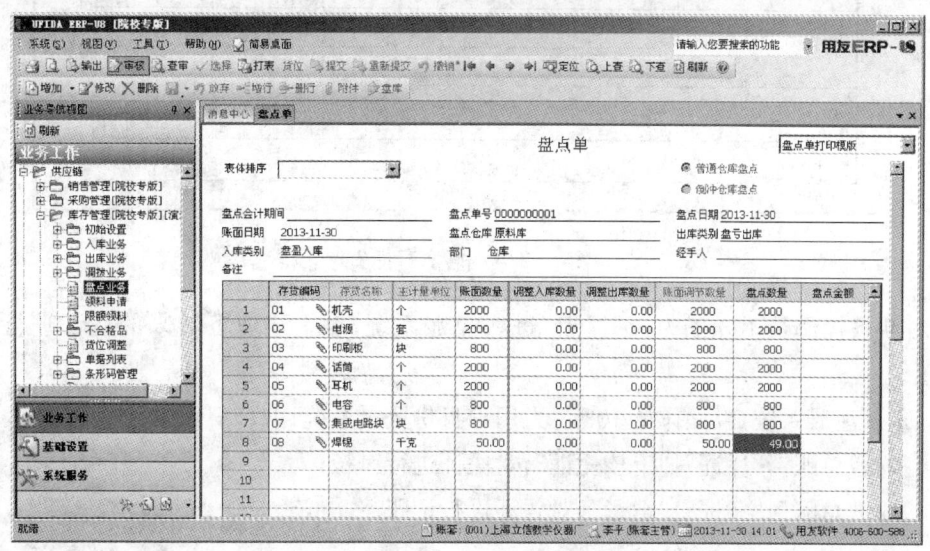

图 9-53　审核盘点单

- 按前述方法在存货核算系统进行正常单据记账,并生成记账凭证,如图 9-54 所示。

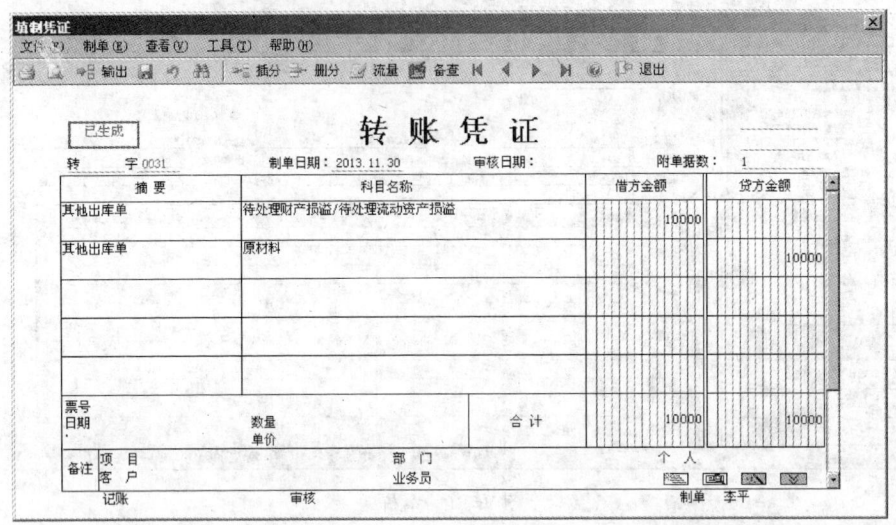

图 9-54　生成盘亏转账凭证

- 登录到总账管理系统,执行"填制凭证",制作结转盘亏凭证,如图 9-55 所示。

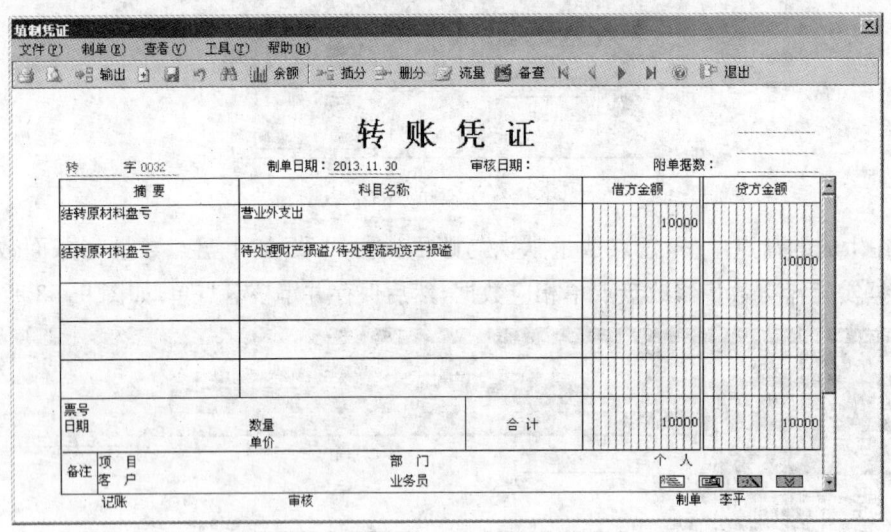

图 9-55　结转盘亏损失

10. 更换操作员 103 王力,重注册,进入总账系统,对上述业务转来的凭证进行审核、记账。

- 重新注册系统,以操作员 103 王力用户身份登录系统;
- 执行"总账"|"凭证"|"审核凭证",对凭证进行审核;
- 执行"总账"|"凭证"|"记账",对凭证进行记账。

项目十 销 售 管 理

功 能 概 述

销售是企业生产经营的实现过程,是完成企业利润目标的重要环节。用友 ERP-U8 管理系统中的销售管理系统提供了报价、订货、发货、开票的完整销售流程,支持普通销售、委托代销、分期收款、直运、零售、销售调拨等多种类型的销售业务,并可以对销售价格和信用进行监控,且用户可以根据自己的管理需求,构建销售业务管理平台。

销售管理是一项综合性的管理,它需要各管理子系统之间相互协调完成。一项普通销售业务会涉及销售管理、库存管理、存货核算、应收款管理、总账管理等系统,其业务流程,如图 10-1 所示。

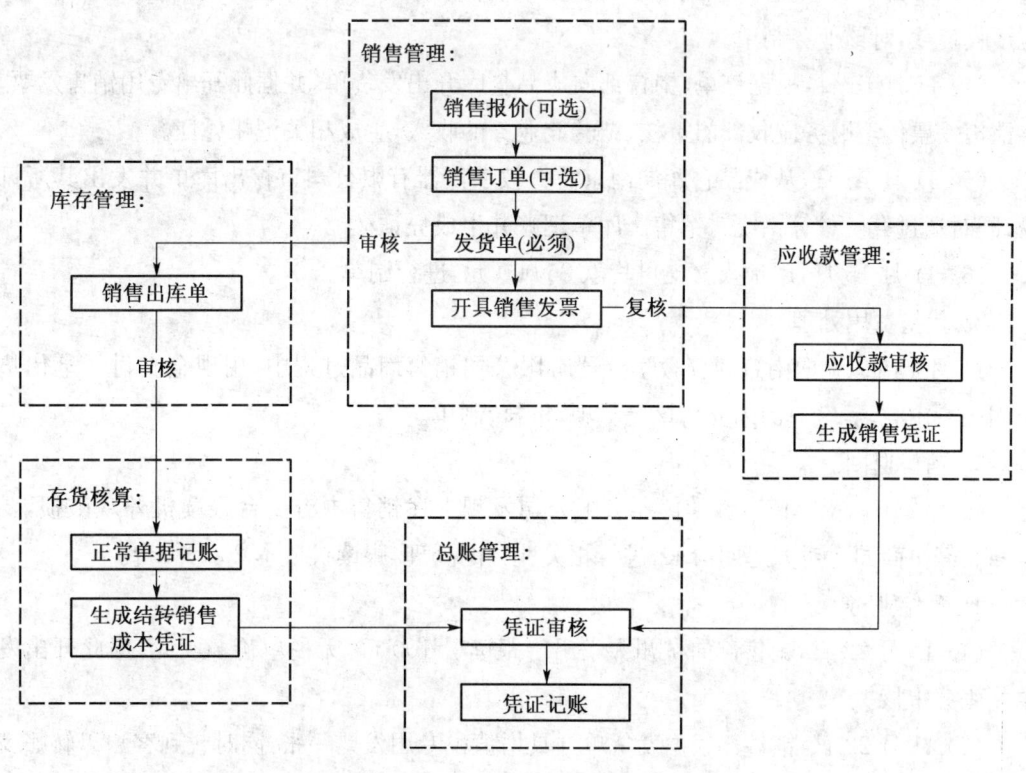

图 10-1　销售业务流程

项目实训

【项目要求】

1. 理解各子系统在销售过程中的作用。
2. 掌握普通销售业务核算流程。
3. 掌握销售退回业务的处理。
4. 掌握现结业务的处理。

【项目资料】

企业 2013 年 11 月份有关产品销售及相关业务如下。

1. 普通销售业务。

(1) 11 月 2 日,南京博育教学仪器有限公司欲购买跟读机 40 台,向销售部询价,销售部报价为 500 元/台,填制并审核报价单。

(2) 11 月 3 日,南京博育教学仪器有限公司在了解情况后,要求订购 50 台,根据报价单生成并修改、审核销售订单。

(3) 11 月 6 日,财务部收到南京博育教学仪器有限公司转账支票一张,金额 25 000 元作为预收货款,对该业务制单。

(4) 11 月 15 日,根据订单,销售部向成品仓库开出发货单,并据此开出专用销售发票,且将销售发票传至财务应收部门审核、结转此业务的收入,生成相关记账凭证。

(5) 11 月 15 日,从成品仓库向南京博育教学仪器有限公司审核出库单并发出其所订货物,同时通过存货核算系统对销售出库单记账并生成凭证。

(6) 11 月 15 日,用预收款支付货款 25 000 元,进行制单。

2. 代垫费用处理。

11 月 16 日,在向南京博育教学仪器有限公司销售商品过程中,用现金支付一笔代垫安装调试费 100 元,客户尚未支付该笔款项,审核、制单。

3. 销售退回。

11 月 20 日,南京博育教学仪器有限公司发现上述销售中有 2 台跟读机外观破损,要求退回。经协商同意对方退回请求,进行相关业务的处理,跟读机成本 250 元/台。

4. 现结业务。

(1) 11 月 22 日,销售部向杭州大学出售跟读机 100 台,无税单价 500 元,据此开出发货单一张并审核。

(2) 11 月 22 日,销售部根据发货单开具增值税专用发票一张,同时收到客户以转账支票所支付的货款 58 500 元,进行制单处理。

（3）11月22日，从成品仓库向杭州大学审核出库单并发出其所订货物，同时通过存货核算系统对销售出库单记账并生成凭证。

5. 重注册，更换操作员 103 王力，对上述凭证审核、签字、记账。

项 目 指 导

【操作步骤】

1. 普通销售业务。

（1）填制并审核报价单：

• 执行"供应链"|"销售管理"|"销售报价"|"销售报价单"，单击"增加"，输入销售报价单信息，保存并审核销售报价单，如图 10-2 所示。

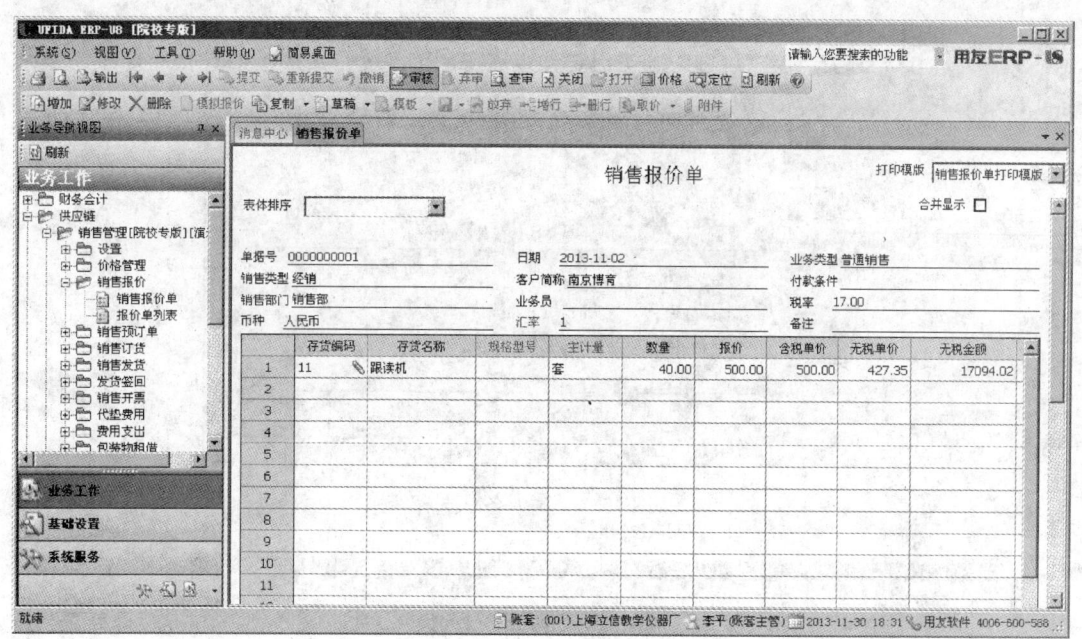

图 10-2 销售报价单

（2）根据报价单生成并修改、审核销售订单：

• 执行"供应链"|"销售管理"|"销售订货"|"销售订单"，如果没有报价单，则直接输入订单信息，保存并审核。如果有报价单，则单击"生单"|"报价"，如图 10-3 所示。

• 在过滤条件选择中，单击"过滤"，如图 10-4 所示。

• 在参照生单的上半部分，选择要参照的报价单，下半部分就是参照生成的订单，选择该订单，单击"OK确定"，如图 10-5 所示。

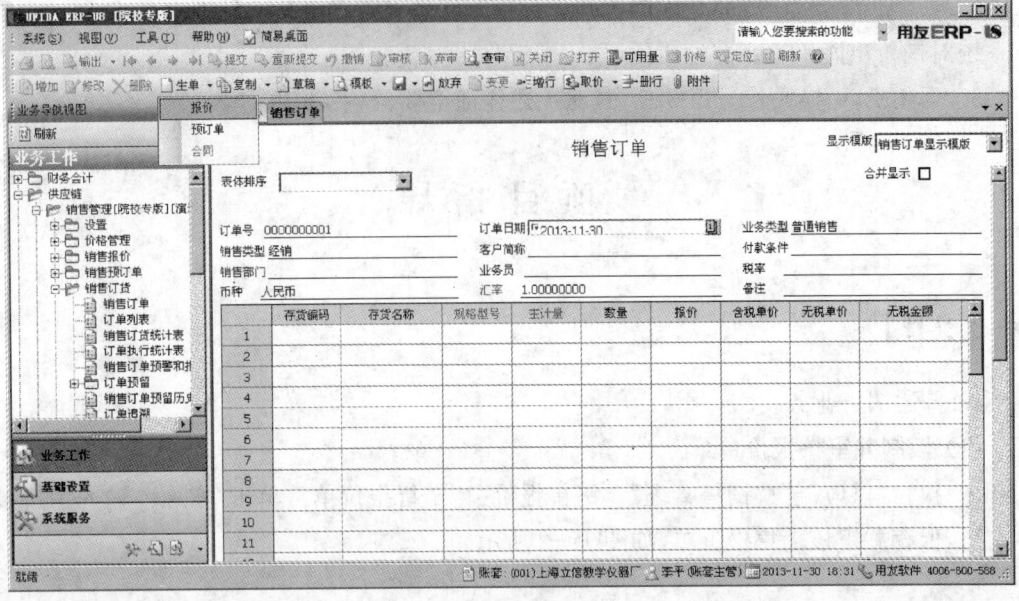

图 10-3　生成销售订单

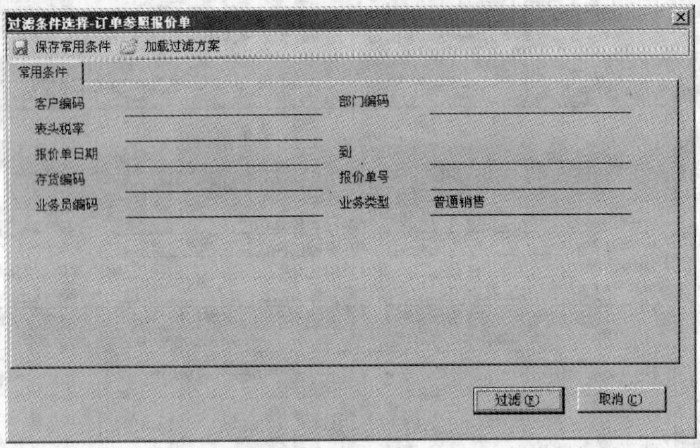

图 10-4　过滤条件选择

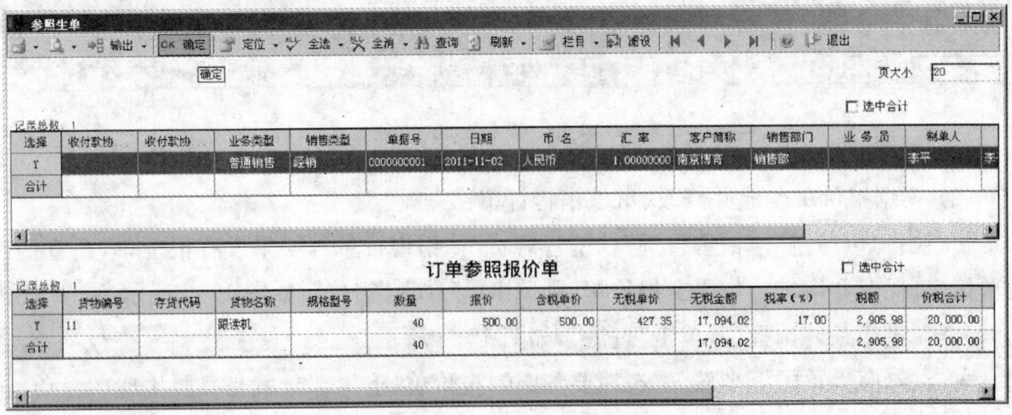

图 10-5　参照生成订单

• 根据销售订单实际数据，对生成的订单进行修改，保存并审核销售订单，如图 10-6 所示。

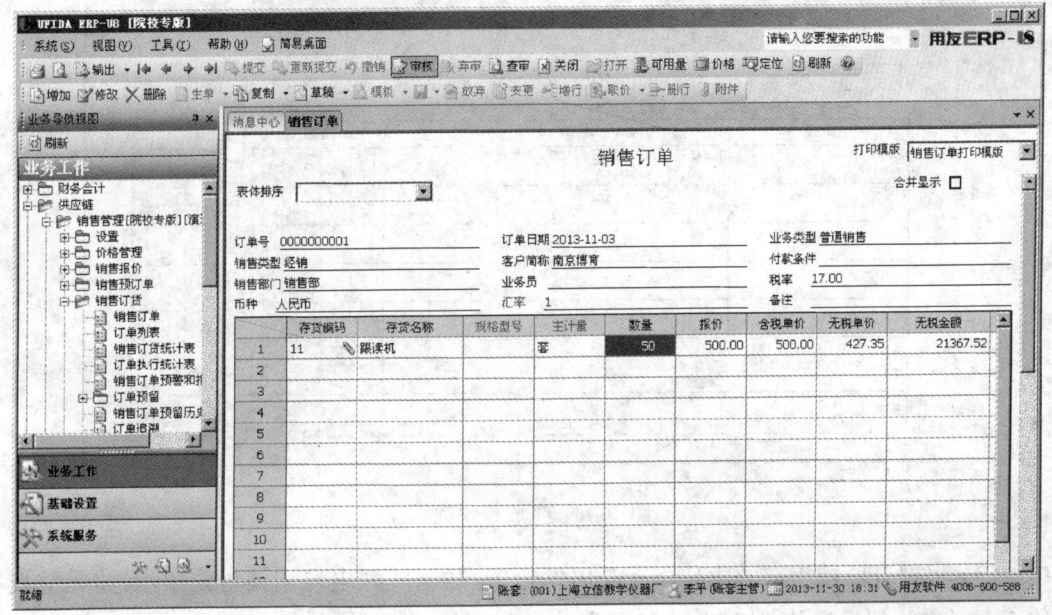

图 10-6 销售订单

（3）预收货款业务制单：

• 在应收款管理系统中，执行"收款单据录入"，增加预收款收款单，保存并审核收款单据，如图 10-7 所示。

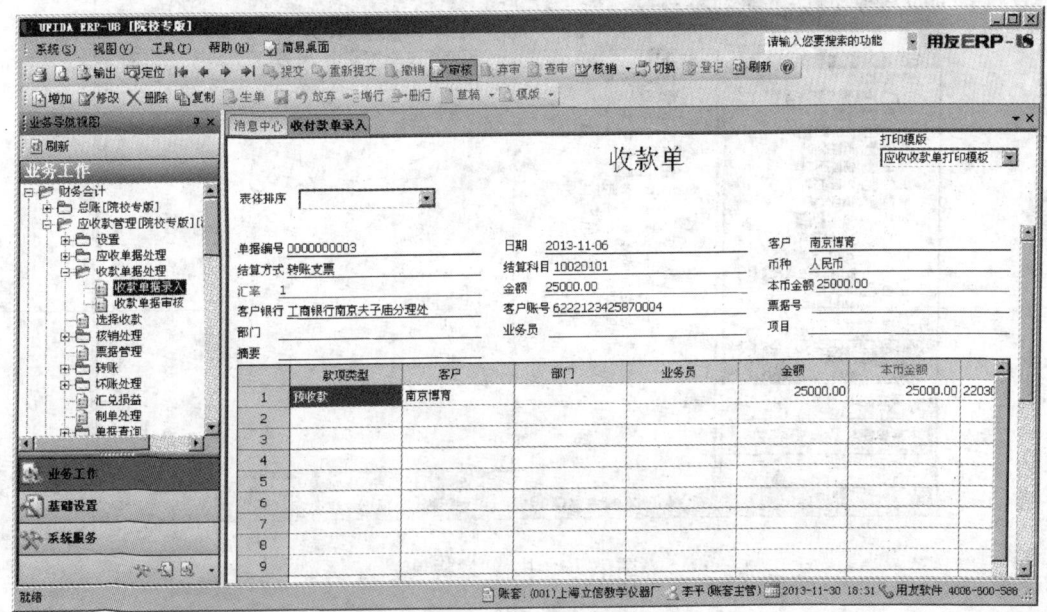

图 10-7 预收款收款单

- 系统自动根据收款单生成收款凭证,保存生成的收款凭证,如图 10-8 所示。

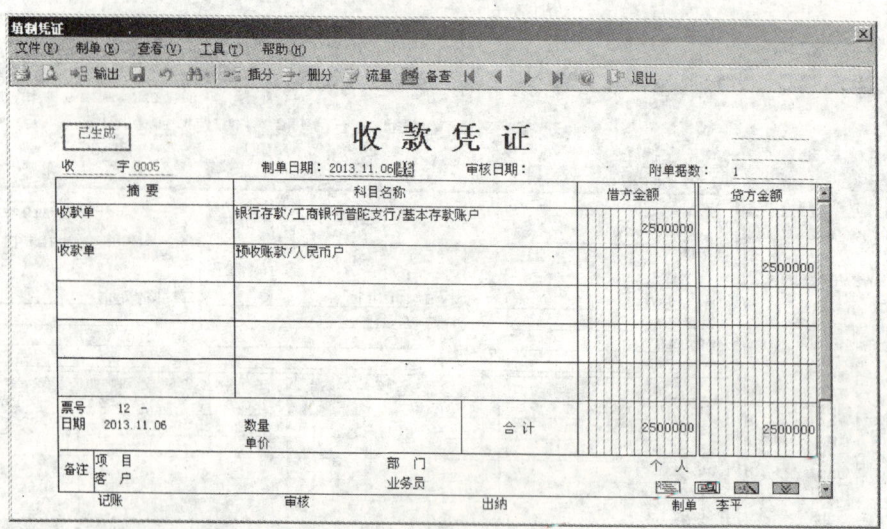

图 10-8 生成预收款凭证

(4) 根据订单销售部向成品仓库开出发货单,并据此开出专用销售发票,且将销售发票传至财务应收部门审核、结转此业务的收入,生成相关记账凭证。

销售部开具发货单:

- 执行"供应链"|"销售管理"|"销售发货"|"发货单",如图 10-9 所示。

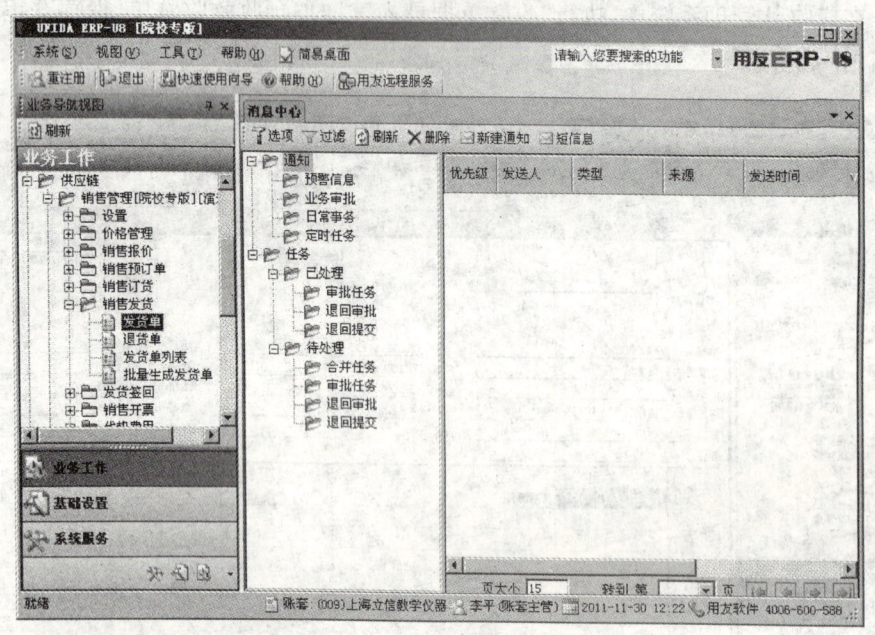

图 10-9 执行"发货单"

- 在过滤条件选择中,单击"过滤",如图 10-4 所示。

• 在参照生单的上半部分选择发货客户的订单记录,在参照生单的下半部分,选择参照生成的发货单,单击"OK 确定",如图 10-10 所示。

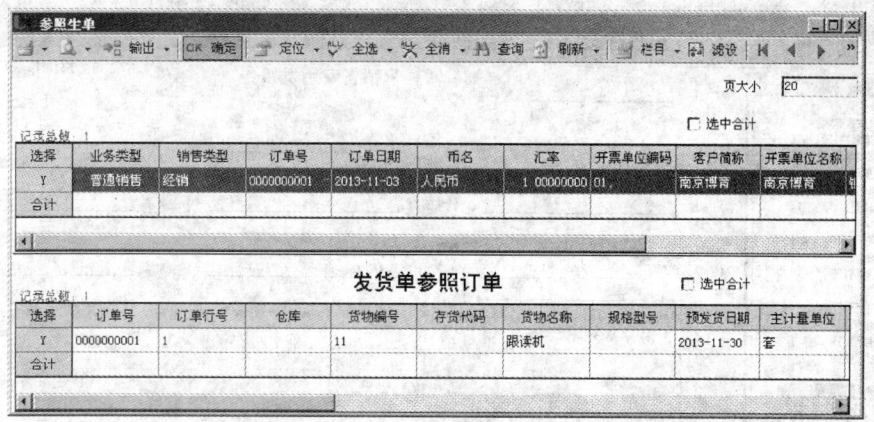

图 10-10 参照生成发货单

• 保存并审核生成的发货单,如图 10-11 所示。

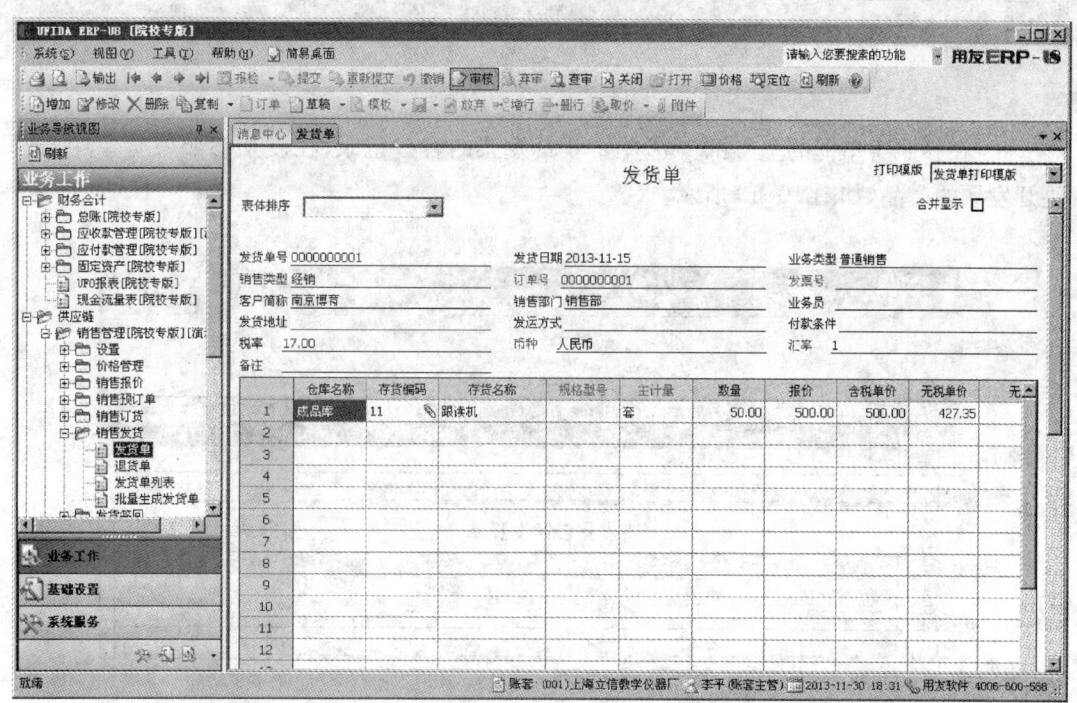

图 10-11 发货单

销售部开具销货发票:

• 执行"供应链"|"销售管理"|"销售开票"|"销售专用发票"。

• 执行"生单"|"参照发货单",如图 10-12 所示。

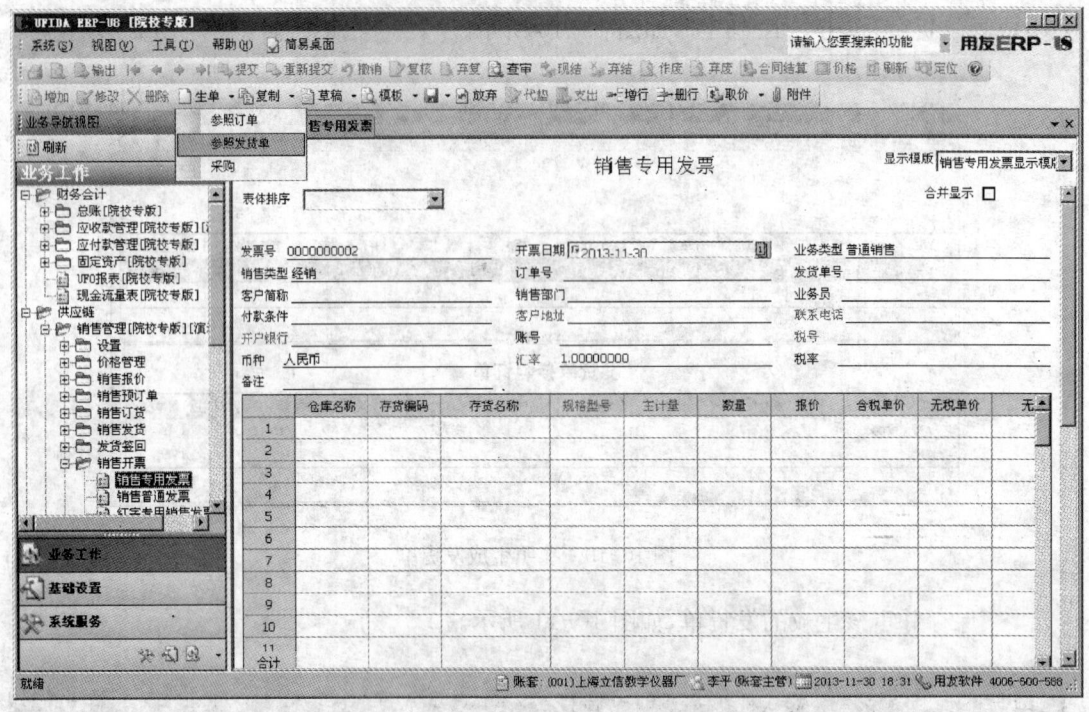

图 10-12　生成销售发票

• 在参照生单框的上半部分选择要开具发票的客户记录,在发票参照发货单中,选择要开发票的产品,如图 10-13 所示。

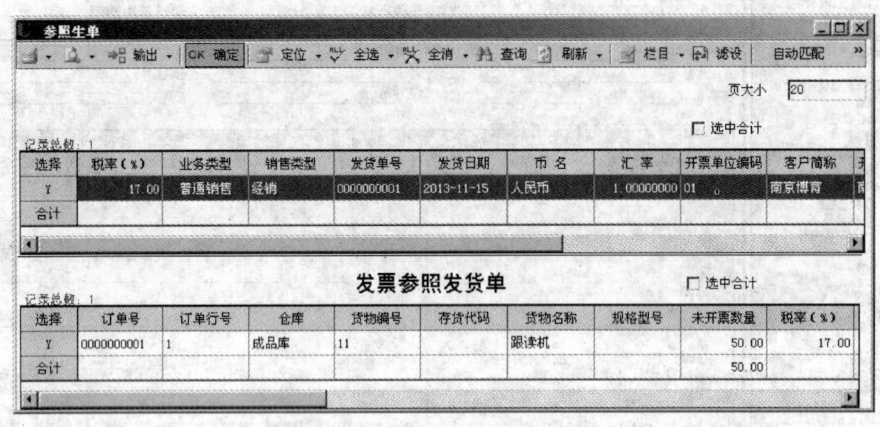

图 10-13　参照生成销售发票

• 保存并复核生成的销售专用发票,如图 10-14 所示。

应收管理部门审核销售款并制单:

• 执行"财务会计"|"应收款管理"|"应收单据处理"|"应收单据审核",如图 10-15 所示。

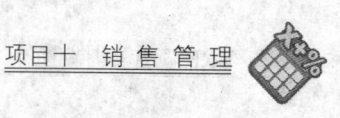

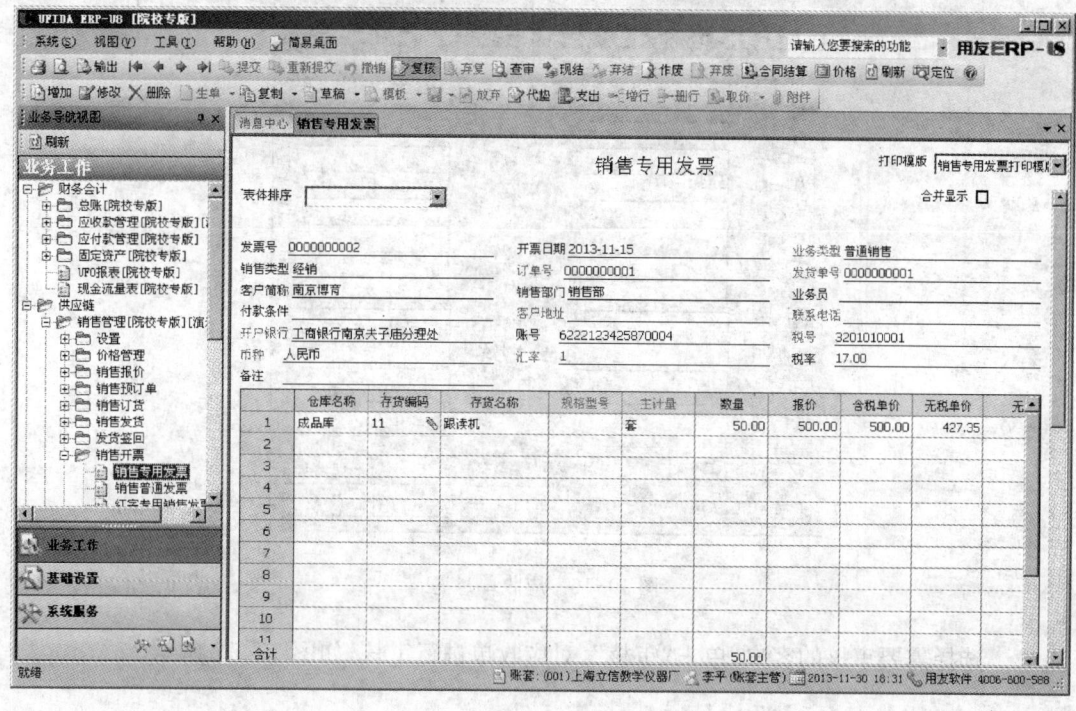

图 10-14 销售发票

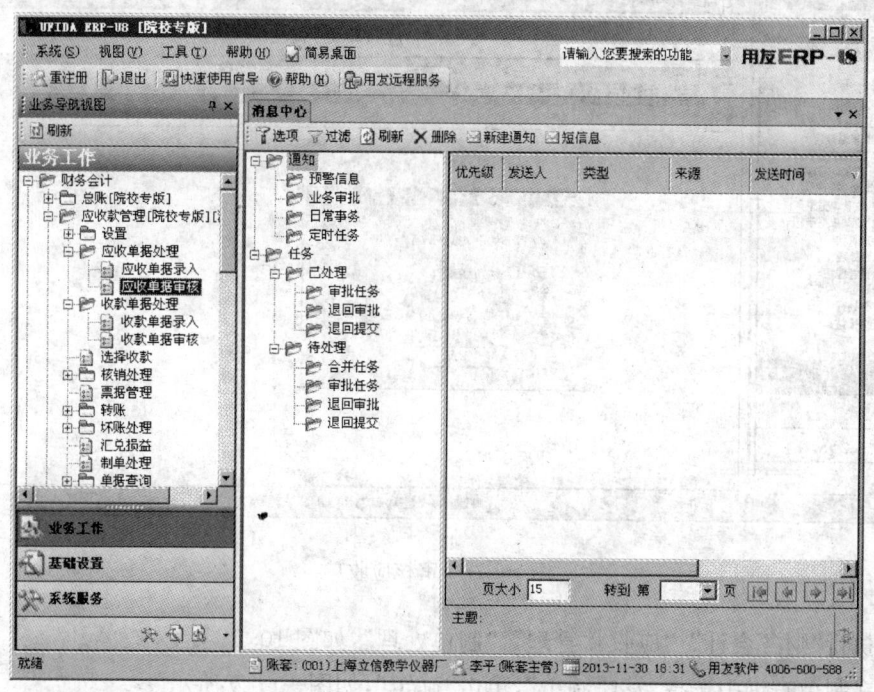

图 10-15 执行"应收单据审核"

- 在应收单过滤条件中，单击"确定"，如图 10-16 所示。

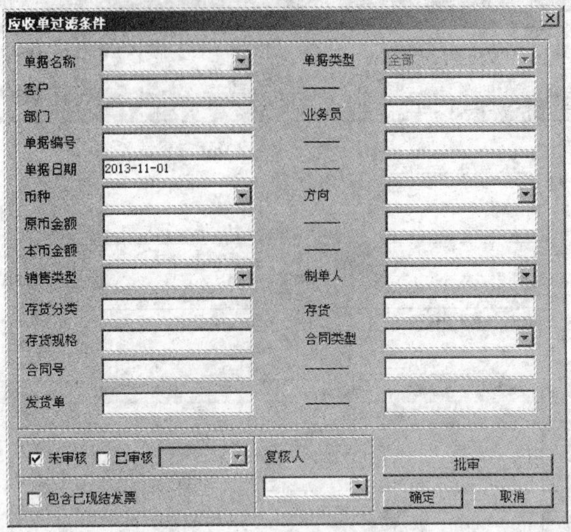

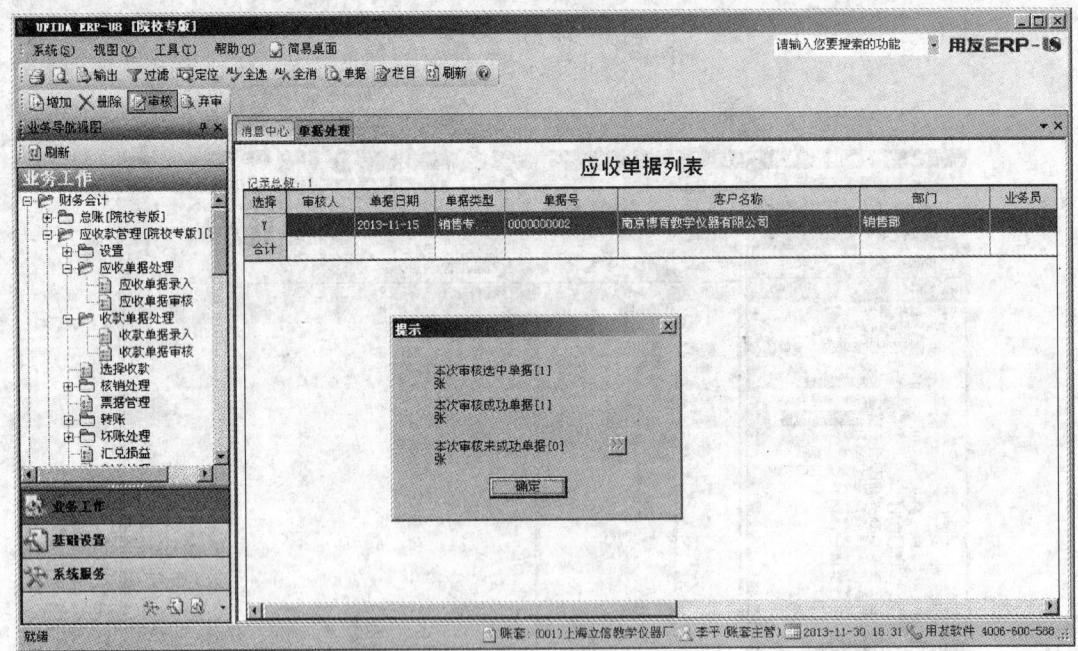

图 10-16　应收单过滤

- 选择需要审核的客户，单击"审核"，对应收单进行审核，如图 10-17 所示。

图 10-17　审核应收单

- 执行"财务会计"|"应收款管理"|"制单处理"，如图 10-18 所示。
- 在制单查询中选择"发票制单"，单击"确定"，如图 10-19 所示。
- 选择要制单的客户发票记录，单击"制单"，如图 10-20 所示。

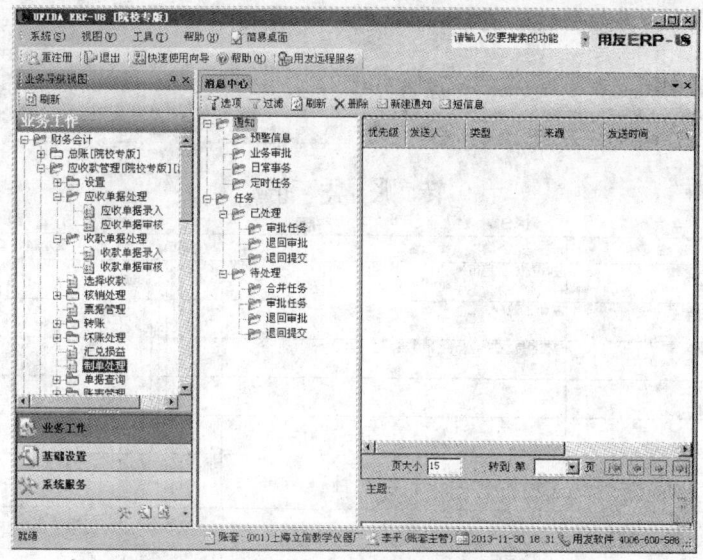

图 10-18 执行"制单处理"

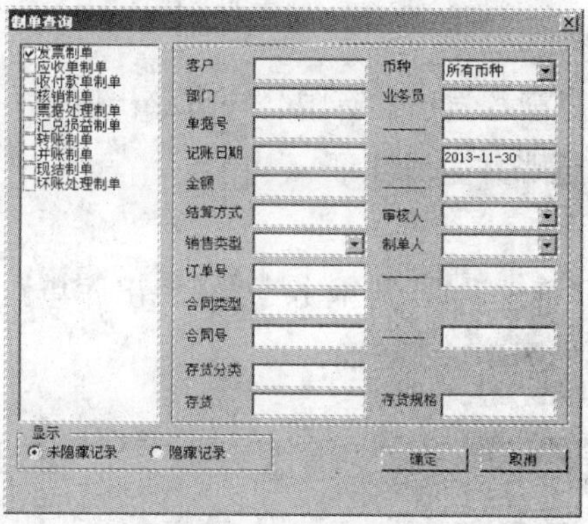

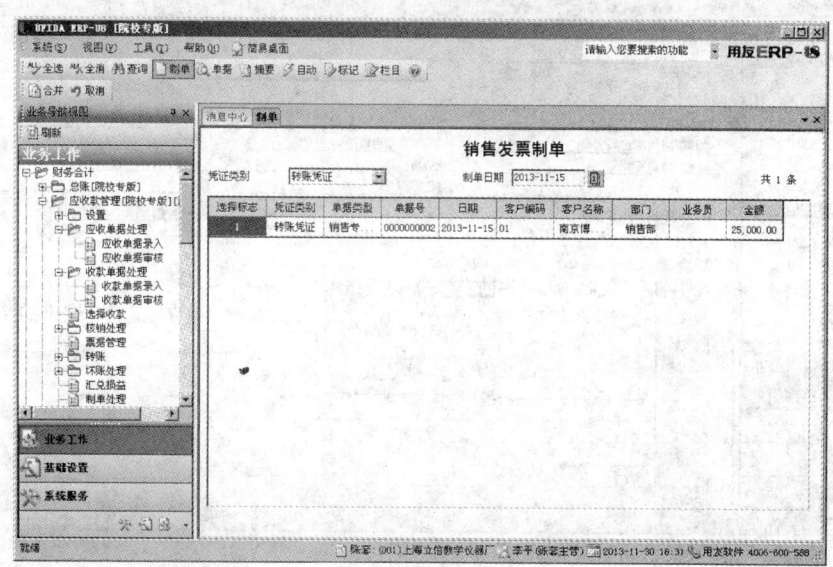

图 10-19 制单查询

图 10-20 选择制单发票

- 保存生成的销售业务转账凭证，如图 10-21 所示。

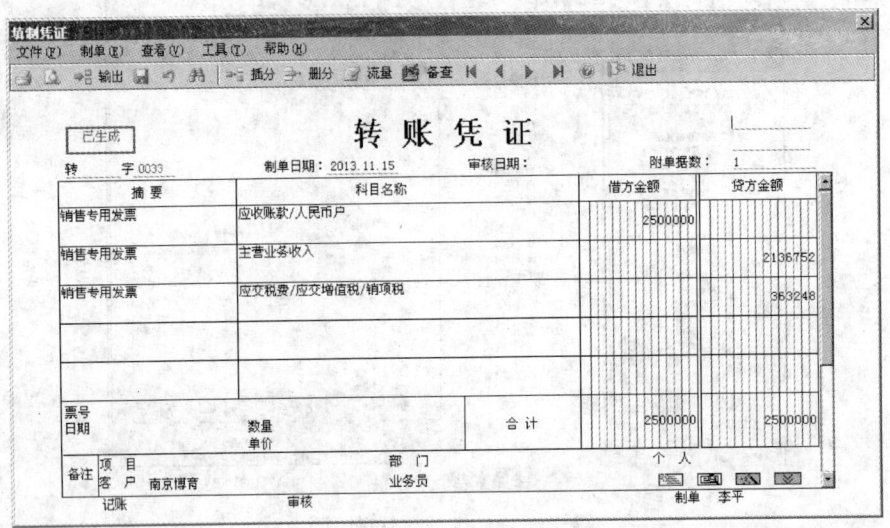

图 10-21　销售业务凭证

（5）从成品仓库向南京博育教学仪器有限公司审核出库单并发出其所订货物，同时通过存货核算系统对销售出库单记账并生成凭证。

仓库根据发货单发出产品：

- 执行"供应链"|"库存管理"|"出库业务"|"销售出库单"，利用上、下页查找发出产品的销售出库单，单击"审核"，如图 10-22 所示。

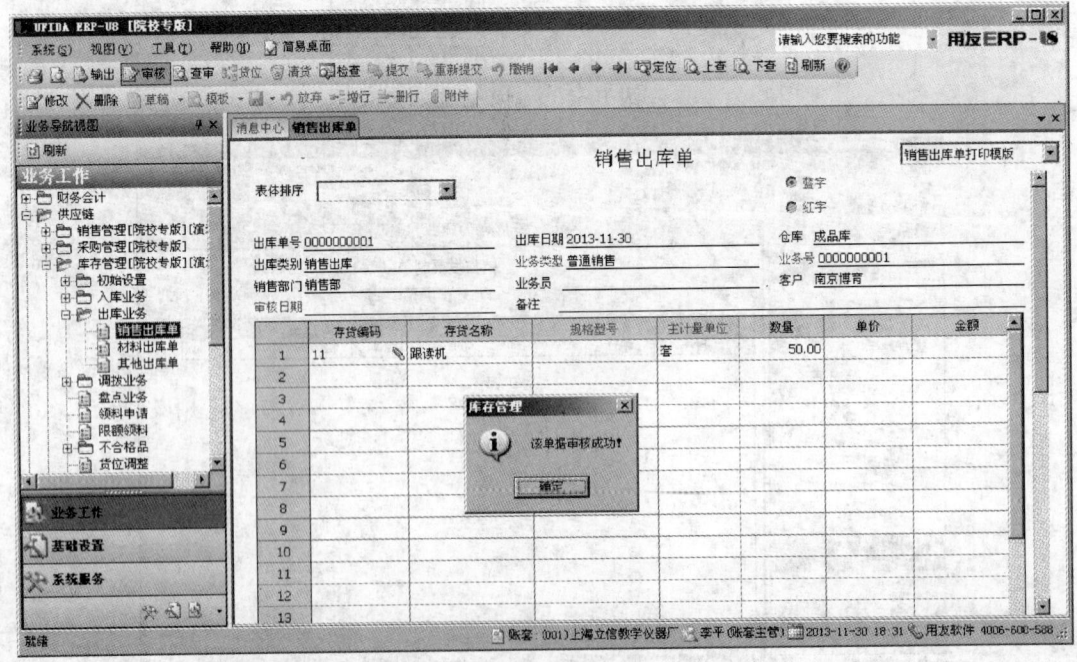

图 10-22　审核销售出库单

• 在存货核算系统中执行"正常单据记账",单击"记账",对该笔销售的存货进行记账,如图10-23所示。

图 10-23 正常单据记账

• 在存货核算系统中执行"生成凭证",选择生成凭证的业务,并设置凭证借贷科目,单击"生成",如图10-24所示。

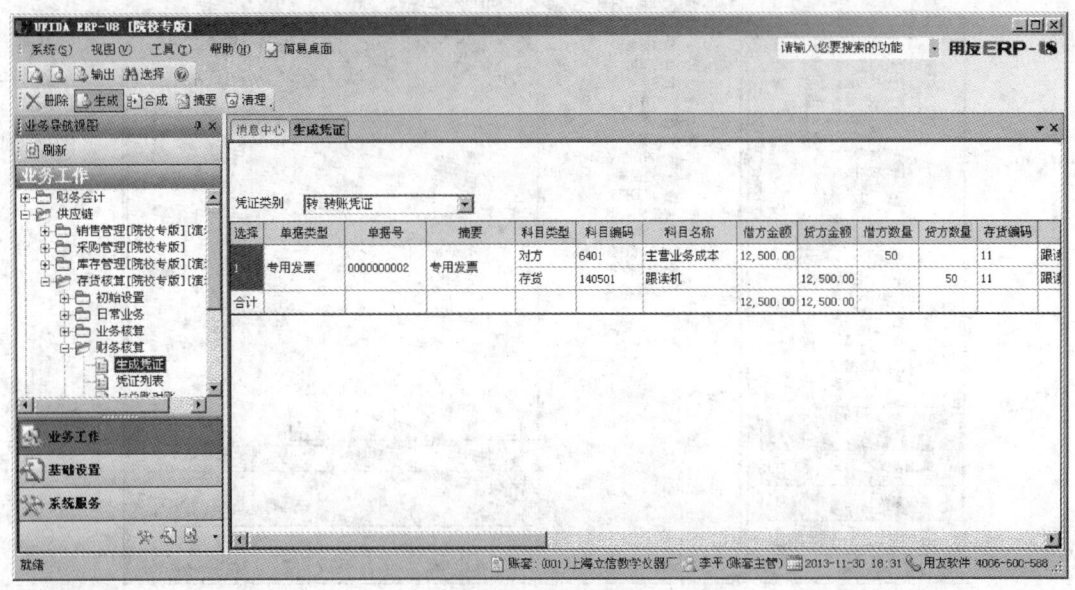

图 10-24 生成凭证

• 保存生成的转账凭证,如图 10-25 所示。

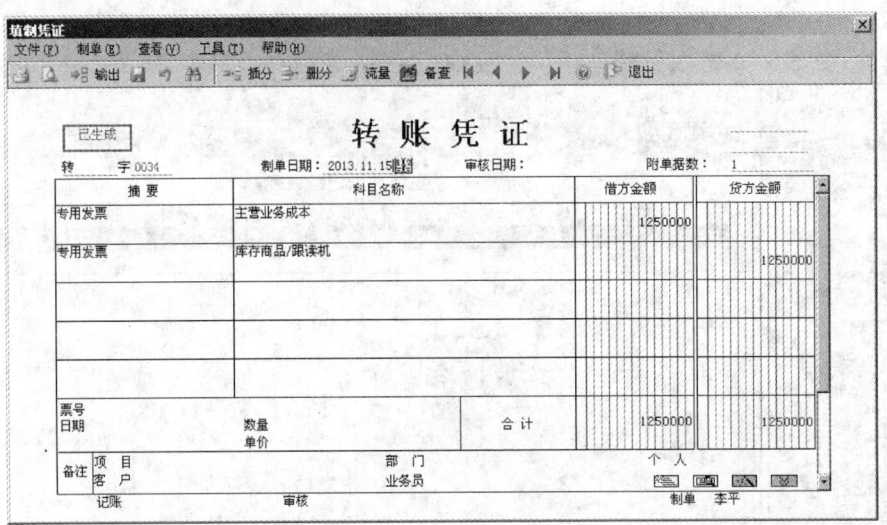

图 10-25　销售成本结转凭证

(6) 用预收款支付货款 25 000 元。

用预收款抵冲应收款:

• 执行"财务会计"|"应收款管理"|"转账"|"预售冲应收",如图 10-26 所示。

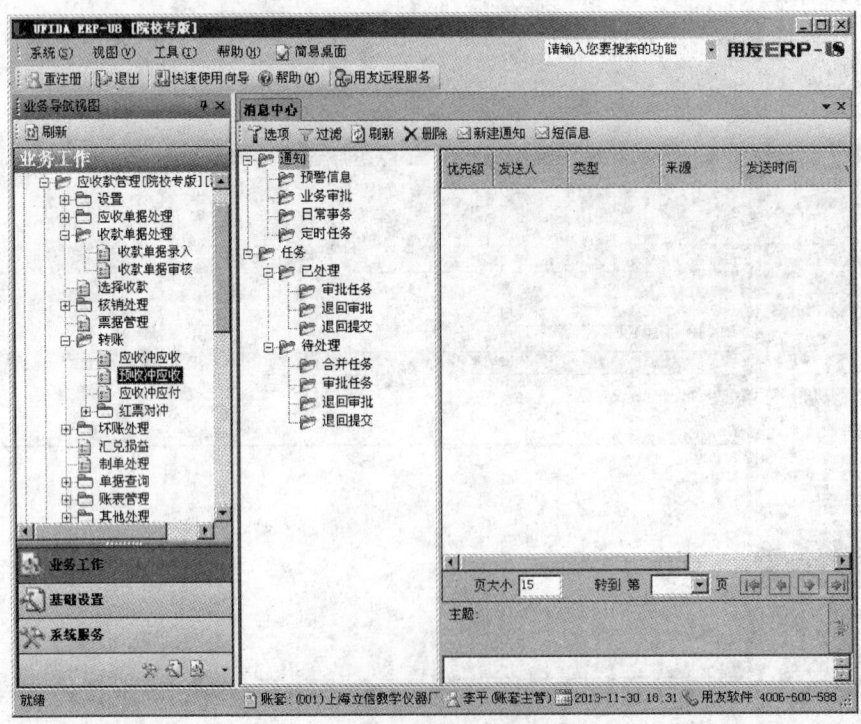

图 10-26　执行"预收冲应收"

- 在预收款选项卡中,选择客户,单击"过滤",输入转账金额,如图 10-27 所示。

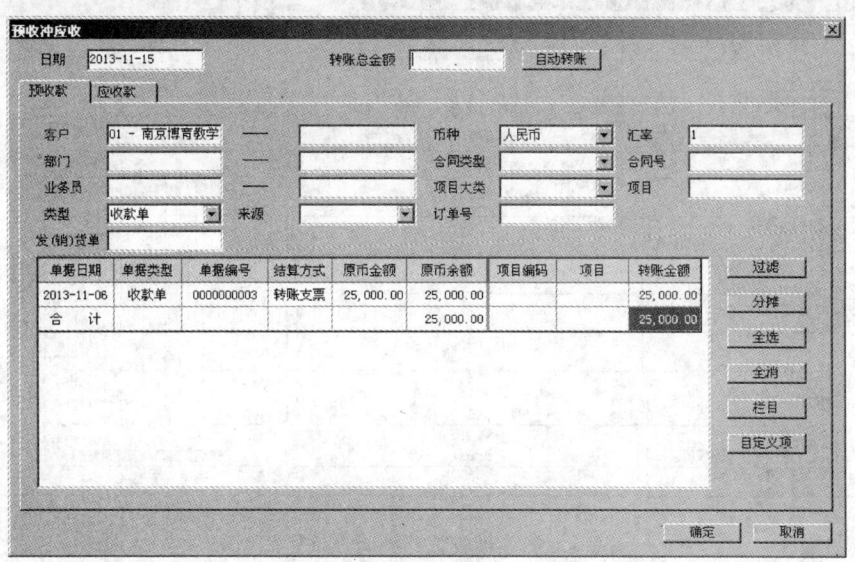

图 10-27 预收款转出

- 在应收款选项卡中,单击"过滤",在需要转账的应收款的转账金额栏中输入转账金额,单击"确定",系统提示"是否立即制单",单击"是(Y)",如图 10-28 所示。

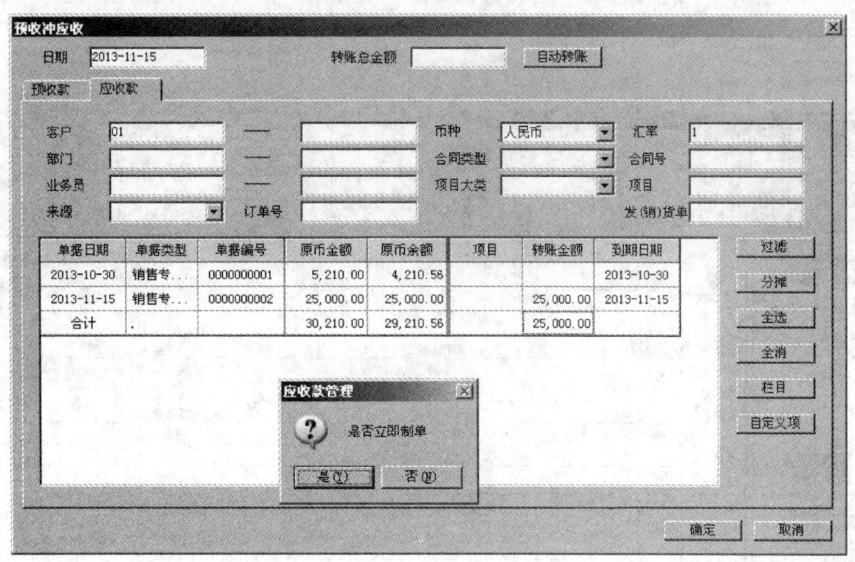

图 10-28 应收款转入

- 保存生成的转账凭证,如图 10-29 所示。

2. 代垫费用处理。

代垫费用是指在销售业务中,随货物销售所发生的由销售方代购买方支付的费用,如运费、保险费、安装调试费等。代垫费用需要向对方单位收取的费用项目。因此,代垫费用实

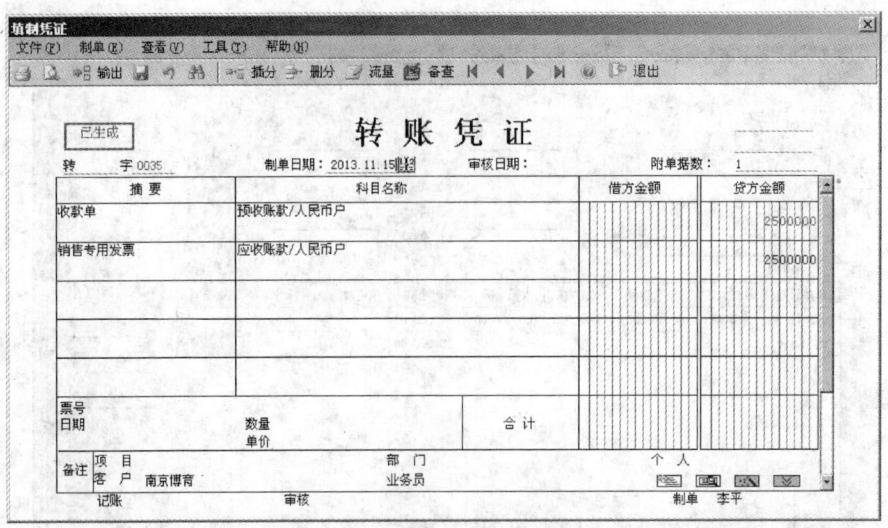

图 10-29　预收款冲抵应收款凭证

际上也是企业在销售过程中对方客户的应收款,只是代垫费用不会产生收入,在业务处理时不在销售发票中体现,而是通过其他应收单来处理。代垫费用的收款核销同样由应收款管理系统来处理。

* 执行"供应链"|"销售管理"|"销售开票"|"销售专用发票",选择该业务专用销售发票,单击"代垫",如图 10-30 所示。

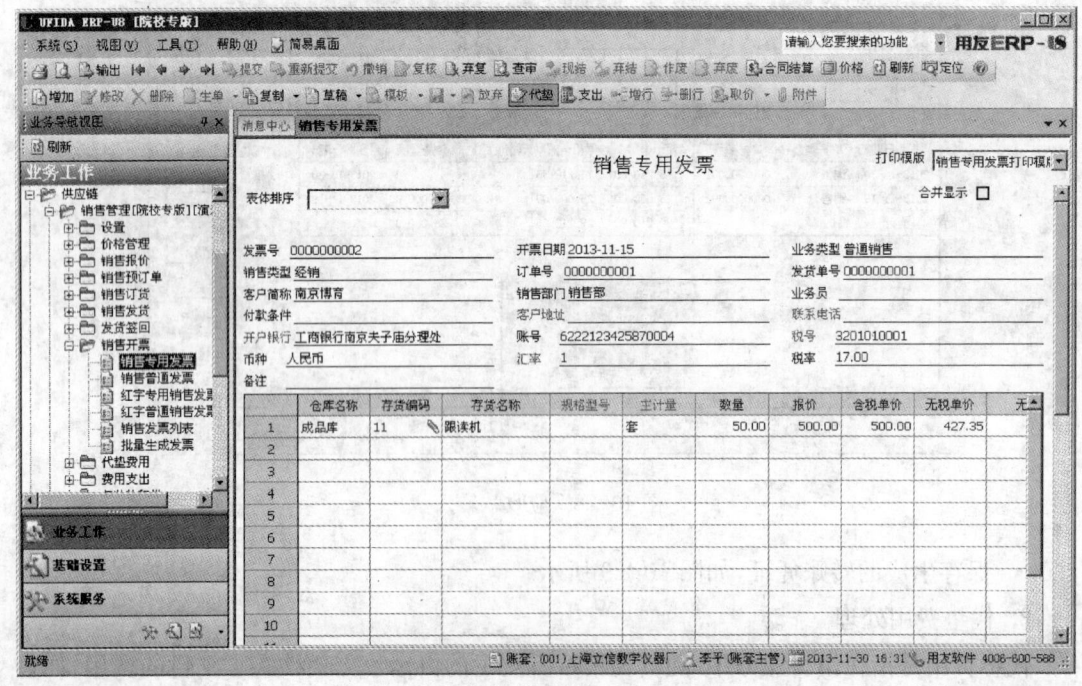

图 10-30　选择代垫

- 设置代垫费用项目,保存代垫费用单,单击"审核",如图 10-31 所示。

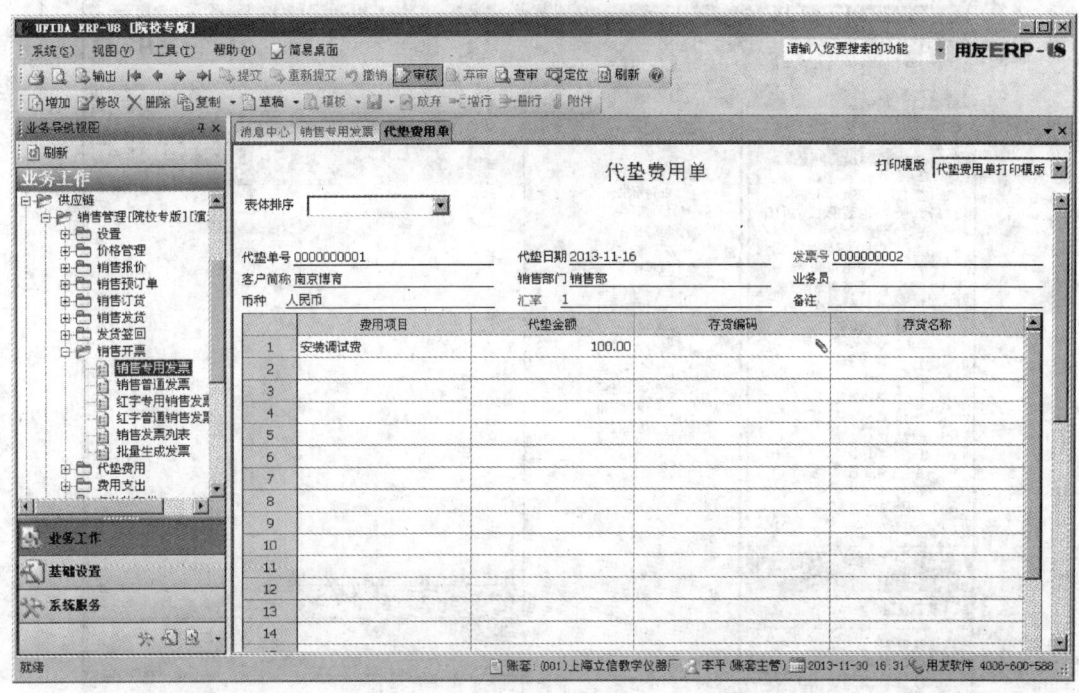

图 10-31　代垫费用单

- 执行"财务会计"|"应收款管理"|"应收单据处理"|"应收单据审核",审核应收代垫安装费,如图 10-32 所示。

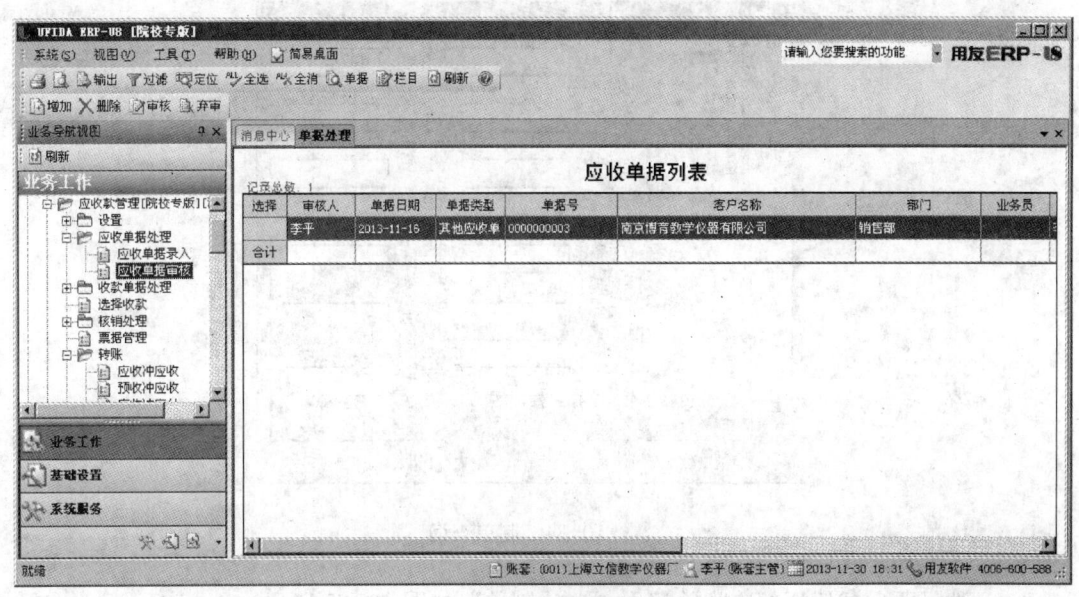

图 10-32　审核应收代垫费

• 执行"财务会计"|"应收款管理"|"制单处理",如图 10-33 所示。

图 10-33　执行"制单处理"

• 在制单查询框中选择"应收单制单",单击"确定",如图 10-34 所示。

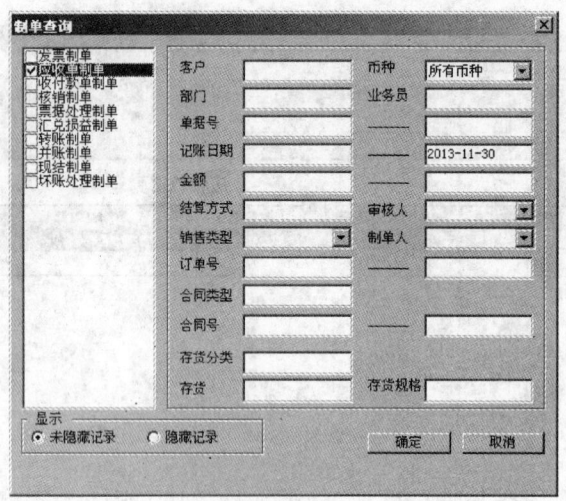

图 10-34　制单查询

• 选择要生成凭证的应收单记录,单击"制单",如图 10-35 所示。
• 保存生成的记账凭证,如图 10-36 所示。

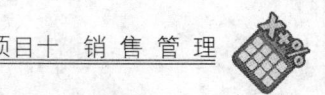

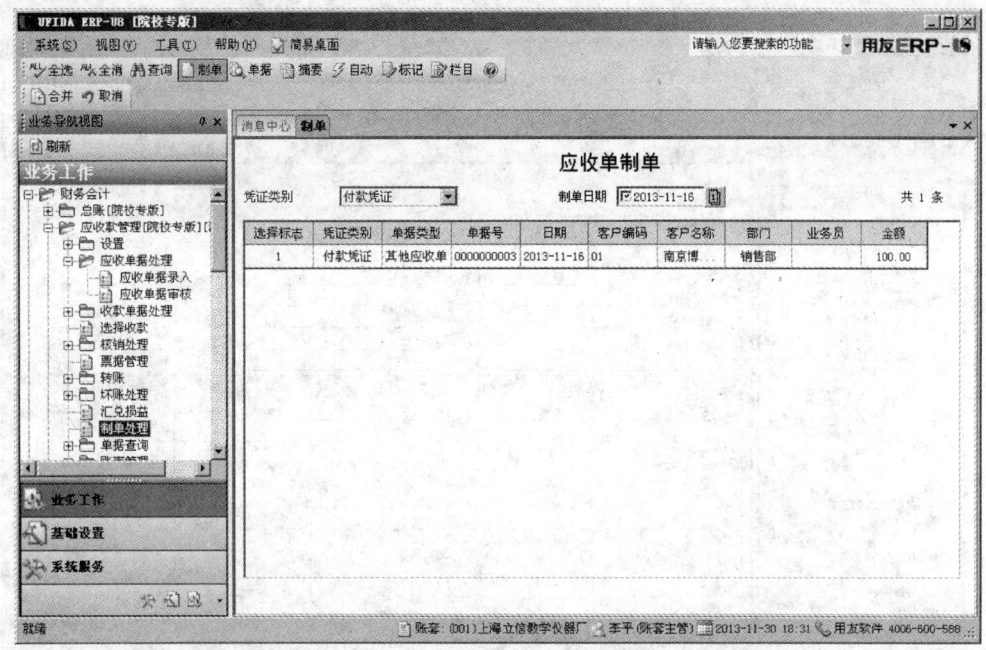

图 10-35 选择应收单

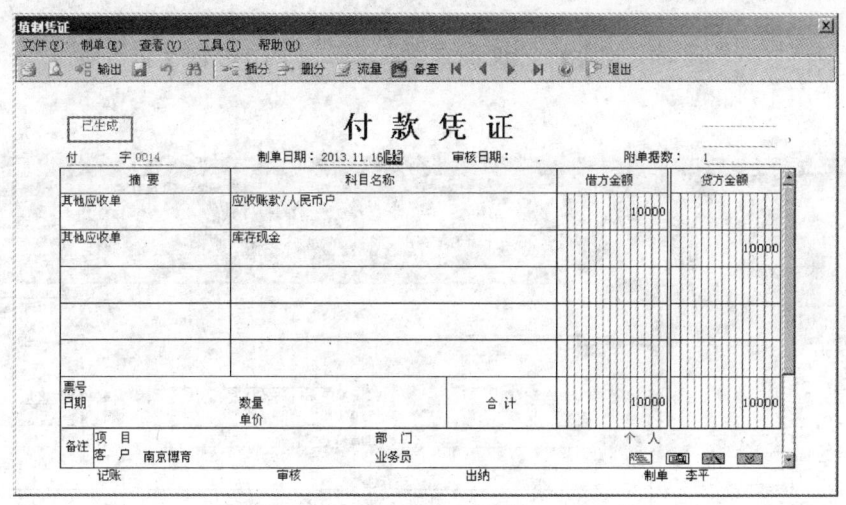

图 10-36 支付代垫费凭证

> **说明** 代垫费用单除了通过销售发票单击"代垫"增加以外,还可以通过执行"销售管理"|"代垫费用"|"其他应收单",直接进入代垫费用单状态进行增加。

3. 销售退回。

销售退回是指客户因产品质量不符合要求等方面的原因,将已购货物退回,销售退回的处理流程相当于普通销售流程的红字处理流程。

• 执行"供应链"|"销售管理"|"销售发货"|"退货单",增加退货单信息,保存并审核退货单,如图 10-37 所示。

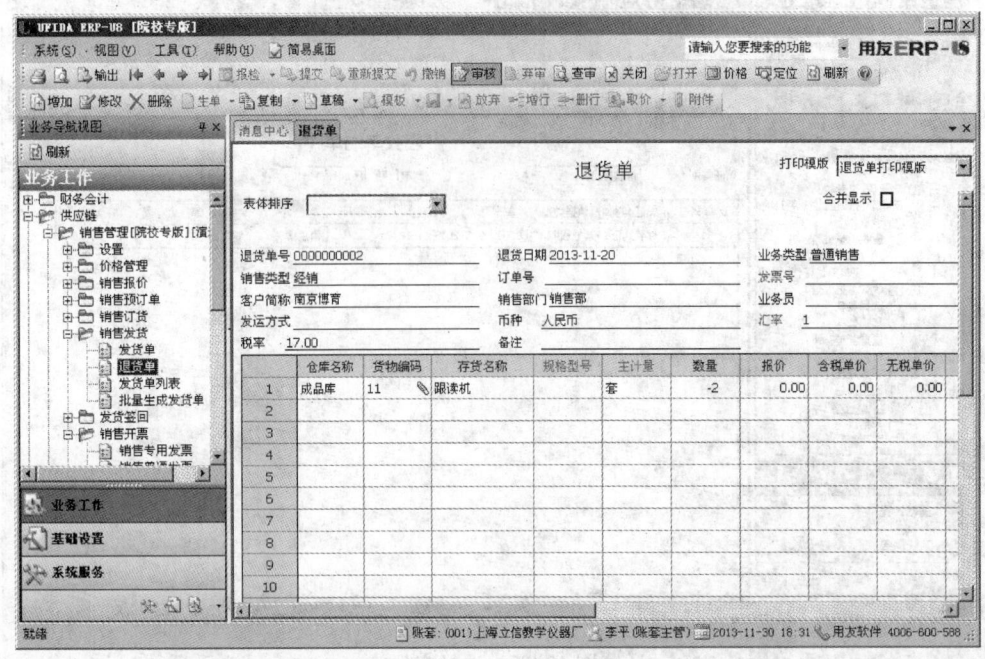

图 10-37　退货单

• 执行"供应链"|"销售管理"|"销售发票"|"红字专用销售发票",选择"生单"|"参照发货单",如图 10-38 所示。

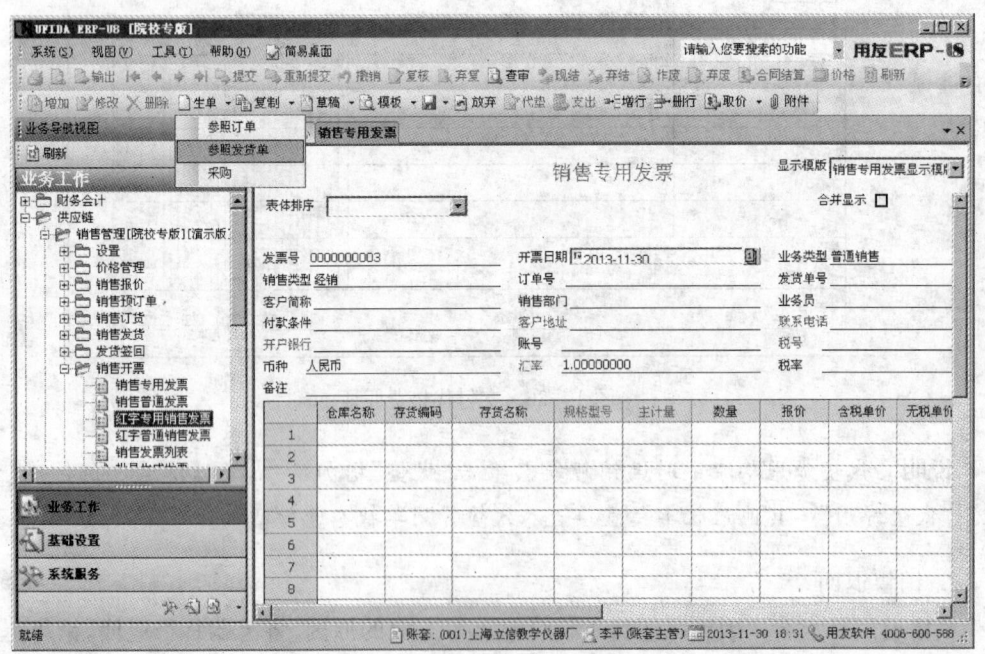

图 10-38　参照生成红字销售发票

• 在过滤条件选择中,将发货单类型改为"红字记录",单击"过滤",如图 10-39 所示。

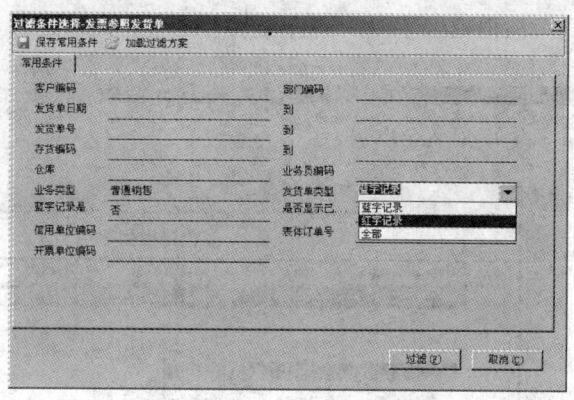

图 10-39　过滤条件选择

• 在参照生单的上半部分选择退货单记录,在下半部分选择生成的红字发票记录,单击"OK 确定",如图 10-40 所示。

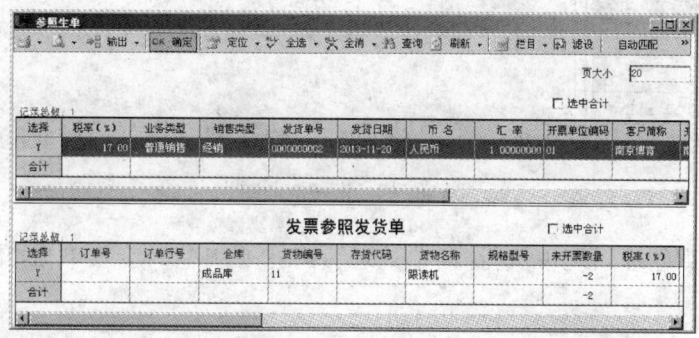

图 10-40　参照生单

• 对生成的红字销售发票进行复核,如图 10-41 所示。

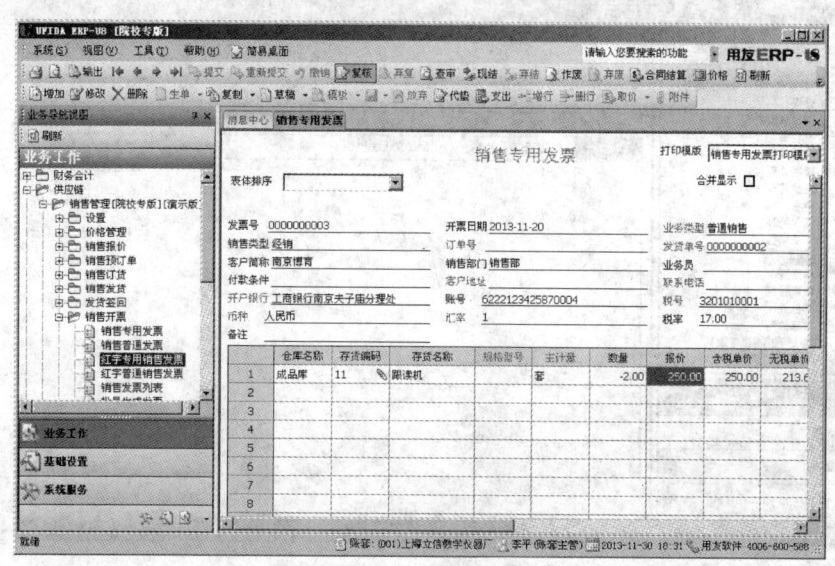

图 10-41　复核红字销售发票

- 应收管理部门审核根据红字专用销售发票生成的应收单据，如图 10-42 所示。

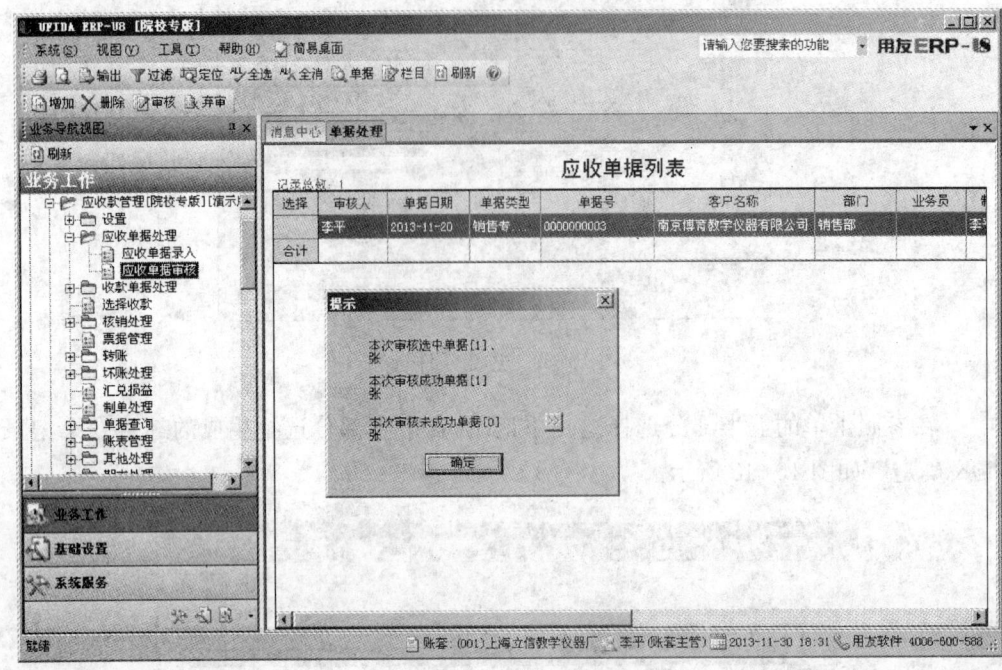

图 10-42 审核应收单据

- 在应收款管理系统中执行"制单处理"，选择要制单的应收单据，单击"制单"，如图 10-43 所示。

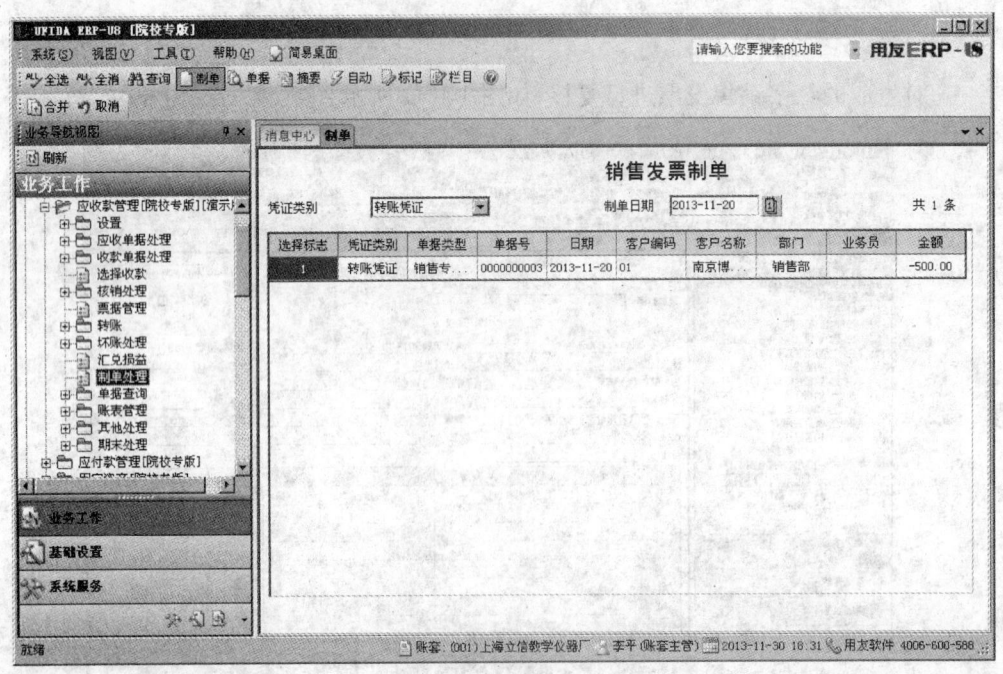

图 10-43 应收制单处理

- 保存生成的记账凭证，如图 10-44 所示。

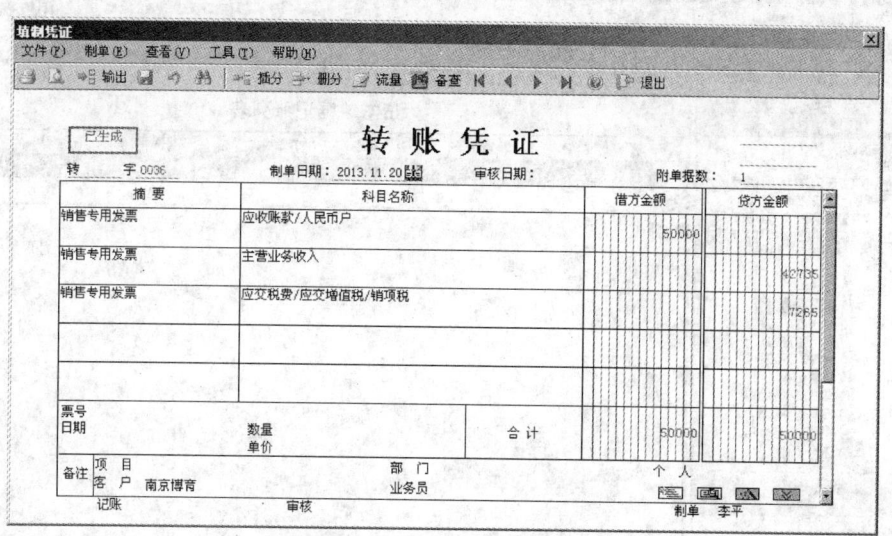

图 10-44　生成销售退回凭证

- 在库存管理系统中执行"销售出库单"，审核根据退货单生成的销售出库单（红字），如图 10-45 所示。

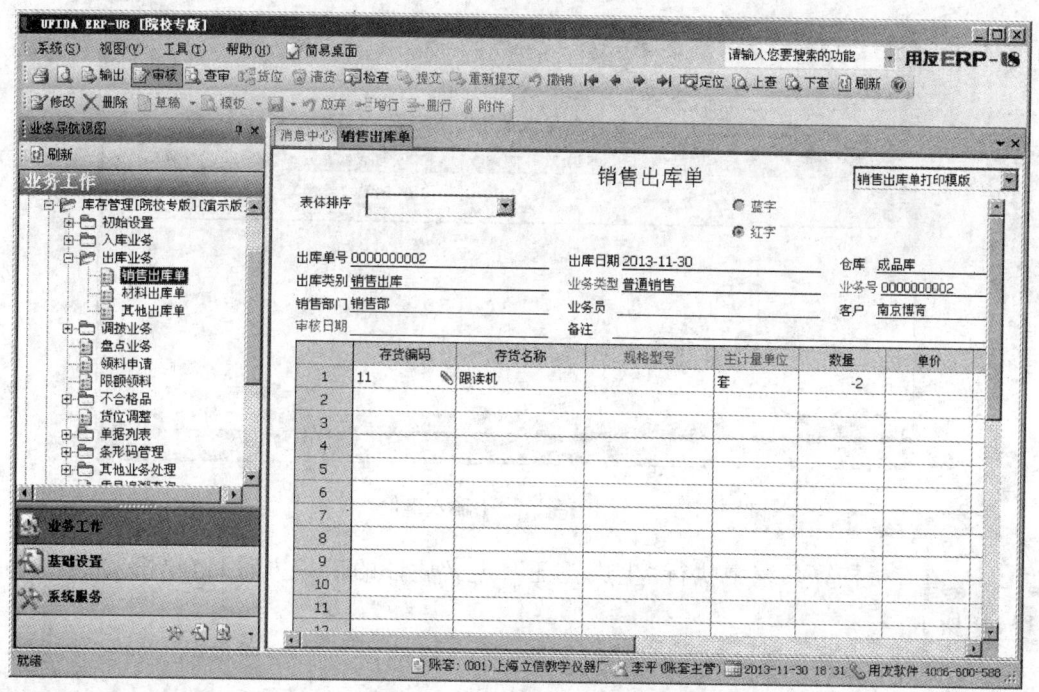

图 10-45　审核销售出库单（红字）

- 在存货核算系统中执行"正常单据记账"，对退回的产品记账，如图 10-46 所示。
- 在手工输入单价列表中输入退回产品的单价，单击"确定"，如图 10-47 所示。

图 10-46　正常单据记账

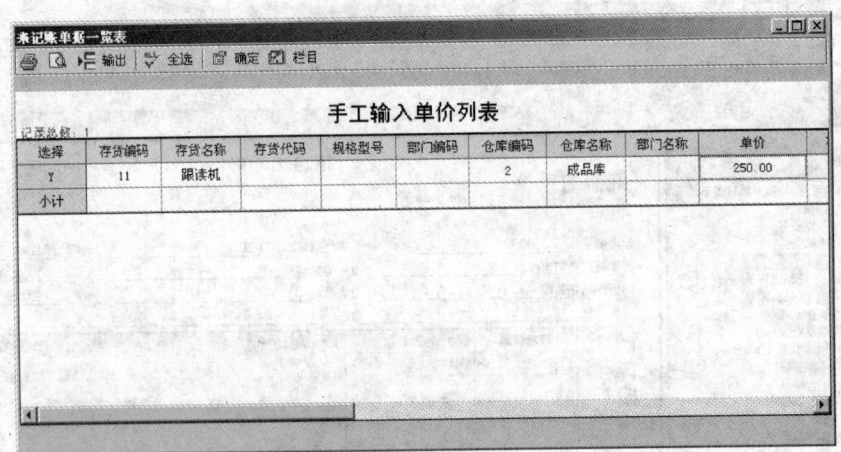

图 10-47　手工输入单价

- 在存货核算系统中执行"生成凭证",定义凭证的借贷方科目,单击"生成",如图 10-48 所示。
- 保存生成的记账凭证,如图 10-49 所示。

4. 现结业务。

现结业务是指在销售过程中客户直接支付货币资金的行为。因此,现结销售不产生应收款,但普通销售的主营业务收入必须通过应收款系统进行管理,所以现结销售的流程与前述销售流程基本相似,只是在发票复核时,要选择"现结"方式。

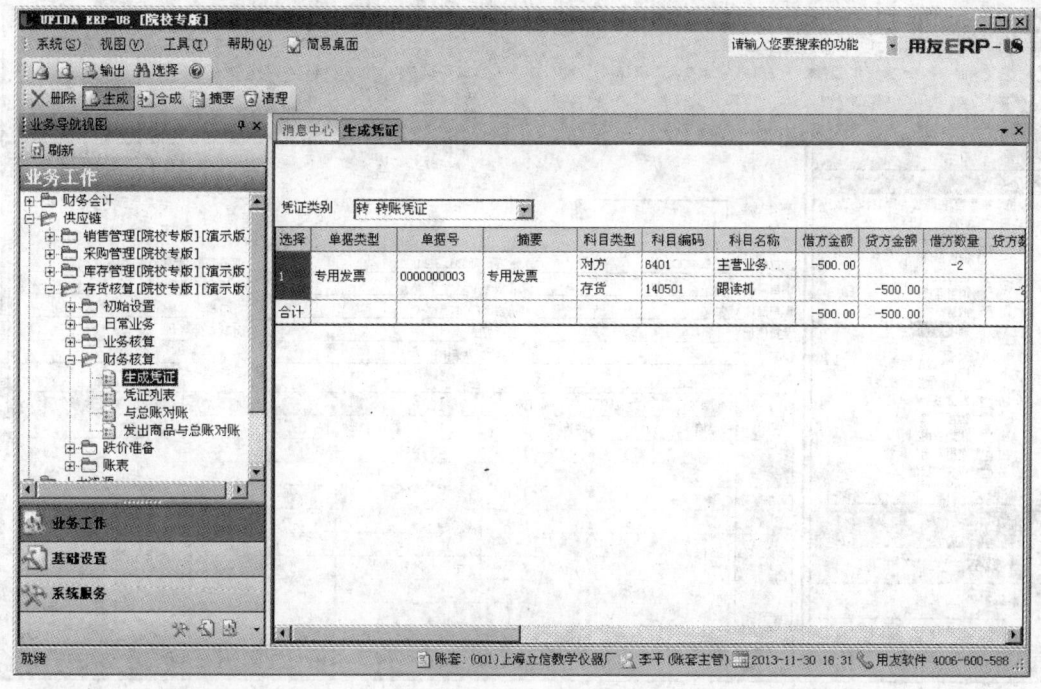

图 10-48　设置凭证信息

图 10-49　生成销售退回成本凭证

（1）11 月 22 日，销售部向杭州大学出售跟读机 100 台，无税单价 500 元。

• 执行"供应链"｜"销售管理"｜"销售发货"｜"发货单"，输入发货信息，保存并审核发货单，如图 10-50 所示。

（2）11 月 22 日，销售部根据发货单开具增值税专用发票一张，同时收到客户以转账支票所支付的货款 58 500 元，进行制单处理。

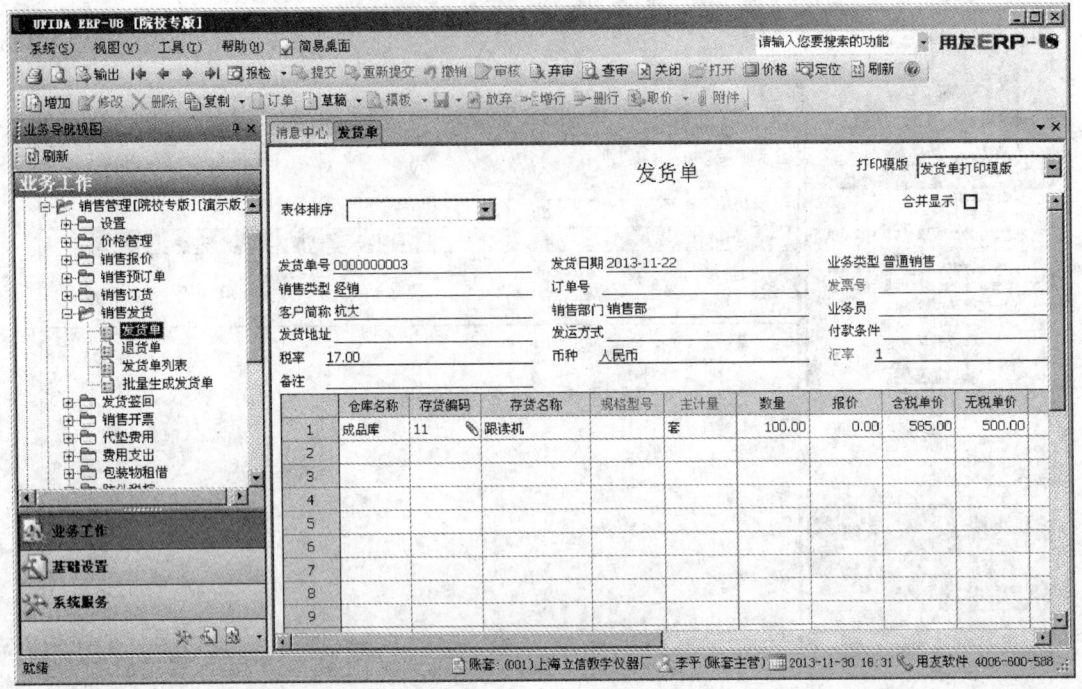

图 10-50　发货单

• 在销售管理系统中执行"销售专用发票"，根据发货单生成销售专用发票，单击"现结"，如图 10-51 所示。

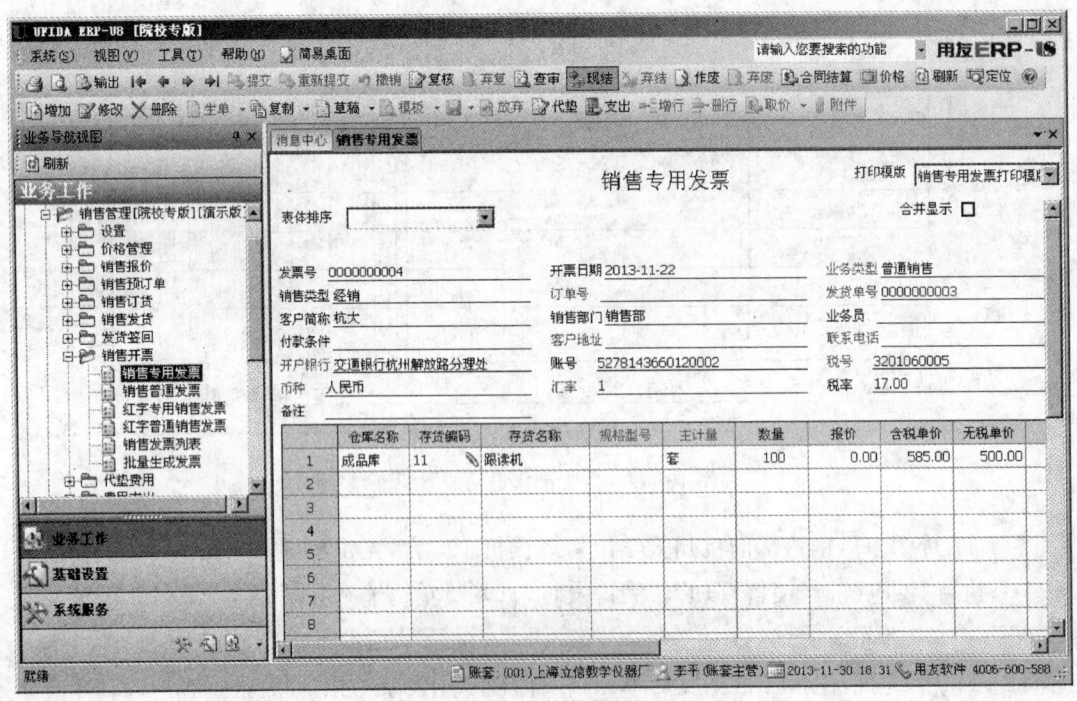

图 10-51　现结处理

- 在现结框中选择结算方式,并在原币金额栏输入收到的货款金额,单击"确定",如图 10-52 所示。

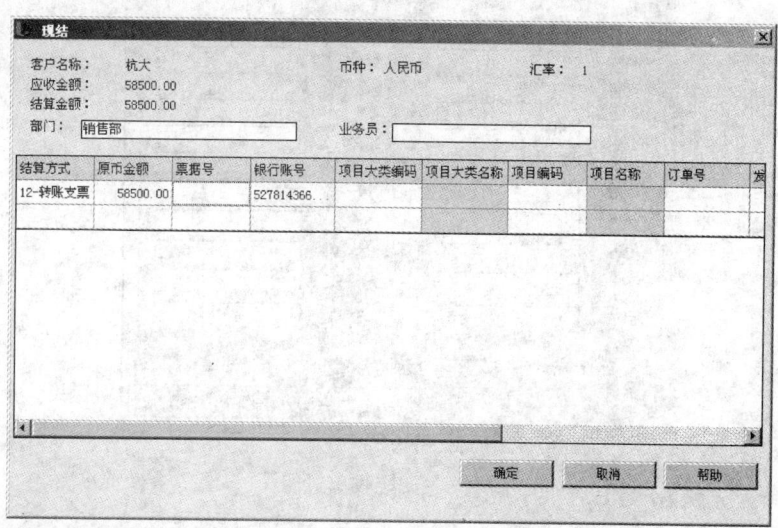

图 10-52 输入现结金额

- 对现结的销售专用发票,单击"复核",如图 10-53 所示。

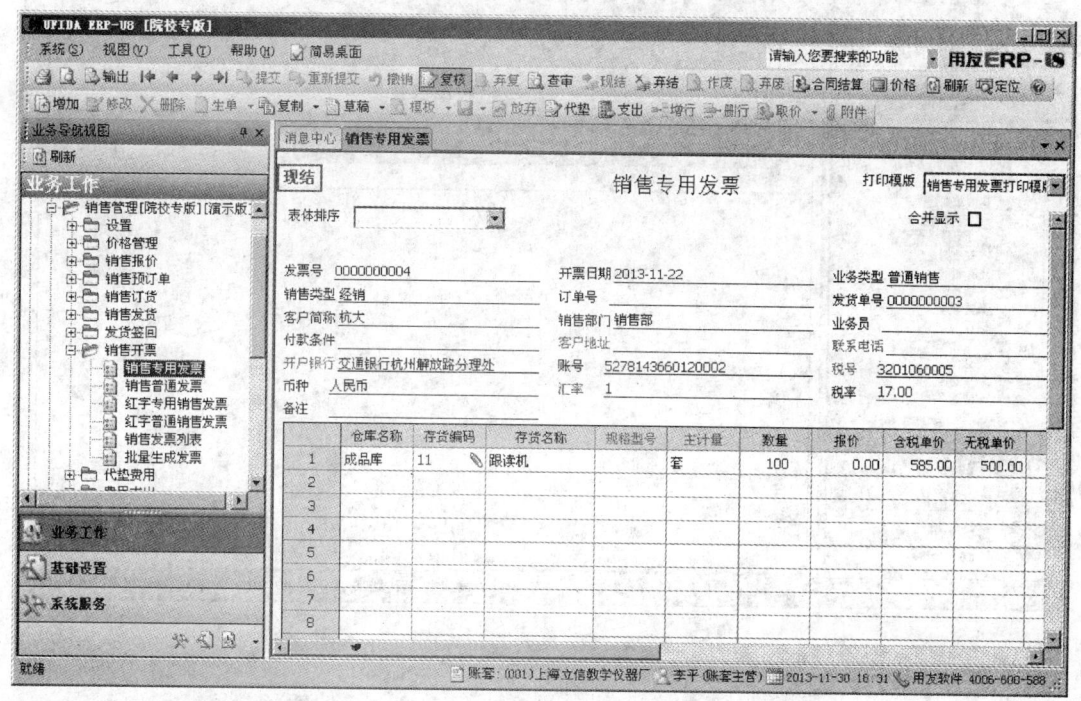

图 10-53 复核现结发票

- 在应收款管理系统中执行"应收单据审核",在应收单过滤条件框中,选择"包含已现结发票"选项,单击"确定",如图 10-54 所示。

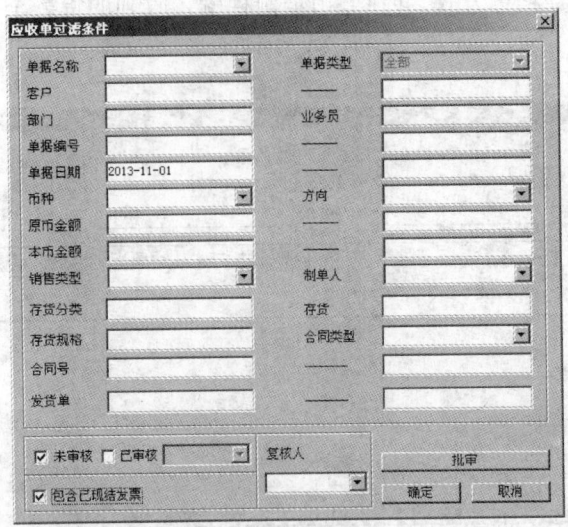

图 10-54　应收单过滤

- 审核应收单据，如图 10-55 所示。

图 10-55　审核应收单

- 在应收款管理系统中执行"制单处理"，在制单查询中选择"现结制单"，单击"确定"，如图 10-56 所示。
- 选择要制单的现结单据，单击"制单"，如图 10-57 所示。
- 保存生成的记账凭证，如图 10-58 所示。

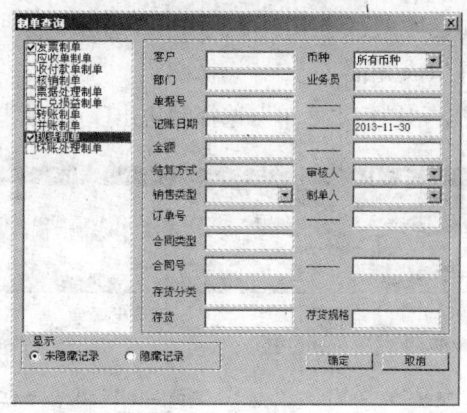

图 10-56 选择"现结制单"

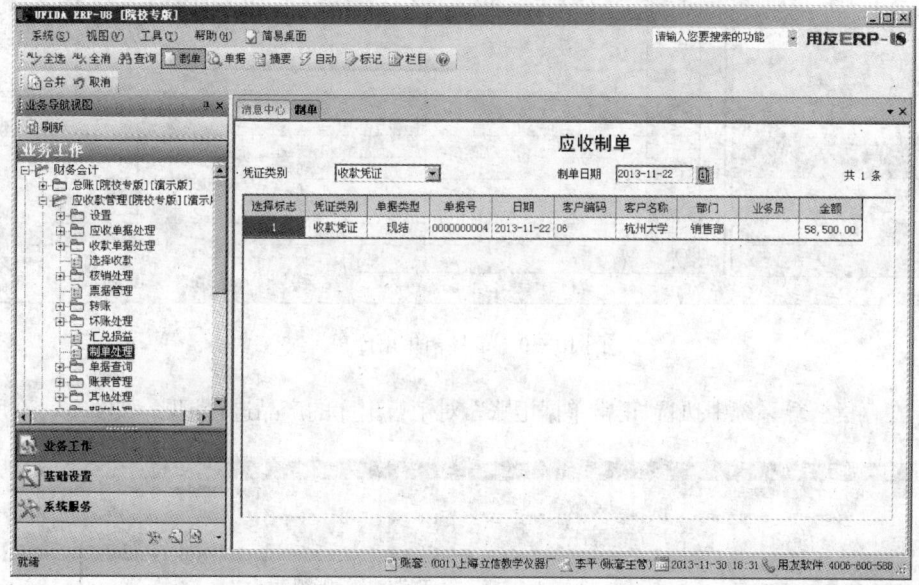

图 10-57 现结制单

图 10-58 生成现结销售凭证

(3) 11 月 22 日,从成品仓库向杭州大学审核出库单并发出其所订货物,同时通过存货核算系统对销售出库单记账并生成凭证。

• 在库存管理系统中执行"销售出库单",选择销售出库单,单击"审核",如图 10-59 所示。

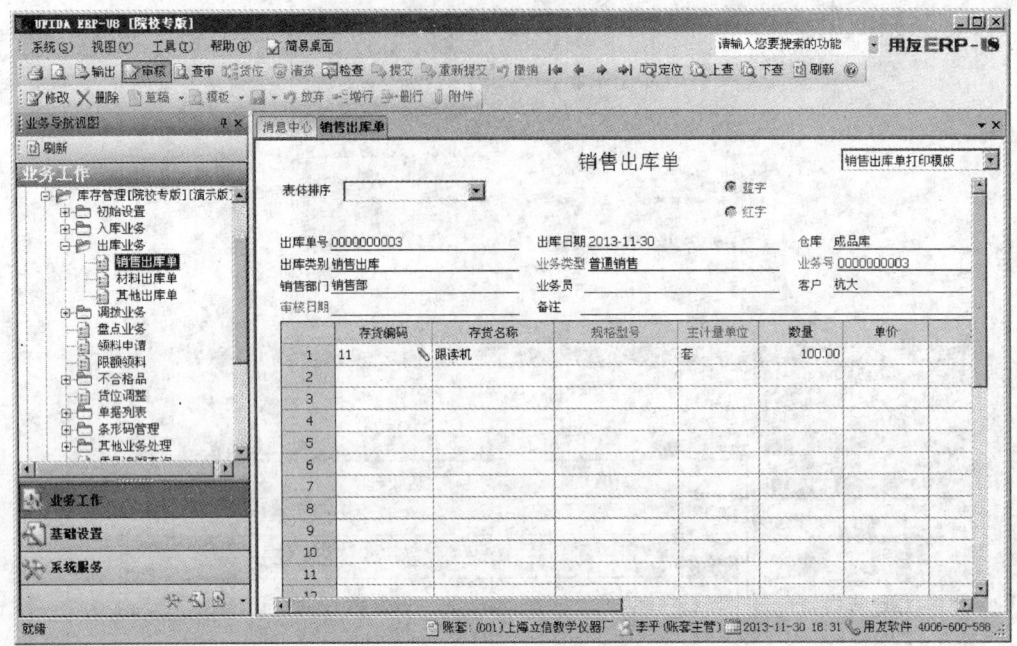

图 10-59　审核销售出库单

• 在存货核算系统中执行"正常单据记账",对销售出库的产品进行记账,如图 10-60 所示。

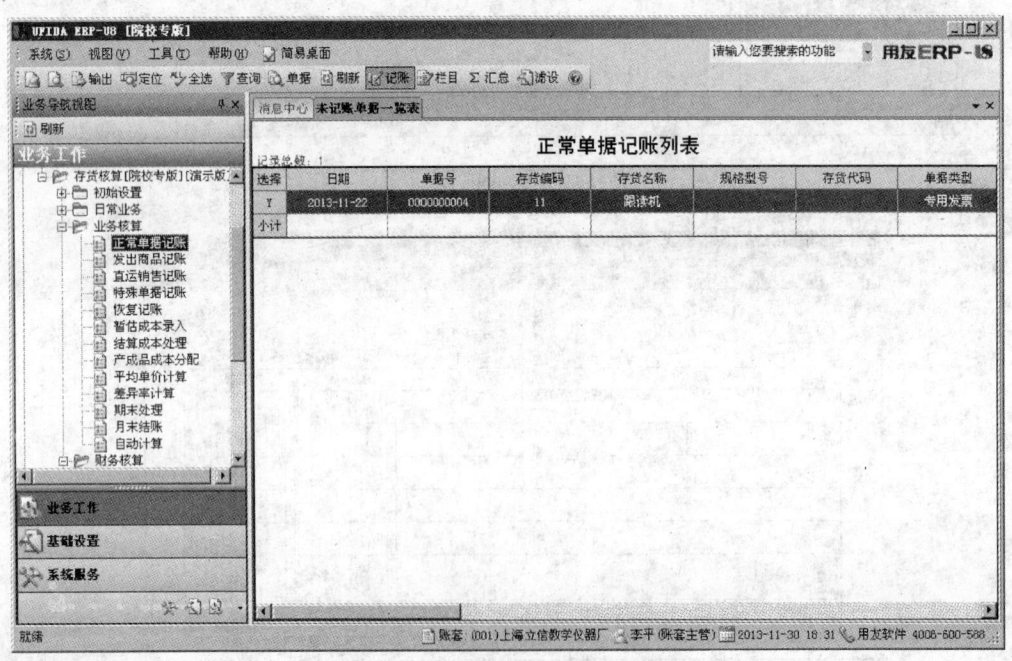

图 10-60　正常单据记账

• 在存货核算系统中执行"生成凭证",定义凭证的借贷方科目,单击"生成",如图 10-61所示。

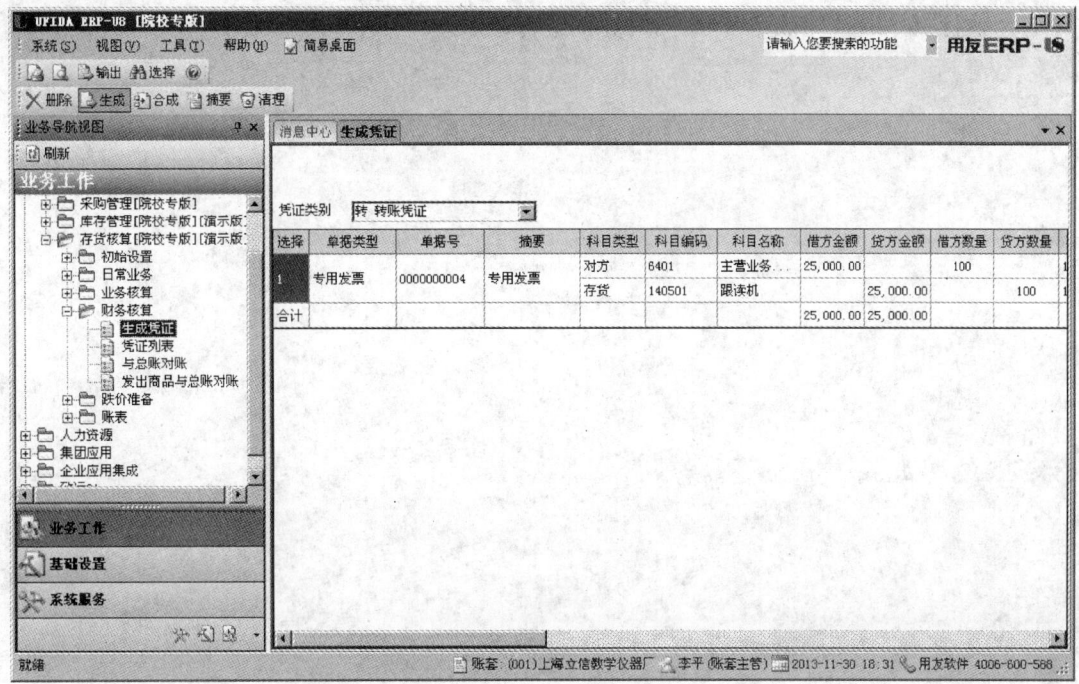

图 10-61　设置凭证信息

• 保存生成的记账凭证,如图 10-62 所示。

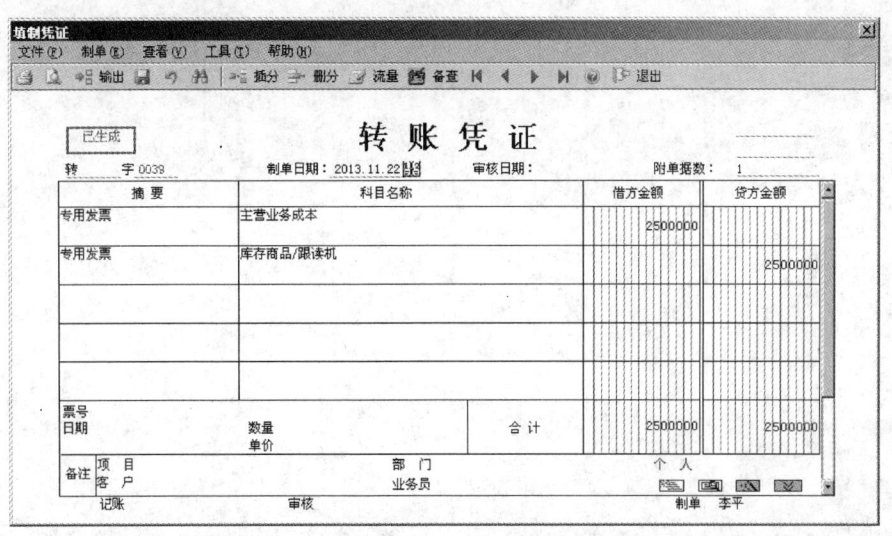

图 10-62　生成销售成本凭证

5. 重注册,更换操作员 103 王力,对上述凭证审核、签字、记账。

- 重新注册系统,以操作员 103 王力用户身份登录系统;
- 执行"总账"|"凭证"|"审核凭证",对凭证进行审核;
- 执行"总账"|"凭证"|"出纳签字",对凭证进行出纳签字;
- 执行"总账"|"凭证"|"记账",对凭证进行记账。

项目十一　采 购 管 理

功 能 概 述

采购是企业完成生产、销售的准备过程，是为完成企业利润必不可少的环节。用友ERP-U8管理系统中的采购管理系统，通过普通采购、直运采购、受托代销采购等采购流程对不同的采购业务进行有效的控制和管理，以帮助企业降低采购成本，提高利润，提升企业竞争力。采购管理业务处理包括请购、订货、到货、入库、采购发票、采购结算等采购业务全过程的管理，从而实现对供应商、采购价格的有效管理，提高经济效益。

采购管理与销售管理一样，也是一项综合性的管理，它同样需要各管理子系统之间相互协调完成。一项普通采购业务会涉及采购管理、库存管理、存货核算、应付款管理和总账管理等系统，其业务流程，如图11-1所示。

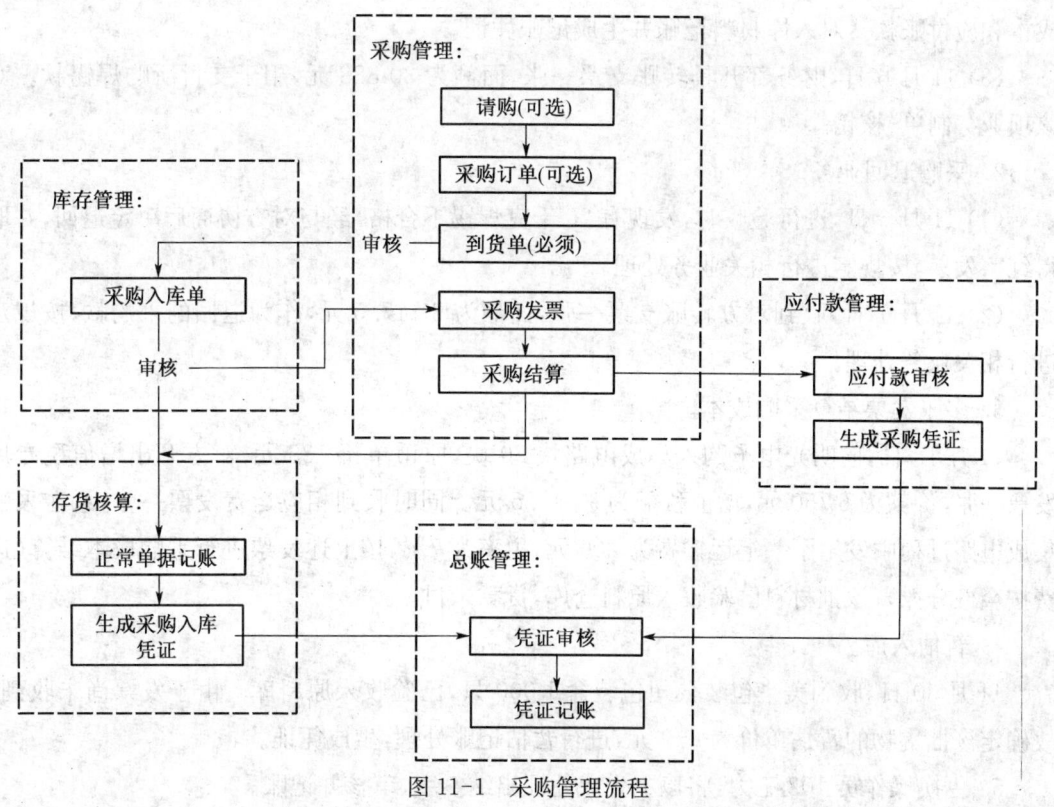

图 11-1　采购管理流程

项 目 实 训

【项目要求】

1. 理解各子系统在采购过程中的作用。
2. 掌握普通采购业务核算流程。
3. 掌握采购退回业务的处理。
4. 掌握多发票采购结算方法。
5. 掌握期末暂估的处理。

【项目资料】

1. 普通采购业务。

（1）11 月 2 日，供应部向广州日焓化工厂订购焊锡 240 千克，原币单价为每千克 110 元，计划到货日期 11 月 5 日，填制并审核订购单。

（2）11 月 5 日，从广州日焓化工厂购买的焊锡 240 千克到货，根据订购单生成并审核到货单。同时收到增值税专用发票一张，价款为 26 400 元、增值税额为 4 488 元，据此结算采购成本和应付账款。对入库材料记账并生成记账凭证。

（3）11 月 6 日，财务部开具转账支票一张，面额为 30 888 元，用于支付所购焊锡款。对该项业务制单、核销。

2. 采购退回业务。

（1）11 月 6 日，进行验收时，发现有 25 千克焊锡不合格，经与对方协商后决定退回，并取得红字发票，按规定进行相关业务处理。

（2）11 月 7 日，收到对方转账支票一张，面额为 3 217.5 元，作为退回的采购款，按规定进行相关业务处理。

3. 多张发票结算采购成本。

11 月 15 日，向明光电子购入集成电路块 50 块，原币单价 135 元，对方开出增值税专用发票一张，价款为 6 750 元，增值税额为 1 147.5 元。同时收到相应运费发票一张，系在采购集成电路过程中发生了一笔运输费为 200 元，税率为 7%，按上述发票进行采购成本结算（运费按金额分摊），该批材料已验收入原料仓库，货款未付。

4. 暂估入库。

11 月 30 日，收到美华包装公司包装盒 1 000 只，已验收入原料库。由于发票尚未收到，故确定该批货物的暂估单价为 0.9 元，进行暂估记账处理，生成凭证。

5. 更换操作员 103 王力，将以上生成凭证出纳签字、审核并记账。

项目指导

【操作步骤】

1. 普通采购业务。

(1) 11 月 2 日,供应部向广州日熔化工厂订购焊锡 240 千克,原币单价为每千克 110 元,计划到货日期为 11 月 5 日,填制并审核订购单。

- 执行"供应链"|"采购管理"|"采购订货"|"采购订单"。
- 单击"增加"。
- 输入采购订单信息,保存并审核订单,如图 11-2 所示。

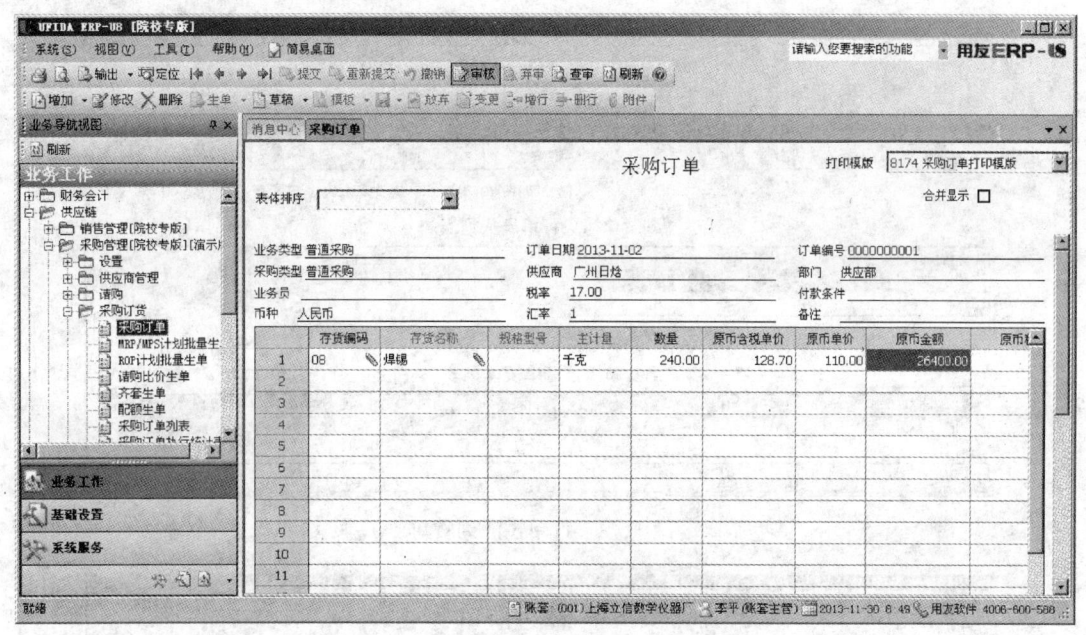

图 11-2 采购订单

(2) 11 月 5 日,从广州日熔化工厂购买的焊锡 240 千克到货,根据订购单生成并审核到货单。同时收到增值税专用发票一张,价款为 26 400 元、增值税额为 4 488 元,据此结算采购成本和应付账款。对入库材料记账并生成记账凭证。

供应部根据采购订单生成到货单:

- 执行"供应链"|"采购管理"|"采购到货"|"到货单",单击"增加",执行"生单"|"采购订单",如图 11-3 所示。
- 在弹出的过滤条件对话框中单击"过滤"。
- 在"到货单拷贝订单表头列表"中选择需生成到货单的对应订单,在"到货单拷贝订单表体列表"中选择到货的材料,单击"OK 确定",如图 11-4 所示。
- 保存并审核生成的到货单,如图 11-5 所示。

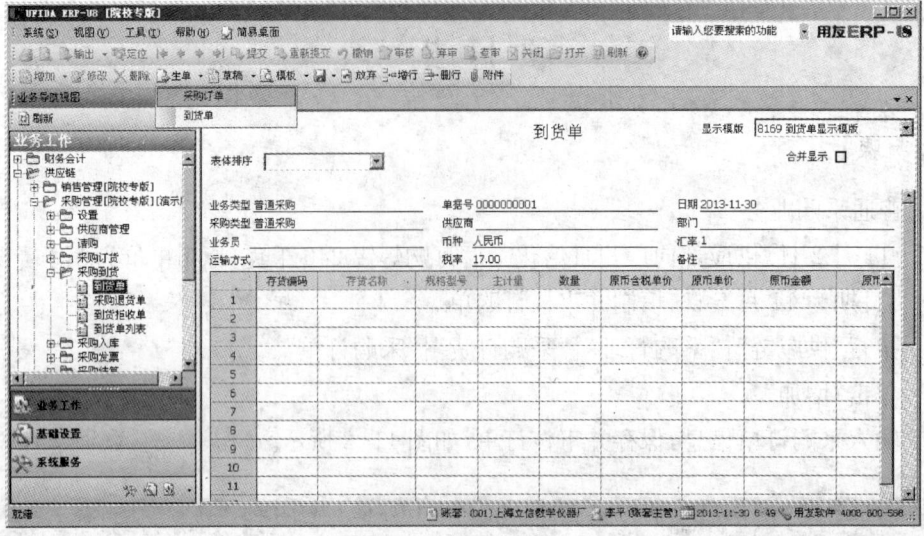

图 11-3 生成到货单

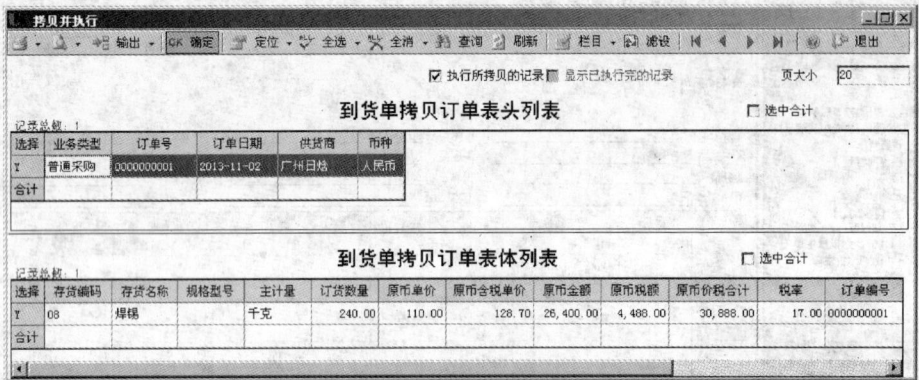

图 11-4 订单过滤到货单

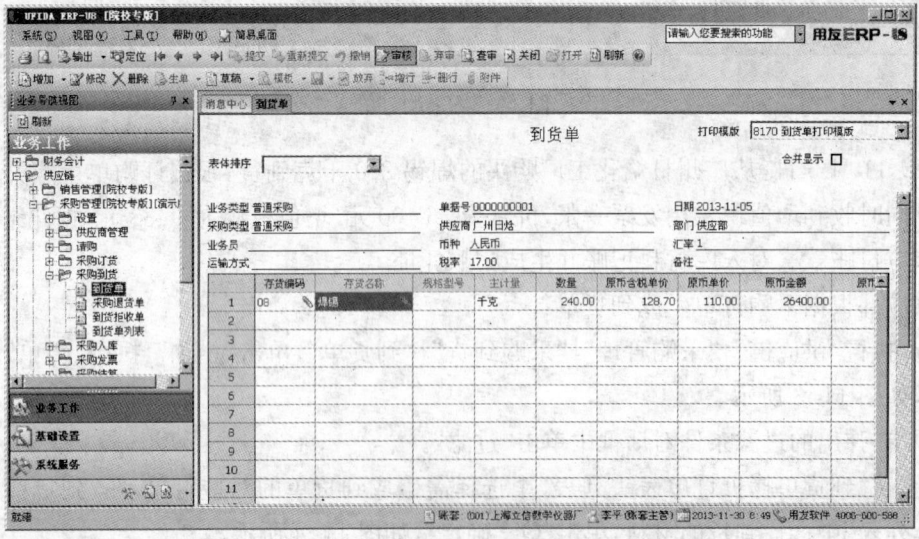

图 11-5 到货单

仓库根据供应部确认的到货单,对材料验收入库:

· 执行"供应链"|"库存管理"|"入库业务"|"采购入库单",执行"生单"|"采购到货单(蓝字)",如图11-6所示。

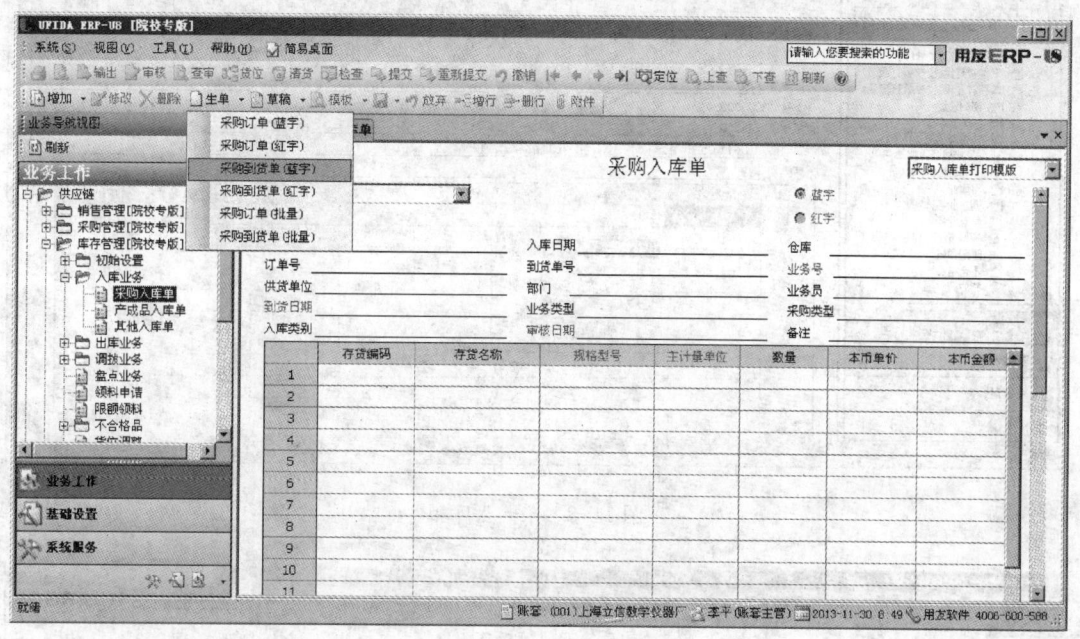

图11-6　生成采购入库单

· 在"到货单生单表头"中选择需生成入库单的对应到货单,在"到货单生单表体"中选择到货的材料,单击"OK确定",如图11-7所示。

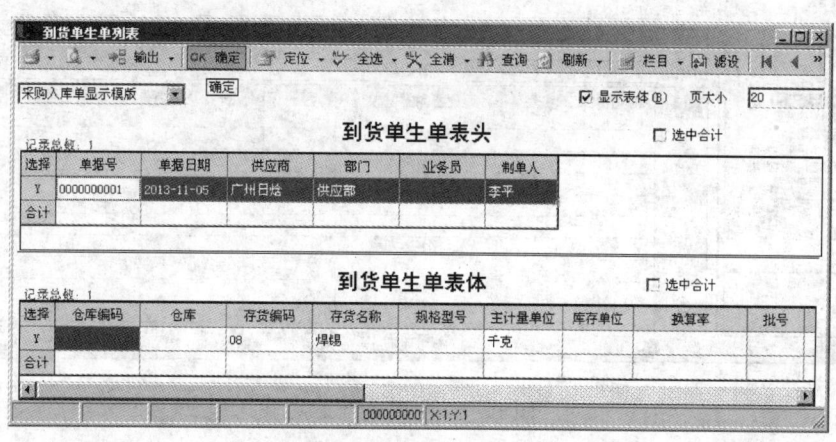

图11-7　到货单过滤入库单

· 保存并审核生成的采购入库单,如图11-8所示。
供应部根据仓库的入库单生成专用采购发票:

· 执行"供应链"|"采购管理"|"采购发票"|"专用采购发票",单击"增加",执行"生单"|"入库单",如图11-9所示。

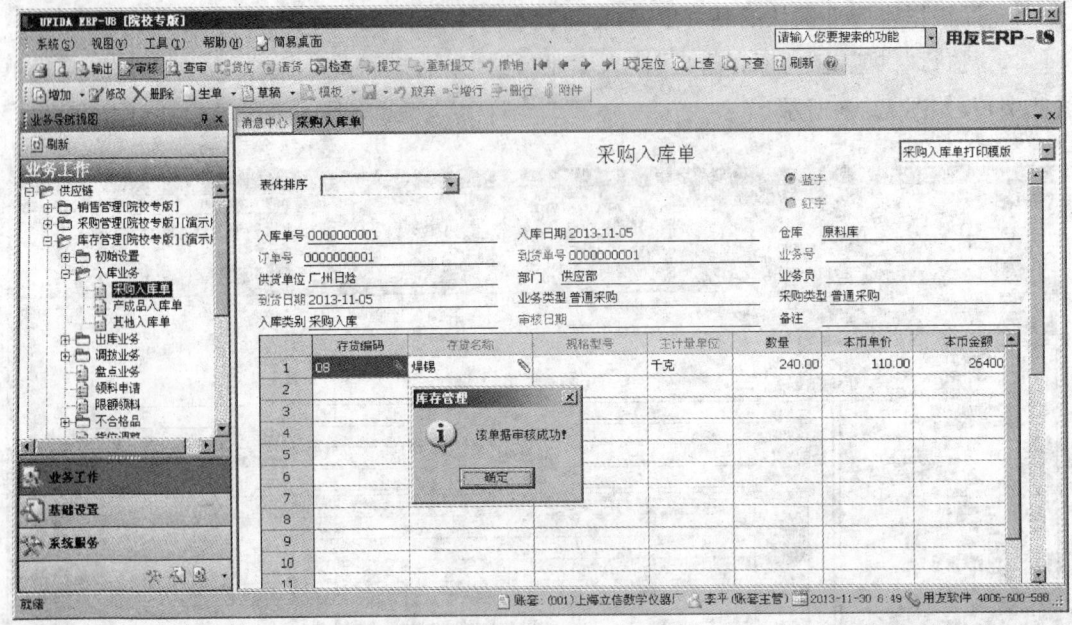

图 11-8　采购入库单

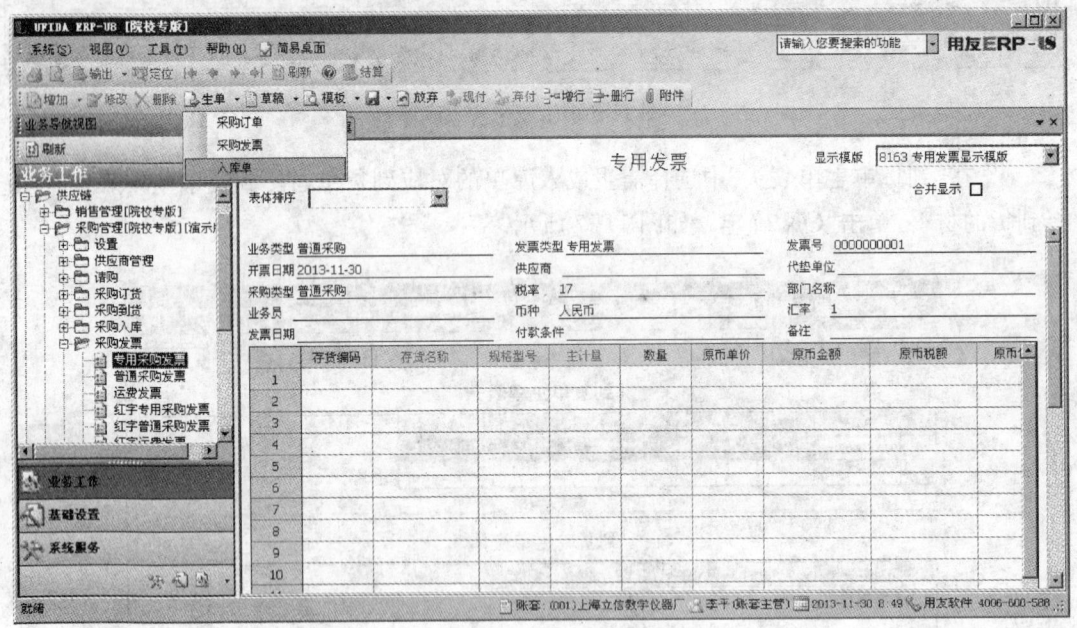

图 11-9　生成采购发票

· 在随后弹出的过滤选择对话框中，单击"过滤"，在"发票拷贝入库单表头列表"中选择需生成发票的对应入库单，在"发票拷贝入库单表体列表"中选择到货的材料，单击"OK 确定"，如图 11-10 所示。

· 保存生成的采购发票，并单击"结算"，如图 11-11 所示。

· 系统显示"已结算"，如图 11-12 所示。

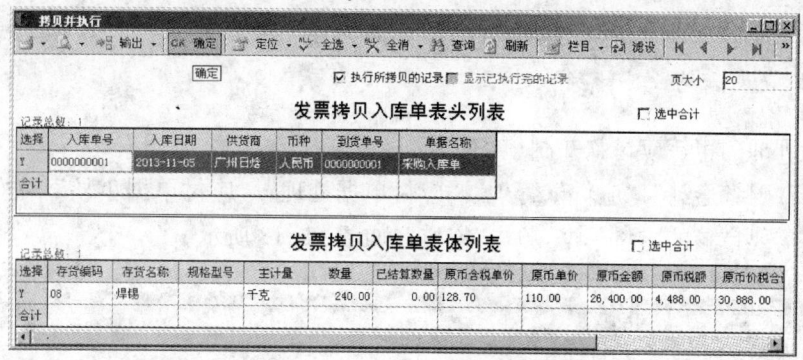

图 11-10 入库单过滤采购发票

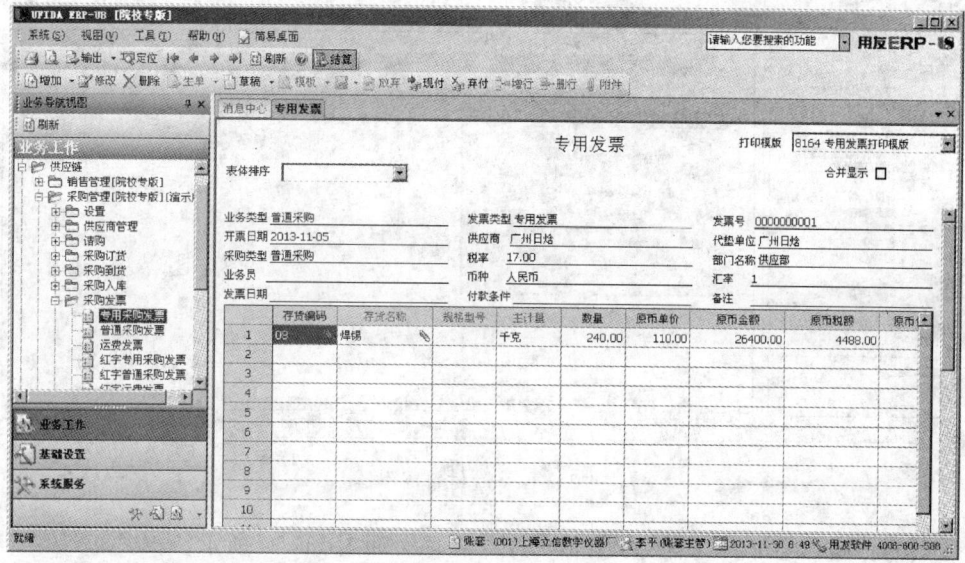

图 11-11 发票结算

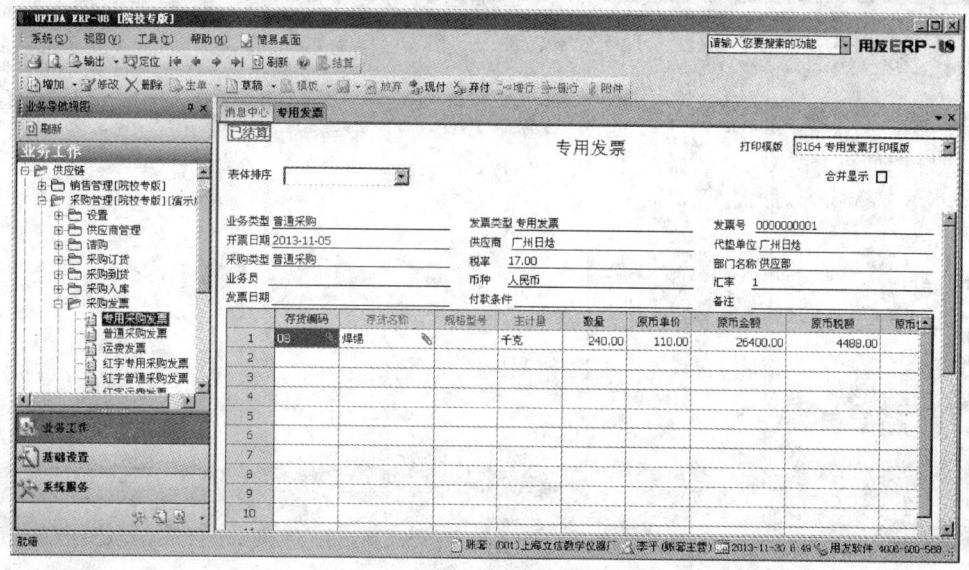

图 11-12 已结算的发票

说明 采购发票结算是指根据采购发票和入库单自动计算采购成本的过程,发票的结算,实际上就是对采购业务的确认过程。

应付管理部门审核应付款并制单:

· 执行"财务会计"|"应付款管理"|"应付单据处理"|"应付单据审核",在"应付单据列表"中,选择需要审核的应付单据,单击"审核",如图 11-13 所示。

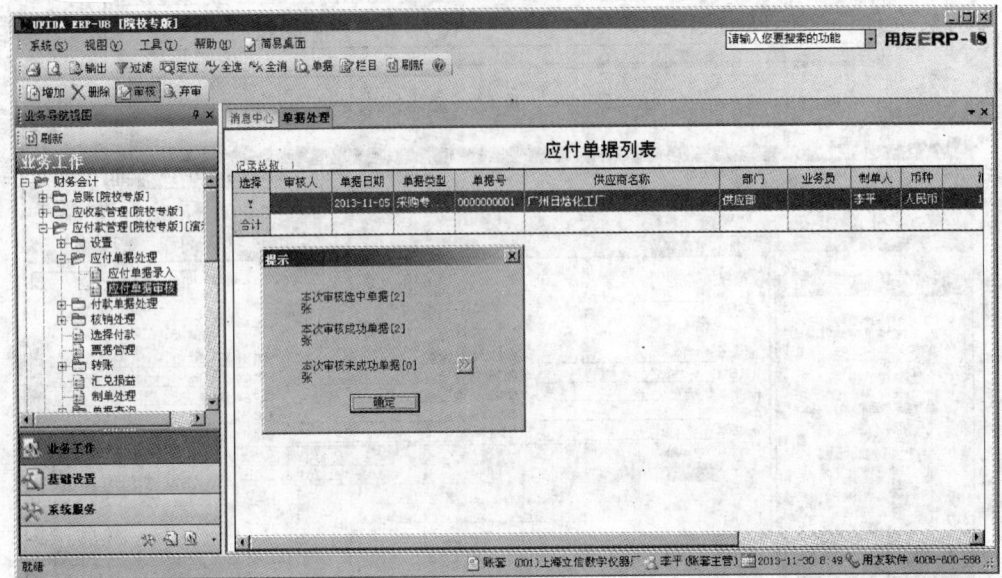

图 11-13 应付单据审核

· 执行"财务会计"|"应付款管理"|"制单处理",如图 11-14 所示。

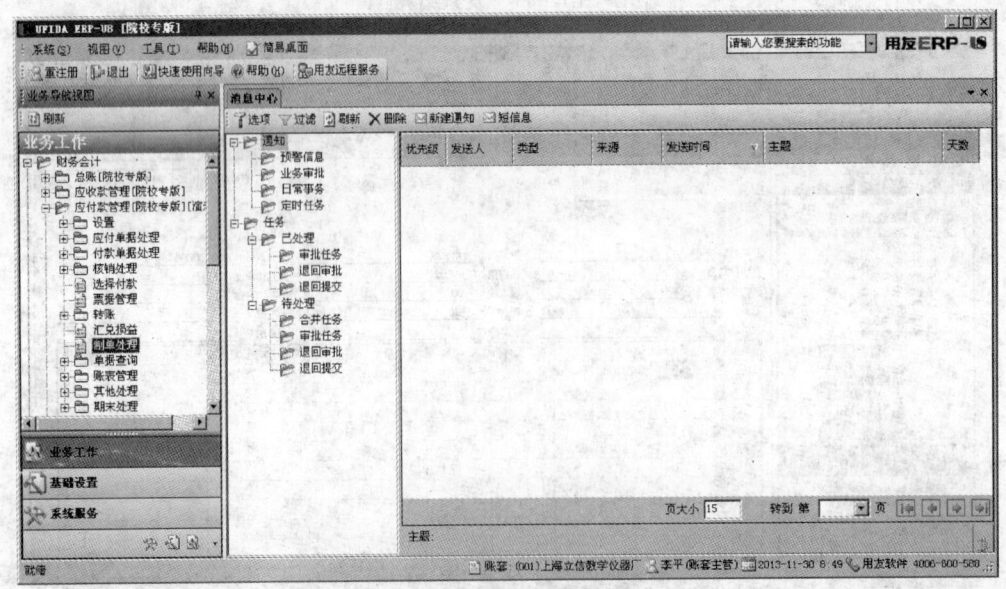

图 11-14 执行"制单处理"

• 选择"发票制单",单击"确定",如图 11-15 所示。

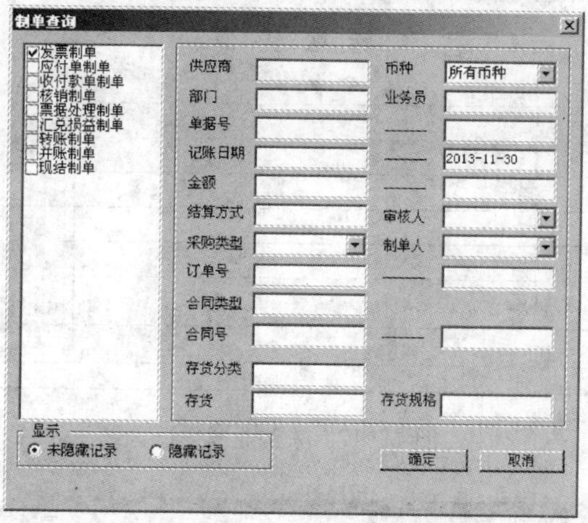

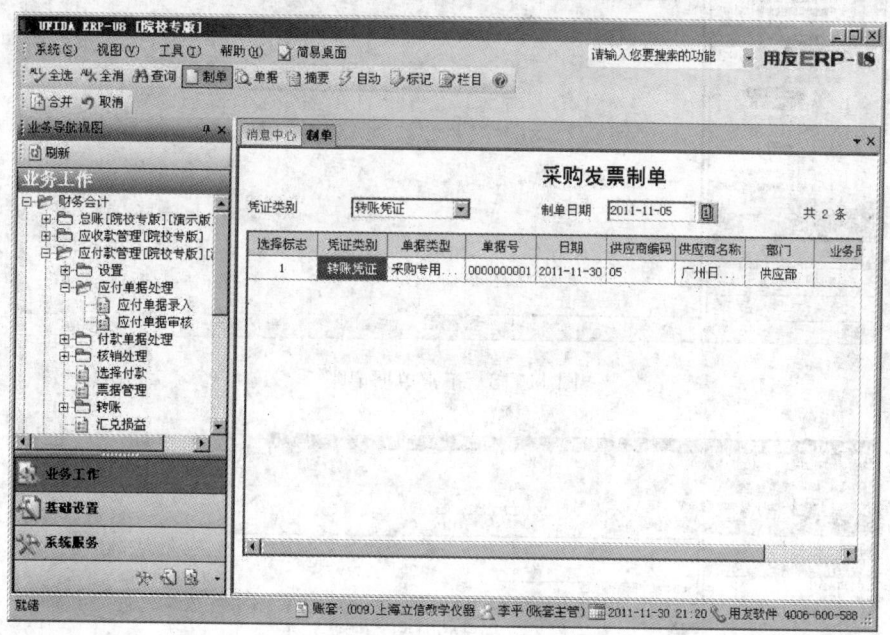

图 11-15 制单查询

• 选择需要制单的发票,单击"制单",如图 11-16 所示。

图 11-16 选择制单

• 保存生成的凭证,如图 11-17 所示。

仓库对入库材料记账、生成凭证:

• 在存货核算系统中执行"正常单据记账",选择要记账的入库单据,单击"记账",如图 11-18 所示。

• 在存货核算系统中执行"生成凭证",选择生成凭证的业务,并设置凭证借贷科目,单击"生成",如图 11-19 所示。

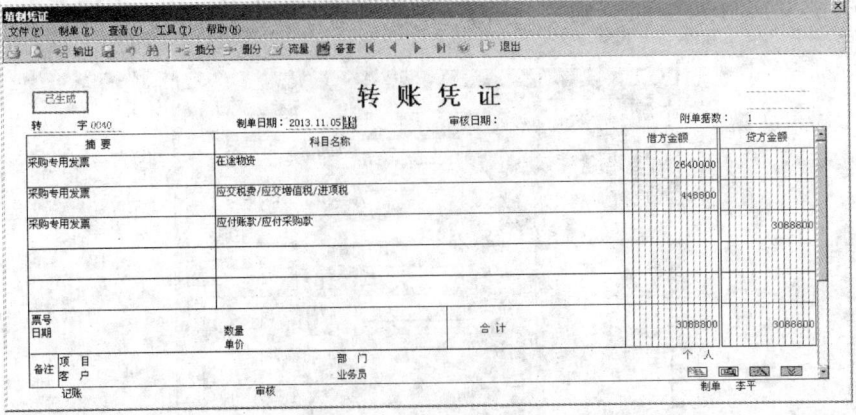

图 11-17 采购业务凭证

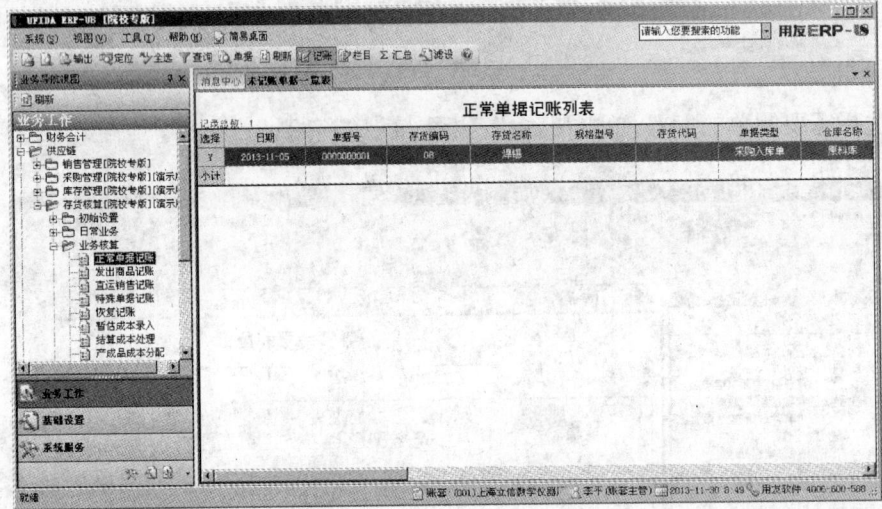

图 11-18 正常单据记账

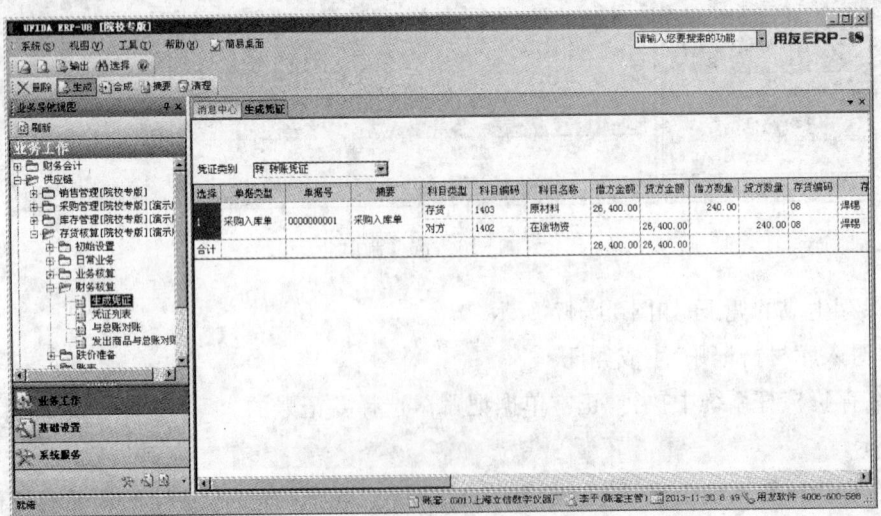

图 11-19 生成凭证

- 保存生成的记账凭证，如图 11-20 所示。

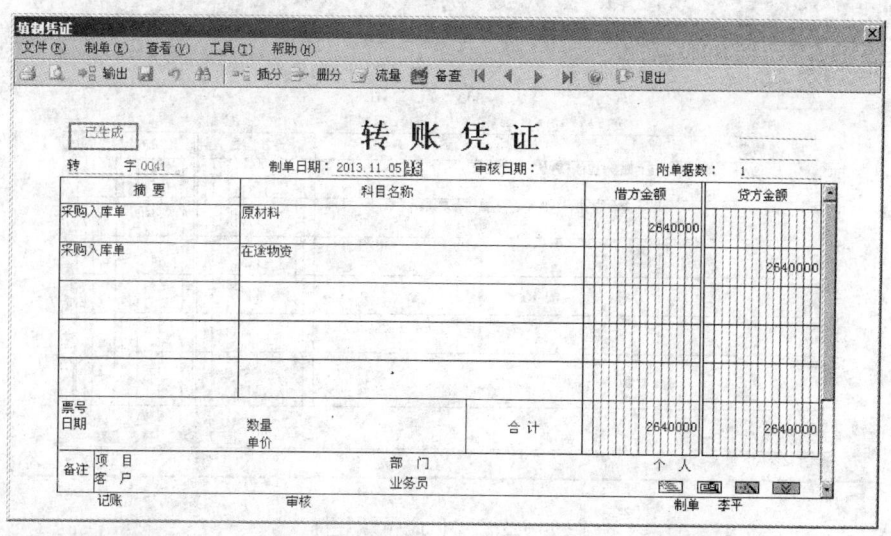

图 11-20　采购入库凭证

（3）11 月 6 日，财务部开具转账支票一张，面额为 30 888 元，用于支付所购焊锡款。对该项业务制单、核销。

- 在应付款管理中执行"付款单据录入"，增加并保存付款单据，单击"审核"，系统提示"是否立即制单"，单击"是（Y）"，如图 11-21 所示。

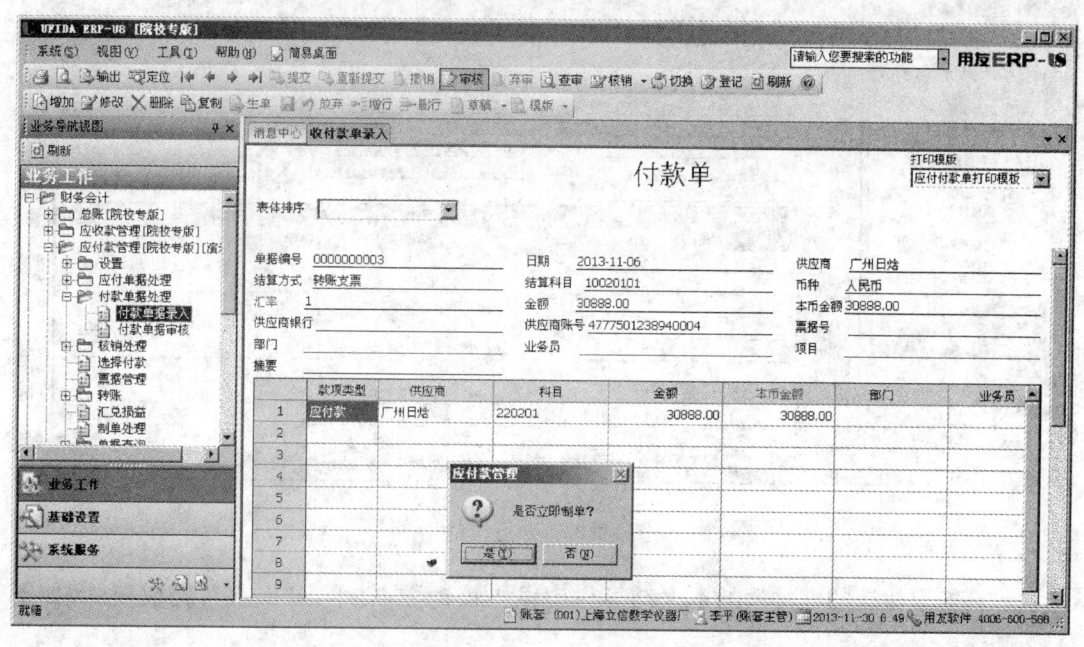

图 11-21　付款单

- 保存生成的凭证，如图 11-22 所示。

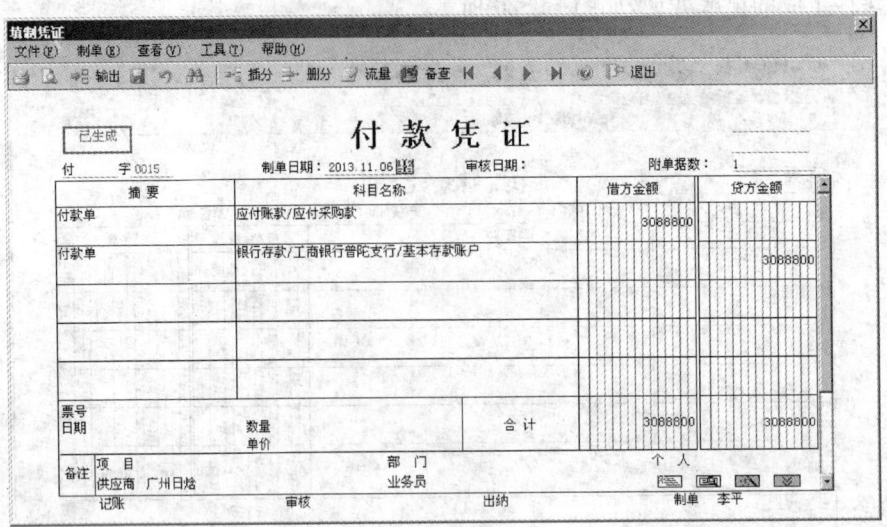

图 11-22　支付应付款凭证

- 执行"核销"|"同币种",如图 11-23 所示。

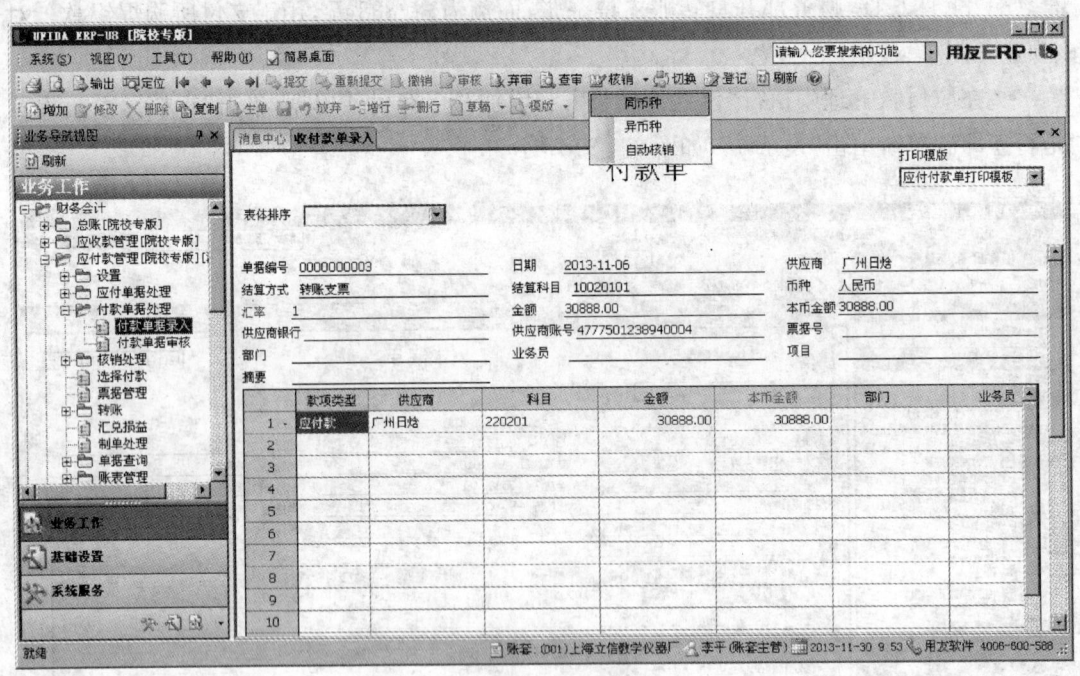

图 11-23. 执行核销

- 在需要核销的应付款的本次结算栏中输入核销数据,单击"保存",完成核销,如图 11-24 所示。

2. 采购退回业务。

采购退回是指企业因产品质量不符合要求等方面的原因,将已采购材料退回供应商,采

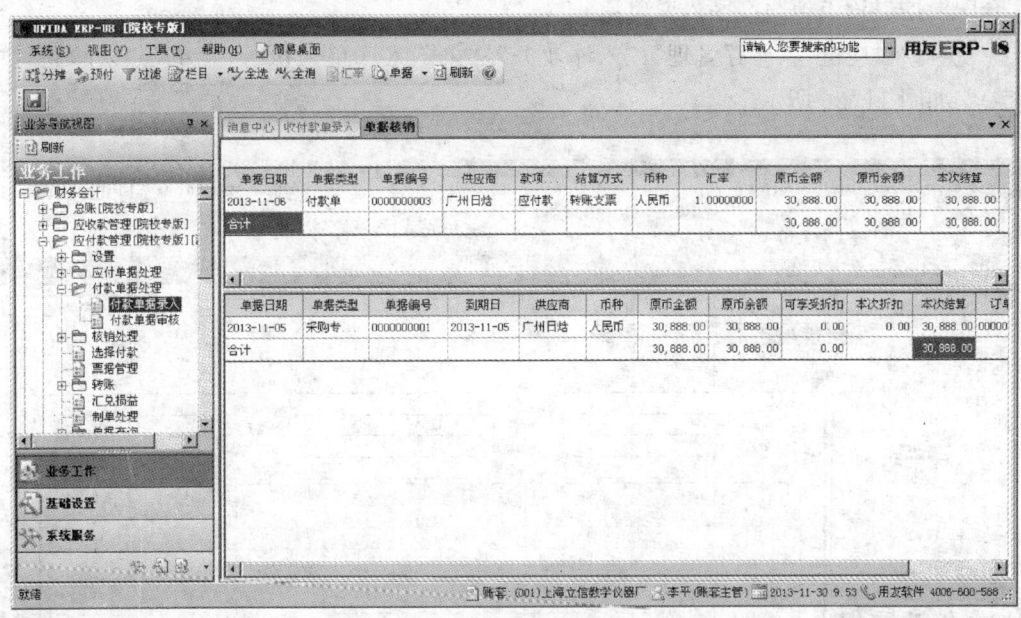

图 11-24 核销应付款

购退回的处理流程相当于普通采购流程的红字处理流程。

（1）11 月 6 日，进行验收时，发现有 25 千克焊锡不合格，经与对方协商后决定退回，并取得红字发票，按规定进行相关业务处理。

供应部根据退货情况开具采购退货单：

• 执行"供应链"|"采购管理"|"采购到货"|"采购退货单"，输入采购退货单数据，保存并审核退货单，如图 11-25 所示。

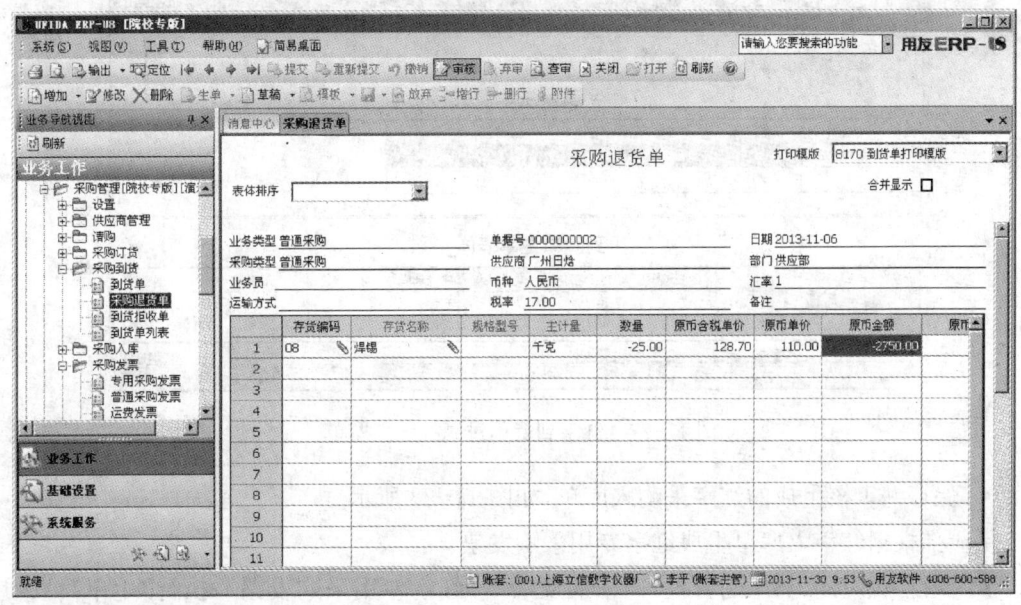

图 11-25 采购退货单

仓库根据退货单填写红字入库单：

• 执行"供应链"|"库存管理"|"入库业务"|"采购入库单"，执行"生单"|"采购到货单（红字）"，如图 11-26 所示。

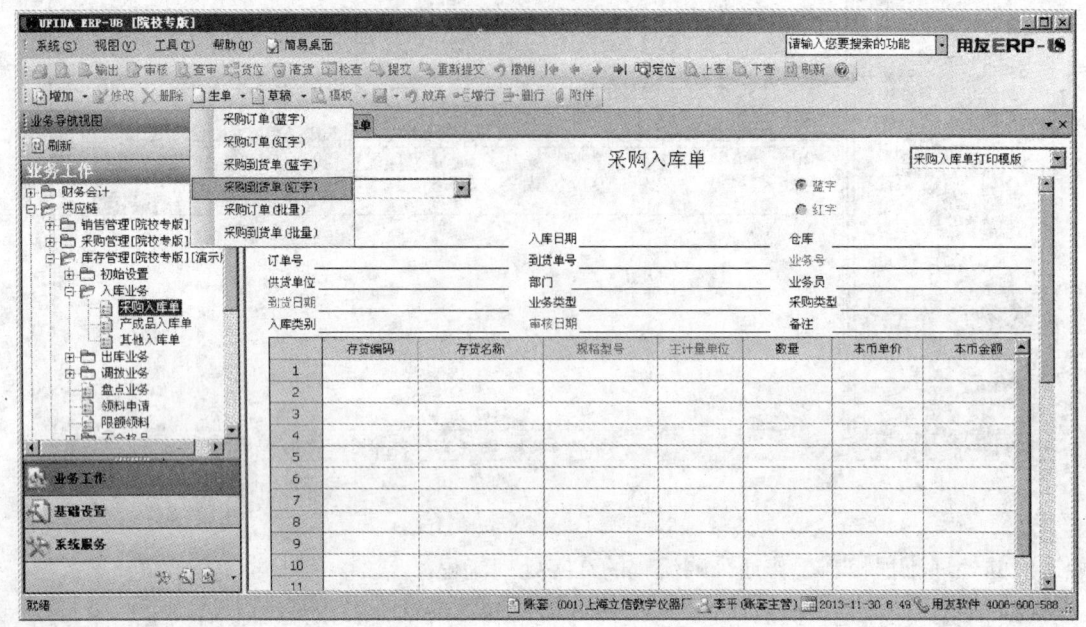

图 11-26　生成红字采购入库单

• 在"到货单生单表头"中选择要退货的供应商，在"到货单生单表体"中选择退回的材料，单击"确定"，如图 11-27 所示。

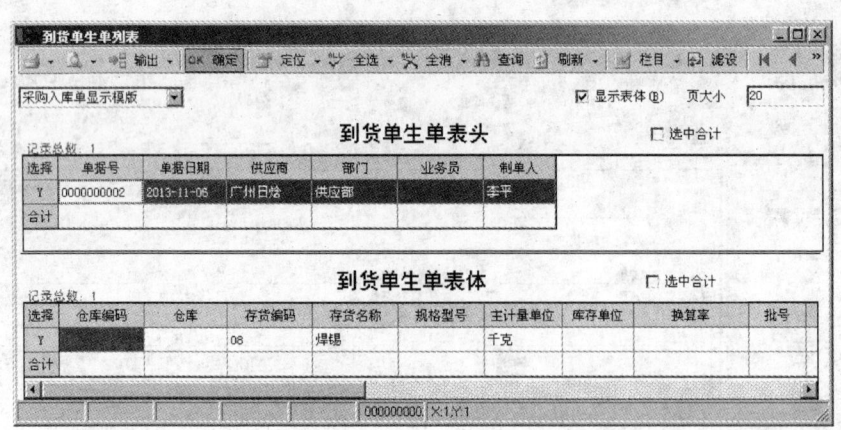

图 11-27　红字到货单过滤红字入库单

• 保存并审核生成的红字采购入库单，如图 11-28 所示。

供应部根据红字入库单生成红字专用采购发票：

• 执行"供应链"|"采购管理"|"采购发票"|"红字专用采购发票"，执行"生单"|"入库单"，如图 11-29 所示。

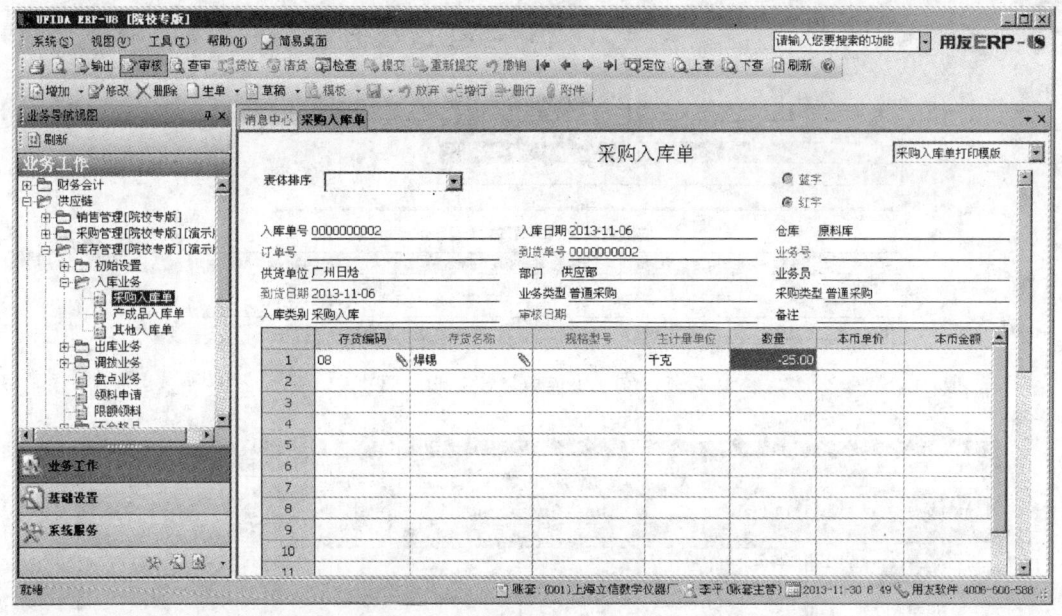

图 11-28　生成红字采购入库单

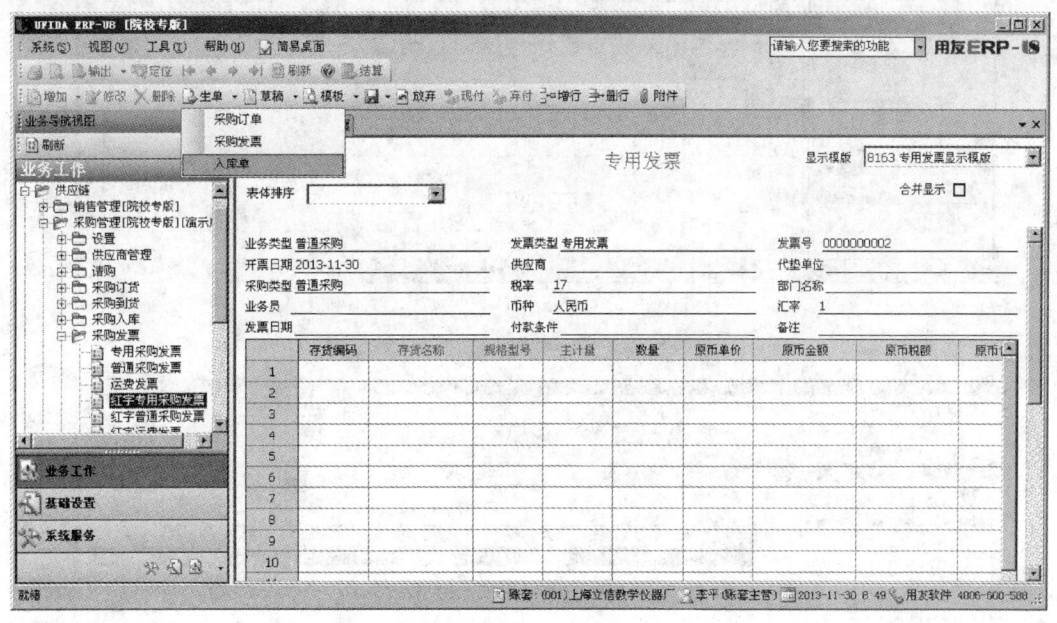

图 11-29　入库单生单

• 在"发票拷贝入库单表头列表"中,选择需生成红字发票的入库单,在"发票拷贝入库单表体列表"中,选择退回的材料,单击"OK 确定",如图 11-30 所示。

• 保存生成的红字发票,单击"结算",结算退回成本,如图 11-31 所示。

应付管理部门审核退回的红字应付款,并制单:

• 执行"财务会计"|"应付款管理"|"应付单据处理"|"应付单据审核",选择要审核的单据,单击"审核",如图 11-32 所示。

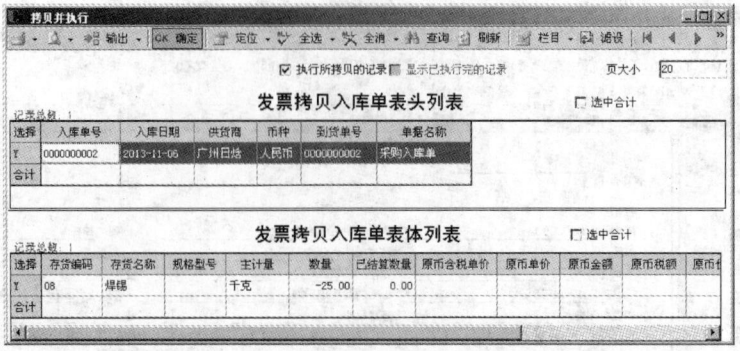

图 11-30　入库单过滤采购发票

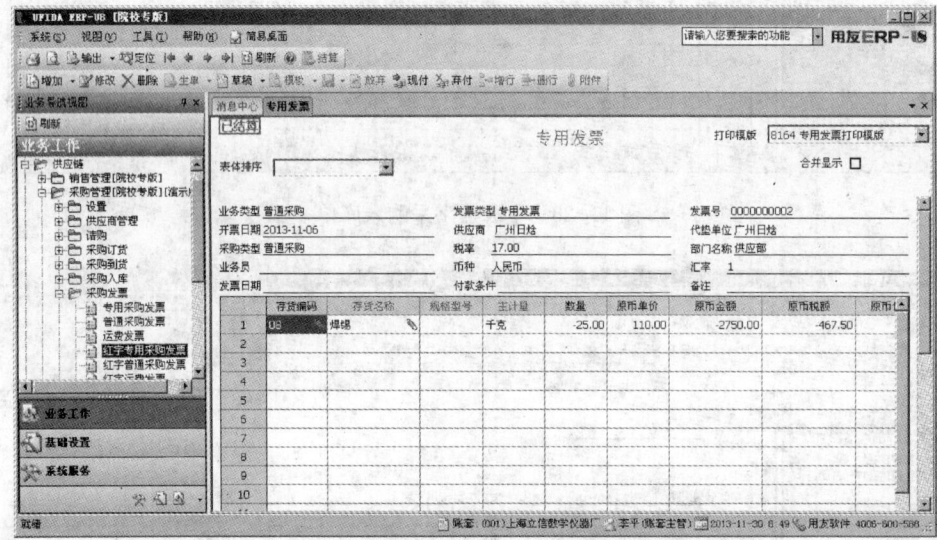

图 11-31　发票结算

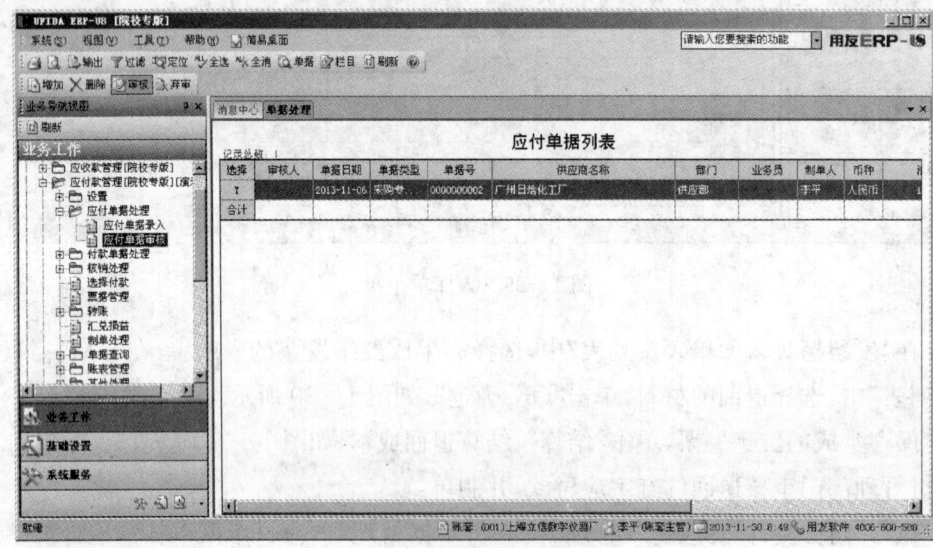

图 11-32　审核应付单据

- 执行"财务会计"|"应付款管理"|"制单处理",选择要制单的应付单据,单击"制单",如图 11-33 所示。

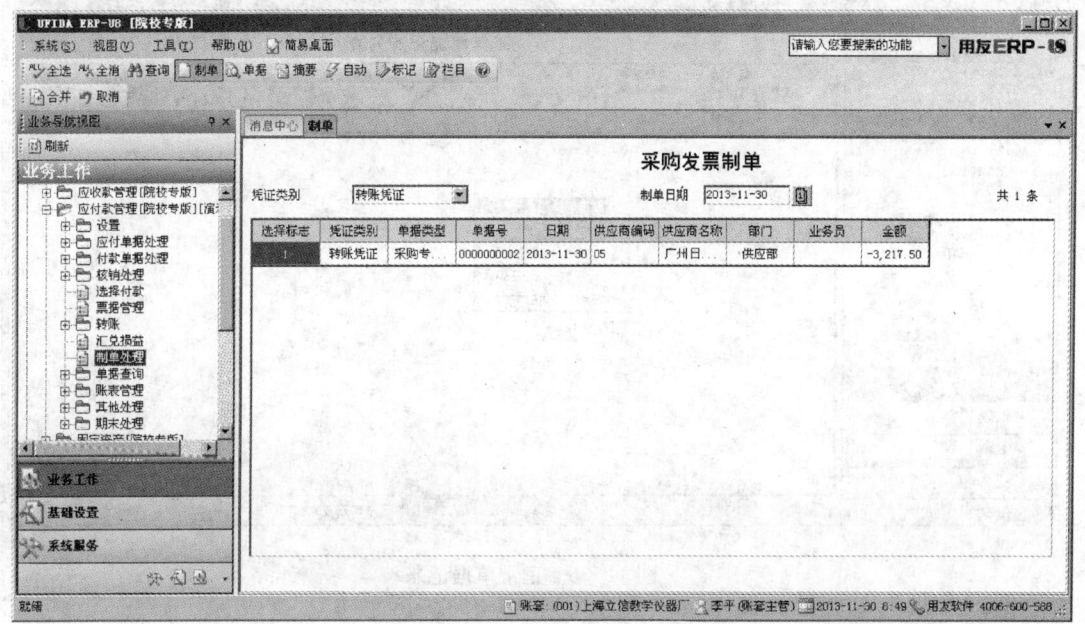

图 11-33　制单选择

- 保存生成的凭证,如图 11-34 所示。

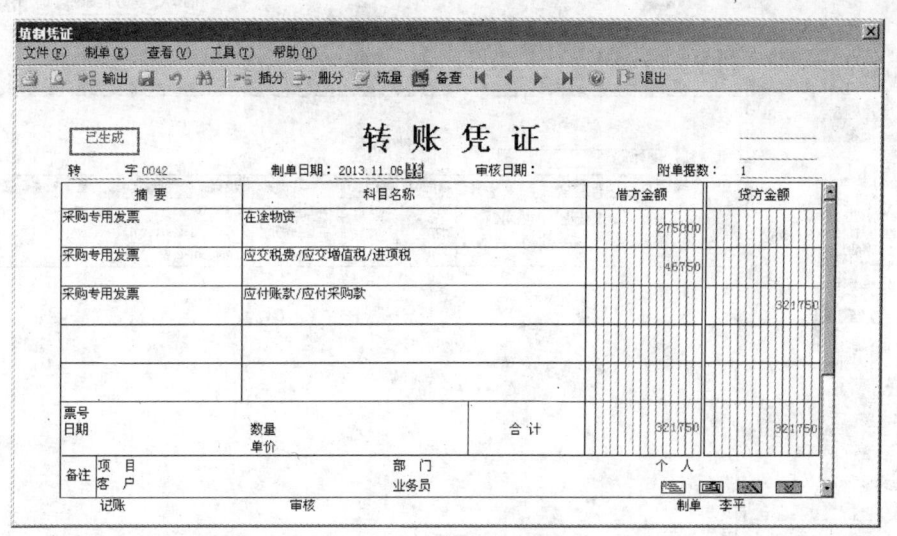

图 11-34　采购退回凭证

仓库对红字入库材料记账、生成凭证:

- 在存货核算系统中执行"正常单据记账",选择要记账的入库单据,单击"记账",如图 11-35 所示。

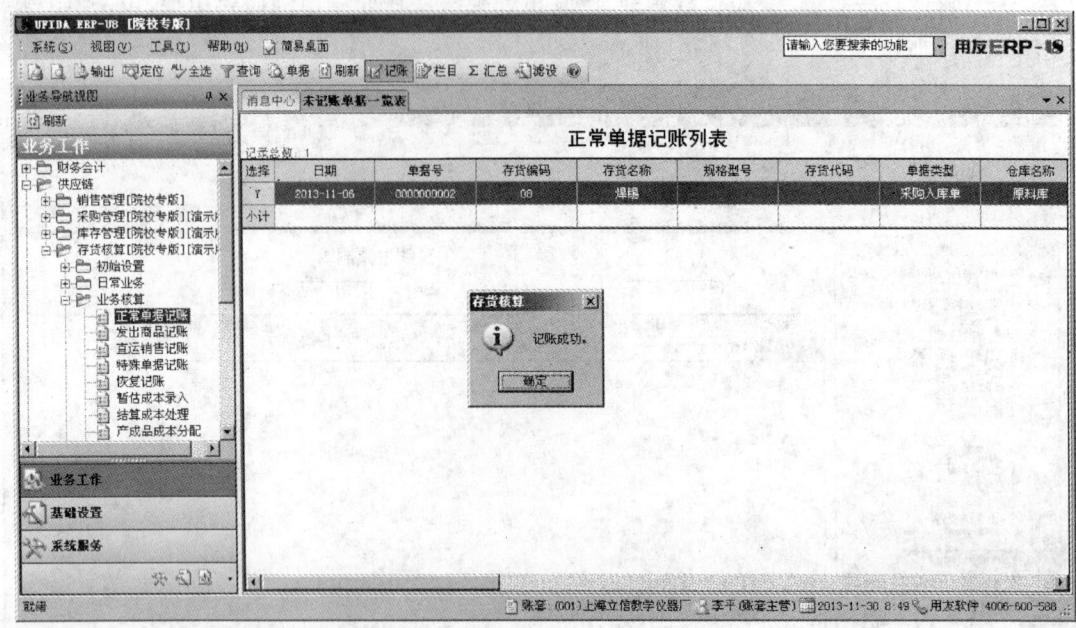

图 11-35　正常单据记账

• 在存货核算系统中执行"生成凭证"，选择生成凭证的业务，并设置凭证借贷科目，单击"生成"，如图 11-36 所示。

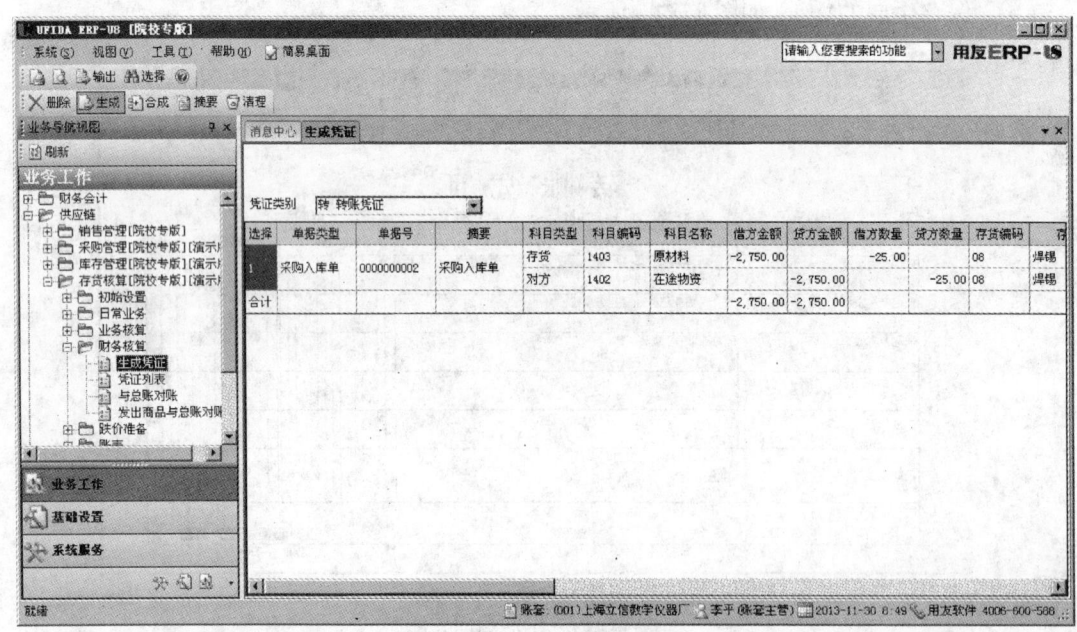

图 11-36　生成凭证

• 保存生成的记账凭证，如图 11-37 所示。

(2) 11 月 7 日，收到对方转账支票一张，面额为 3 217.5 元，作为退回的采购款，按规定

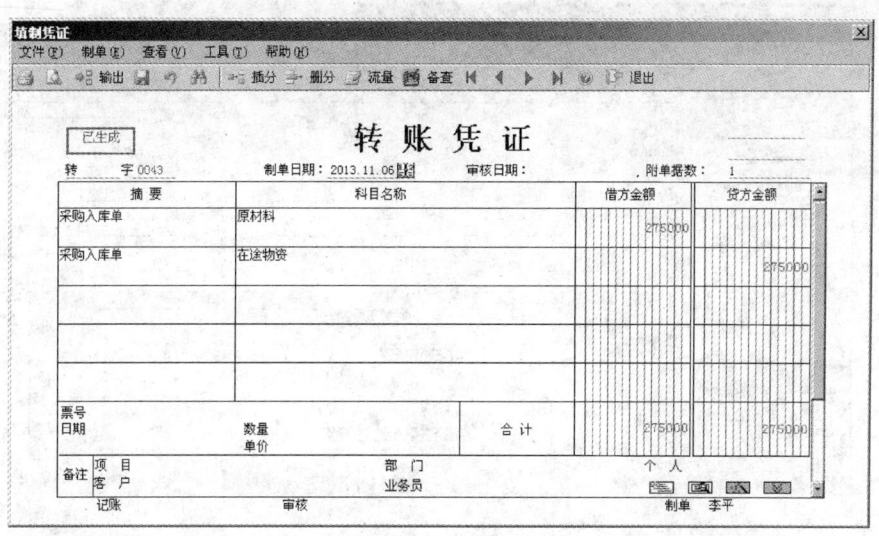

图 11-37 采购退回红字入库凭证

进行相关业务处理。

- 执行"财务会计"|"应付款管理"|"付款单据处理"|"付款单据审核",单击"切换",如图 11-38 所示。

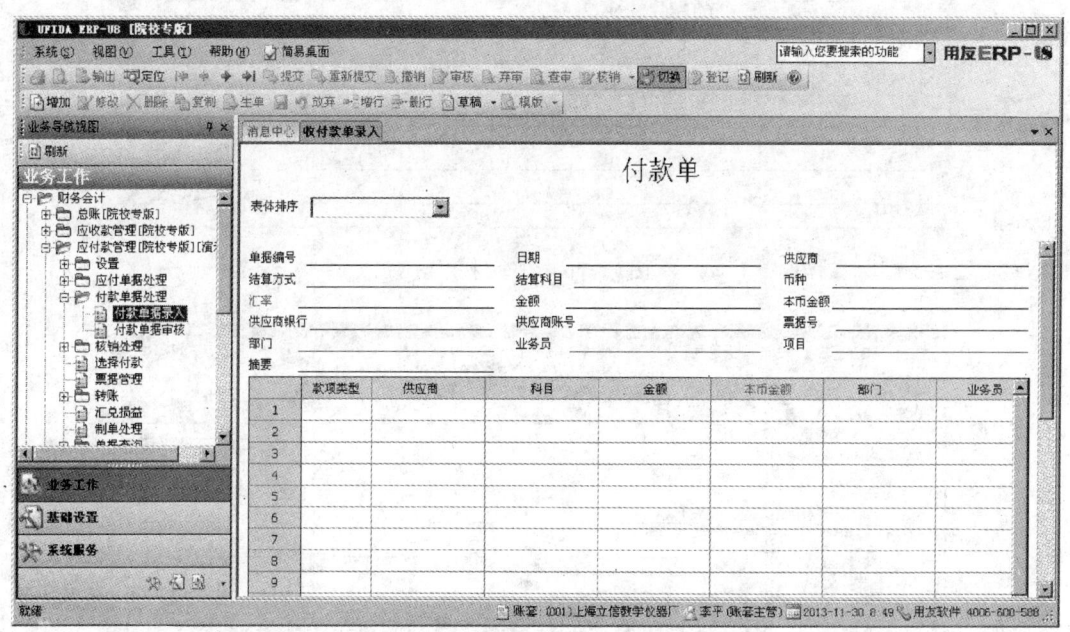

图 11-38 切换红字付款单

- 输入收款单数据,保存并审核制单,如图 11-39 所示。
- 保存生成的凭证,如图 11-40 所示。
- 执行"核销"|"同币种",如图 11-41 所示。

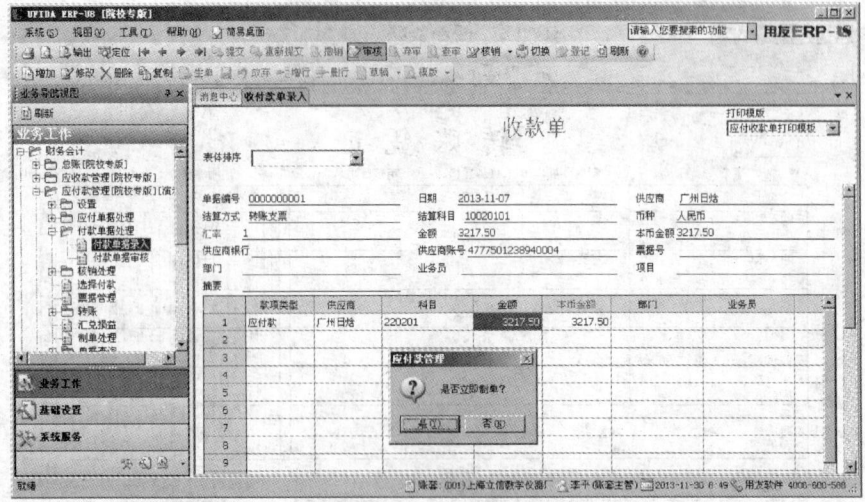

图 11-39　红字付款单

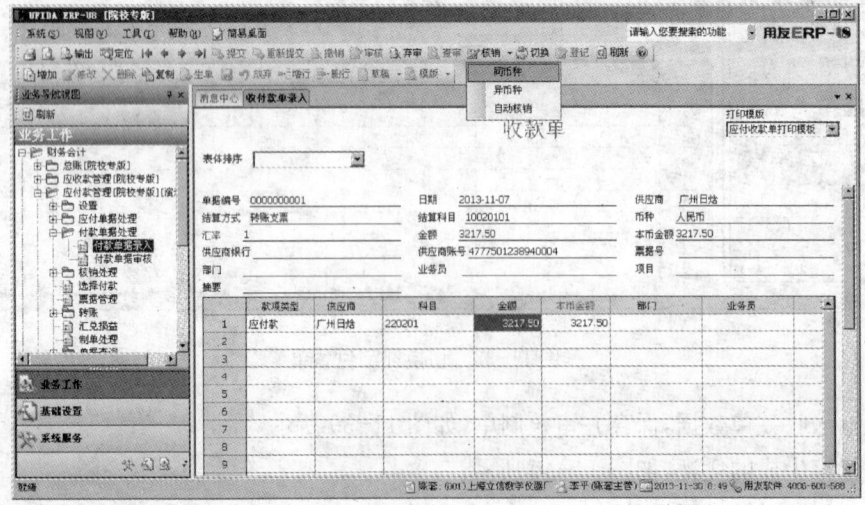

图 11-40　红字付款凭证

图 11-41　执行核销

- 在需要核销的应付款的本次结算栏中输入核销数据,单击"保存",完成核销,如图11-42所示。

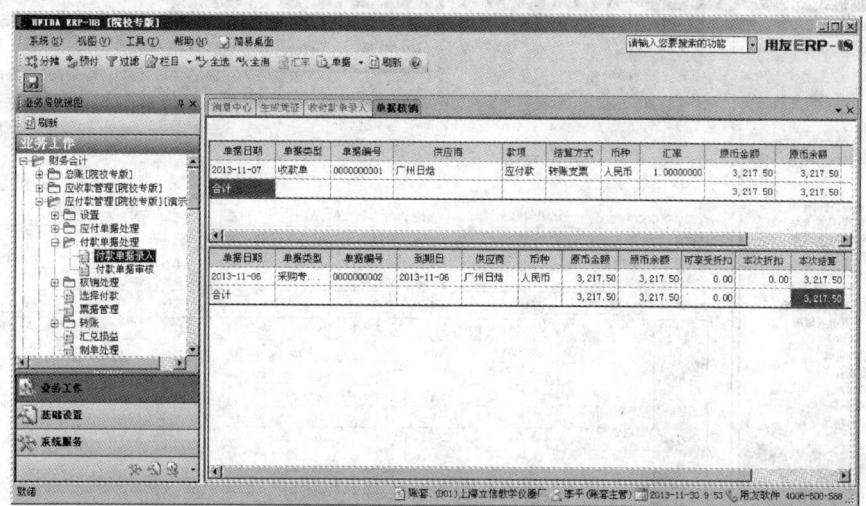

图 11-42 核销红字应付款

3. 多张发票结算采购成本。

11 月 15 日,向明光电子购入集成电路块 50 块,原币单价 135 元,对方开出增值税专用发票一张,价款为 6 750 元,增值税额为 1 147.5 元。同时收到相应运费发票一张,系在采购集成电路过程中发生了一笔运输费 200 元,税率为 7%,按上述发票进行采购成本结算(运费按金额分摊),该批材料已验收入原料仓库,货款未付。

在采购业务中经常会有同一笔采购有多张发票或不同的采购业务需要分摊同一笔运费的情况,需要通过多张发票结算采购成本。这种情况下,不能采用自动结算的方法,只能采用手工结算的方法进行结算。

- 在采购管理系统中执行"到货单",增加到货单,保存并审核,如图 11-43 所示。

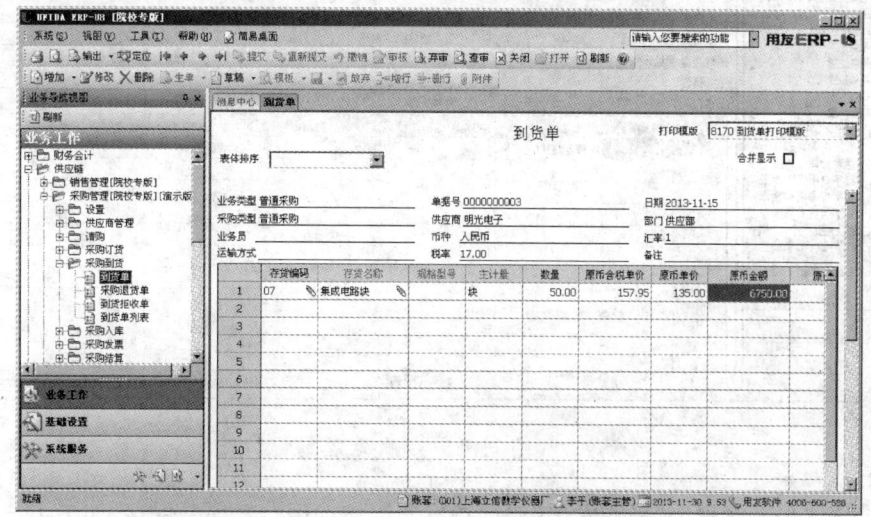

图 11-43 到货单

- 在库存管理系统中，根据到货单生成采购入库单，保存并审核，如图 11-44 所示。

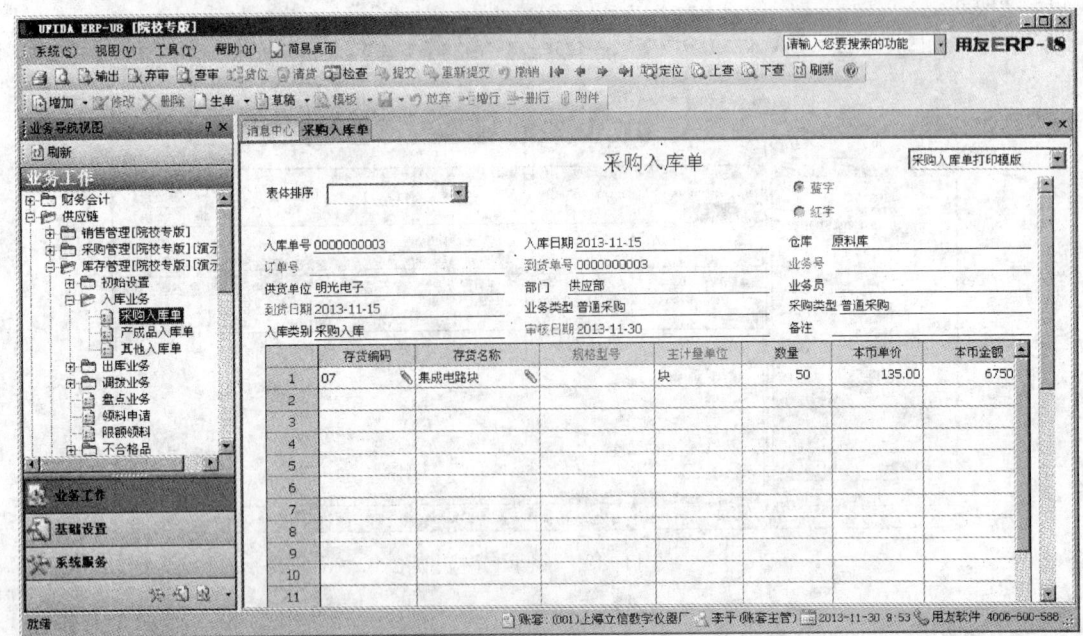

图 11-44　采购入库单

- 在采购管理中，根据采购入库单生成采购发票，并保存，如图 11-45 所示。

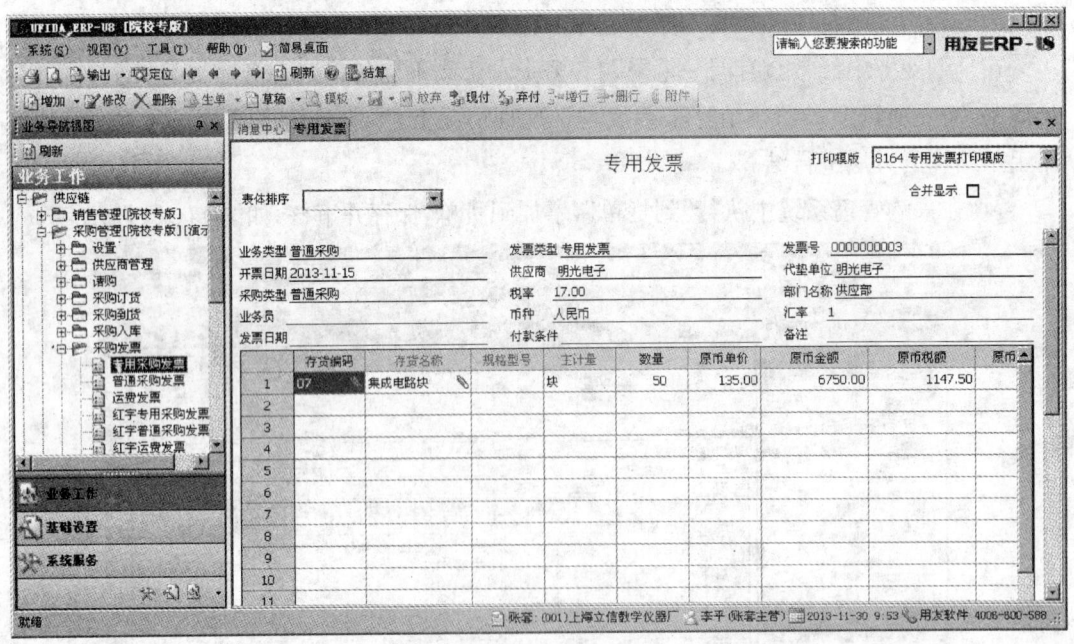

图 11-45　采购发票

- 执行"采购管理"|"采购发票"|"运费发票"，增加运费发票并保存，如图 11-46 所示。

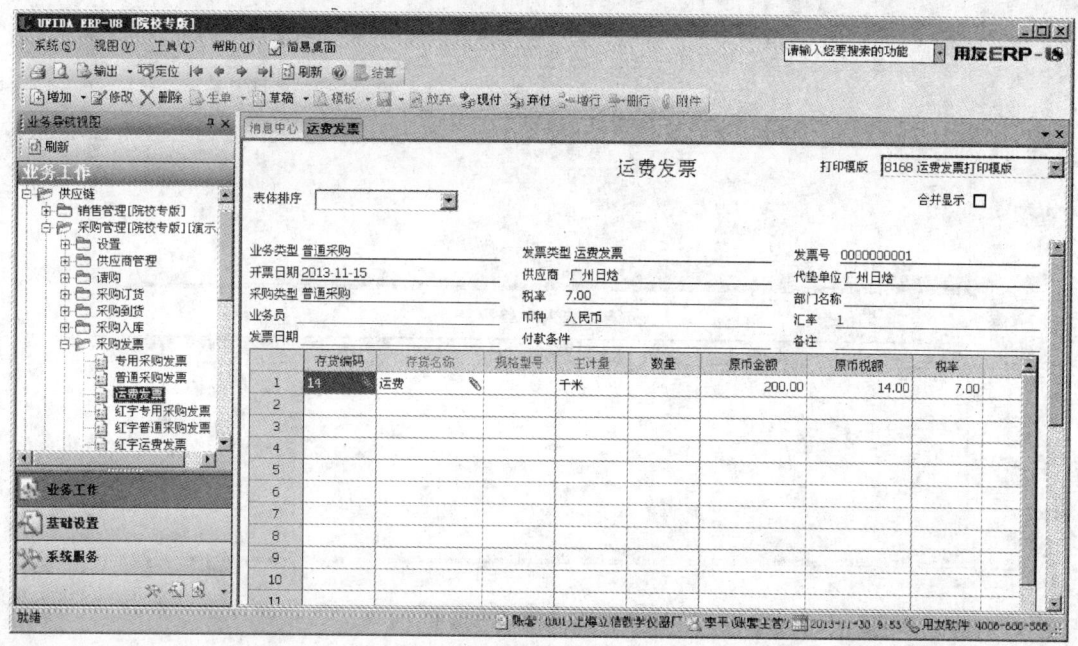

图 11-46 运费发票

• 执行"供应链"|"采购管理"|"采购结算"|"手工结算",单击"选单",如图 11-47 所示。

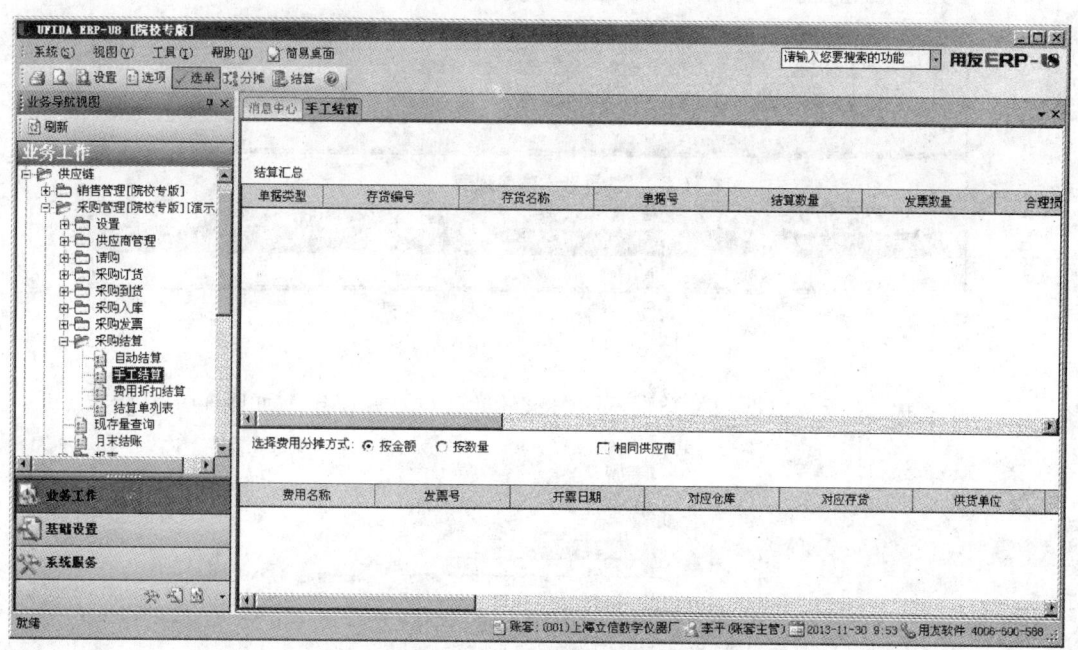

图 11-47 执行"手工结算"

• 在"结算选单"对话框中,选择"过滤",如图 11-48 所示。

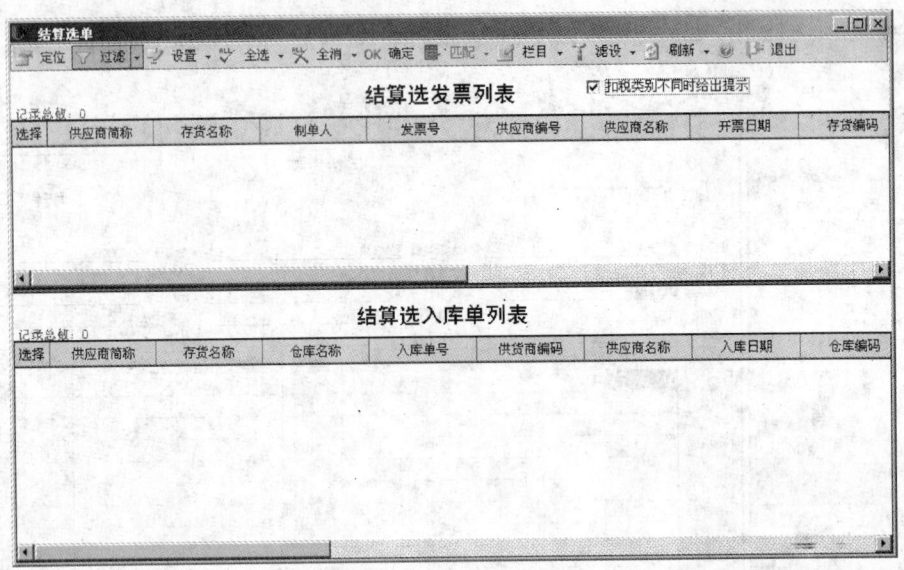

图 11-48　手工结算过滤

- 在"结算选发票列表"选择需结算的专用发票和运费发票,在"结算选入库单列表"选择需结算的入库单,单击"OK 确定",如图 11-49 所示。

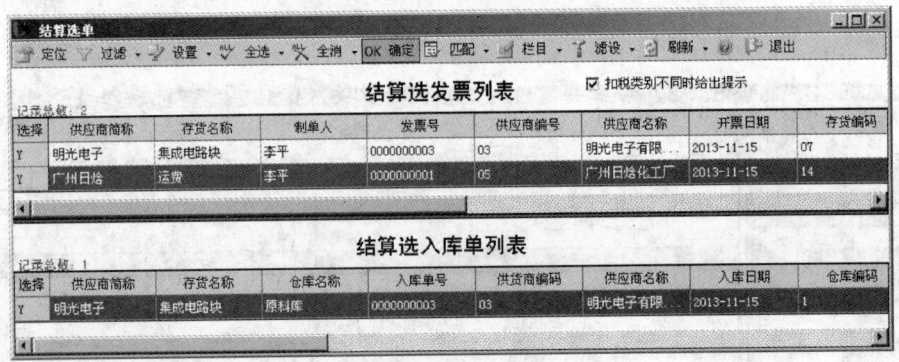

图 11-49　选择手工结算单据

- 系统提示"所选单据扣税类别不同,是否继续",单击"确定",如图 11-50 所示。

图 11-50　系统提示信息

- 选择按金额分摊方式,单击"分摊",对采购费用进行分摊处理,如图 11-51 所示。
- 系统提示"费用分摊(按金额)完毕,请检查。"如图 11-52 所示。
- 单击"结算",对采购成本进行结算,如图 11-53 所示。

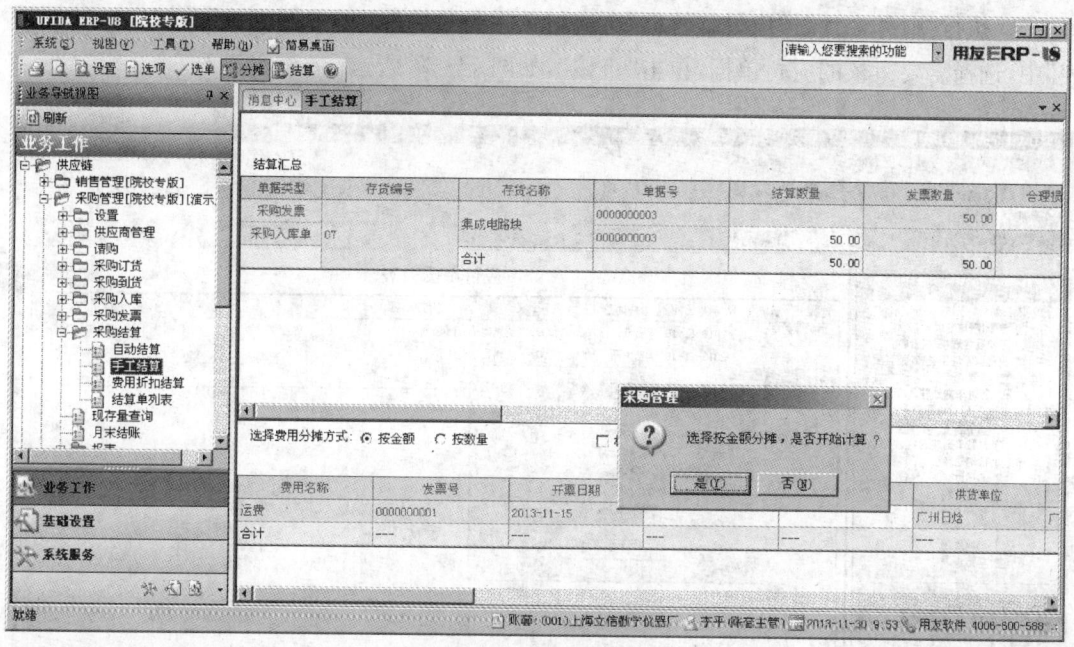

图 11-51 按金额分摊运费

图 11-52 系统提示

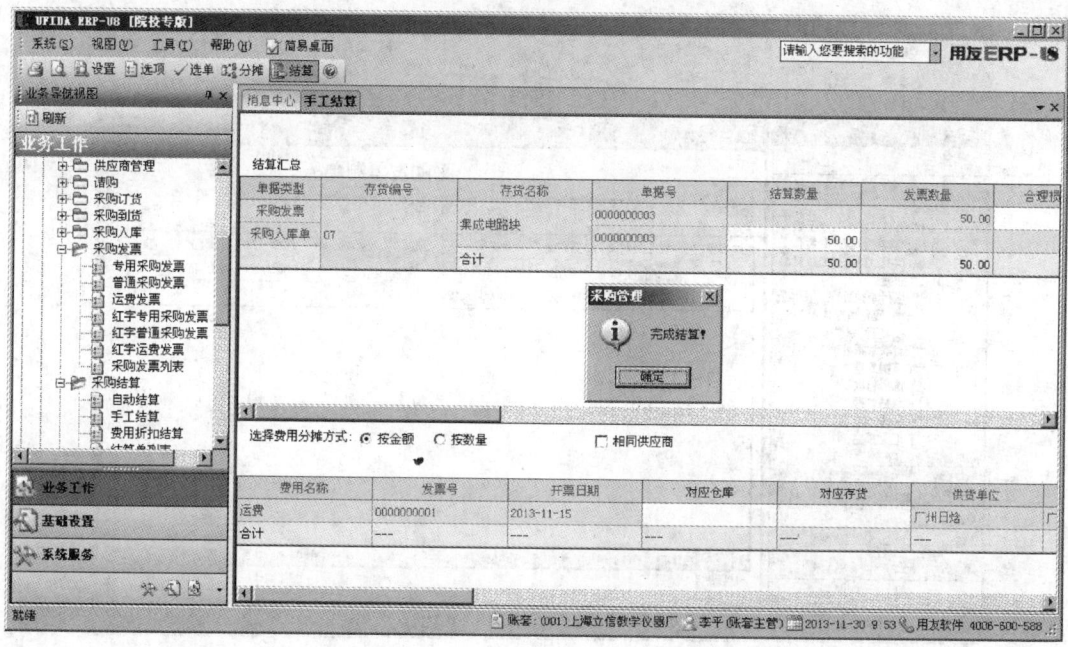

图 11-53 手工结算

• 执行"财务会计"|"应付款管理"|"应付单据处理"|"应付单据审核",在"应付单据列表"中,选择需要审核的应付单据,单击"审核",如图 11-54 所示。

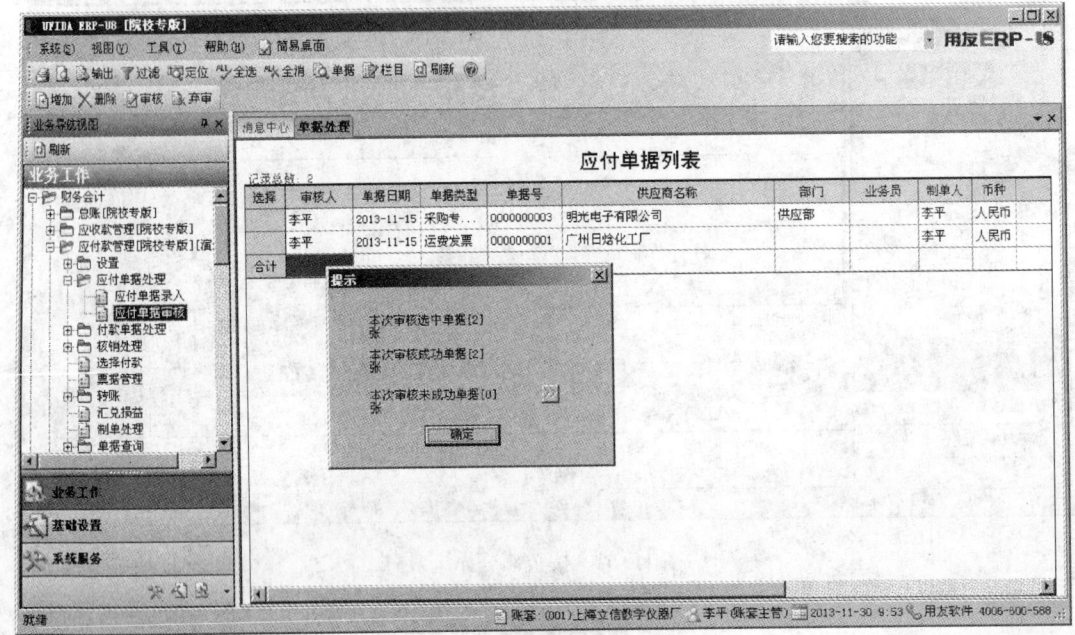

图 11-54　应付单据审核

• 执行"财务会计"|"应付款管理"|"制单处理",选择"发票制单",选择需要制单的发票,单击"制单",如图 11-55 所示。

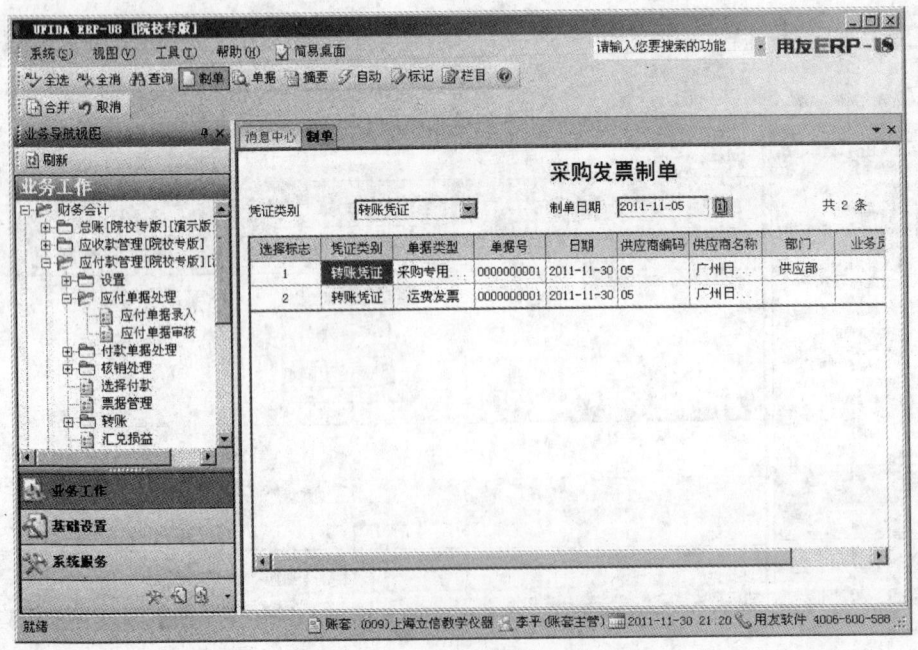

图 11-55　发票制单

- 保存生成的凭证,单击"下一张",如图 11-56 所示。

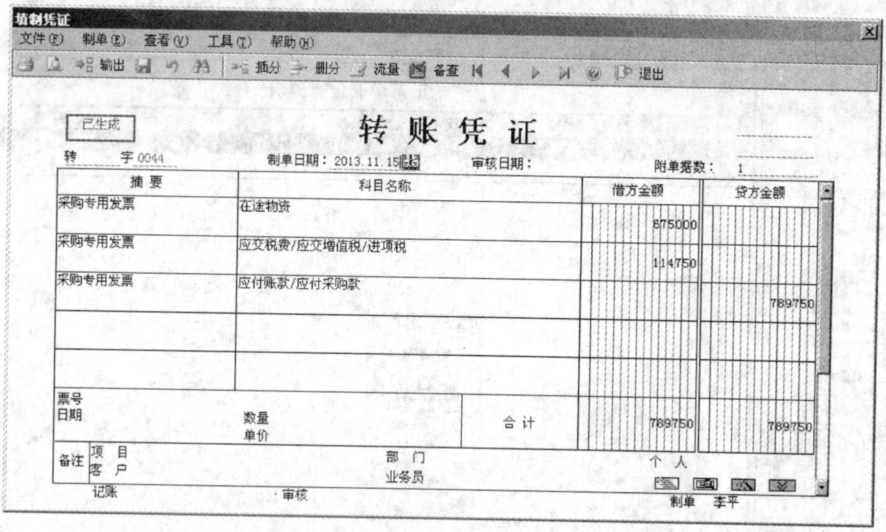

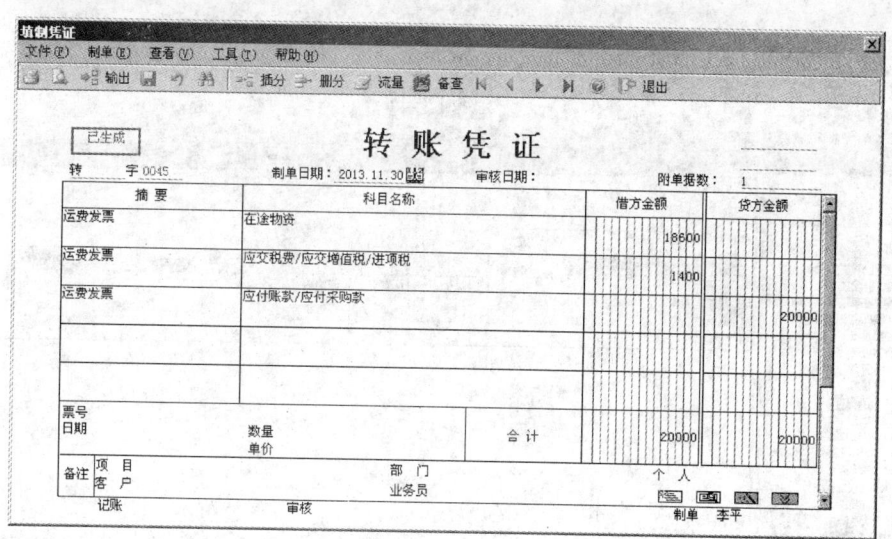

图 11-56 采购业务凭证

- 保存生成的第二张凭证,如图 11-57 所示。

图 11-57 运费业务凭证

说明 制单时可以将材料成本和运费成本合并生成一张记账凭证,方法是选择需要制单的发票,单击"合并",再单击"制单",如图 11-55 所示。

- 在存货核算系统中,执行"正常单据记账",选择要记账的单据,单击"记账",如图 11-58 所示。

- 在存货核算系统中执行"生成凭证",选择生成凭证的业务,并设置凭证借贷科目,单击"生成",如图 11-59 所示。

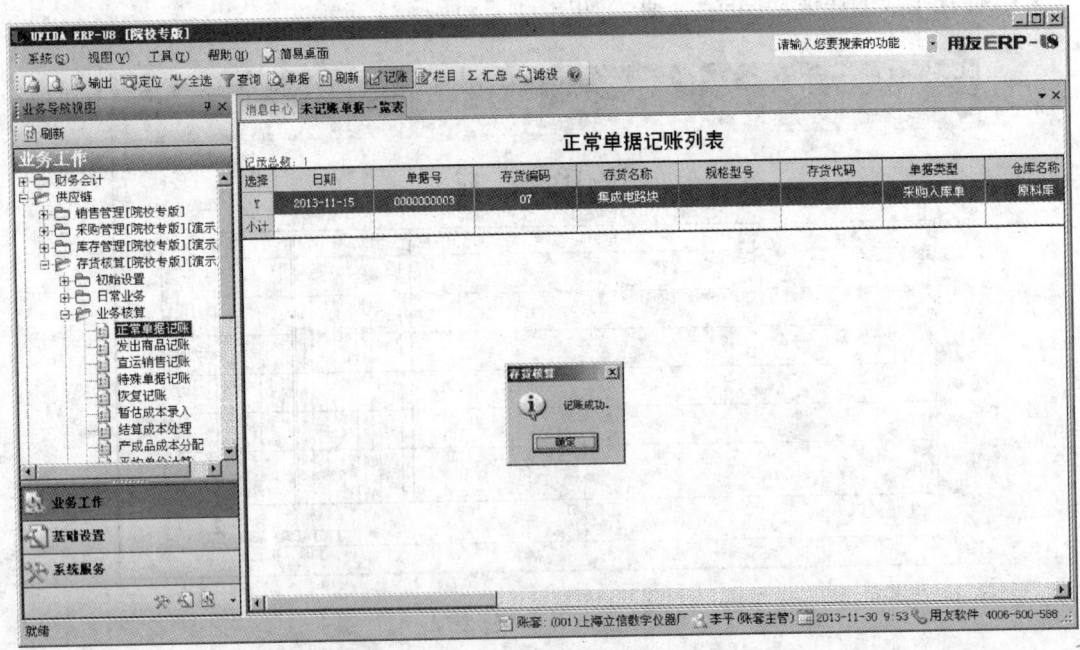

图 11-58 正常单据记账

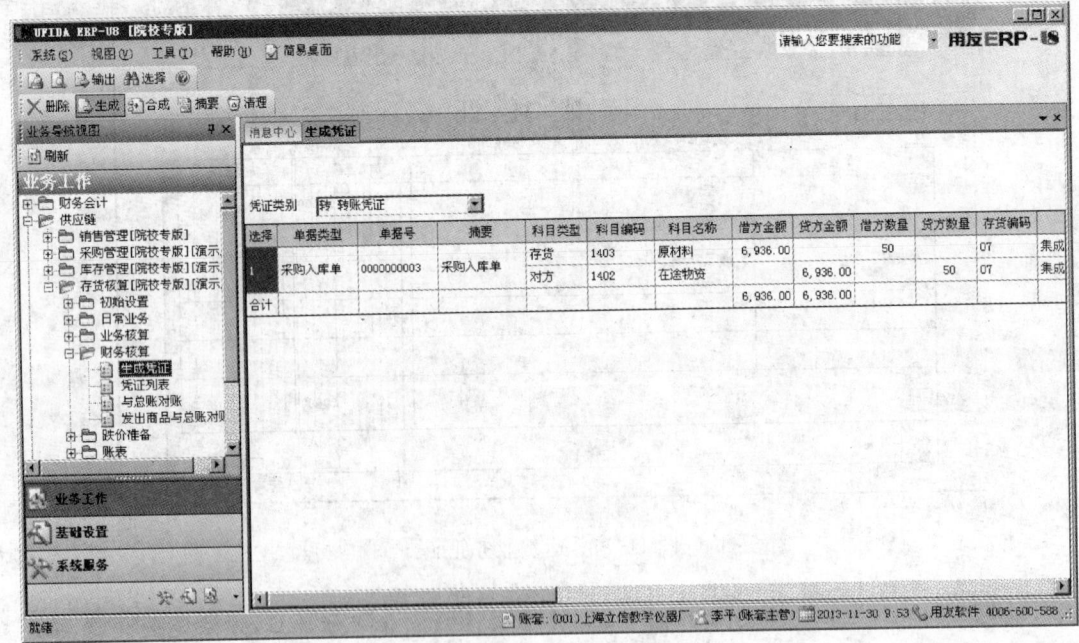

图 11-59 制单选择

- 保存生成的凭证,如图 11-60 所示。

4. 暂估入库。

11 月 30 日,收到美华包装公司包装盒 1 000 只,已验收入原料库。由于发票尚未收到,

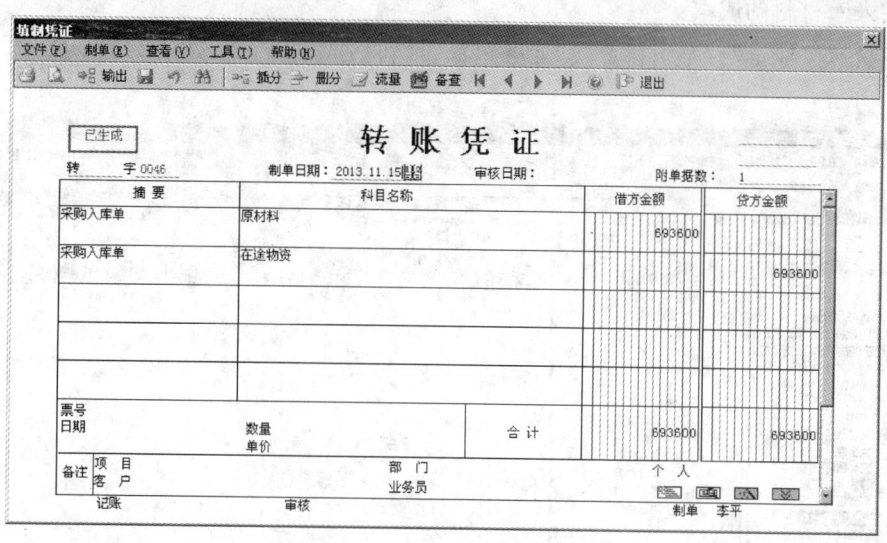

图 11-60 材料入库凭证

故确定该批货物的暂估单价为 0.9 元,进行暂估记账处理,生成凭证。

暂估是指本月存货已经入库,但到月末采购发票尚未收到,不能确定存货的入库成本。为了正确核算企业的采购成本,企业采用月末将这部分存货暂估入库,形成暂估凭证,到下月发票收到时再作回冲。

仓库验收入库:

- 在库存管理系统中执行"采购入库单",增加入库单,保存并审核,如图 11-61 所示。

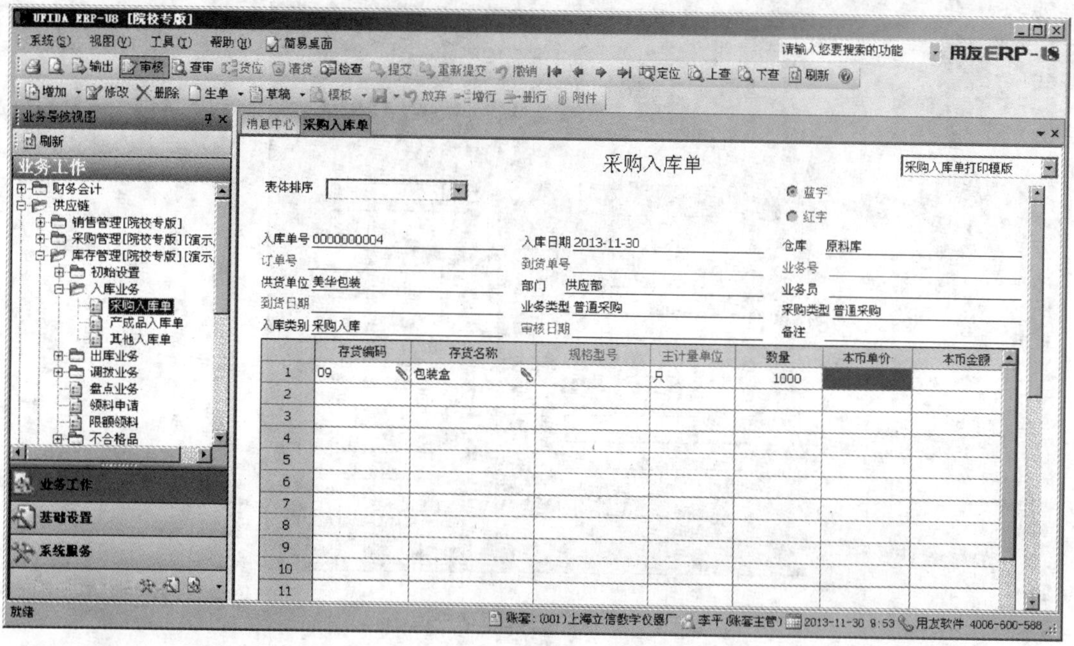

图 11-61 采购入库单

暂估入库材料的成本：

- 执行"供应链"|"存货核算"|"业务核算"|"暂估成本录入"，如图 11-62 所示。

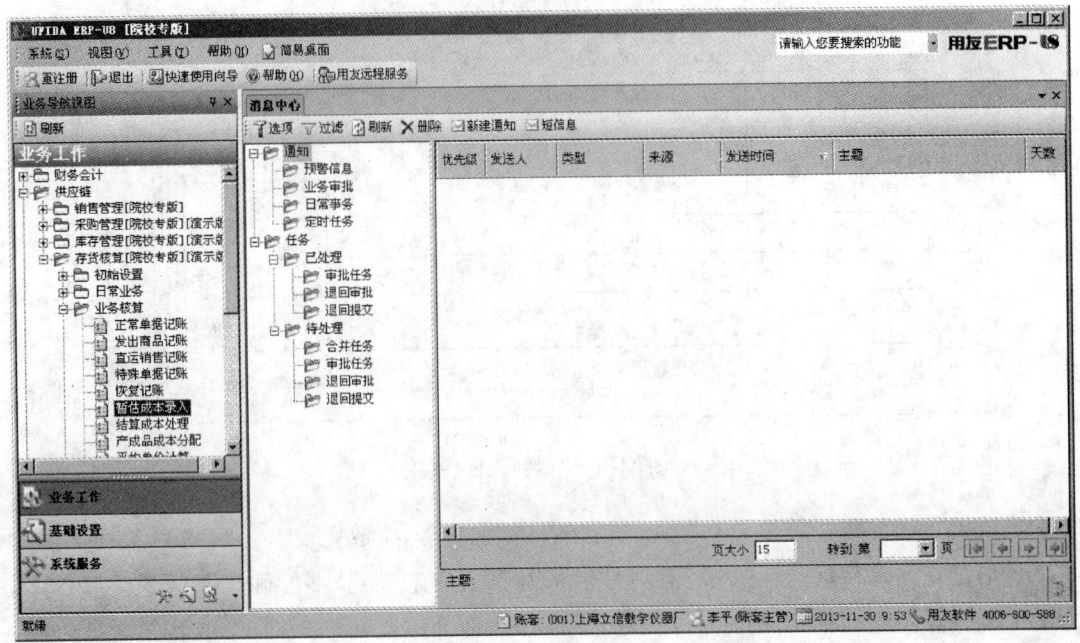

图 11-62 执行"暂估成本录入"

- 选择需要暂估成本的仓库，单击"确定"，如图 11-63 所示。

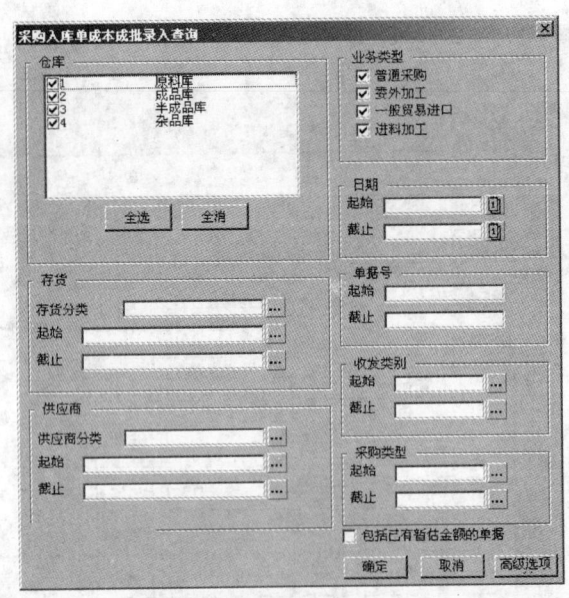

图 11-63 选择暂估仓库

- 输入暂估单价，单击"保存"，如图 11-64 所示。

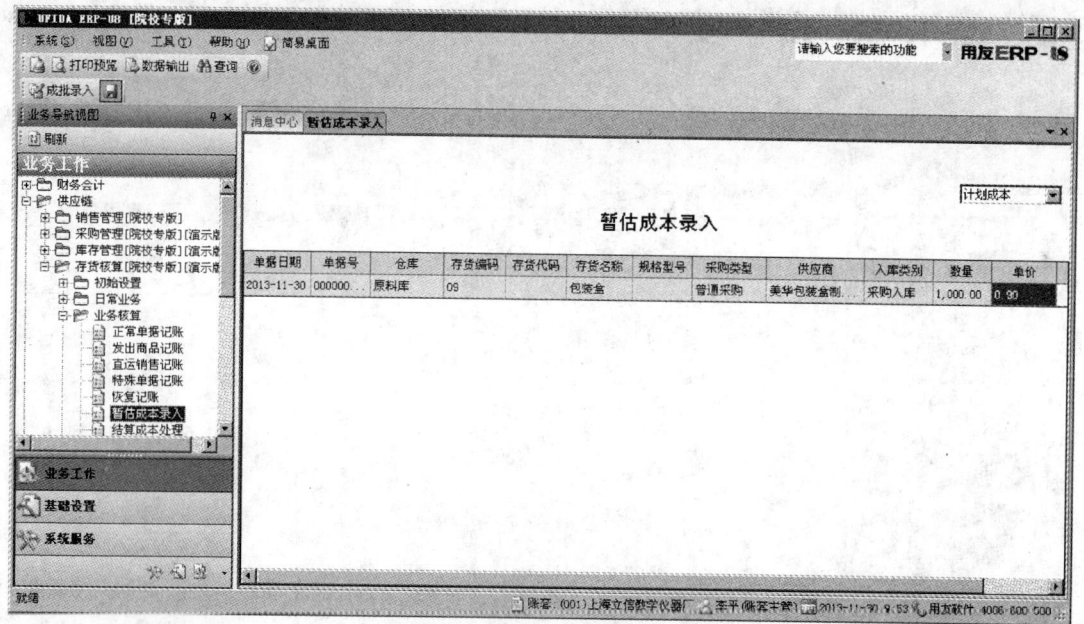

图 11-64　暂估成本录入

- 在存货核算系统中,执行"正常单据记账",选择要记账的单据,单击"记账",如图 11-65所示。

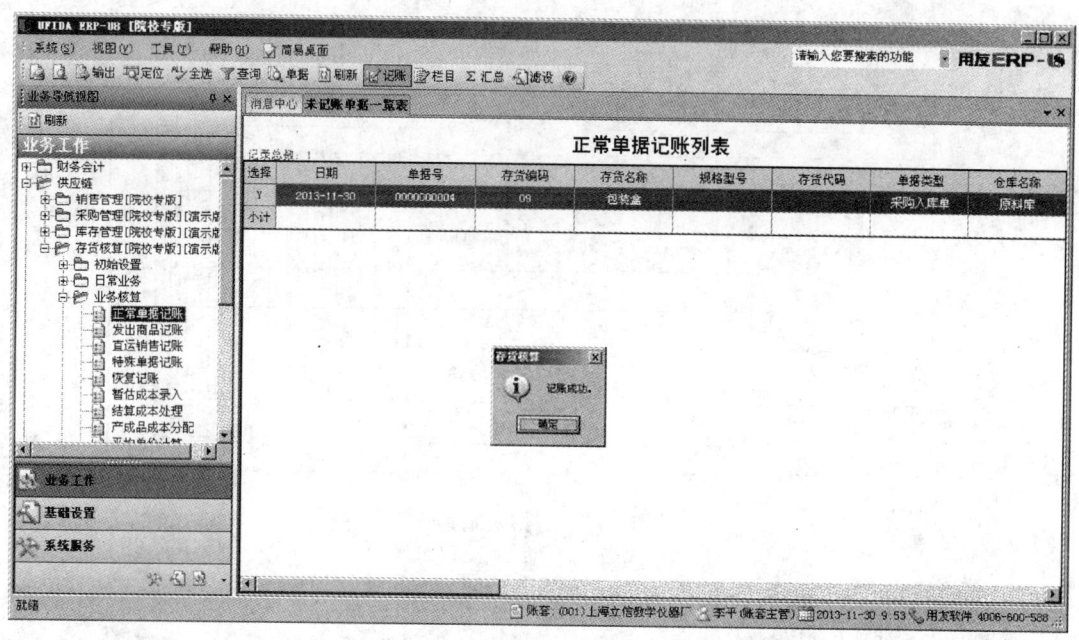

图 11-65　正常单据记账

- 在存货核算系统中执行"生成凭证",选择生成凭证的业务,并设置凭证借贷科目,单击"生成",如图 11-66 所示。

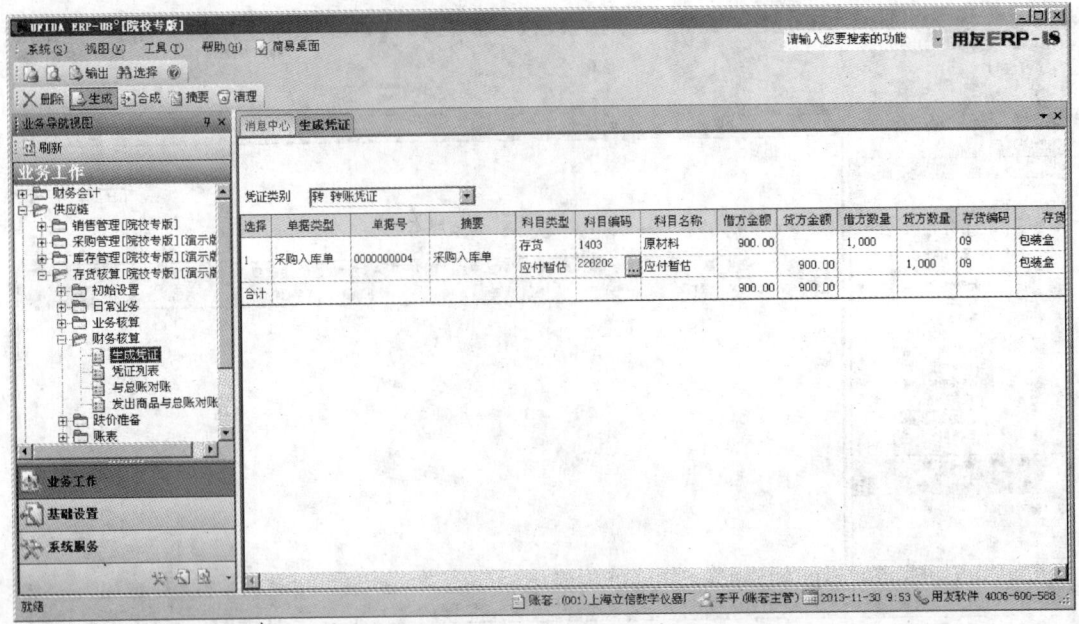

图 11-66　制单选择

- 保存生成的凭证，如图 11-67 所示。

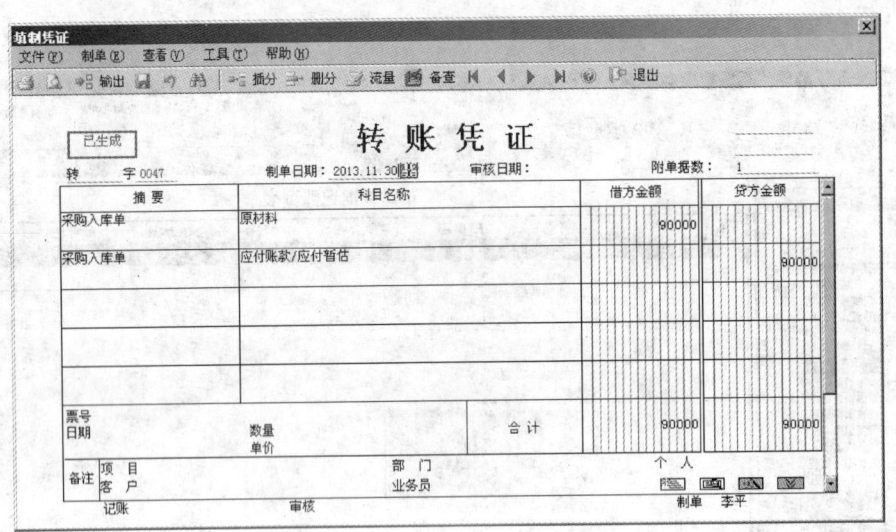

图 11-67　暂估入库凭证

5. 更换操作员 103 王力，将以上生成凭证出纳签字、审核并记账。

- 重新注册系统，以操作员 103 王力用户身份登录系统；
- 执行"总账"|"凭证"|"审核凭证"，对凭证进行审核；
- 执行"总账"|"凭证"|"出纳签字"，对凭证进行出纳签字；
- 执行"总账"|"凭证"|"记账"，对凭证进行记账。

项目十二　出纳管理与期末处理

功 能 概 述

出纳管理是以出纳人员的日记账为核心,配合强大的票据业务处理,实现领用或打印的票据记录直接登记到日记账簿。出纳管理与总账模块配合应用,实现一键制单、一键对账等工作,从而提高出纳与会计工作的交互能力,便于出纳与会计工作的高效衔接。出纳管理中银行对账是日常主要业务,用友 ERP-U8 管理系统提供了强大的银行对账功能,其业务流程,如图 12-1 所示。

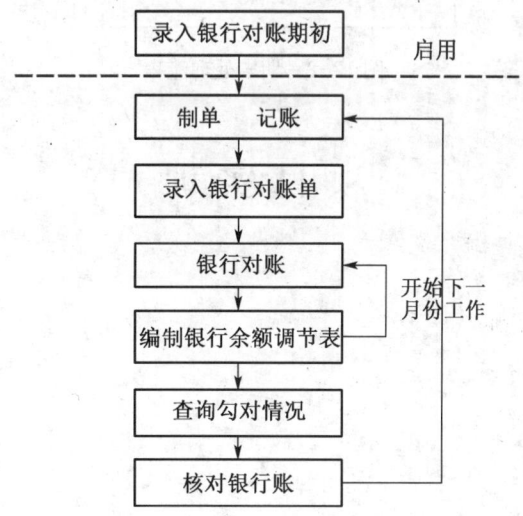

图 12-1　银行对账业务流程

期末处理是指将本月所发生的经济业务全部登记入账后所要做的工作,主要包括计提、分摊、结转、对账和结账。与日常业务变化多、业务复杂不同,期末处理具有较强的规律性,而且处理方式每月基本相同,因此,通过管理系统来处理期末业务,可以减少会计人员的工作量,加强财务核算的规律性。期末处理的功能和业务流程,如图 12-2 所示。

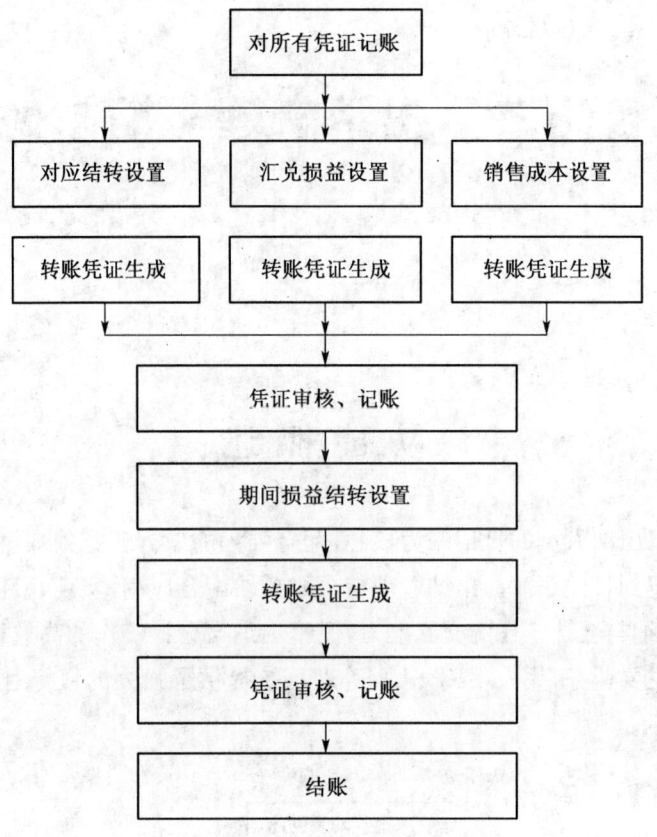

图 12-2　期末处理流程

项 目 实 训

【项目任务】

1. 出纳管理、银行对账。

2. 自定义转账凭证。

3. 汇兑损益结转。

4. 期间损益结转。

【项目资料】

1. 2013 年 11 月 30 日,操作员 101 李平进行银行对账操作。

(1) 银行对账期初录入。公司银行账的启用日期为 2013-11-01,工行普陀支行基本存取账户,企业日记账调整前余额为 1 521 057.10 元,银行对账单调整前余额为 1 533 057.66 元,未达账项一笔,系 2013 年 10 月 31 日银行已收企业未收款 12 000.56 元,其结算方式为转账支票。

(2) 银行对账单输入。工商银行基本存款账户 11 月份银行对账单,如表 12-1 所示。

表 12-1　　　　　　　　　工商银行基本存款账户 11 月份银行对账单

日期	结算方式	票号	方向	金额
2013-11-2			贷	9 477
2013-11-6	12		贷	30 888
2013-11-6	12		借	25 000
2013-11-7	12		贷	−3 217.5
2013-11-11	12	ZZ0151	贷	10 000
2013-11-11	12	ZZ0161	贷	4 500
2013-11-15	12	ZZ0011	借	10 000
2013-11-16	12	ZZ0051	借	13 000
2013-11-16			借	394
2013-11-22	12		借	58 500
2013-11-25			贷	839.62
2013-11-25			贷	19 782
2013-11-25			贷	137 626.38
2013-11-28	6	QA09022972	借	5 000

（3）进行银行对账，并查看银行存款余额调节表。

2. 11 月 30 日，操作员 101 李平重注册总账管理系统，进行期末处理。

（1）自定义转账凭证，摊销财产保险费，其中销售部 20%，管理部门 80%。

转账序号：0009

转账说明：摊销本月财产保险费

转账类别：转

借：销售费用——财产保险费（660111）　　　取对方科目计算结果×0.2

　　管理费用——财产保险费（660211）　　　取对方科目计算结果×0.8

　　贷：预付账款——财产保险费（112302）　　112302 科目年初余额÷12

生成转账凭证后，操作员 103 王力重注册，对上述凭证审核、记账。

（2）操作员 101 李平重注册，进行汇兑损益结转。本企业需对美元账户月末调整汇兑损益，汇兑损益入账科目为：汇兑损益（6061）。

11 月末，人民币对美元汇率为 6.4，进行汇兑损益结转，生成凭证。操作员 103 王力重注册，对上述凭证出纳签字、审核、记账。

（3）操作员 101 李平重注册，结转期间损益。

期间损益的结转科目：本年利润（4103）。

分别按收入、支出类进行期间损益设置，生成凭证。

项目指导

【操作步骤】

1. 2013 年 11 月 30 日,操作员 101 李平进行银行对账操作。

(1) 银行对账期初录入。当第一次利用 ERP 系统进行银行对账时,需要输入在此之前最后一次手工对账的单位日记账调整前余额、银行对账单调整前余额、单位日记账和银行对账单的未达账项。

* 执行"财务会计"|"总账"|"出纳"|"银行对账"|"银行对账期初录入",如图 12-3 所示。

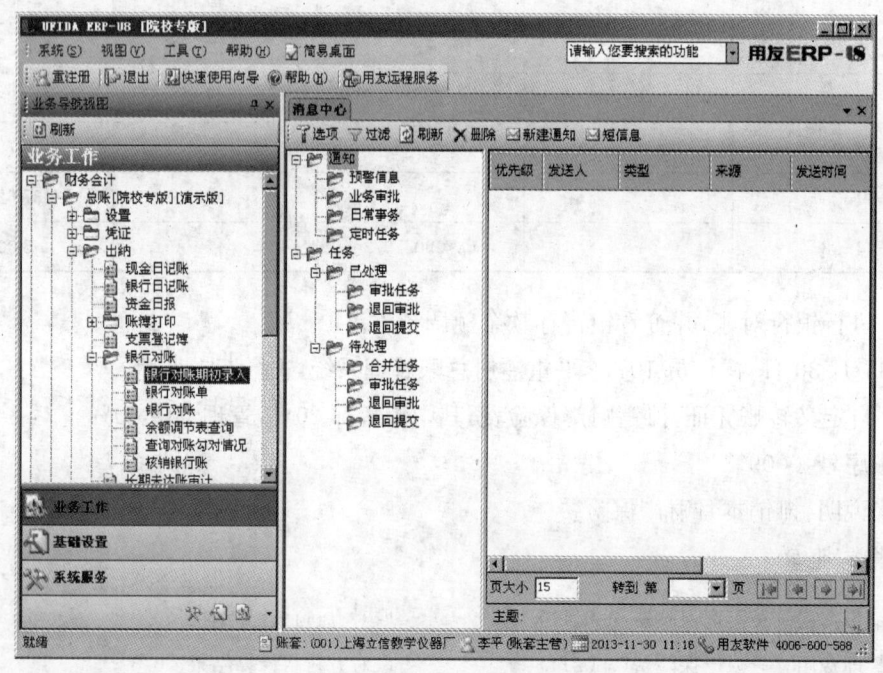

图 12-3　执行"银行对账期初录入"

* 选择要输入期初银行对账数据的银行科目,单击"确定",如图 12-4 所示。

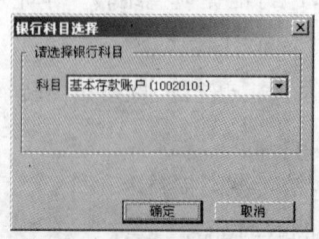

图 12-4　银行科目选择

• 分别输入单位日记账调整前余额和银行对账单调整前余额。根据期初未达账的情况输入期初未达账，如需要输入单位日记账期初未达账，则单击"对账单期初未达项"；反之，则单击"日记账期初未达项"。本项目输入单位日记账期初未达账数据，如图 12-5 所示。

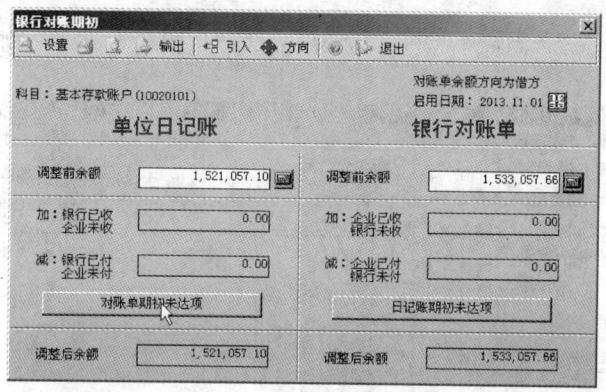

图 12-5　银行对账期初

• 在期初输入框中单击"增加"，并输入期初未达项，若对方已收而本方未收，则输入借方金额。若对方已付而本方未付，则输入贷方金额，输入完毕单击"保存"，如图 12-6 所示。

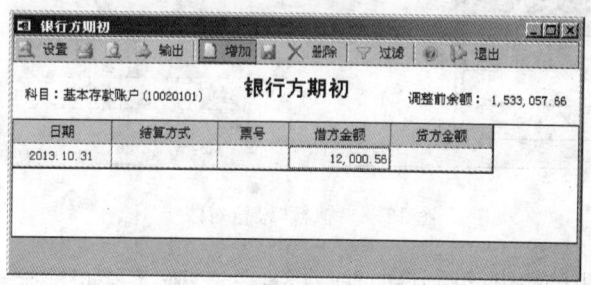

图 12-6　输入期初未达项数据

• 输入期初未达项后，单位入日记账调整后余额与银行对账单调整后余额相等，如图 12-7 所示。

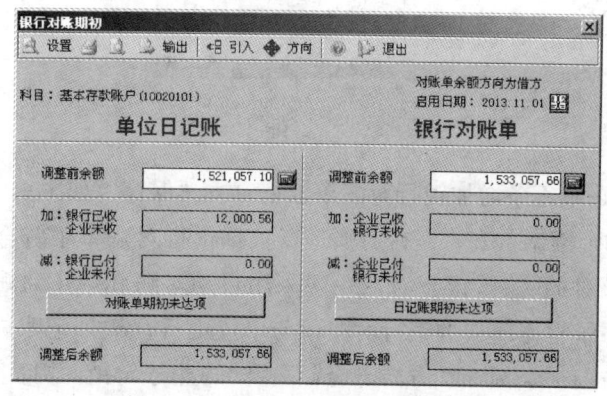

图 12-7　调整后银行对账期初

（2）银行对账单输入。为实现计算机自动进行银行对账,在每月月末对账前,需要将从银行得到的银行对账单数据输入系统中,以便将企业日记账与银行对账单进行对账处理。银行对账单输入功能用于日常银行对账单的录入,若企业有多个开户银行,就要对每个账户分别输入对账单数据。

- 执行"财务会计"|"总账"|"出纳"|"银行对账"|"银行对账单",如图 12-8 所示。

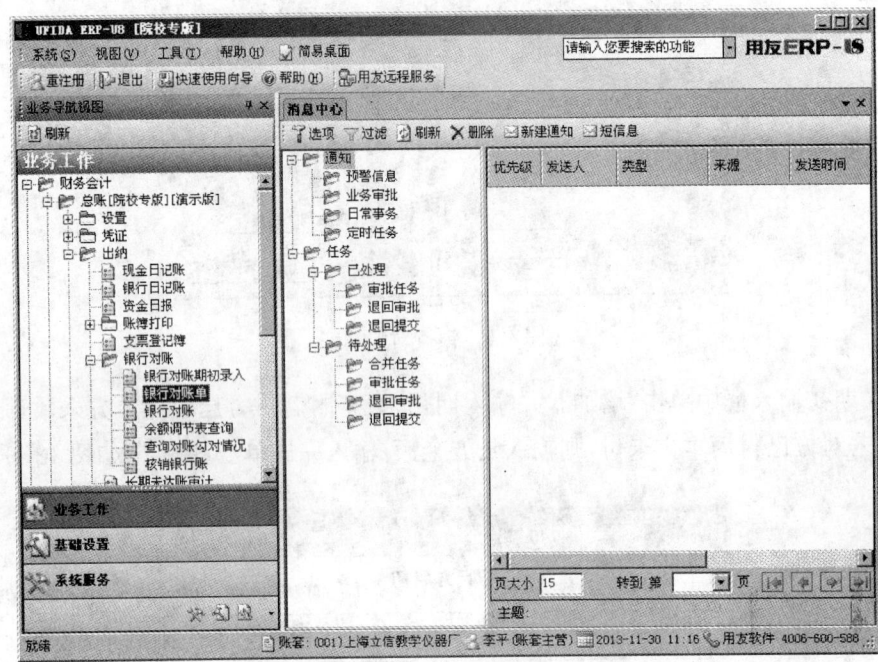

图 12-8　执行"银行对账单"

- 选择输入对账单的银行科目和对账月份,单击"确定",如图 12-9 所示。

图 12-9　银行科目选择

- 根据银行对账单逐条增加银行对账单数据,单击"保存",如图 12-10 所示。

（3）银行对账和余额调节表。银行对账是指根据银行对账单中资金流转记录与单位银行存款日记账进行核对的过程,银行对账一般采用自动对账和手工对账相结合的方法。自动对账就是计算机系统根据输入的银行对账单与单位银行存款日记账进行自动核对,将"结算方式＋结算号＋方向＋金额"或"方向＋金额"相同的业务勾销,并打上两清标记。手工对账一般作为自动对账的补充,对于一些不满足自动对账依据,但是同一笔业务的银行资金

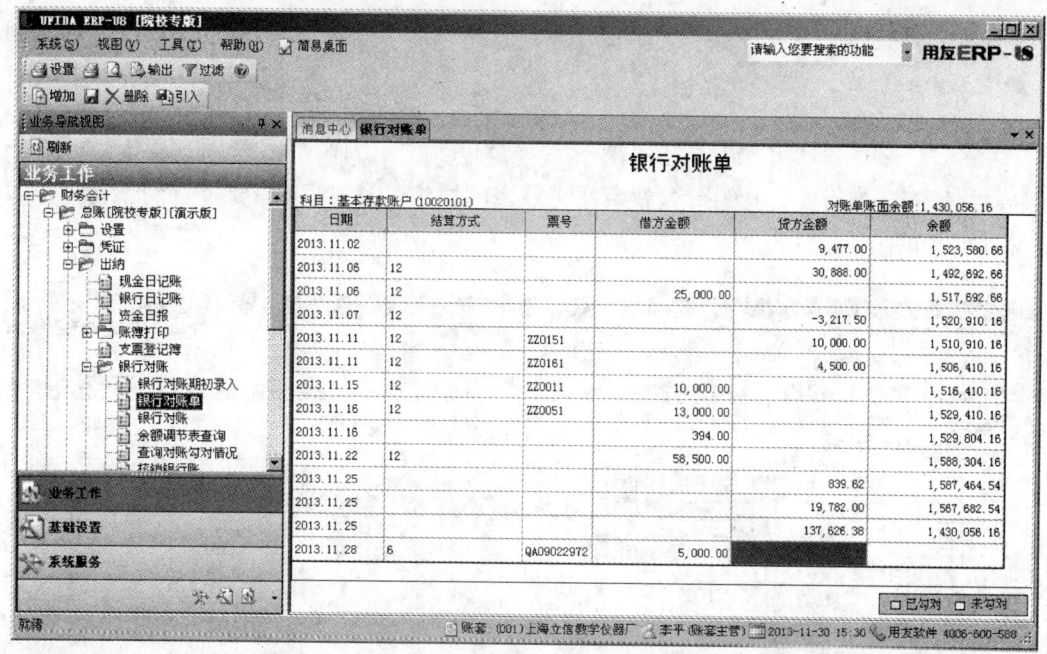

图 12-10　输入银行对账单

流,我们可以手工打上两清标记。对于没有勾销的记录,视为未达账项,系统自动生成银行
存款余额调节表。

- 执行"财务会计"|"总账"|"出纳"|"银行对账"|"银行对账",单击"对账",如图 12-11
所示。

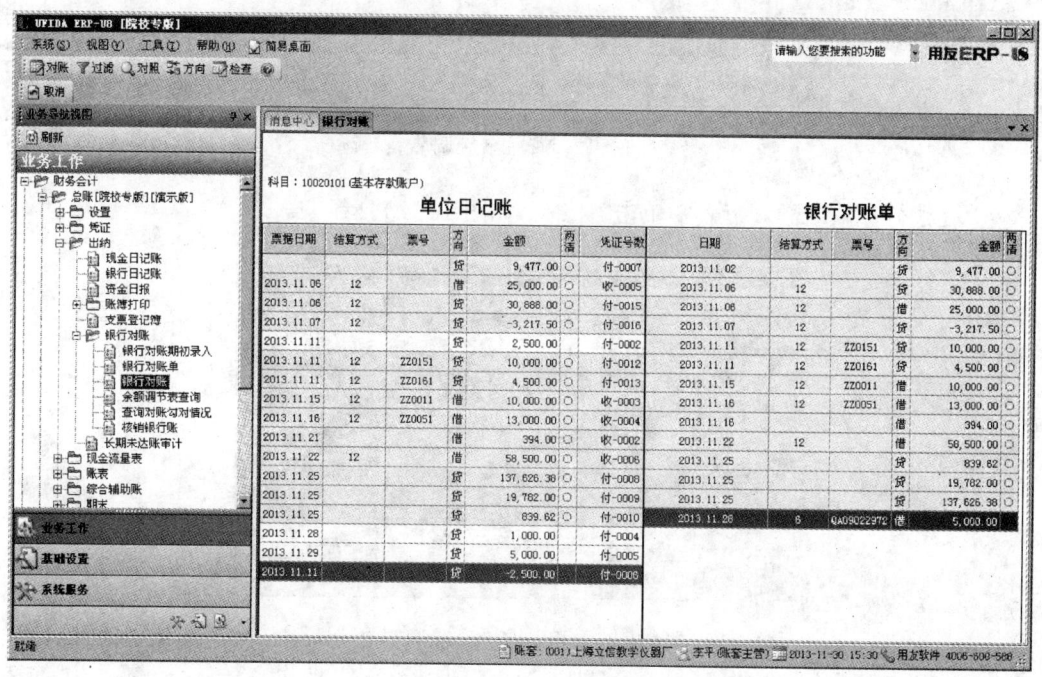

图 12-11　执行"银行对账"

说明 对于自动对账无法完成,但确系相同业务记录,可以分别双击单位日记账和银行对账单的两清栏,完成手工对账。

- 执行"财务会计"|"总账"|"出纳"|"银行对账"|"余额调节表查询",单击"查看",查询余额调节表。如需要查看银行存款余额调节表的详细信息,则选择要查看的银行记录,单击"查看",如图 12-12 所示。

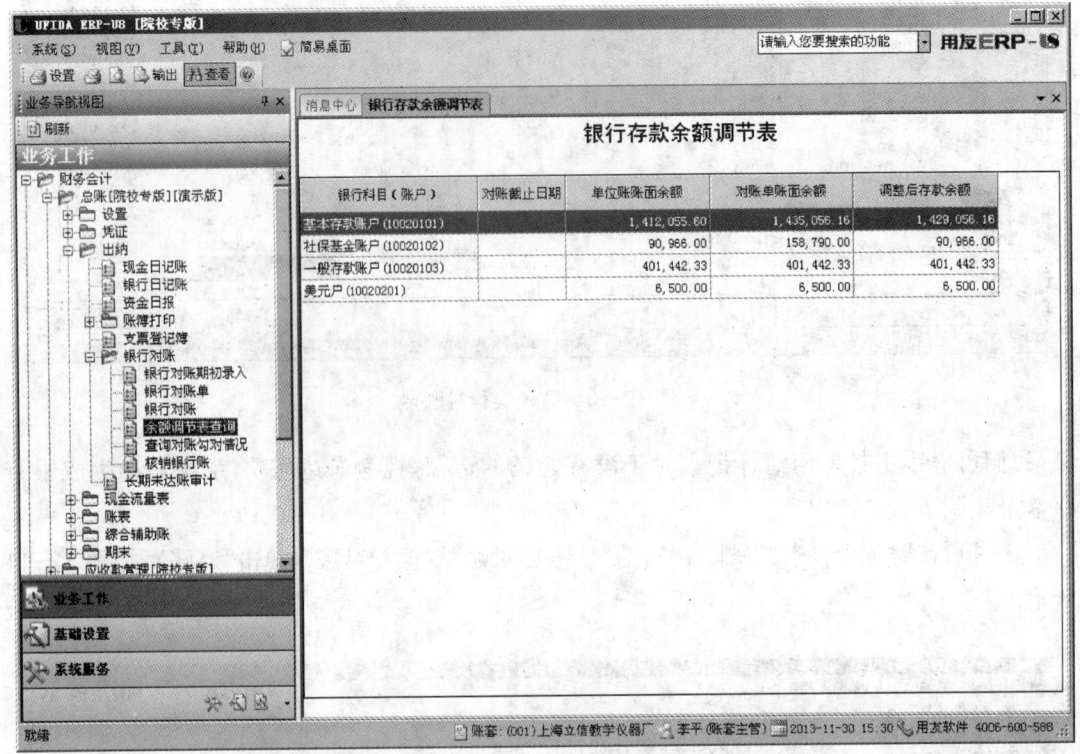

图 12-12 查看余额调节表

- 在银行存款余额调节表中单击"详细",如图 12-13 所示。

图 12-13 银行存款余额调节表

- 系统打开并显示余额调节表详细信息,如图 12-14 所示。

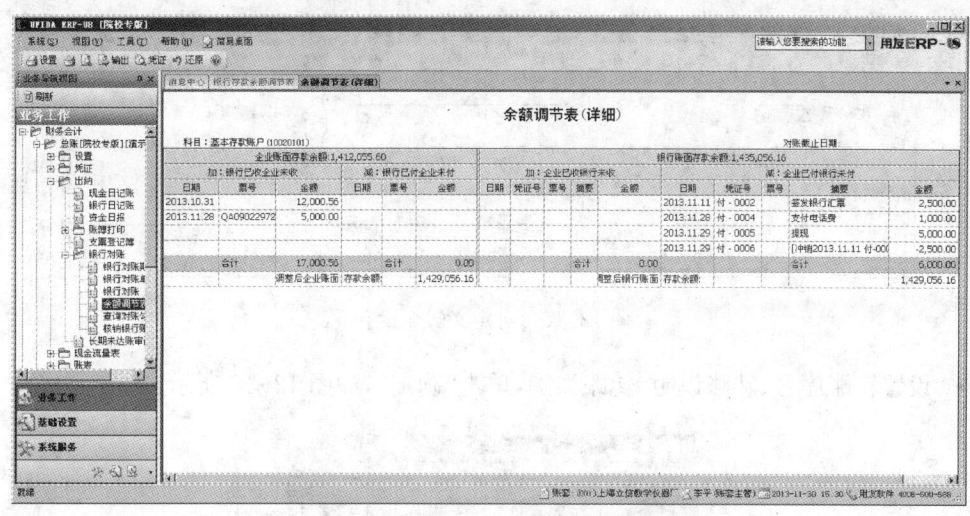

图 12-14 余额调节表(详细)

2. 11 月 30 日,操作员 101 李平重注册总账管理系统,进行期末处理。

总账期末处理主要包括期末转账和期末结账。期末转账就是根据会计准则的规定,将相关科目的余额进行结转的处理。在 ERP 系统中转账处理一般采用自动转账的方式,自动转账包括转账定义和转账生成。在进行期末处理前,必须将本月未记账凭证先记账。

(1) 自定义转账。自定义转账功能可以完成的主要业务有:"费用分配结转"(如工资分配等)、"费用分摊结转"(如制造费用等)、"提取的各项费用结转"(如预付保险费等)。前两项在薪资管理和固定资产管理核算中已经介绍,本节介绍提取的各项费用结转处理。

• 执行"总账"|"期末"|"转账定义"|"自定义转账",如图 12-15 所示。

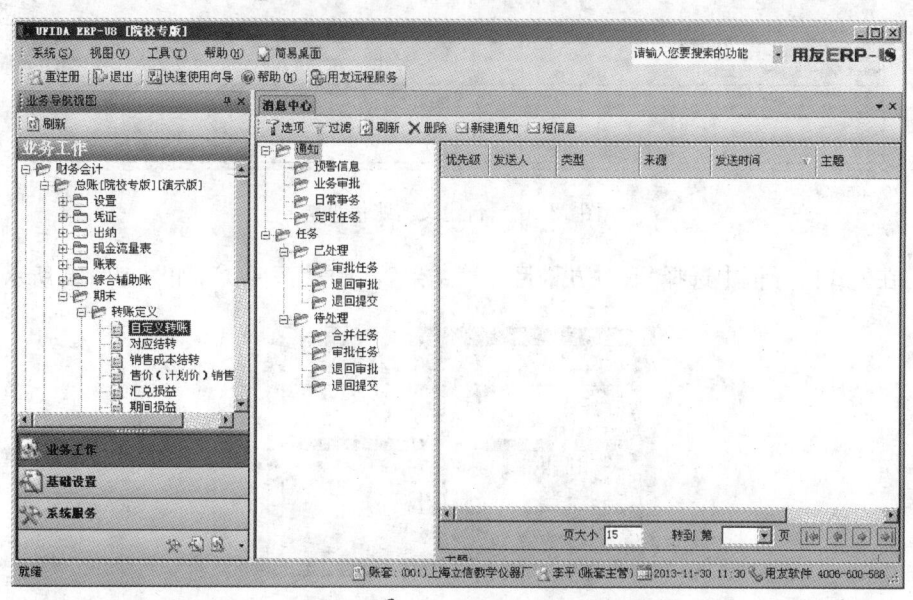

图 12-15 执行"自定义转账"

• 在自定义转账设置框中单击"增加",如图 12-16 所示。

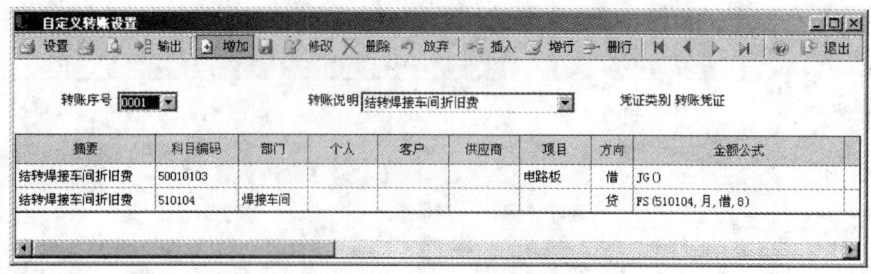

图 12-16　自定义转账设置

• 设置转账序号、转账说明、转账类别，单击"确定"，如图 12-17 所示。

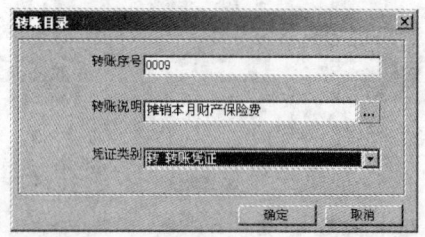

图 12-17　定义转账目录

• 在自定义转账设置中单击"增行"，选择自定义转账的科目、方向，单击"金额公式参照"，如图 12-18 所示。

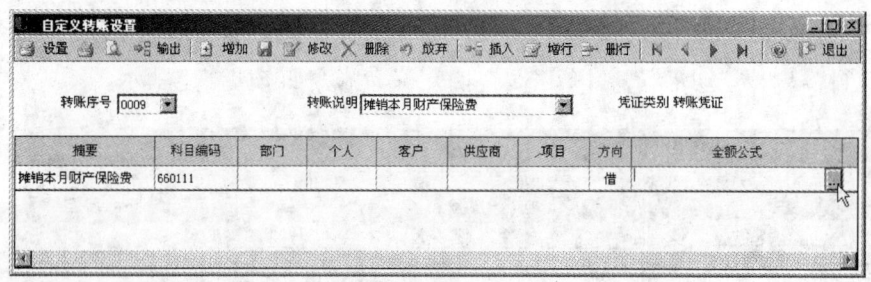

图 12-18　自定义转账信息

• 在公式向导框中选择"取对方科目计算结果"，单击"下一步"，如图 12-19 所示。

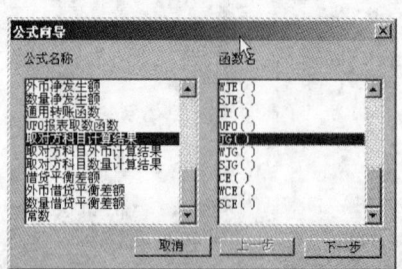

图 12-19　公式向导 1——选择公式名称

• 根据函数性质确定科目，单击"完成"，如图 12-20 所示。

图 12-20　公式向导 2——选择科目

说明　本项目借方科目金额来源于贷方科目的金额，所以借方使用 JG()函数，该函数无需设置科目。

- 按照转账数据的实际情况完成该科目公式的定义，如图 12-21 所示。

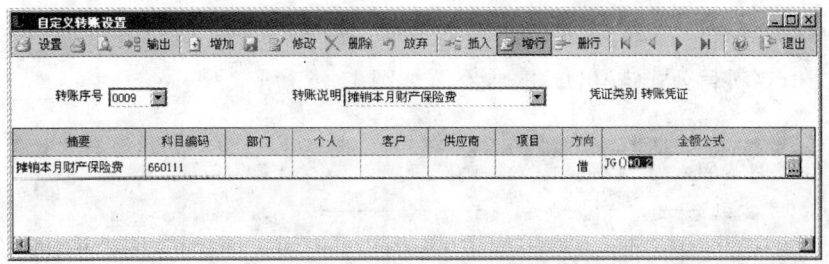

图 12-21　自定义金额公式

- 单击"增行"，按上述方法定义其他科目、方向、金额公式，如图 12-22 所示。

摘要	科目编码	部门	个人	客户	供应商	项目	方向	金额公式
摊销本月财产保险费	660111						借	JG()*0.2
摊销本月财产保险费	660211						借	JG()*0.8
摊销本月财产保险费	112302						贷	

图 12-22　自定义转账

- 定义贷方公式，选择"期初余额"，单击"下一步"，如图 12-23 所示。

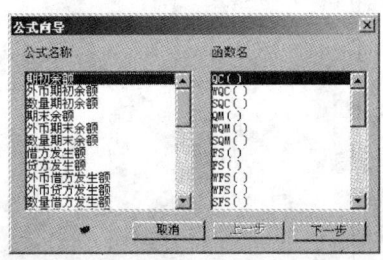

图 12-23　公式向导 1——期初余额

- 选择科目、期间、方向等信息，单击"完成"，如图 12-24 所示。

图 12-24 公式向导 2——公式参数定义

- 完成所有科目公式定义，单击"保存"，如图 12-25 所示。

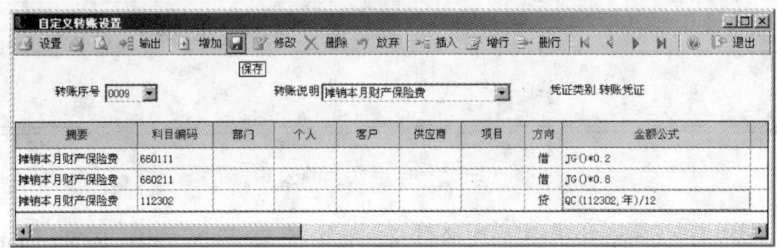

图 12-25 保存自定义转账

- 执行"总账"|"期末"|"转账生成"，如图 12-26 所示。

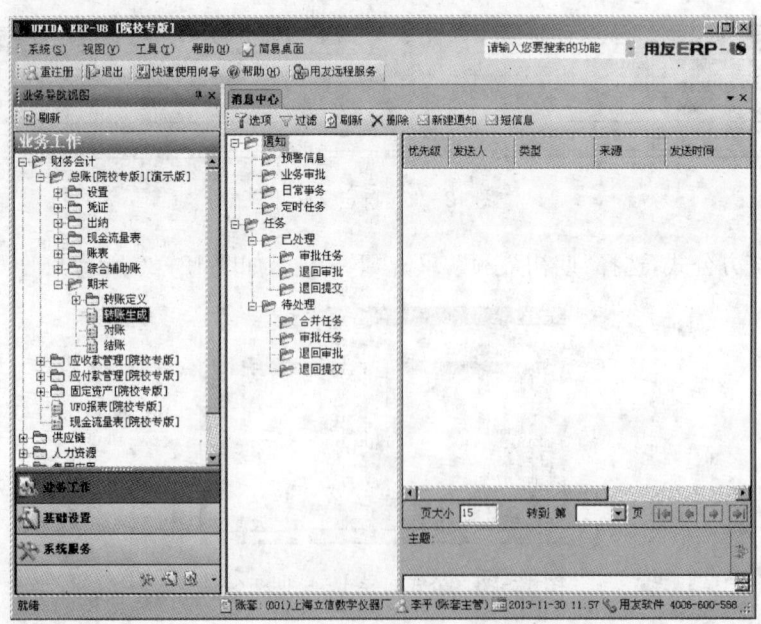

图 12-26 执行"转账生成"

- 选择"自定义转账"选项,对需要生成转账凭证的自定义转账记录,双击"是否结转"栏进行选择,单击"确定",如图 12-27 所示。

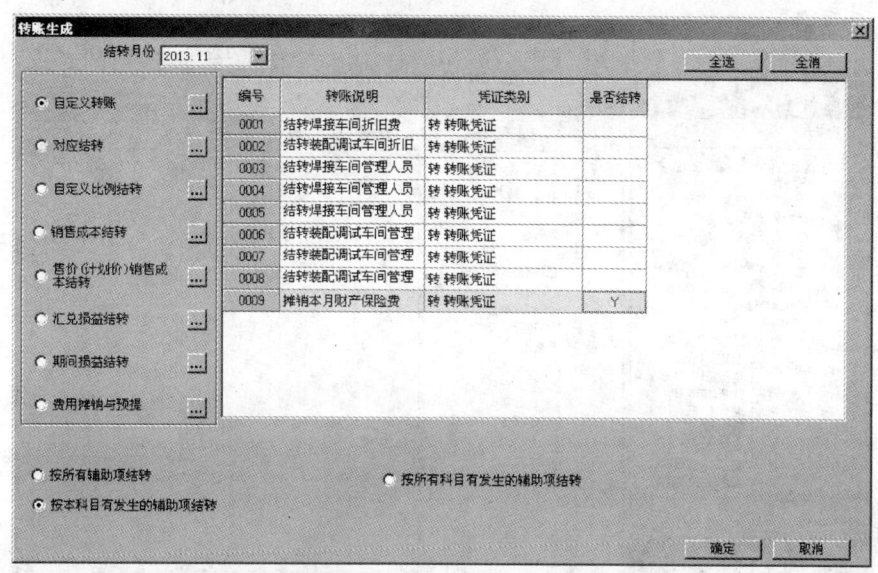

图 12-27　选择自定义转账

- 保存生成的转账凭证,如图 12-28 所示。

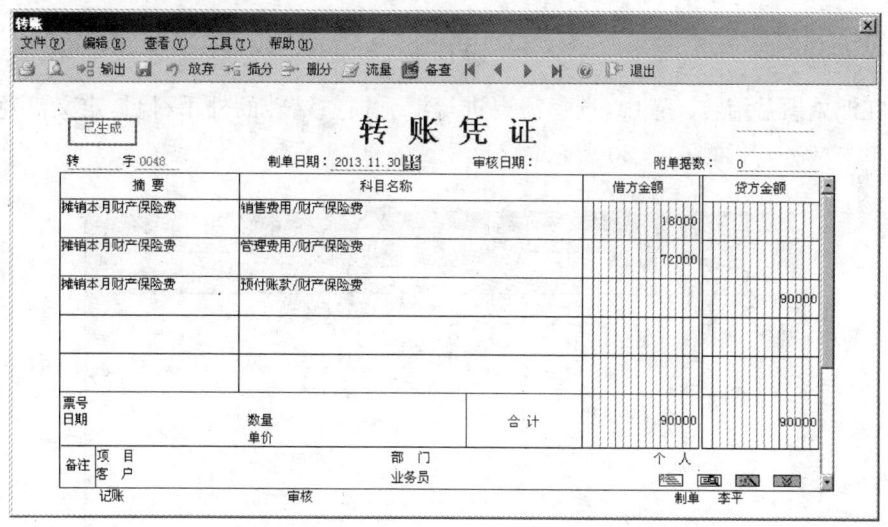

图 12-28　保存转账生成凭证

- 重新注册系统,以操作员 103 王力用户身份登录系统。
- 执行"总账"|"凭证"|"审核凭证",对凭证进行审核。
- 执行"总账"|"凭证"|"记账",对凭证进行记账。

（2）汇兑损益结转。企业采用固定记账汇率进行外币的核算时,期末需要按照期末汇率进行汇兑损益的调整,并生成汇兑损益结转凭证。本功能通过对汇兑损益结转的设置,根据调整汇率计算外币账户的汇兑损益,并生成汇兑损益结转凭证。

• 执行"总账"|"期末"|"转账定义"|"汇兑损益",如图 12-29 所示。

图 12-29　执行"汇兑损益"

• 在汇兑损益结转设置中,选择需要进行汇兑损益结转的外币科目,定义汇兑损益入账科目,单击"确定",如图 12-30 所示。

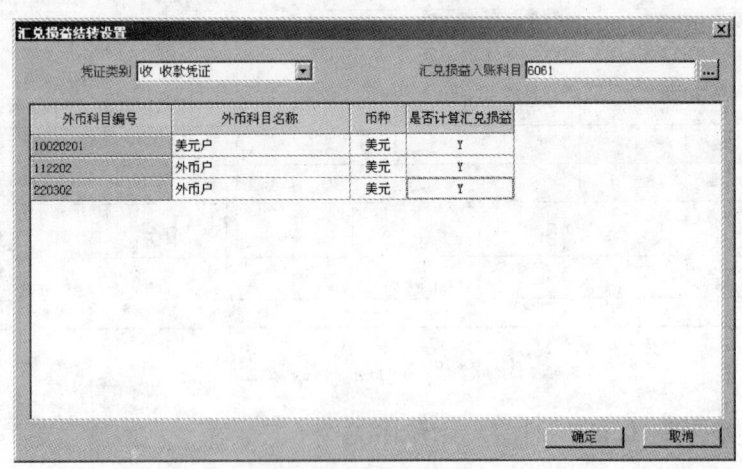

图 12-30　汇兑损益结转设置

• 每月末首先设置当月外币调整汇率,执行"基础设置"|"基础档案"|"财务"|"外币设置",如图 12-31 所示。

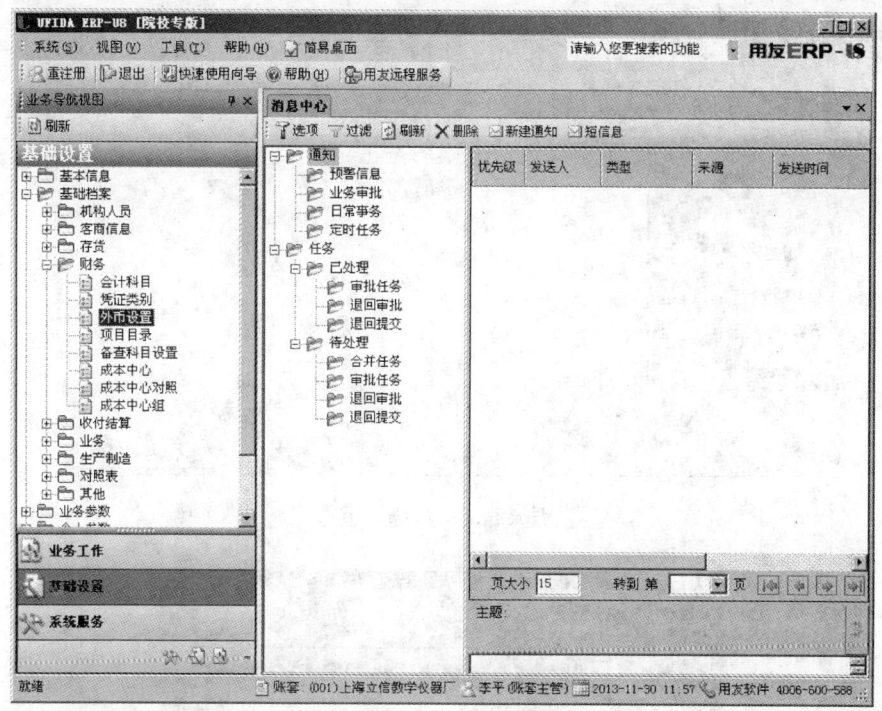

图 12-31 执行"外币设置"

- 输入调整汇率,如图 12-32 所示。

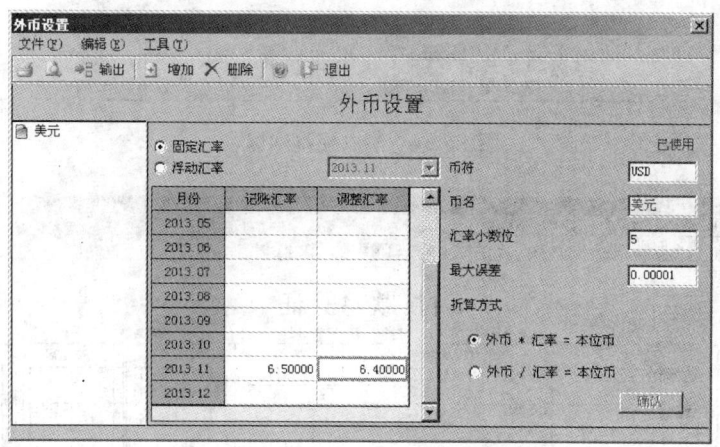

图 12-32 输入调整汇率

- 执行"总账"|"期末"|"转账生成",如图 12-26 所示。
- 选择"汇兑损益结转"选项,并选择需要结转的科目,单击"确定",如图 12-33 所示。
- 系统根据记账汇率和调整汇率自动计算汇兑损益,生成汇兑损益试算表,单击"确定",如图 12-34 所示。
- 根据汇兑损益计算结果,确定凭证类型,保存生成的汇兑损益结转凭证,如图 12-35 所示。

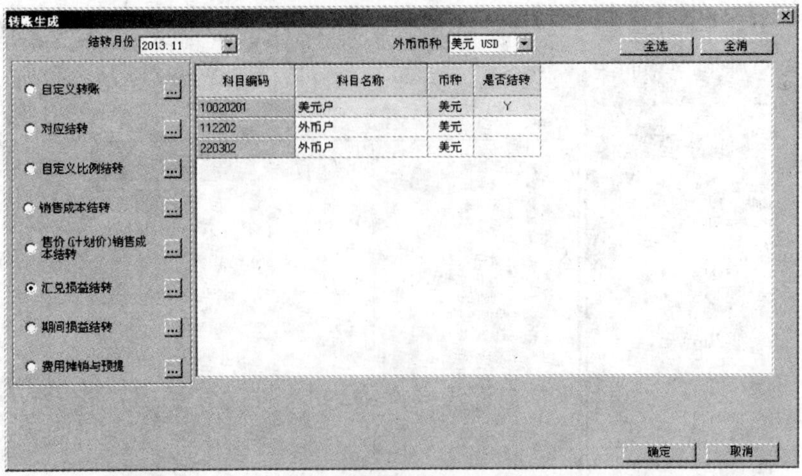

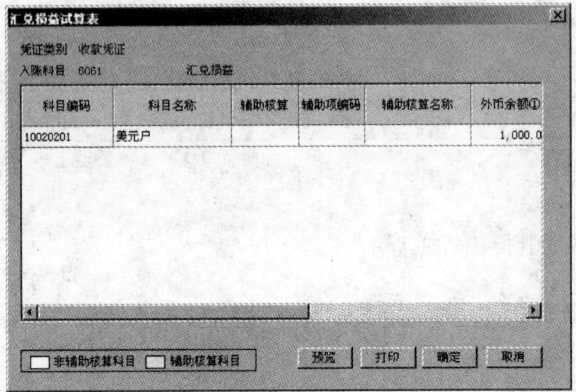

图 12-33 选择外币

图 12-34 汇兑损益试算表

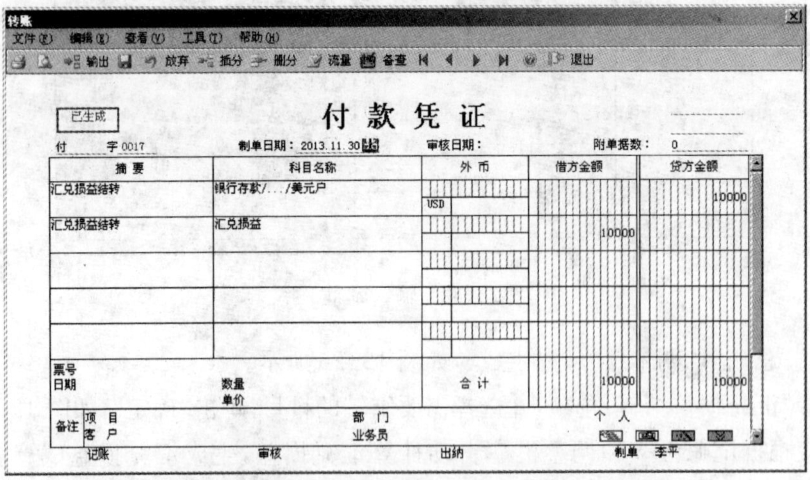

图 12-35 汇兑损益结转凭证

• 重新注册系统,以操作员 103 王力用户身份登录系统。

- 执行"总账"|"凭证"|"审核凭证",对凭证进行审核。
- 执行"总账"|"凭证"|"出纳签字",对凭证进行出纳签字。
- 执行"总账"|"凭证"|"记账",对凭证进行记账。

（3）结转期间损益。期末时,应将各损益类科目的余额转入"本年利润"科目,通过"本年利润"科目的余额,可以反映企业在一个会计期间内实现的利润或亏损总额。"本年利润"科目出现贷方余额表示利润总额,借方余额表示亏损总额。本系统提供的结转损益功能,就是将所有损益类科目的本期余额全部自动转入"本年利润"科目,并生成结转损益记账凭证。

- 执行"总账"|"期末"|"转账定义"|"期间损益",如图 12-36 所示。

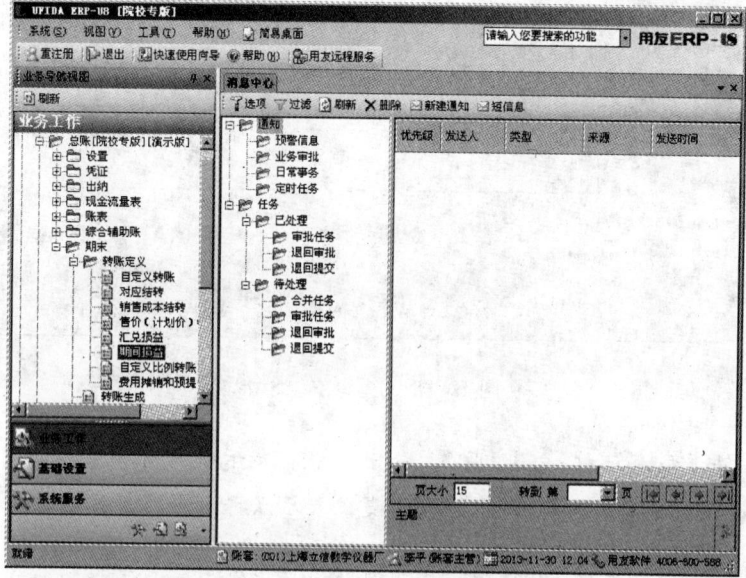

图 12-36　执行"期间损益"

- 在期间损益结转设置中,选择凭证类别、本年利润科目,单击"确定",如图 12-37 所示。

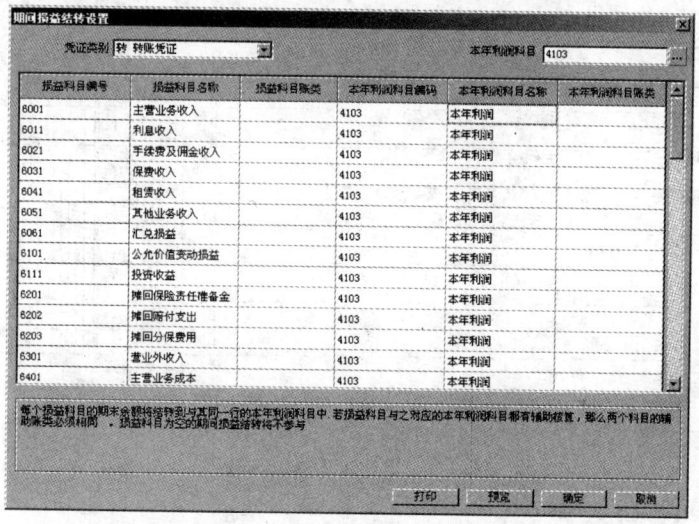

图 12-37　期间损益结转设置

- 执行"总账"|"期末"|"转账生成",如图 12-26 所示。
- 选择"期间损益结转"选项,并选择结转类型和要结转的损益类科目,单击"确定",如图 12-38 所示。

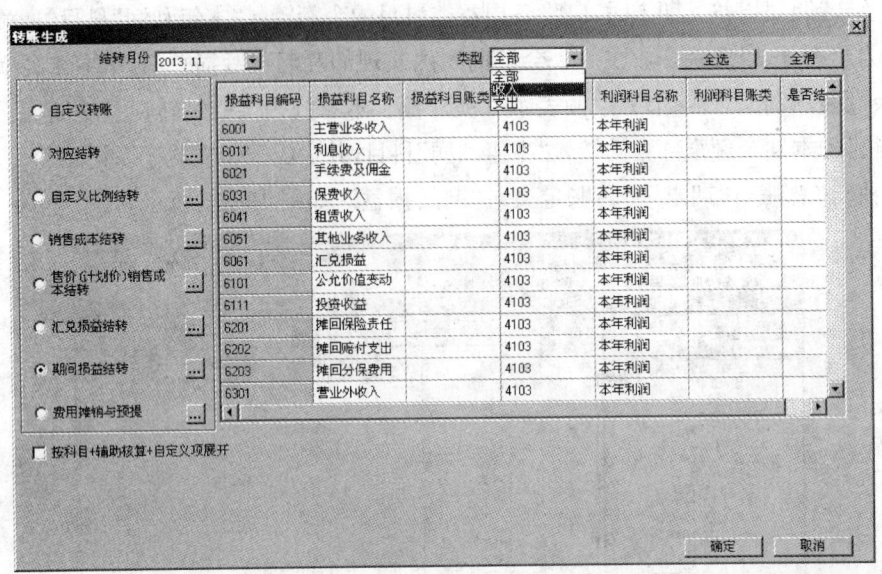

图 12-38　选择结转类型

说明　结转类型有三种:全部、收入、支出。全部表示将所有损益类科目结转,生成一张转账凭证;收入表示只将收入类科目结转;支出表示只将支出类科目结转。

- 保存生成的结转凭证,如图 12-39 和图 12-40 所示。

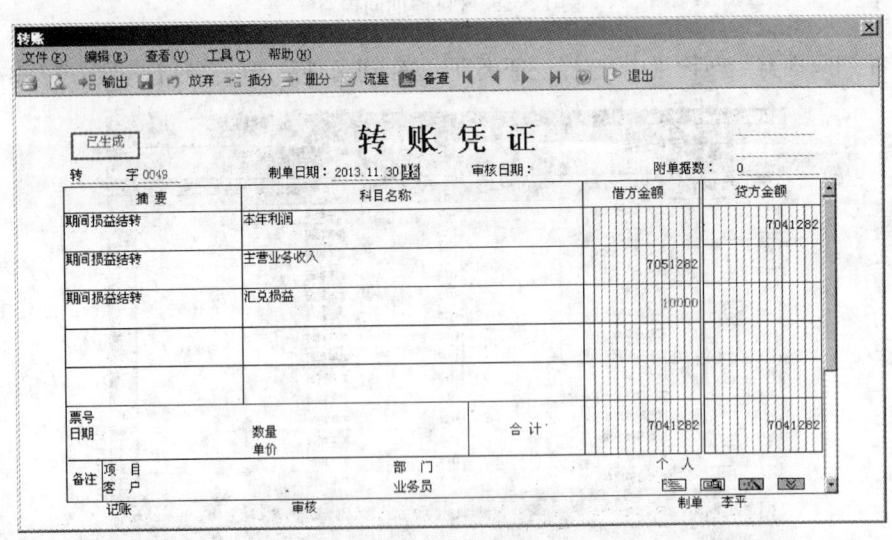

图 12-39　收入结转凭证

- 重新注册系统,以操作员 103 王力用户身份登录系统。

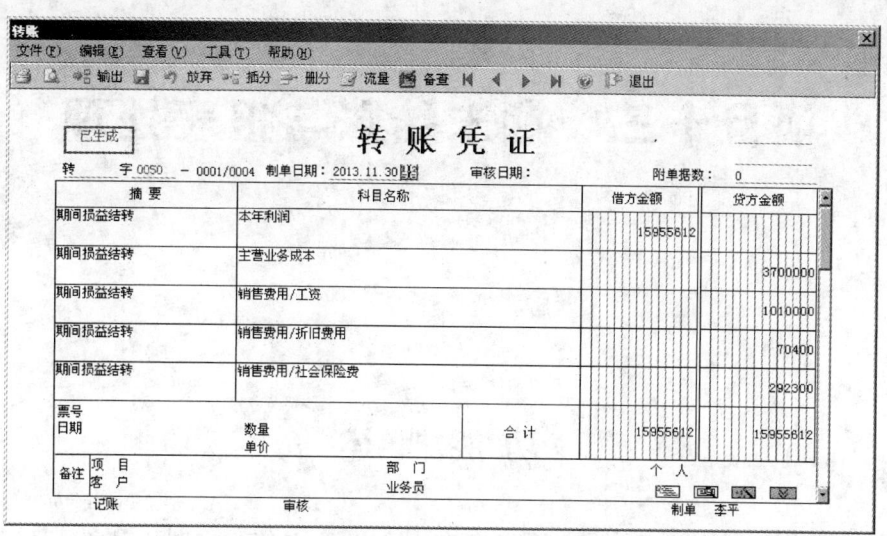

图 12-40　支出结转凭证

- 执行"总账"|"凭证"|"审核凭证",对凭证进行审核。
- 执行"总账"|"凭证"|"记账",对凭证进行记账。

说明　转账定义是系统转账生成期末结转凭证的初始定义,此项工作只做一次。

项目十三　期末结账与报表处理

功 能 概 述

期末结账就是结转各账簿的本期发生额和期末余额,并终止本期的财务处理工作,只有当月结账,下月才能开始进行核算。期末结账一般采用先供应链后财务链,先其他子系统最后总账系统的顺序进行。

用友 ERP-U8 管理系统中有专门进行报表处理的 UFO 报表系统是报表事物处理的工具。UFO 报表与用友其他系统有完善的接口,具有方便的自定义报表功能、数据处理功能、内置多个行业的常用会计报表,可以方便编制常用报表。UFO 系统也可以独立运行,用于处理日常办公事务。UFO 报表系统业务流程,如图 13-1 所示。

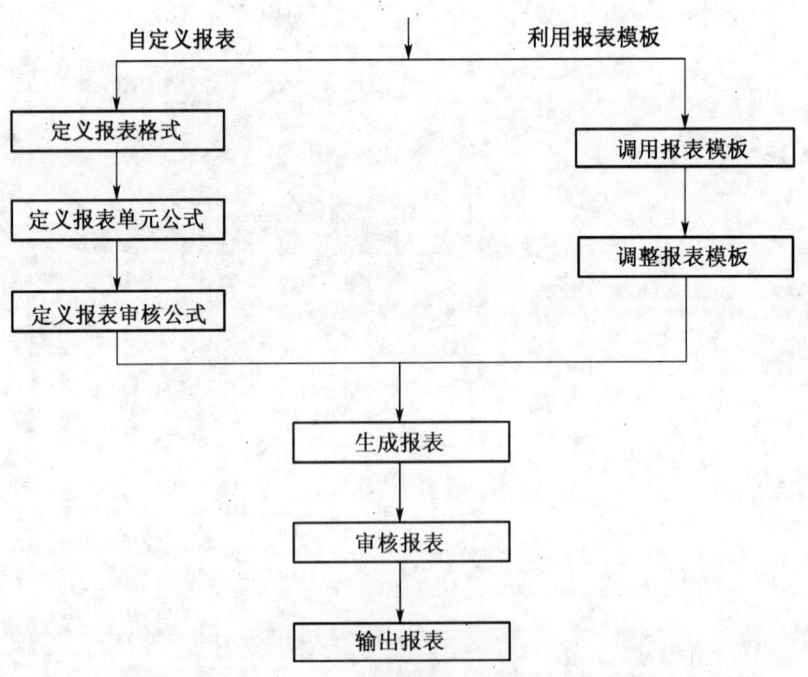

图 13-1　UFO 报表系统业务流程

项目实训

【项目任务】

　　1. 期末结账。

　　2. 报表处理。

　　3. 暂估回冲。

【项目资料】

　　1. 完成立信公司 2013 年 11 月期末结账。

　　2. 利用报表模板生成立信公司 2013 年 11 月份利润表（2007 年新会计制度科目），并以利润表.rep 保存在 C:\AA 目录下。

　　3. 利用报表模板生成立信公司 2013 年 11 月 30 日资产负债表（2007 年新会计制度科目），并修改"资产负债表"部分项目的公式，如表 13-1 所示。

表 13-1　　　　　　　　　　　　　修改项目公式

项　　目	年初数	期末数
存货	原年初数＋QC("5001",全年,,,,,,,,,)	原期末数＋QM("5001",月,,,,,,,,,)
未分配利润	原年初数＋QC("4103",全年,,,,,,,,,)	原期末数＋ QM("4103",月,,,,,,,,,)

　　重新计算 2013 年 11 月 30 日资产负债表，以资产负债表.rep 保存在 C:\AA 目录下。

　　4. 按下表建立一个立信公司 2013 年 11 月货币资金表（设置单位名称、年、月为关键字），并以货币资金表.rep 保存在 C:\AA 目录下，如表 13-2 所示。

表 13-2　　　　　　　　　　　　　货 币 资 金 表

单位名称：　　　　　　　　　　　　　　　　　　　　　　　　　　　年　　月

项　　目	期初数	期末数	净增
现金			
银行存款			
合计			

制表人：

　　5. 12 月 2 日，操作员 101 李平重注册登录 12 月核算系统。企业收到上月购买美华公司暂估入库的包装盒的专用发票，原币金额 1 000 元。同日财务部开出转账支票支付全部货款（采用现付结算方式）。

项目指导

【操作步骤】

1. 完成立信公司 2013 年 11 月期末结账。

- 执行"人力资源"|"薪资管理"|"业务处理"|"月末处理",如图 13-2 所示。

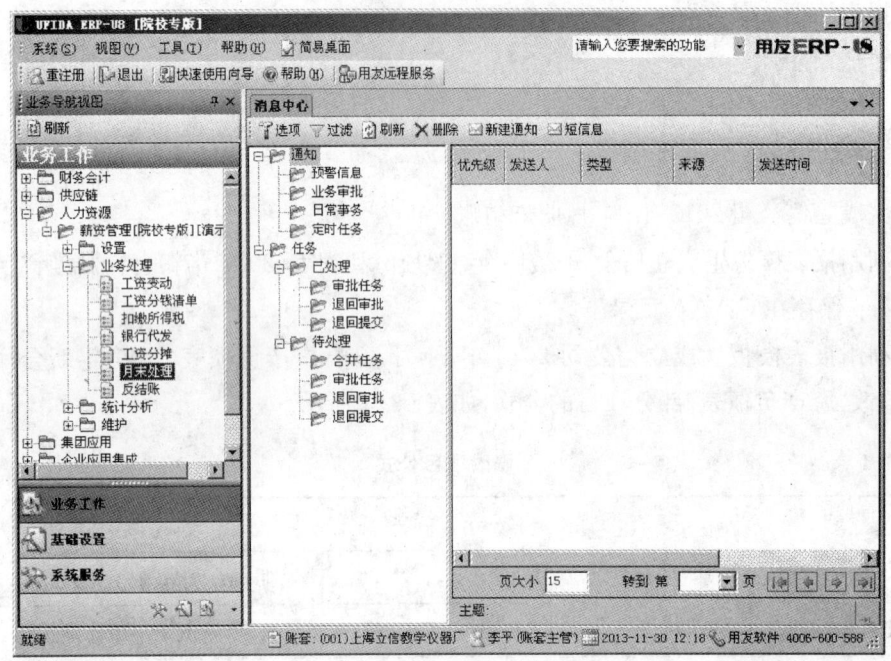

图 13-2　执行"月末处理"

- 在月末处理对话框中单击"确定",如图 13-3 所示。

- 系统提示"月末处理之后,本月工资将不许变动! 继续月末处理吗?"单击"是(Y)",如图 13-4 所示。

- 对工资项目中需要清零的项目进行设置,单击"确定",系统提示"月末处理完毕!"如图 13-5 所示。

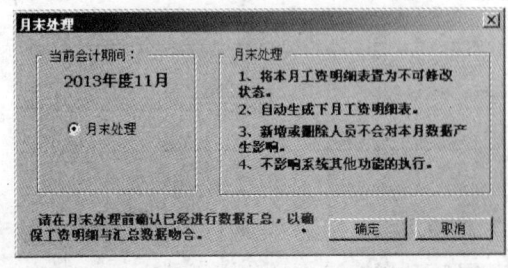
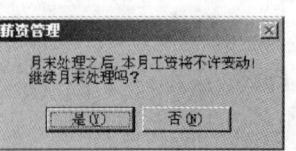

图 13-3　"月末处理"对话框　　　图 13-4　系统提示　　　图 13-5　月末处理完成提示

- 执行"供应链"|"销售管理"|"月末结账"，如图 13-6 所示。

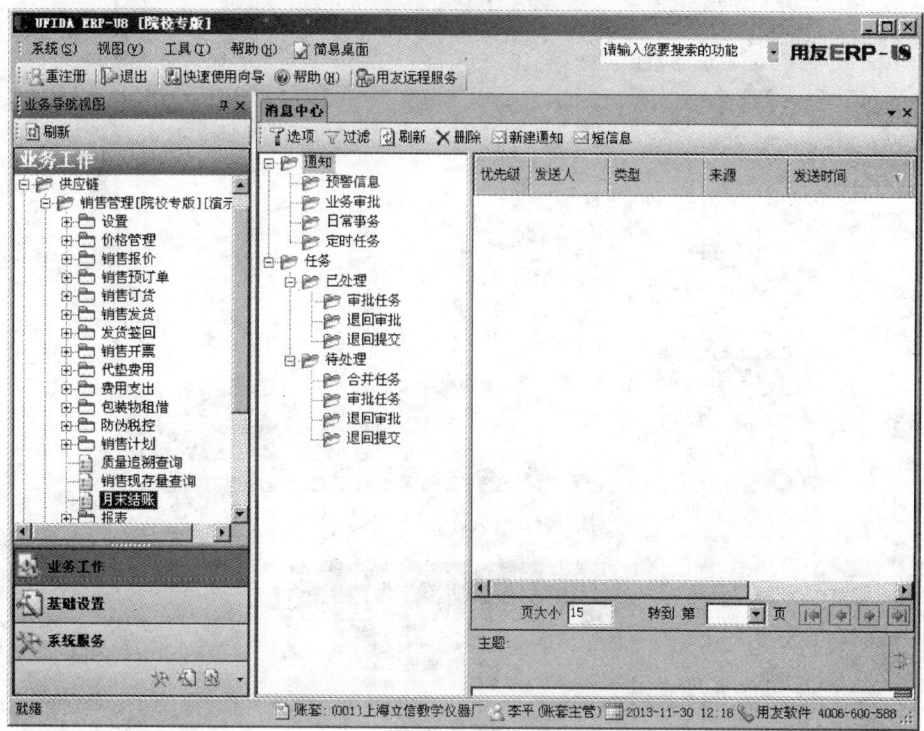

图 13-6　执行"月末结账"

- 选择结账月份，单击"月末结账"，如图 13-7 所示。
- 月末结账完成，如图 13-8 所示。

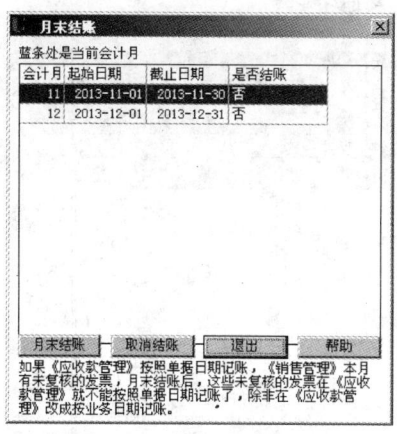

图 13-7　销售管理结账

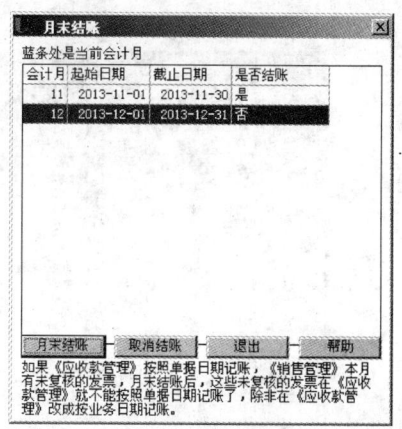

图 13-8　结账完成

- 执行"供应链"|"采购管理"|"月末结账"，如图 13-9 所示。
- 选择结账月份，单击"结账"，如图 13-10 所示。
- 执行"供应链"|"库存管理"|"月末结账"，如图 13-11 所示。

图 13-9　执行"月末结账"

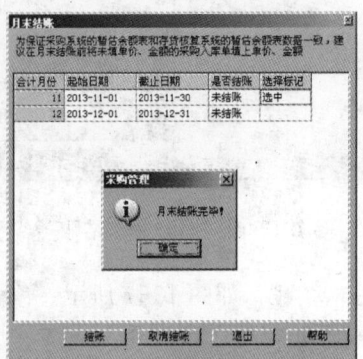

图 13-10　采购管理结账

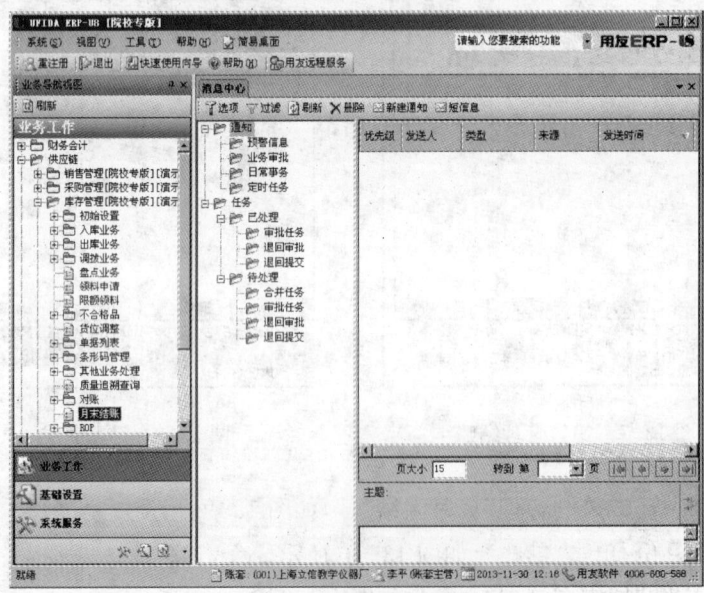

图 13-11　执行"月末结账"

• 选择结账月份,单击"结账",如图 13-12 所示。

• 执行"供应链"|"存货核算"|"业务核算"|"期末处理",如图 13-13 所示。

• 在期末处理对话框中选择期末处理的仓库,单击"确定",如图 13-14 所示。

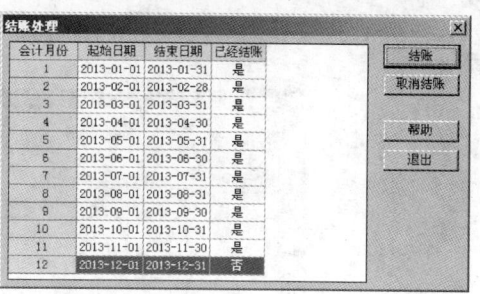

图 13-12 库存管理结账

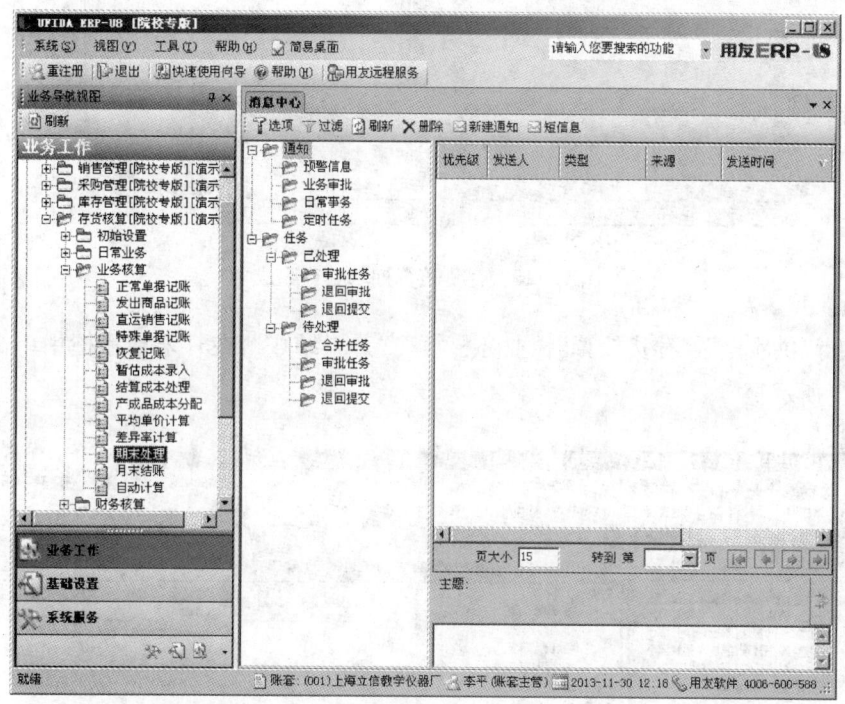

图 13-13 执行"期末处理"

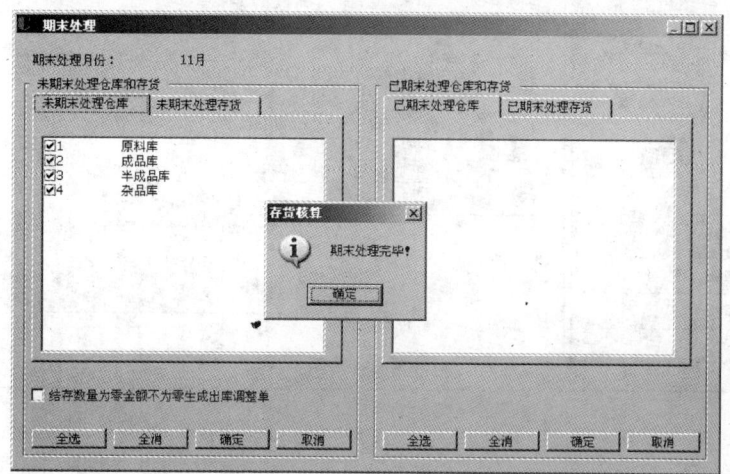

图 13-14 存货期末处理

• 存货核算期末处理完成，如图 13-15 所示。

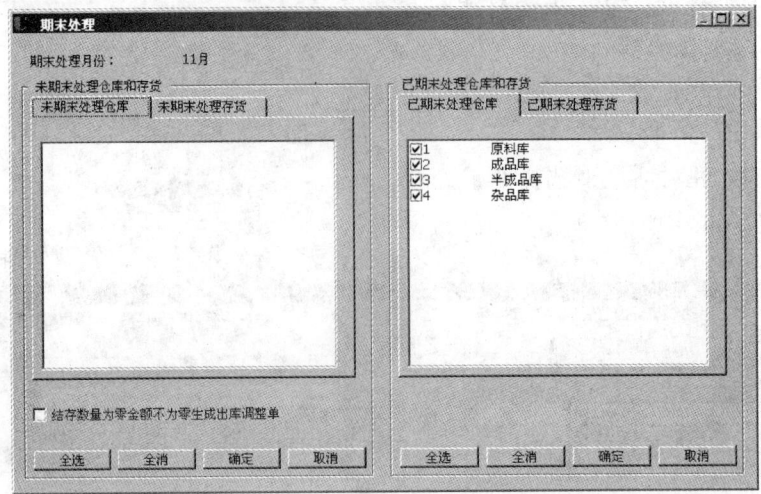

图 13-15　存货核算期末处理完成

• 执行"供应链"|"存货核算"|"业务核算"|"月末结账"，在月末结账框中单击"确定"，如图 13-16 所示。

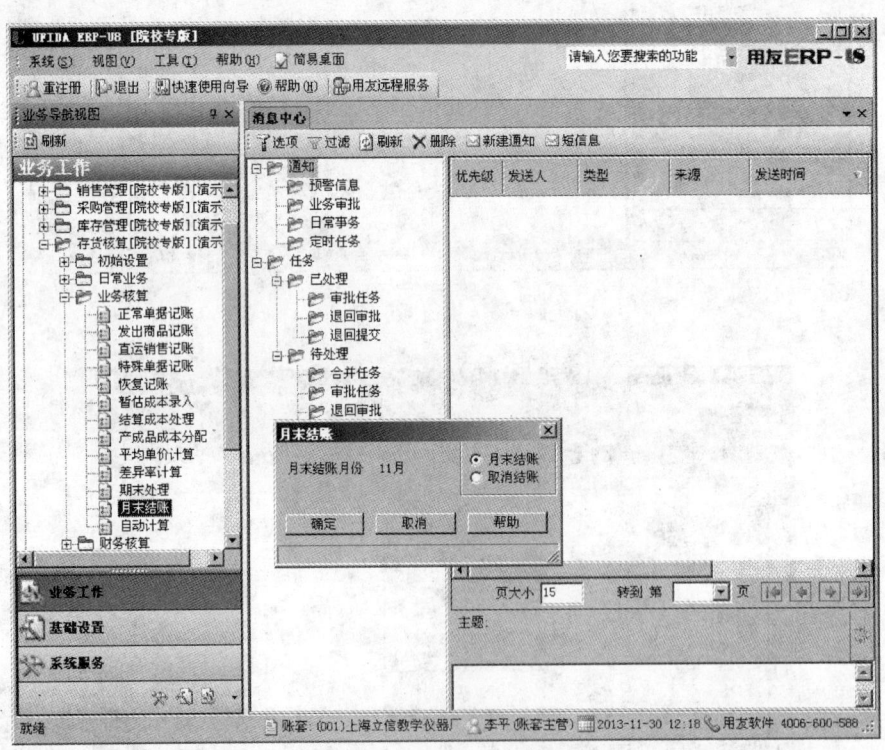

图 13-16　执行"月末结账"

• 执行"固定资产"|"处理"|"月末结账"，如图 13-17 所示。

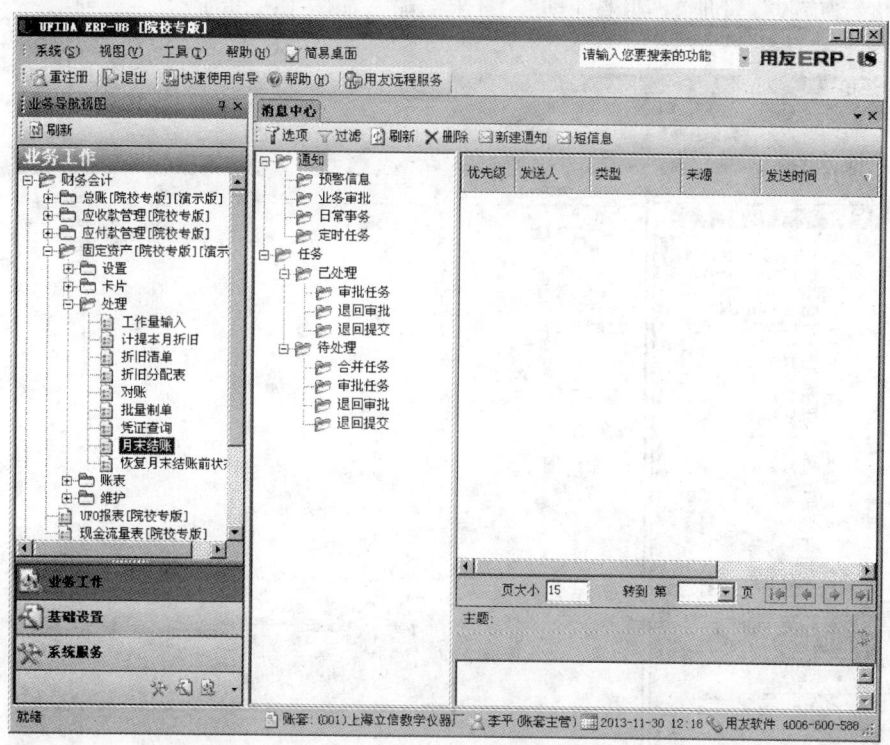

图 13-17　执行"月末结账"

- 单击"开始结账",如图 13-18 所示。

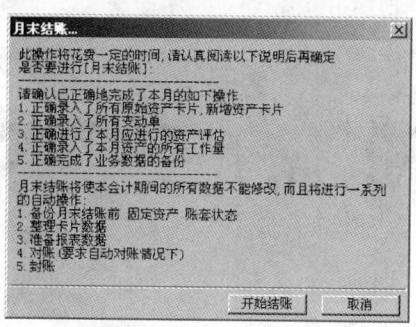

图 13-18　固定资产结账

- 系统提示对账情况,单击"确定",如图 13-19 所示。

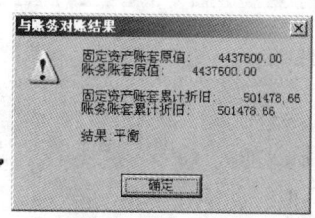

图 13-19　对账信息

- 执行"应收款管理"|"期末处理"|"月末结账",如图 13-20 所示。

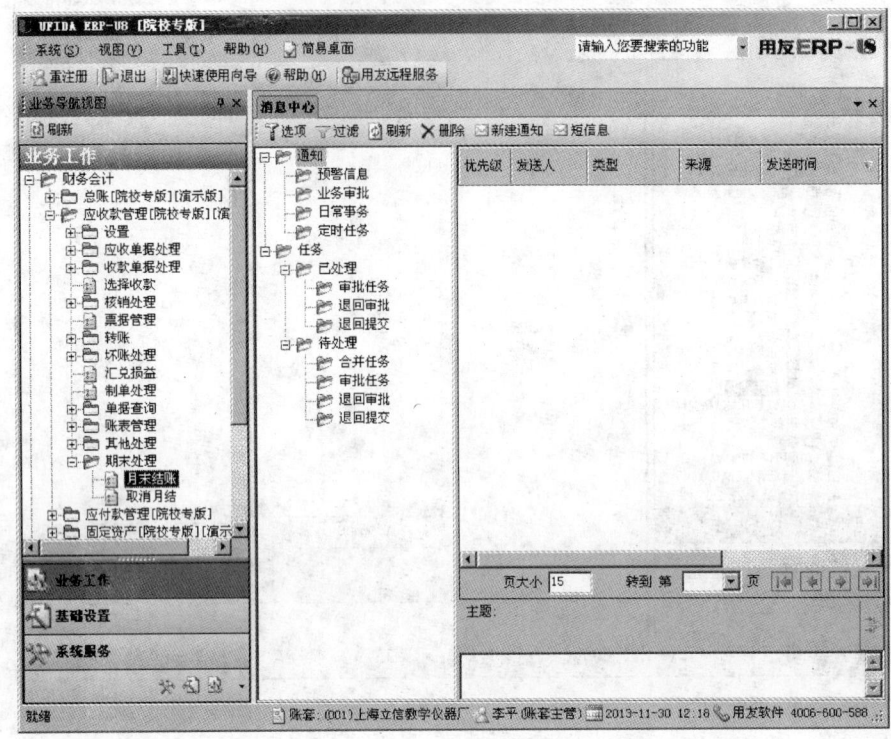

图 13-20 执行"月末结账"

- 选择结账月份,单击"下一步",如图 13-21 所示。
- 在结账向导中单击"完成",结束结账工作,如图 13-22 所示。

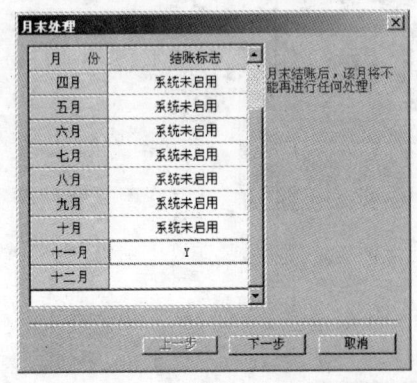

图 13-21 结账向导   图 13-22 应收款结账

- 执行"应付款管理"|"期末处理"|"月末结账",与应收款管理相同方法完成月末结账。
- 执行"总账"|"期末"|"结账",如图 13-23 所示。
- 选择结账月份,单击"下一步",如图 13-24 所示。
- 单击"对账",核对账簿,如图 13-25 所示。

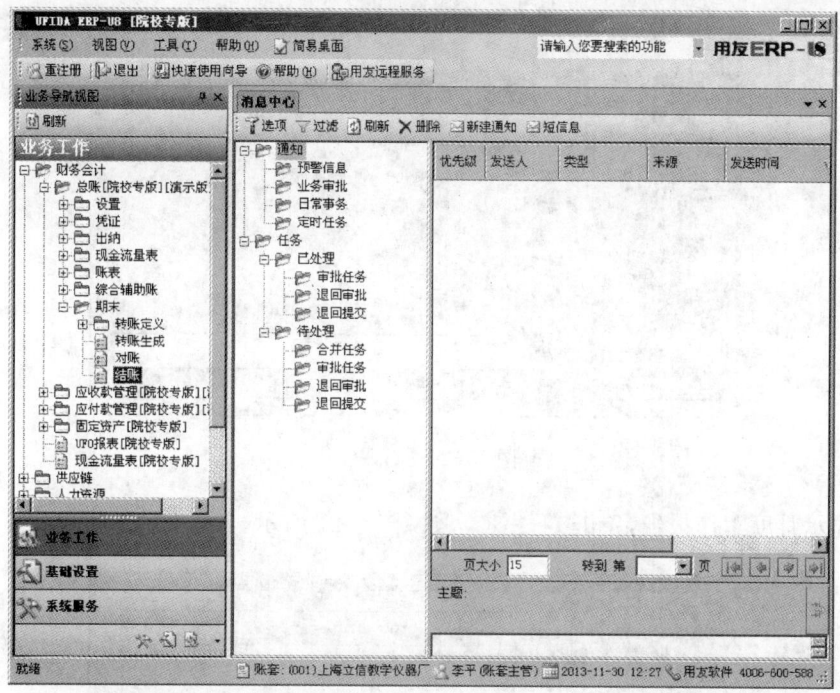

图 13-23　执行"结账"

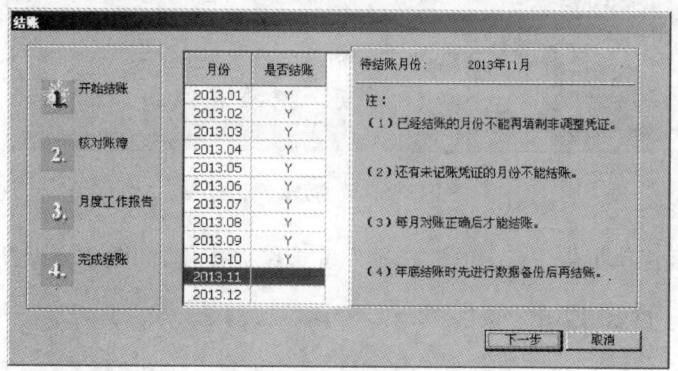

图 13-24　选择结账月份

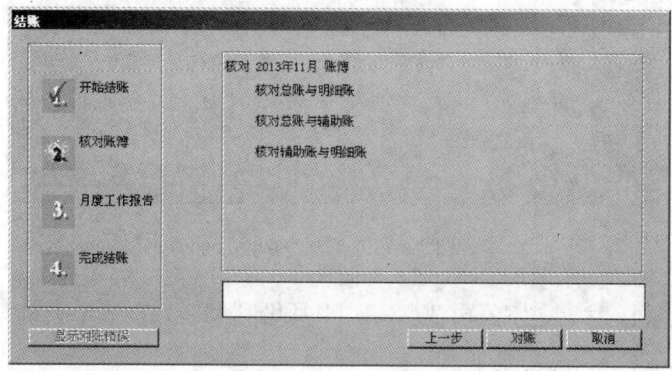

图 13-25　核对账簿

- 核对账簿完毕,单击"下一步",如图 13-26 所示。

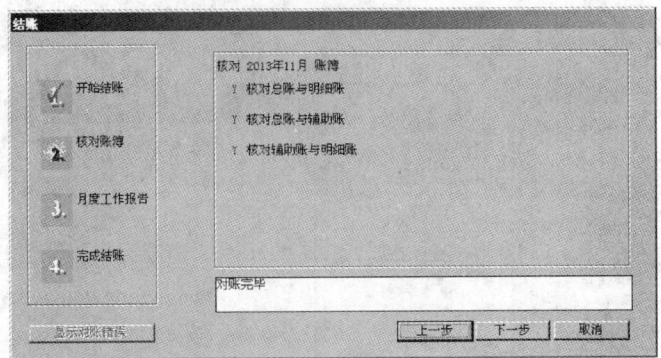

图 13-26　对账完毕

- 显示月度工作报告,单击"下一步",如图 13-27 所示。

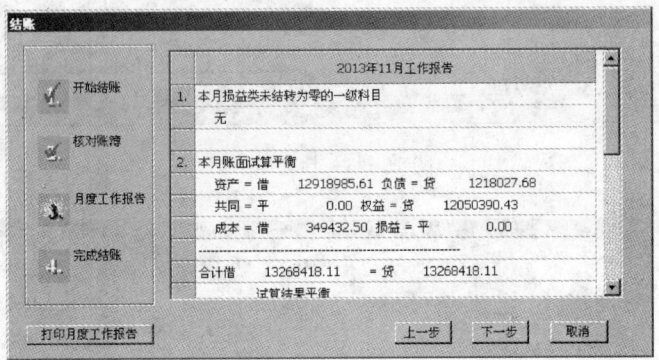

图 13-27　月度工作报告

- 如果月度工作报告正常,单击"结账",完成结账工作,如图 13-28 所示。

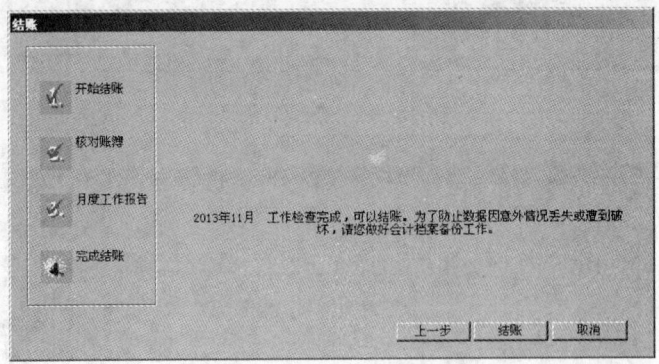

图 13-28　总账结账完成

2. 利用报表模板生成立信公司 2013 年 11 月份利润表(2007 年新会计制度科目),并以利润表. rep 保存在 C:\AA 目录下。

- 执行"财务会计"|"总账"|"UFO 报表",如图 13-29 所示。

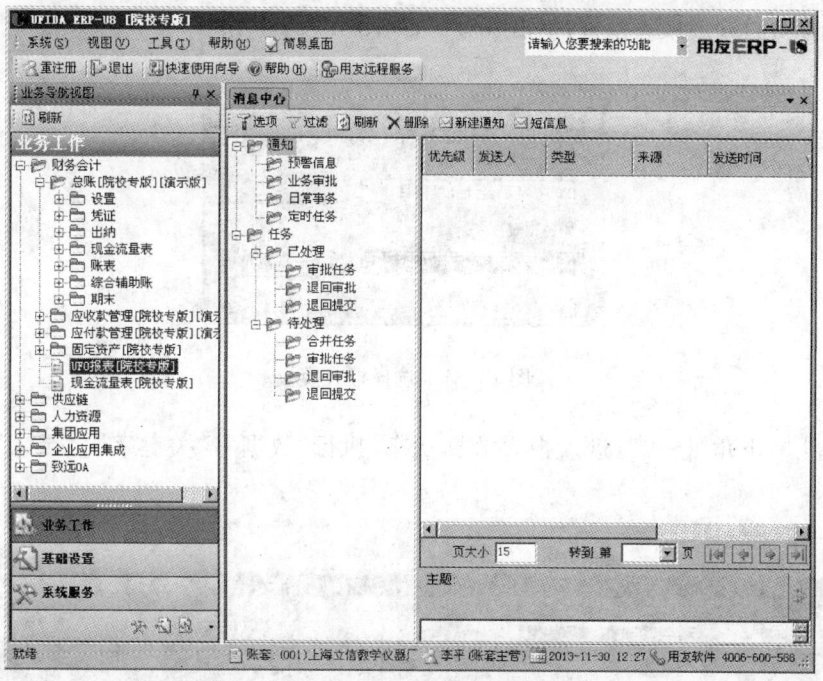

图 13-29 执行"UFO 报表"

- 新建报表，执行"格式"|"报表模板"命令，并选择行业，如图 13-30 所示。

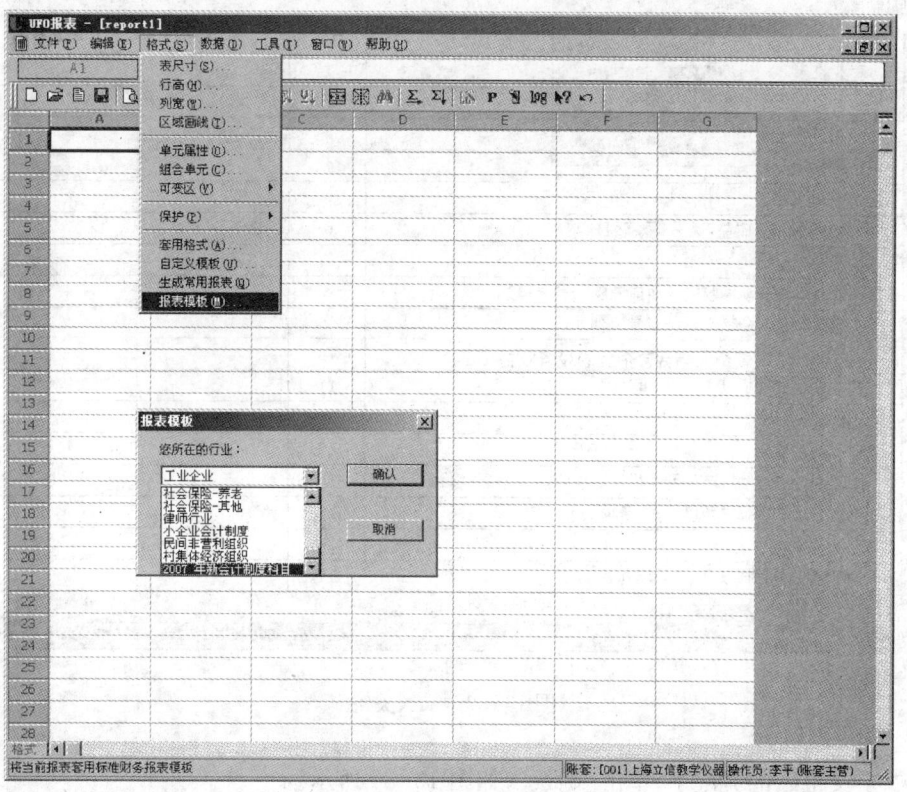

图 13-30 执行"报表模板"命令

- 选择要打开的报表模板,单击"确认",如图 13-31 所示。

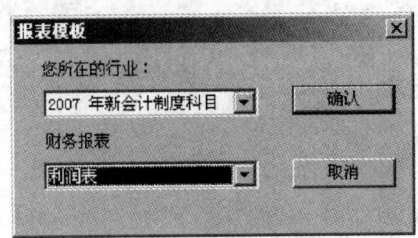

图 13-31 选择报表模板

- 单击右下角"格式",进入报表数据状态,执行"数据"|"关键字"|"录入"命令,如图 13-32 所示。

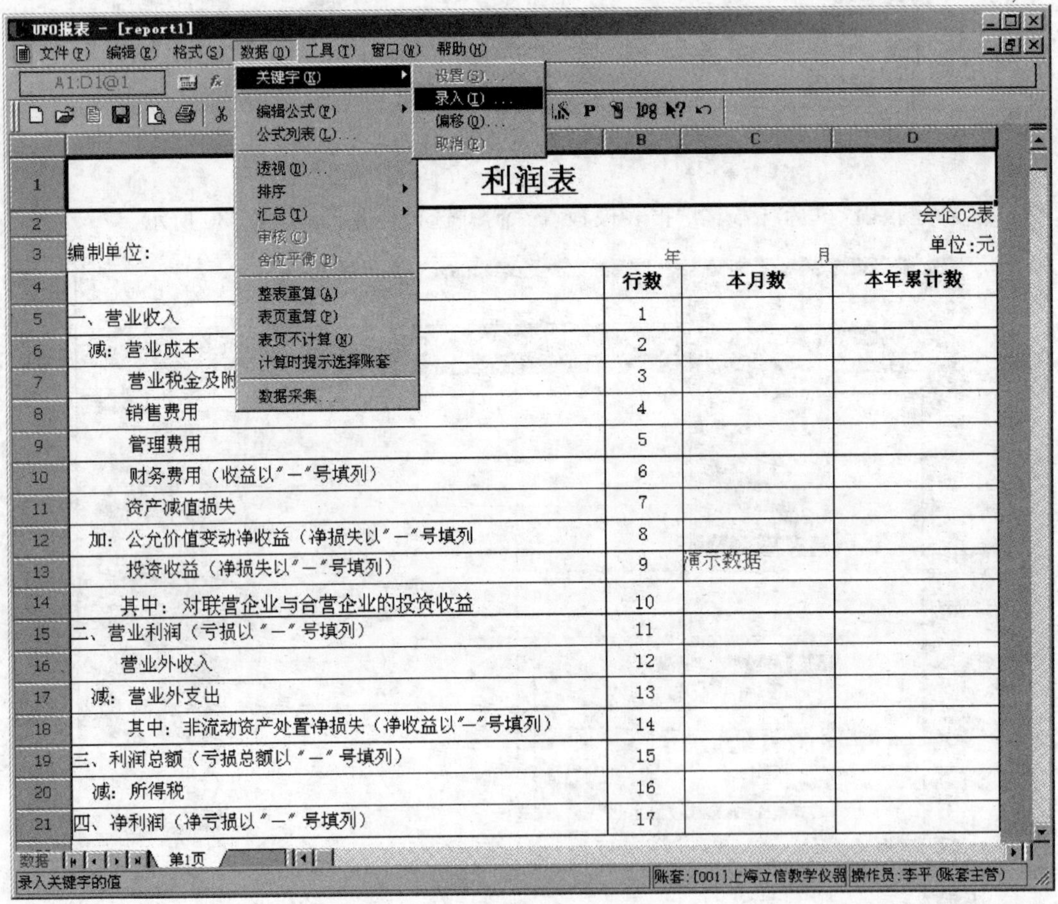

		利润表		
				会企02表
编制单位:		年 月		单位:元
		行数	本月数	本年累计数
一、营业收入		1		
减: 营业成本		2		
营业税金及附...		3		
销售费用		4		
管理费用		5		
财务费用(收益以"-"号填列)		6		
资产减值损失		7		
加: 公允价值变动净收益(净损失以"-"号填列		8		
投资收益(净损失以"-"号填列)		9	演示数据	
其中: 对联营企业与合营企业的投资收益		10		
二、营业利润(亏损以"-"号填列)		11		
营业外收入		12		
减: 营业外支出		13		
其中: 非流动资产处置净损失(净收益以"-"号填列)		14		
三、利润总额(亏损总额以"-"号填列)		15		
减: 所得税		16		
四、净利润(净亏损以"-"号填列)		17		

图 13-32 录入关键字

- 定义报表的关键字,单击"确认",如图 13-33 所示。
- 系统自动计算报表数据,如图 13-34 所示。

图 13-33　定义关键字内容

图 13-34　利润表

· 执行"文件"|"保存"命令,按要求保存打开的报表。

3. 利用报表模板生成立信公司 2013 年 11 月 30 日资产负债表(2007 年新会计制度科目),并修改"资产负债表"部分项目的公式,重新计算 2013 年 11 月 30 日资产负债表,以资产负债表.rep 保存在 C:\AA 目录下。

· 新建报表,执行"格式"|"报表模板"命令,并选择行业和报表模板,单击"确认",如图 13-35 所示。

· 在资产负债表格式状态,选择存货期初数,单击"fx",如图 13-36 所示。

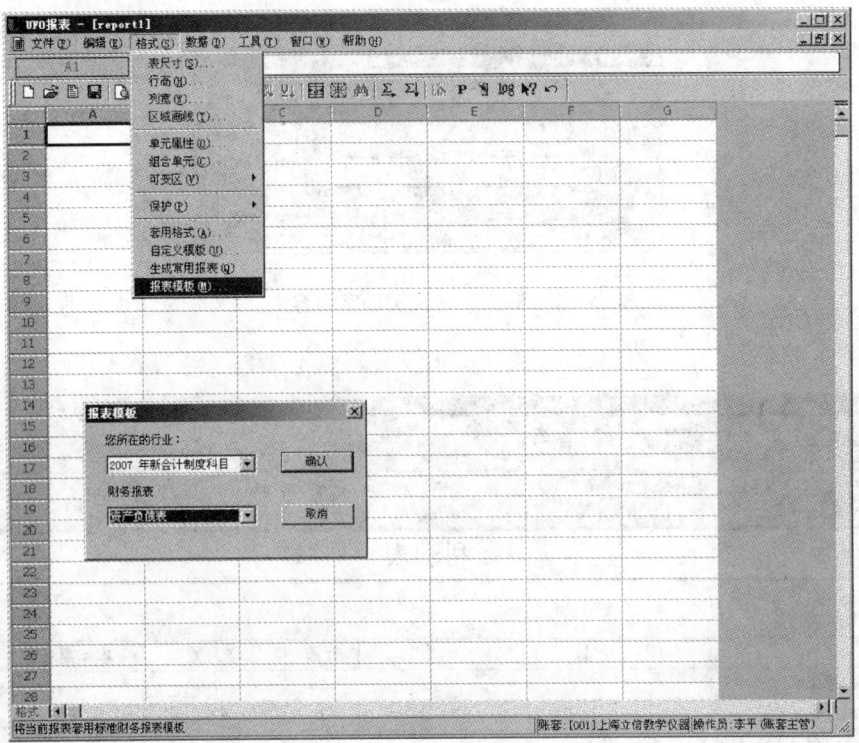

图 13-35　执行"报表模板"命令

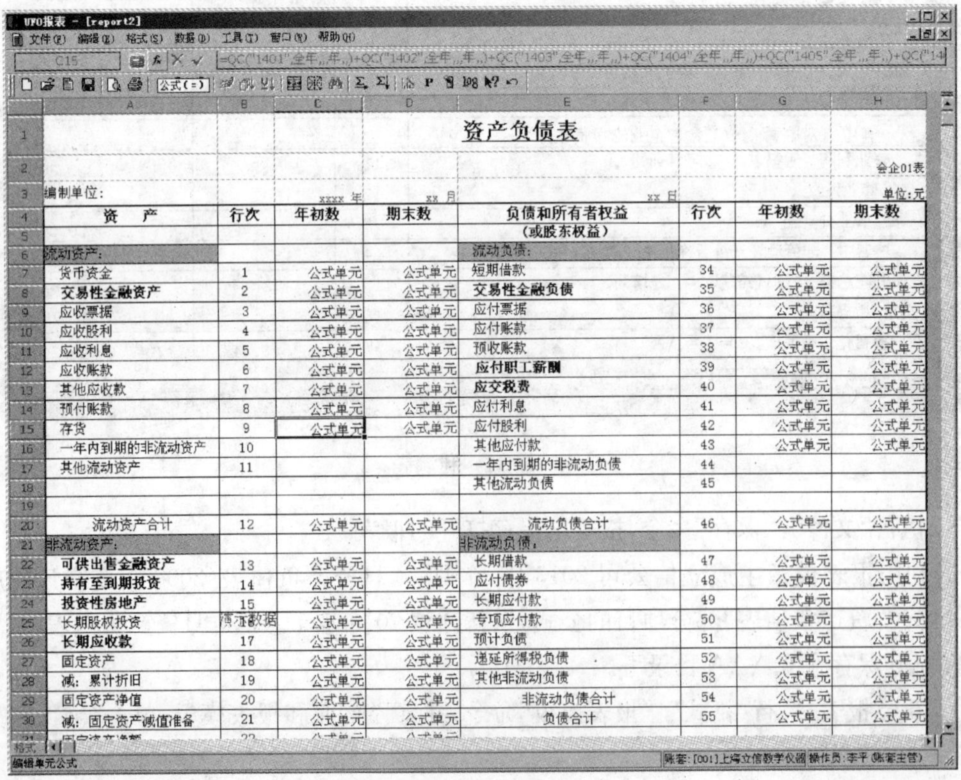

图 13-36　修改报表公式

- 在定义公式框中的原公式后输入"＋"号，单击"函数向导"，如图 13-37 所示。

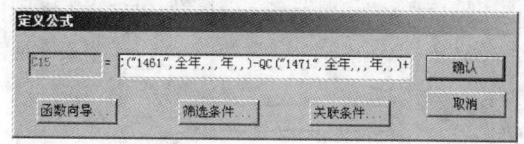

图 13-37 进入函数向导

- 在函数分类中选择"用友财务函数"，选择函数名，单击"下一步"，如图 13-38 所示。

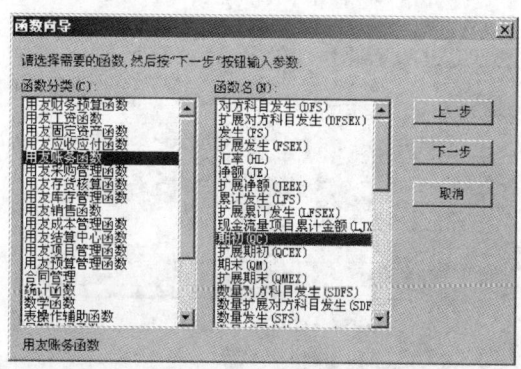

图 13-38 选择函数

说明 函数名的选择应根据具体的取数内容确定：期初数用 QC 函数、期末数用 QM 函数、发生数用 FS 函数。

- 在随后的对话框中单击"参照"，如图 13-39 所示。

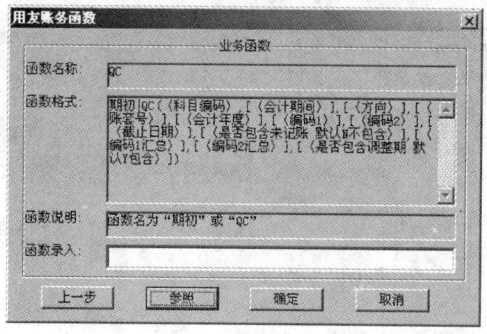

图 13-39 函数参照

- 确定函数的参数内容，如科目、期间、方向等，单击"确定"，如图 13-40 所示。
- 单击"确定"，完成函数参照内容，如图 13-41 所示。
- 对修改的公式，单击"确认"，如图 13-42 所示。
- 按照上述方法修改其他项目公式。
- 切换到报表数据状态，录入关键字，如图 13-43 所示。

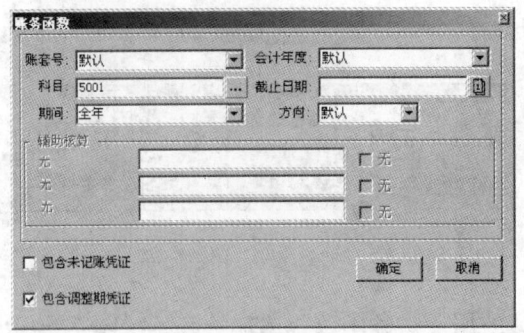

图 13-40　确定函数参数

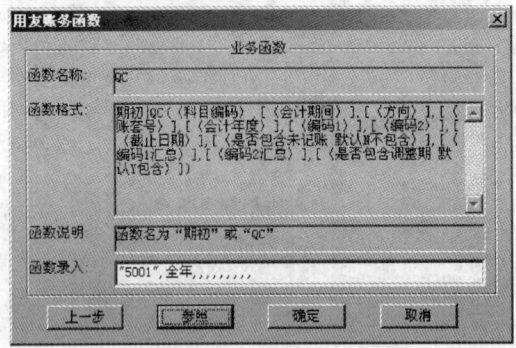

图 13-41　完成函数参照

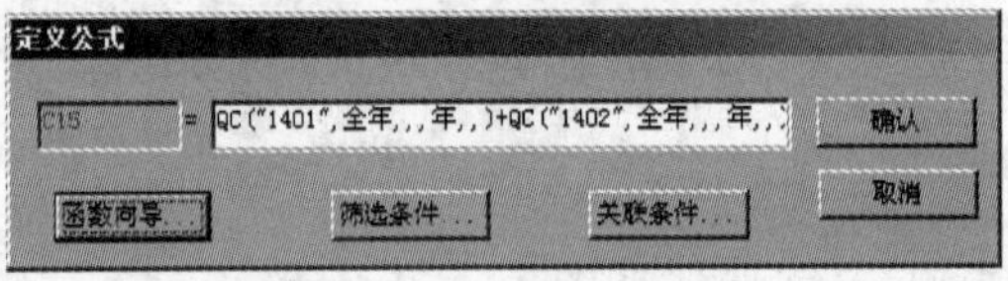

图 13-42　公式确认

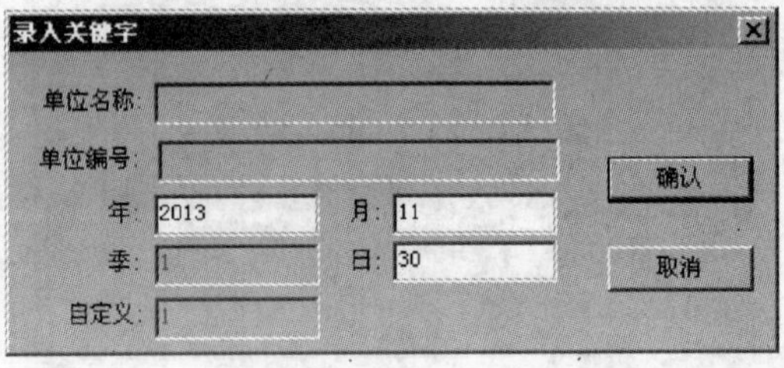

图 13-43　录入关键字

- 自动计算报表数据,保存报表,如图 13-44 所示。

4. 如表 13-2 所示,建立一个立信公司 2013 年 11 月货币资金表(设置单位名称、年、月为关键字),并以货币资金表.rep 保存在 C:\AA 目录下。

- 新建报表,执行"格式"|"报表尺寸",定义自定义报表的大小。
- 按需求定义报表内容和格式。
- 利用函数向导定义自定义报表中各项目的公式。
- 切换至数据状态,定义关键字,并保存报表。

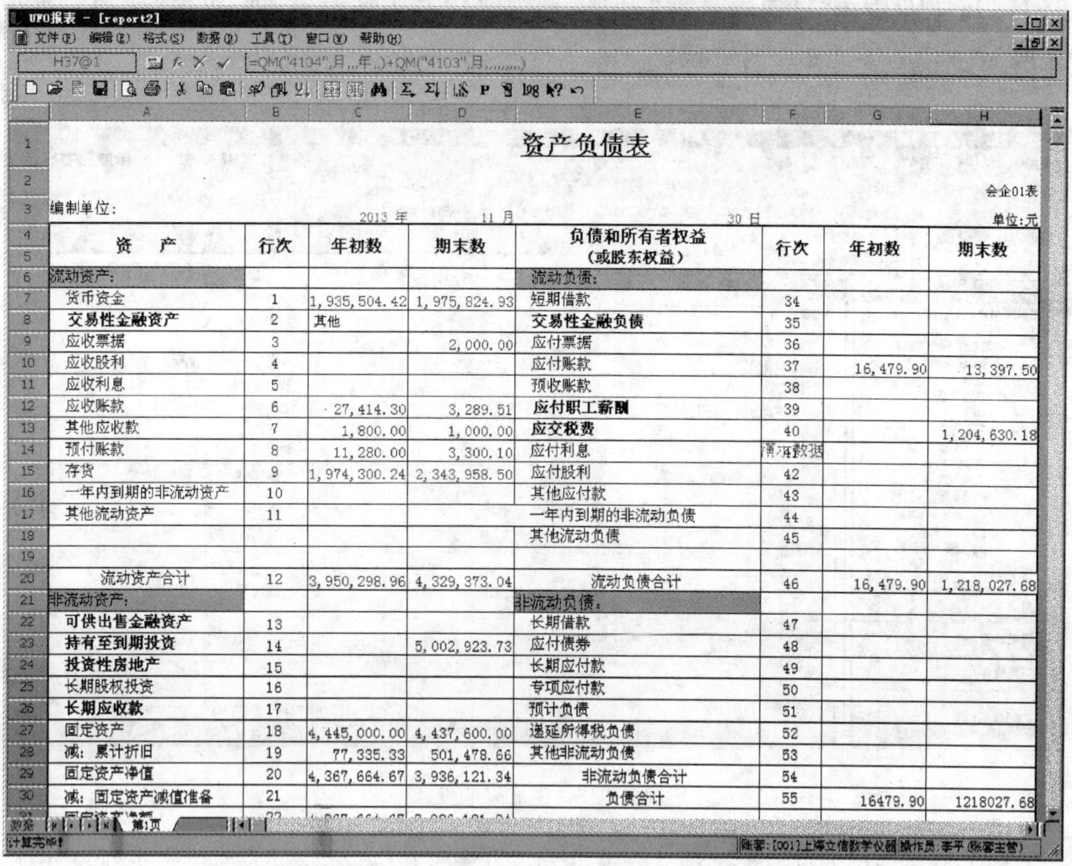

UFO报表 - [report2]

文件(F) 编辑(E) 格式(S) 数据(D) 工具(T) 窗口(W) 帮助(H)

H37@1 =QM("4104",月,,年,,)+QM("4103",月,,,,,,,)

资产负债表

会企01表

编制单位： 2013 年 11 月 30 日 单位:元

资　　产	行次	年初数	期末数	负债和所有者权益（或股东权益）	行次	年初数	期末数
流动资产：				流动负债：			
货币资金	1	1,935,504.42	1,975,824.93	短期借款	34		
交易性金融资产	2	其他		交易性金融负债	35		
应收票据	3		2,000.00	应付票据	36		
应收股利	4			应付账款	37	16,479.90	13,397.50
应收利息	5			预收账款	38		
应收账款	6	27,414.30	3,289.51	应付职工薪酬	39		
其他应收款	7	1,800.00	1,000.00	应交税费	40		1,204,630.18
预付账款	8	11,280.00	3,300.10	应付利息		源于数据	
存货	9	1,974,300.24	2,343,958.50	应付股利	42		
一年内到期的非流动资产	10			其他应付款	43		
其他流动资产	11			一年内到期的非流动负债	44		
				其他流动负债	45		
流动资产合计	12	3,950,298.96	4,329,373.04	流动负债合计	46	16,479.90	1,218,027.68
非流动资产：				非流动负债：			
可供出售金融资产	13			长期借款	47		
持有至到期投资	14		5,002,923.73	应付债券	48		
投资性房地产	15			长期应付款	49		
长期股权投资	16			专项应付款	50		
长期应收款	17			预计负债	51		
固定资产	18	4,445,000.00	4,437,600.00	递延所得税负债	52		
减：累计折旧	19	77,335.33	501,478.66	其他非流动负债	53		
固定资产净值	20	4,367,664.67	3,936,121.34	非流动负债合计	54		
减：固定资产减值准备	21			负债合计	55	16479.90	1218027.68

账套：[001]上海立信数学仪器厂 操作员：李平（账套主管）

图 13-44 资产负债表

5. 12 月 2 日，操作员 101 李平重注册登录 12 月核算系统。企业收到上月购买美华公司暂估入库的包装盒的专用发票，原币金额 1 000 元；同日财务部开出转账支票支付全部货款（采用现付结算方式）。

- 重新注册系统，以操作员 101 李平用户身份登录系统，如图 13-45 所示。

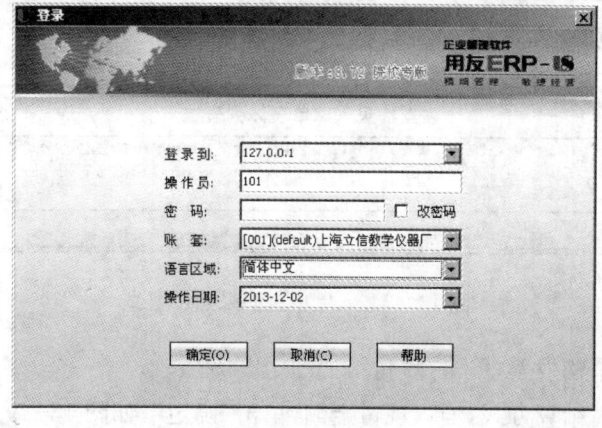

图 13-45 重注册

• 执行"供应链"|"采购管理"|"采购发票"|"专用采购发票",单击"增加",执行
"生单"|"入库单",如图 13-46 所示。

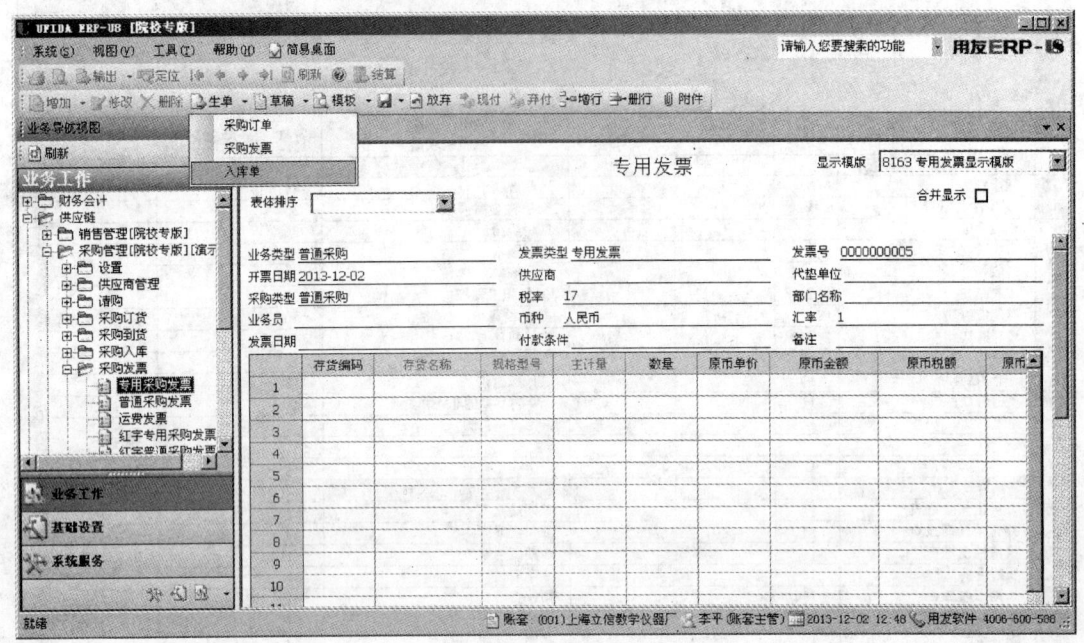

图 13-46　生成采购发票

• 在随后弹出的过滤选择对话框中,单击"过滤",在"发票拷贝入库单表头列表"中选
择需生成发票的对应入库单,在"发票拷贝入库单表体列表"中选择到货的材料,单击"OK 确
定",如图 13-47 所示。

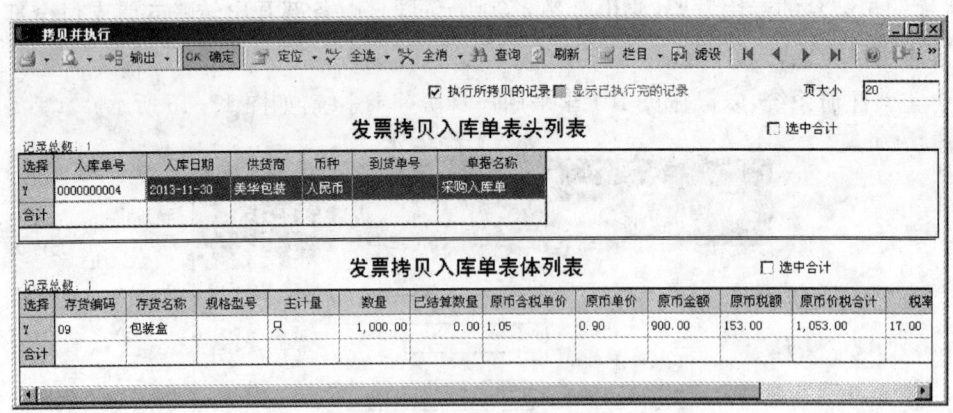

图 13-47　入库单过滤采购发票

• 保存生成的采购发票,单击"现付",如图 13-48 所示。
• 选择采购现付结算方式,输入现付金额,单击"确定",如图 13-49 所示。
• 单击"结算",结算采购成本,如图 13-50 所示。

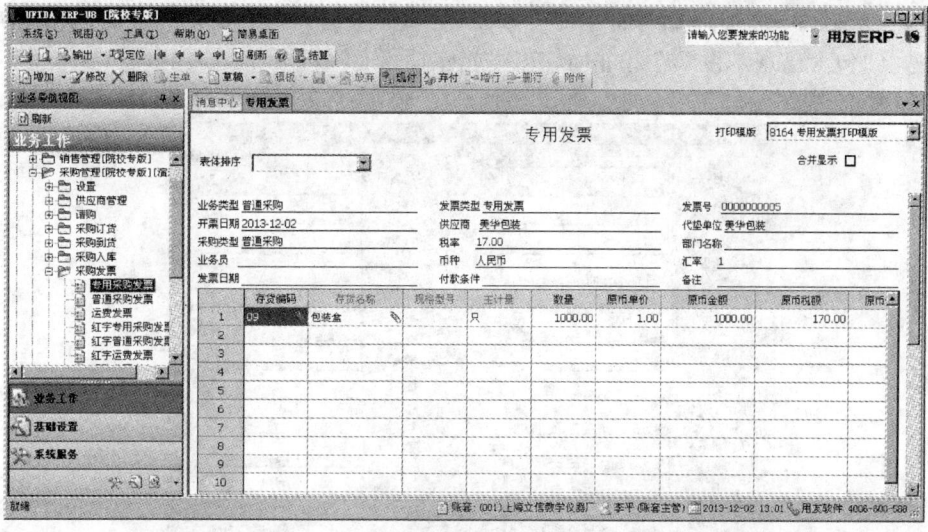

图 13-48 现付

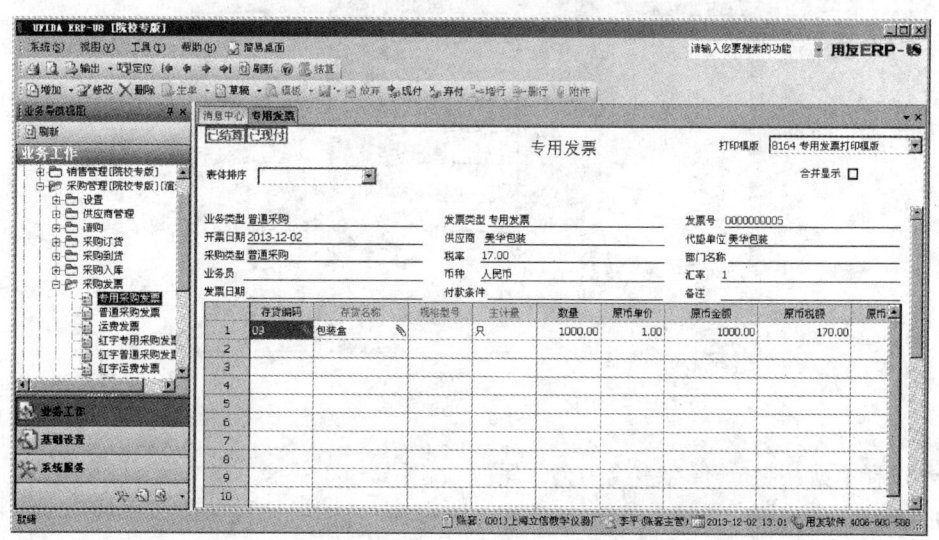

图 13-49 采购现付金额

图 13-50 采购结算

• 执行"财务会计"|"应付款管理"|"应付单据处理"|"应付单据审核",在应付单据过滤框中选择"包含已现结发票",单击"确定",如图 13-51 所示。

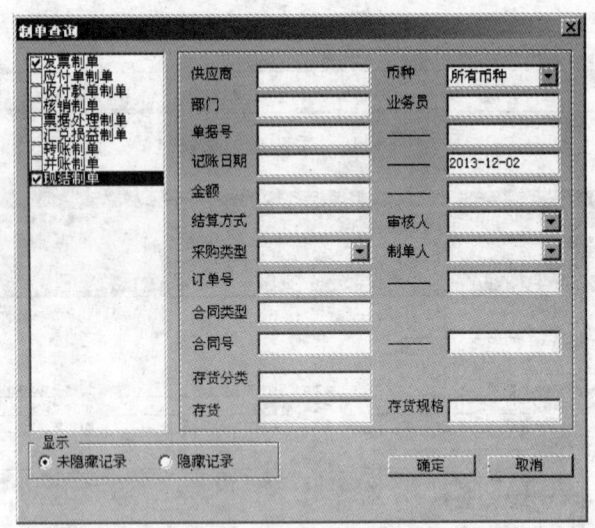

图 13-51　应付单过滤

• 选择应付单据审核,执行"制单处理"。
• 在制单查询中选择"现结制单",单击"确定",如图 13-52 所示。

图 13-52　现结制单

• 选择单据并制单,保存生成的记账凭证,如图 13-53 所示。
• 执行"存货核算"|"业务核算"|"结算成本处理",如图 13-54 所示。
• 选择暂估处理的仓库,单击"确定",如图 13-55 所示。

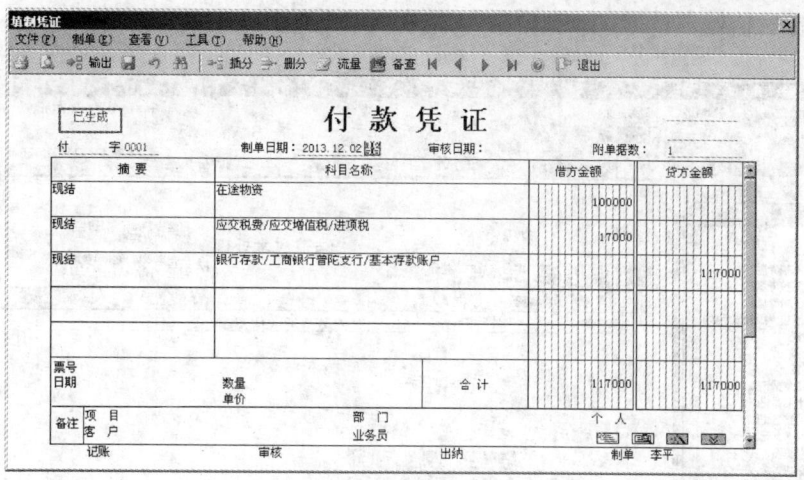

图 13-53　现付记账凭证

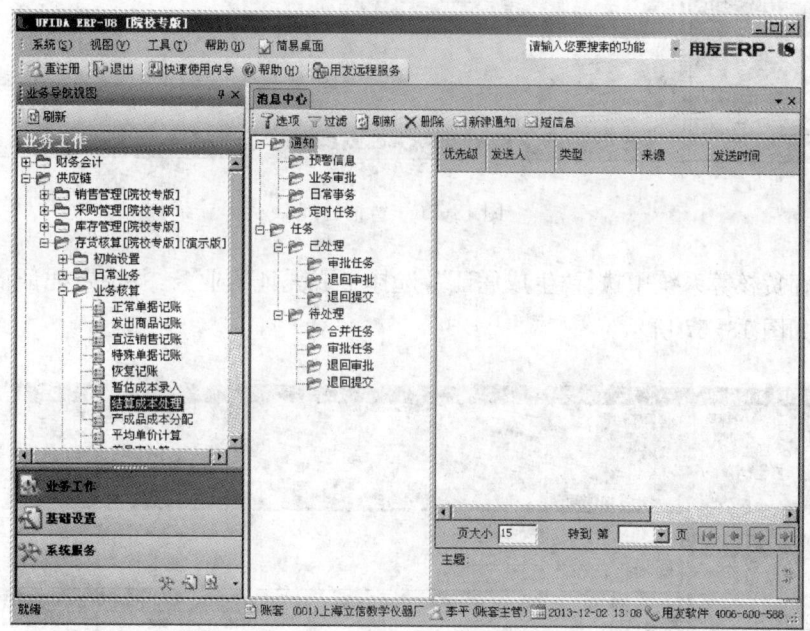

图 13-54　执行"结算成本处理"

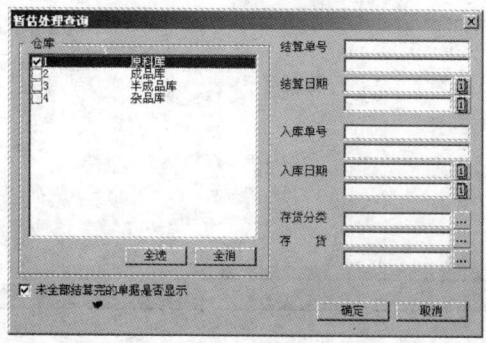

图 13-55　选择暂估处理仓库

- 选择暂估处理单据，单击"暂估"，如图 13-56 所示。

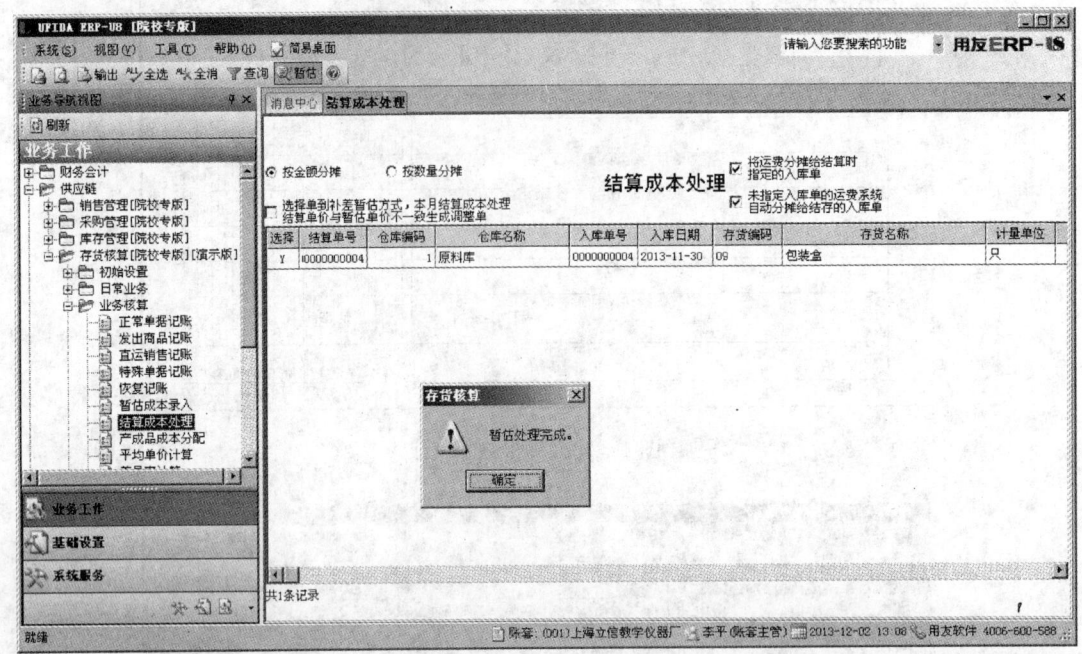

图 13-56　暂估处理

- 在存货核算系统中执行"生成凭证"，选择生成凭证的业务，并设置凭证借贷科目，单击"生成"，如图 13-57 所示。

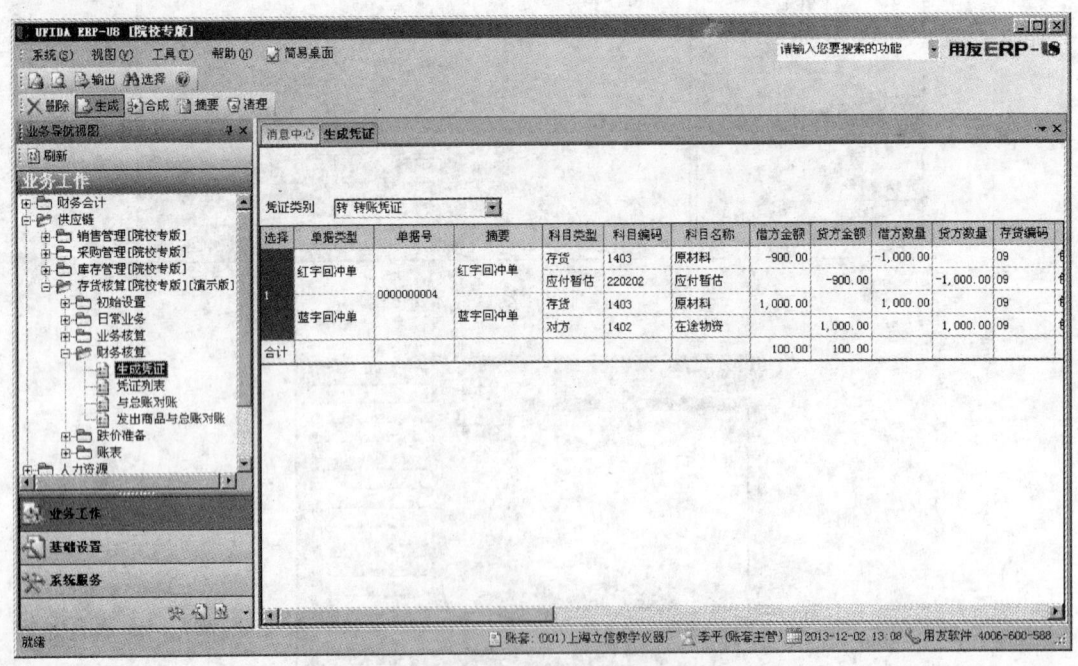

图 13-57　生成凭证

- 保存生成的记账凭证，图 13-58 和图 13-59 所示。

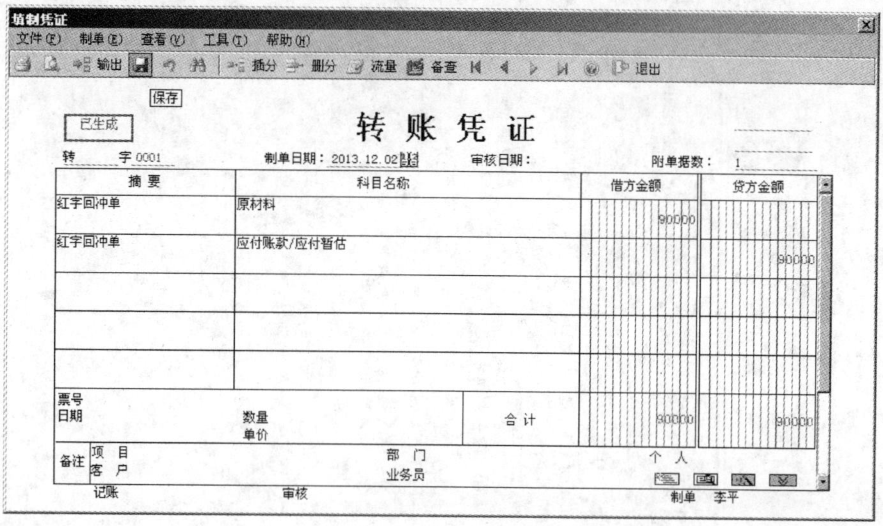

图 13-58 红字回冲凭证

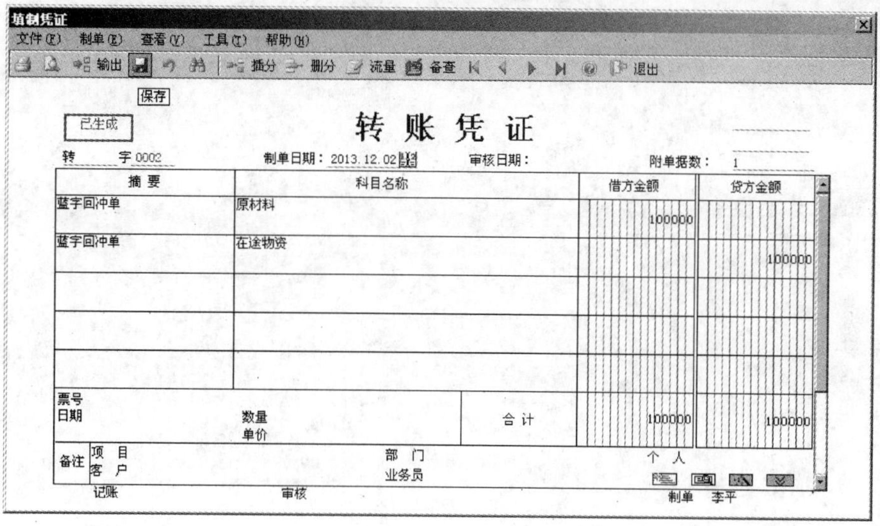

图 13-59 采购入库凭证